纺织服装高等教育"十三五"部委级规划教材

纺织企业管理（2版）

FANGZHI QIYE GUANLI

张一风　张慧　主编

东华大学出版社
·上海·

内 容 提 要

本书根据我国建设纺织强国的目标及纺织企业管理的创新要求,结合纺织企业的生产经营特点,利用企业管理的基本理论和方法,对纺织企业的传统管理及现代管理进行系统探讨,突出创新意识和以人为本的理念,是在 2008 年版的基础上修订而成的一本纺织专业基础教材。全书共分企业管理绪论、纺织工业管理、纺织产品开发管理、纺织生产管理、纺织"五大"专业管理、纺织质量管理、纺织人力资源管理、纺织营销管理、现代财务管理、企业管理信息化、经营战略管理、企业管理创新共十二章,可以作为纺织科学与工程学科的专业基础课程教材使用,也可供纺织行业及企业的管理人员参考。

图书在版编目(CIP)数据

纺织企业管理 / 张一风,张慧主编. —2 版. —
上海:东华大学出版社,2019.1
ISBN 978-7-5669-1434-7

Ⅰ. ①纺… Ⅱ. ①张… ②张… Ⅲ. ①纺织工业—
工业企业管理 Ⅳ. ①F407.816

中国版本图书馆 CIP 数据核字(2018)第 153522 号

责任编辑:张 静
封面设计:魏依东

出　　　　版:东华大学出版社(上海市延安西路 1882 号,200051)
出版社网址:http://dhupress.dhu.edu.cn
天猫旗舰店:http://dhdx.tmall.com
营 销 中 心:021-62193056　62373056　62379558
印　　　　刷:上海龙腾印务有限公司
开　　　　本:787 mm×1092 mm　　 1/16
印　　　　张:18.25
字　　　　数:456 千字
版　　　　次:2019 年 1 月第 2 版
印　　　　次:2025 年 1 月第 3 次印刷
书　　　　号:ISBN 978-7-5669-1434-7
定　　　　价:69.00 元

前　　言

在当今经济全球化的发展趋势下,制造业作为经济稳定运行的重要因素,引起了各国政府的高度关注和重视。我国推出的《中国制造2025》是中国政府实施制造强国战略第一个十年的行动纲领。纺织产业作为其中的一个重要环节,正处于转型升级和建设纺织强国的关键阶段,面临着巨大的挑战和机遇,行业在创新、协调、绿色、开放、共享的发展理念指引下,适时部署了实施国家增品种、提品质、创品牌的"三品"战略的专项行动。这些战略部署对于进一步加大管理创新,提高纺织企业管理水平提出了新的要求。因此,有必要结合现实与发展的需要,修订2008年版《纺织企业管理》,加强纺织专业学生的纺织企业管理教育,学习纺织企业管理的基本理论、基本方法及创新发展,这对于培养纺织专业综合人才及改变我国纺织企业的管理水平,都具有十分重要的意义。

此次修订,主要在2008年版的基础上,征求教学实践中部分老师、学生及企业界人士的建议,针对2008年版系统性不足、创新内容不够、案例时间偏早、结构安排不严谨等问题,坚持"理论结合实际、教材有效实用"的编写原则,进行系统性、创新性、专业性、启发性和前瞻性的修改和完善,重点在创新观念、智能制造、质量管理、营销网络、信息管理、案例等部分做了调整,由十三章合并为十二章。在修订中,参考并借鉴了现有的高等学校纺织专业的有关教材、学术专著和交流信息,尤其注重结合近年来国内纺织企业管理状况和实际需要,使学生通过本教材的学习,能够系统地掌握纺织企业管理基本理论和基础知识,培养学生的创新与管理意识。

全书共分十二章,由中原工学院纺织学院张一风教授任主编,河南工程学院纺织材料实验室张慧高工任副主编,中原工学院纺织学院陈守辉副教授、李双燕副教授,河南省功能性纺织材料重点实验室何奕中高工、王曦工程师任修编委员。第一章、二章、九章、十一章(第三节)、十二章由张一风修订;第五章由何奕中修订;第三章、四章、六章由张慧修订;第七章、十章由王曦修订;第八章由李双燕修订;第十一章(第一、二节)、十二章(第二节)由陈守辉修订。全书由张一风组织审校。

在本教材的修订过程中,得到了东华大学、河南纺织工程学会、河南工程学院、中原工学院等单位和个人的大力支持,在此表示衷心的感谢。

由于修编者水平有限,望读者对不足之处批评指正。

修编者

目　　录

第一章 企业管理绪论

企业管理是一门综合应用学科,既有科学性又有艺术性。要实现企业管理的现代化、科学化和规范化,必须了解和掌握企业管理的基本理论、基本原理与基础知识,同时还需要了解管理创新性的重要性。本章主要介绍现代企业及管理、企业管理的一般原理与方法、现代企业组织管理,以及企业管理的基础工作等内容。通过本章的学习,可以对现代企业管理有一个总体的基本认识。

第一节 企业与管理

一、企业的概念

(一) 企业定义

企业是从事生产经营活动,以盈利为目的的基本经济组织。从法律的角度讲,企业是自主经营、自负盈亏、依法独立享有民事权利并承担民事责任的法人。纺织企业指从事纺织生产经营活动的企业。

企业定义包含以下含义:

1. 企业以盈利为目的

企业是从事产品生产经营或技术、贸易等服务性活动的法人,它生产的产品或提供的服务不是自己享用,而是通过实现其价值获取盈利。

2. 企业要依靠自身力量生存发展

企业需自主经营,自负盈亏,自我约束,自我发展。企业通过商品交换或服务所实现的价值,在补偿了生产经营中的消耗费用并依法纳税后,剩余部分为盈利,由企业按照政策规定自主支配。若发生亏损,则由企业自己抵补。对生产经营中发生的债务,由企业负责清偿。

3. 企业是依法经营的法人实体

企业,一是依法成立,即经由国家工商行政管理部门审查登记,有自己独立的组织机构、名称、场所;二是拥有独立支配的财产,这是法人的主要特征,因为它是从事生产经营活动的物质基础;三是以自己的名义进行生产经营活动并承担法律责任,即以自己拥有的财产和名义进行自主经营、开设独立账户、进行税务登记、对外签订经济合同,其经济活动的后果由自己承担。当发生经济纠纷时,以自己的名义参加诉讼,独立地享有民事权利并承担民事义务。

4. 企业应承担相应社会责任

企业作为社会基本经济组织,作为社会的一部分,必须承担应有的社会责任,要为社会的环境、稳定、进步和可持续发展等方面做出应有的贡献。

(二) 企业经营特征

企业经营活动,是指其面向市场,进行谋划决策,争取合理经济效益的过程。其特征见表1-1。

表1-1 企业经营特征

时间性	经营有期限和时效性	利益性	以盈利为目标并保证社会利益
经济性	从事经济活动,不是其他活动	独立性	独立核算,自主经营,无主管上级

(三) 企业形式

企业是发展国民经济的基本经济组织,它涉及国民经济的各行各业,其数量非常繁多。企业形式包括:

(1) 按行业分,有工业、农业、商业、金融、交通、建筑、餐饮、中介咨询服务等形式。如纺织企业主要指从事纺织业务的工业类企业。也有一些跨行业经营的从事交叉业务的企业。

(2) 按所有制或产权分,有国有、集体、个体、独资、合资、混合等形式。

(3) 按法律意义分,有无限责任、有限责任、股份有限责任、合伙、合作等形式。

(四) 企业制度

企业制度是关于企业组织、运营、管理等一系列行为的规范,是保证企业生产经营活动正常进行的企业组织秩序,是组织间相互关系、分配关系的综合体现。它主要包括:

1. 企业权益组织制度

权益组织制度主要明确企业的权益构成、企业的权益所有者及权益分配的原则和方法。

2. 企业经营管理制度

经营管理制度主要规定企业管理机制和组织构成,谁负责企业的经营管理,如何开展企业的经营管理活动等内容。

建立企业制度要符合社会化大生产特点,适应市场经济体制需要,遵循国家有关法规规定,体现企业成为独立法人实体和市场竞争主体的要求的现代企业制度原则。

(1) 现代企业制度是以完善的法人财产权为基础,以有限责任为核心,以公司制为基本形式,以法人治理结构为保证的企业制度。

(2) 现代企业制度特征:产权明晰、权责明确、政企分开、管理科学。

二、管理的概念

(一) 管理的产生

管理是人类社会普遍存在的活动,是人类共同劳动的产物。管理存在于人类的一切共同活动之中。只要有两个或两个以上的人,为了完成他们当中任何一人都不能单独完成的任务,而必须把他们各自拥有的资源(体力、脑力、时间、工具及其他经济技术手段)及活动有效地结合在一起,就需要管理。即凡是有组织、有目的的共同劳动和集体活动,都需要管理,以统一步调,并按一定要求努力达到预期目标。因此,管理是伴随人们的共同劳动而产生的。

随着生产力的不断发展,人类生产日趋社会化和专业化,社会化大生产提出了分工合作的要求,劳动者之间如何分工与协作才能提高效率,取得最佳的效果,这促使人们在长期实践中认识到了管理的必要性和重要性。也就是说,管理作为一个独立完整的概念,被当作一门学科进行系统的研究,是近代社会劳动分工形成社会化大生产以后的事。

(二)管理概念

从一般意义上讲,管理就是有意识地协调人们的共同活动,从而达到一定目标的系统工作过程。管理是一种普遍的社会现象和实践活动。在社会生活的各个领域,诸如政治、经济、军事、文化、教育、宗教等,无不存在管理问题。

1. 管理的定义

管理是组织利用资源,通过计划、协调、控制等手段,达到人与物、人与事的最佳组合,实现组织活动预期目标的过程。

不同的管理学派有不同的理解,如决策学派认为"管理就是决策",过程学派认为"管理就是过程",创新学派则认为"管理就是创新",等等。这里以过程学派的理解为主,同时借鉴其他学派的观点。

2. 管理的含义

管理是一个依靠组织且有目的的动态过程,其中包含多层含义,主要有以下方面:

(1)管理的目的。管理是为了实现预期目标。所有的管理行为,都是为实现目标服务的。世界上既不存在无目标的管理,也不可能实现无管理的目标。管理就是要充分发挥资源优势,即努力形成人、财、物、信息等资源的最佳组合,实现组织的预期目标。

(2)管理的手段。管理是一个动态过程,是随条件变化而变化的,没有适应一切组织的固定模式,也没有对一个组织永远有用的管理模式。要实现管理目标就必须实施计划、组织、领导、控制等管理行为与过程,这是管理活动的基本职能。

(3)管理的实质。管理的实质是协调。协调就是使人的努力与集体的目标相一致。每一项管理职能、每一次管理决策都要进行协调,都是为了组织的协调。协调是社会组织不可缺少的活动,协调的中心是人,协调的方法是多样的。

(4)管理的主体。管理的主体是管理者。美国管理学家德鲁克认为,管理者的第一个责任是管理一个组织,管理者应明确组织是什么、它的目标是什么、如何实现目标;管理者的第二个责任是管理管理者,对管理者应该通过目标管理和自我控制进行管理,管理者应该培养其下属;管理者的第三个责任是管理工作和工人,主要是激励组织成员发挥其创造的热情,获得组织运营的最佳效果。

(5)管理的直接任务。管理的直接任务是提高组织效率,使组织的整体系统起到增量作用,即〈1+1〉>2。管理适于一切组织,在政府是提高效率和决策水平,在军队是提高纪律和战斗力,在事业中介组织是提高服务和信誉,而在企业就是提高效率和效益。

3. 管理的性质

性质指事物的本质,是某一事物区别于其他事物的根本属性。管理的性质主要包括:

(1)管理的两重性。管理的两重性是指管理所具有的合理组织生产力的自然属性,以及为一定生产关系服务的社会属性。管理是由许多人协作劳动而产生的,它是有效组织共同所必需的,具有同生产力、社会化大生产相联系的自然属性;另一方面,管理又体现着生产资料所有者指挥劳动、监督劳动的意志,因此,它又有同生产关系、社会制度相联系的社会属性。

管理的两重性是马克思主义关于管理问题的基本观点。正确理解管理的两重性,具有十分重要的现实意义。自然属性是管理最根本的属性,它要求管理要适应现代化的客观要求,按社会化大生产的客观规律合理组织生产力,采用科学的方法,不断提高管理水平。这有助于我们及时吸收和借鉴先进的管理经验和管理知识。同时,管理又具有明显的社会属性,任何一种管理方法、管理技术和管理手段的出现总是带有时代的烙印,其有效性往往同生产力水平、上层建筑发展要求及社会历史背景相适应。

实践证明,适应一切组织的管理模式是不存在的。因此,在学习运用管理理论、原理、技术和手段时,必须要结合自己本国、本部门、本单位的实际情况,因地制宜,才能取得预期的效果。

(2) 管理的科学性与艺术性,而且是科学与艺术的结合。

管理的科学性是指管理作为一个活动过程,其间存在一系列基本客观规律。人们经过无数次的实践与成败,从中收集、归纳、总结出一系列反映管理过程中客观规律的管理理论和一般方法。管理是一门科学,它是以反映管理客观规律的管理理论和方法为指导的一套分析问题、解决问题的科学的方法论。

管理的艺术性就是强调其创新性与实践性,没有创新与实践,则无所谓艺术。管理人员仅靠背诵管理原则、原理进行管理活动,如同医务人员靠背医书诊断疾病、建筑师靠公式设计建筑,必然是脱离或忽视实际情况的无效活动。管理人员必须在管理实践中发挥积极性、主动性和创造性,因地制宜地将管理知识与具体管理活动相结合,才能进行有效的管理。所以,管理的艺术性,就是强调管理活动除了要掌握一定的理论和方法外,还要灵活运用这些知识和技能的技巧和诀窍,不断进行管理创新。

因此,管理既是一门科学,又是一种艺术,是科学与艺术的有机结合体。管理的这一特性,对于我们学习管理知识和从事管理工作十分重要。

三、管理的发展

近代管理从产生到现在主要经历了三个阶段。

(一) 传统管理阶段

此阶段从 18 世纪工业革命开始到 20 世纪初,经历了 100 多年,主要指管理职能刚从劳动中分离出来的生产力不发达时期,主要表现为个体活动和个体经济中的经验管理。

1. 传统管理的主要特点

(1) 管理强制性。管理思想是惰性的,认为员工总是不尽职的,只有进行强制性的管理才行。

(2) 管理专制式。管理方法表现为独断专行的家长式管理。

(3) 管理靠经验。管理措施没有统一的计划和管理标准要求,管理工作的好坏完全取决于管理人员的经验和主观判断。培训仅靠师带徒的方式进行。

2. 传统管理的主要代表人物

主要是亚当·斯密(英国人),他于 1776 年出版了《国民财富的性质和原因的研究》一书,系统地阐述了劳动价值和劳动分工理论。亚当·斯密认为,劳动是国民财富的源泉,各国人民每年消费的一切生活日用必需品的来源是本国人民每年的劳动。劳动创造的价值是工资和利润的源泉。他在分析增进"劳动生产力"的因素时,特别强调分工的作用,认为劳动分工可以使工人重复完成单项操作,提高熟练程度,提高劳动生产率;可以减少由于变换工作而损失的时间;可以简化劳动,使劳动者的注意力集中在一种特定的对象上,有利于创造新工具和改进设备。劳动分工理论不仅符合当时生产发展的需要,而且成为以后企业管理理论中的一条重要原理。

在亚当·斯密之后,英国数学家查尔斯·巴贝奇进一步发展了亚当·斯密的劳动分工理论,提出了许多关于组织机构和经济学方面带有启发性的问题和论述。

(二)科学管理阶段

这个阶段从20世纪初到20世纪40年代,经历了半个世纪,主要指符合客观规律的管理,也就是按照社会化大生产的特点和规律进行管理。

1. 科学管理的特点

(1) 按照需要组织生产。按市场要求有序生产质量令人满意的商品。

(2) 依靠技术发展生产。在生产活动中不断采用新的科学技术,提高劳动生产率。

(3) 追求生产过程的连续性、比例性,保证生产的稳定性。

(4) 要求生产活动的组织性、纪律性,保证生产的严肃性。

(5) 强调计划性生产,实行集中统一指挥。

2. 科学管理的主要代表人物

(1) 泰罗(美国人),被称为"科学管理之父"。泰罗经过长期实验,从实践中摸索和总结出一套管理技巧与方法,并加以系统化,逐步形成了他的管理理论。1911年,泰罗以他的观点出版了《科学管理理论》一书,标志着管理理论的正式诞生。

泰罗"科学管理"的基本内容大体可以分为作业管理和组织管理两个方面八个要点:在作业管理方面,泰罗以生产操作过程为研究对象,确定了最合理有效的方式、方法、工具和作业环境,以及最符合人类的生理规律且最节省时间的劳动间歇,提出了工作定额原理、标准化原理、第一流工人原理、差别计件工资原理等四要点;在组织管理方面,主要有工人与雇主要互相信任、把计划职能与执行职能分开、实行"职能工长制"和"例外原则"等四要点。

泰罗的管理思想的优点是尽可能减少经验管理的影响,以规范代替经验;不足是把人当作机器使用,很少考虑人的主观能动性。

(2) 法约尔(法国人),欧洲古典管理初始人,被称为"管理过程理论之父",著有《工业管理与一般管理》一书,主要观点有三个方面:

一是企业职能不同于管理职能,即企业有六种基本活动,包括技术活动(指生产、制造、加工活动)、商业活动(指购买、销售、交换活动)、财务活动(指资金的筹备和使用活动)、安全活动(指设备维护和员工安全方面的活动)、会计活动(指货物盘存、成本统计、核算等活动)、管理活动(它包括五项要素,分别是计划、组织、指挥、协调和控制)。

二是管理的十四条原则,即劳动分工、职权与职责、纪律、统一指挥、统一管理、个人利益服从整体利益、个人报酬、集中化、等级链、秩序、公正、人员的稳定、进取心或首创精神、团队精神。

三是重视管理教育,法约尔认为企业对管理知识的需要是普遍的,仅单一的技术教育适应不了企业的一般需要,应建立管理理论,加强全面的管理教育。

法约尔是概括和阐述一般管理理论的先驱者,他认为管理是一门科学,适用于所有具有组织性质的机构。他在管理过程和管理组织方面的开创性研究成果,特别是关于管理职能的划分和管理原则的论述,对管理理论的发展产生了深远的影响,至今被企业管理者奉为信条,仍在实践和运用。

(3) 马克斯·韦伯(德国人),被称为"组织管理理论之父",他在《社会组织与经济组织理论》一书中提出了"权力论、官僚科层制、理想行政组织"等管理理论,成为大型集团企业广泛运用的管理方式。

理想的行政组织体系理论的基本内容包括三种权威与相应的组织形态:

一是"个人崇拜权威"相对应的"神秘化组织"。韦伯认为,以超凡的个人崇拜建立起来的组织是典型的"神秘化组织",如"宗教""以政治形式出现的小规模革命运动",但是这种组织的内在基础不稳固,一旦领袖人物去世,就容易出现分裂。

二是"传统惯例权威"相对应的"传统化组织"。以传统的惯例或先例为权威,在此基础上建立起来的组织,称为传统化组织。这类组织认为过去一直采用的工作方法就是合理的。

三是"理性合法权威"相对应的"理性化组织"。这种权威以"法律"为基础,下级对其服从是由于有了依法建立的等级制度,如企业、政府机构、军事组织或其他组织。这种类型的组织以行政性组织的形态出现,是最理想的组织形态。在现代社会,这种组织形态占主导地位。

在理想的行政组织管理制度方面,韦伯认为管理意味着以知识为依据进行控制,领导者应在能力上胜任,要依据事实而不以主观随意性领导。行政组织中,除最高领导者外,每一个官员都应按一定的准则被任命和行使职能。组织为实现其目标所需的全部活动被划分为各种基本作业,并作为任务分配给组织中的各个成员。组织应明确规定每个成员的职权范围和协作形式,以便各个成员正确行使职权,减少摩擦和冲突。组织中人员之间的关系是一种不受个人感情影响的关系,且完全以理性准则为指导。总之,韦伯提出的行政组织体系提供了一种效率高、合乎理性的管理体系。

(三)现代管理阶段

从 20 世纪 40 年代至今为现代管理阶段。它与科学管理阶段相比,主要在管理观念和手段上重视创新、消费者、经营战略、信息及现代管理工具等的运用,并普遍采用计算机管理。

1. 现代管理的特点

(1)突出经营决策及创新,提出了"管理的重心在经营,经营的重心在决策""创新驱动发展"的观点。

(2)广泛运用现代管理工具和科学技术,如计算机、运筹学、价值工程、网络技术等。

(3)以人为本,提出了以尊重人为方向,以激励人为手段,稳定人心,鼓舞士气,并重视进行智力开发投资,对员工实行终身培训教育。

(4)按系统原则管理,把系统论、控制论原理引入企业管理,把整个企业看作一个动态的开放系统,应用系统工程原理,从系统最优化观念出发,进行经营决策。

2. 现代管理的主要代表人物

(1)约瑟夫·熊波特、罗纳斯·科斯、彼得·德鲁克、汤姆·彼得斯等为创新学派的主要代表人物。他们的主要观点:

熊波特认为所谓创新就是要"建立一种新的生产函数",即"生产要素的重新组合",要把一种从来没有的关于生产要素和生产条件的"新组合"引入生产体系中,以实现生产要素或生产条件的"新组合";"企业家"的职能是实现"创新",引进"新组合";"经济发展"是指整个社会不断地实现"新组合",或者说经济发展是不断创新的结果;"新组合"的目的是获得潜在的利润,即最大限度地获取超额利润;周期性的经济波动起因于创新过程的非连续性和非均衡性,不同的创新对经济发展产生不同的影响,由此形成时间各异的经济周期。科斯(获 1991 年诺贝尔经济学奖)认为市场交易行为存在成本,包括讨价还价、订立和执行合同的费用及时间成本等。科斯认为,当市场交易成本高于企业内部的管理协调成本时,企业便产生了利润,企业的存在正是为了节约市场交易费用,即用费用较低的企业内部交易代替费用较高的市场交易。这一观点揭示并澄清了经济制度结构中交易费用和产权的重要性。

(2)梅奥(澳籍美国人),行为科学的创始人,他主要通过霍桑试验,提出了"人际关系学"理论,开辟了行为科学研究道路。

霍桑试验是指在西方电气企业的霍桑工厂进行的一系列测试活动。例如让员工按灯光照度的"暗或亮"分组,在同等时间内操作完成同样工件装配数量的试验。按照一般常识,灯光照度对操作水平的发挥应该有影响,但试验结果却是各分组基本相同,并无直接影响。分析原因认为:工人是社会人,需要的经济生活和感情是多方面的,生产效率不仅受物理、生理因素的影响,而且还受社会环境、社会心理的影响。企业中存在非正式组织团伙是企业效率提高的不可忽视的因素。企业领导能力在于处理人际关系,通过提高员工的满足度来提高其士气。

梅奥所创立的人际关系学说为后来的行为科学研究奠定了基础。行为科学理论不断发展,20世纪60年代,出现了组织行为学这一名称。组织行为学的实质是包括人际关系学说在内的狭义的行为科学,它主要研究个体行为、团体行为和组织行为三个层次的问题。

有关个体行为的理论,主要包括两个方面。一是有关人的需要、动机和激励理论,可分成三类:激励内容理论,如马斯洛的需要层次理论;赫次伯格的双因素理论及成就需要理论等;激励过程理论,如期望理论、波特-劳勒模式等。二是有关企业的人性理论,如麦格雷戈的 X/Y 理论、不成熟-成熟理论等。

有关团体行为的理论,如团体行为介于个体行为与组织行为之间。

有关组织行为理论,如领导性格的理论、领导行为理论、领导权变理论等。

(3)西蒙(美国人,1978年诺贝尔经济学奖获得者),决策理论学派的代表人物。决策理论学派以统计学和行为科学为基础,认为决策是管理的中心,决策贯穿于管理的全过程,管理的任务是追求管理决策的合理性,同时对管理决策的过程、准则、程序化决策和非程序化决策等问题做深入的分析,使决策从经验上升为科学。

决策理论学派的主要观点:

① 管理就是决策。认为管理活动的全过程都是决策的过程。确定目标、制订计划、选择方案,是经营目标及其计划决策;机构设计、生产单位组成、权限分配,是组织决策;计划执行情况检查、在制品控制及控制手段的选择,是控制决策。决策贯穿于整个管理过程,所以管理就是决策。

② 决策分为程序性决策和非程序性决策。程序性决策就是按既定程序进行的决策。对于经常发生的需要决策的问题,往往可以制订一个例行程序,凡遇到这类问题,就按照既定程序进行决策。如存贮问题的决策就属于程序性决策。当问题的涉及面广,又是新发生的、非结构性的,或者问题极为重要、复杂,且没有例行程序可以遵循时,就要进行特殊处理,对这类问题的决策就是非程序性决策。如开辟新市场、开发新产品的决策就属于非程序性决策。在一个企业中,上层管理者更多的是进行非程序性决策,基层管理者往往进行程序性决策。

③ 决策过程中要充分考虑人的经验及智能。管理决策中要解决的问题,往往是很复杂的,影响因素也是多样的,有些因素的影响程度是难以用公式计算出来的,而要靠管理者长期工作的丰富经验确定。因此,在决策过程中,人的经验及智能是很重要的。巴纳德(美国人),

社会系统学派代表人物,他把社会的各种组织看成是由物质、个人和社会要素组成的协作系统,一个协作系统包含三大要素,即协作意愿、共同目标和信息联系。管理者的作用就是在协作系统中作为相互联系的中心,对各要素的协作进行协调,以保证系统的顺利运转。

(4)德鲁克(美国人),经验主义理论学派的代表人物,著有《管理实践》《卓有成效的管理者》等书。德鲁克指出,管理是一种实践,其本质不在于"知",而在于"行";其验证不在于逻辑,而在于成果;其唯一权威就是成就。经验主义学派观点认为,有关企业管理的科学应该从企业的实际出发,以大企业的管理经验为研究对象,把经验加以概括、总结、创新和理论化,向企业管理人员提供实际建议和实用管理方法。

(5)伯法(美国人)、布莱克特、丹齐克、丘奇曼等,管理科学学派的代表人物。管理科学学派是泰罗的"科学管理"理论的延续和发展,他以运筹学、系统工程、电子技术等科学技术为手段,从操作方法、作业水平的研究向科学组织的研究扩展,同时吸取现代自然科学和技术科学的新成果,形成了一种现代的组织管理科学。又称数理学派,强调数学分析、计算机等在管理中的应用,认为管理就是制订和运用数学模型与程序的系统,用公式和数学符号来表示计划、组织、控制、决策等合乎逻辑的程序,通过对各种模式的分析比较,求出最优解。对于企业的资源分配、订货、运输、存储、生产调度和设备维修等经营管理活动,都可以应用线性规划、数理统计、网络分析、对策论、排队论、决策树、模拟和盈亏分析等方法和技术进行预测、分配和日程安排,以降低这些活动的不确定性,从而使投入的资源发挥最大效用。管理科学理论的主要特点:生产和经营领域的各项活动都以企业总体的经济效益作为评价标准,即要求行动方案能以总体的最少投入获得总体的最多产出;借助数学模型求得最优实施方案,使各项活动效果定量化;广泛应用电子计算机进行各项管理活动;强调运用先进的科学理论和管理方法,如系统论、信息论、控制论、运筹学、概率论等数学方法和数学模型。

(6)卢桑斯、菲德勒(美国人)等,权变理论学派的代表人物。权变理论学派认为,在管理领域,没有一种适合于任何时代、任何组织和任何个人的普遍行之有效的管理方法,以前的各种管理理论都有一定的适用范围,但没有所谓"最佳"的管理方法,对组织的管理应依据其所处的内外环境条件和形势的变化,因地制宜、因时制宜地灵活采用不同的管理方法。所以,作为管理人员,在任何形势下,都必须对各种变动的环境因素进行具体分析,然后再采取那些适用于某种特定环境的管理方法,才能取得良好效果。

总之,管理在世界各国具有许多共性。17世纪的第一次产业革命以后,欧美等发达国家随着工业的大发展,在管理方面积累了丰富经验,管理研究形成了"管理的丛林",并迅速成为人类社会的共同财富。

第二节 企业管理原理与特点

管理存在于一切有组织的活动中。企业管理则是伴随着以机器大生产为特点、以盈利为目的的生产经营单位——工业企业的建立和完善,成为社会经济的基础而发展起来的。它是利用管理的一般原理和理论,结合企业实际情况,在具体的实践中不断发展形成的。

一、企业管理基本原理

基本原理是对管理过程的客观规律的表述。管理原理是对管理工作的实质内容进行科学分析总结而形成的基本规律,是一般管理现象的抽象归纳,是对各项管理制度和管理方法的高度综合与概括。因而,管理原理对一切管理活动具有普遍的指导意义。

现代企业管理原理:人本原理、系统原理、整分合-反馈原理、权变原理等。

(一) 人本原理

纺织业正在由劳动密集型向技术资本密集型行业升级,生产经营活动还需要较多的劳动力和技术人员来完成。因此,人本原理的应用对纺织业是十分重要的。

1. 人本原理的涵义和基本内容

人本原理是指在管理过程中要树立以人为中心的观念,从尊重、理解人出发,有效地调动人的积极性、智慧和创造力,为管理系统的高效运作和功能的优化提供动力基础和保证。在当今经济发展的一定阶段,人本原理是关于企业管理核心的原理。企业是以人为主体组成的,企业竞争的活力和发展的潜力来自于人,同时,企业是为满足人的需要而开展生产经营活动的。因此,以人为本、以人为中心,是一切管理活动的出发点和落脚点。人本原理的基本内容:

(1) 以人为本、以人为核心的管理观念。企业是为满足自身需要与市场需要,以人为主体构成的组织。企业管理是挖掘人的创造潜力,以实现企业预定目标的过程。高素质的人才是企业最重要和最宝贵的资源。在市场经济条件下,企业与企业的竞争,归根结底是人的竞争。企业全体劳动者的积极性、智慧和创造力是企业活力的根本源泉。因此,企业管理必须以人为本,以人作为全部管理工作的核心。

(2) 以企业文化为主体的管理模式。企业文化是指一个企业从上到下的主体员工所共有的、属于统治地位的、独特的价值观念、行为准则、传统习惯和作风。它对于凝聚企业员工的意志,规范和引导员工的行为,从根本上调动员工的积极性和搞好企业管理,具有重要的意义。

(3) 管理模式中理性化与非理性化的统一。企业管理的核心是人,而人按其本性而言,绝非纯理性的,其感性和心理因素的比重不容忽视。因此,过分拘泥于理性主义为基石的所谓"科学"和"理性"的手段是不足取的。

2. 人本原理的应用

人本原理在企业管理中的应用主要有以下几个方面:

(1) 树立以服务为宗旨的观念。既要为用户服务,又要为员工服务。只有努力为用户服务,满足用户的需求,企业才能赢得市场,增加盈利。也只有尽可能地为员工服务好,才能调动起员工的积极性和创造性,增加企业的活力和发展动力。

(2) 建立起以人为核心的双向管理模式。如果把技术和管理比作企业腾飞的两个轮子,那么人才则是连接轮子的转轴,它带动并制约着两个轮子旋转。因此,要谋求企业的发展,必须建立起全方位调动员工积极性的双向管理模式,即从"命令—服从"的单向管理模式转向"目标—参与—共赢"的双向管理模式,把管理的重心由物转向人,并逐步建立起一整套的激励员工积极性和创造性的动力机制。

(3) 注重企业文化的塑造,围绕企业发展大局,倡导大局意识,树立正能量,建立严爱结合的管理哲学。企业文化的核心是积淀于企业及其员工心灵中的意识形态,如理想信念、道德规范、价值取向和行为准则等。

（4）加强和完善企业的民主管理。企业发展战略策略要及时与员工讨论，征求意见，企业办事程序公开，让员工有更多的机会直接参与管理。在满足基本物质需要的前提下，在参与管理的过程中实现自身的价值，使员工有成就感。

（5）重视人力资源的开发。要重点抓好企业员工从招聘、使用、评价到培养和激励等全过程的开发。要建立完善员工职业规划，为人才成长创造良好的环境，要不断提高员工的整体素质，充分挖掘人的潜能。

（二）系统原理

系统是指由两个以上相互依赖、相互作用的各种要素（人、财、物、信息等）组合而形成的，具有特定功能的有机整体。如一个企业构成的系统。在系统内可以根据功能的不同再划分成若干相互联系和制约的子系统，它们处在一个整体之中。运用系统原理管理，对管理工作进行研究，以达到放大管理系统整体功效的目的。

1. 管理系统的特征

（1）目的性。一个系统必须有一个唯一明确的共同目的，并争取得到最好的效果。

（2）整体性。管理必须有全局观点，必须有一个系统的统筹规划，使各种要素有机结合，达到更高的价值和功能，从而形成整体最佳功能和最佳模式。

（3）层次性。任何复杂系统都具有一定的层次结构，系统的各层次之间应该职责分明，使其能更好地完成任务。因此，既要加强整体系统管理，各个子系统对上一层次系统负责，服从整体安排；又要防止管理层次上的混乱，避免上一层次干预下一层次的工作，给予子系统应有的权利，提高其工作积极性，防止一切问题上交。

（4）相关性。系统内各要素或子系统之间具有特定的相互依赖关系。例如，工业企业的生产、技术、人事、供应、财务等各功能子系统的活动是密切相关、不可分割的。

（5）环境适应性。任何一个系统都处于一个更大的系统之中，也就是系统始终面对外部环境，外部环境会对系统产生重要影响，系统必须学会适应，即遵循客观规律办事。不能主动地适应环境，系统就无法正常运行。

2. 系统原理的应用

在管理工作中运用系统原理分析问题时，要特别注意系统的特征作用。

（1）系统的目的性。每个系统都具有特定的目的，并根据系统的目的和功能建立系统的结构。因此，企业结构的建立要依据企业的目的和功能。要根据企业生产产品或服务的结构、工艺特点、生产服务规模等参数，确定企业的生产服务单位。不同类型的企业，其管理机构和生产经营单位是不同的。

（2）系统的整体性。要求从事各项管理工作的人员都要有整体观念，即从全局出发考虑问题。系统功能不等于要素功能的简单相加，而是整体大于各个部分功能的总和。因此，在管理活动中，要体现整体性，以整体为主进行协调，局部要服从整体，使整体效果最优。

（3）系统的层次性和相关性。要求各层次的子系统必须职责分明，各司其职，具有各层次功能的相关性，即相对关联的独立性和有效性。要正确处理好上下管理层次之间的纵向关系和同一管理层次之间的横向关系，要分清层次，明确职责，避免管理紊乱。

（4）系统的适应性。要求各系统必须依附于比它更大的系统，要适应大系统的变化。企业系统作为管理的一个整体系统，是一个开放的系统，要想在激烈的市场竞争中求得生存和发展，必须主动适应外部大环境，面向市场，面向用户，按照市场规律办事。只有企业的产品或服务得到了消费者的认可,企业才能不断发展壮大。

（三）整分合-反馈原理

任何一项管理工作,都必须经过从整体上明确分工、在分工基础上有效综合的管理过程,同时还要及时向责任者反馈各个环节的运行情况,以便能够采取相应的措施控制。这样才能有效地分解任务,更有效地完成工作。整分合-反馈原理包括以下含义:

1. 整体把握

整体把握即从整体要求出发,制订整个系统的目标是完成管理任务必须具备的条件。

具体地讲,就是不仅要掌握本部门、本系统的全部情况,还要了解本部门在本行业、本行业在整个社会中所处的地位。只有这样,才能制订切合实际的系统目标,完成管理的任务。

2. 科学分解

科学分解是将整体任务分解成一个个基本组成单位,对其进行明确分工,并使每项工作规范化,建立职责分明的责任制。

3. 组织综合

组织综合是指为实现目标,用全局思维对组织内部各种资源进行制度化安排的过程。

分工并不是管理工作的结束,它还会带来许多新的问题,如分工的各个环节容易在追求自身利益的情况下,产生矛盾和相互脱节。因此,还必须进行强有力的组织综合,使各个环节同步协调,有计划地综合平衡发展。

4. 信息反馈

信息反馈指信息的输出回应、相互作用,以达到预定控制目的的过程。面对不断变化的实际情况,要做到管理高度有效,其关键是必须建立起一个灵敏、准确、有力的信息反馈机制,它是一个系统是否具有生命力的标志。管理者要善于捕捉信息,及时做出相应的变革,不断适应新的变化。决策、执行、反馈……不断螺旋上升,使管理活动不断改进和完善,从而实现预定目标。

（四）权变原理

1. 权变原理的涵义

权变原理是关于管理模式的原理。权变指权宜应变,是灵活应付变化和变通。所谓权变原理,是指为适应环境变化,选择相应且有弹性的动态管理模式和管理方法。权变原理的基本内容:

（1）世界上不存在永恒而理想的管理模式。企业的情况及它们所处的环境是多种多样的,管理必须有适当的弹性,以便及时适应各种可能的变化,从而实现有效的动态管理。要找到一种现成的、一劳永逸的、适应各种类型企业的万能管理模式,是不可能的。因此,管理模式的选择必须立足于权变。

（2）权变原理对外部着重研究环境变量对管理行为的影响,它指明有效的管理因环境变化而异。企业存在于一定的社会环境之中,企业与环境是相互依存的关系。环境制约企业的生存与发展,企业同样给环境以影响。因此,企业要适应环境变化而相应地改变管理。这里既有"质"的适应和驾驭,又有"量"的把握和处理。

（3）权变原理对内部着重研究权变因素对管理行为的影响,指明在不同的权变因素搭配下,应采取不同的管理模式。即应根据不同的工作、不同的条件、不同的人员,采取不同的组织结构和管理方法。有效的管理者是那些适合群体环境并能与之紧密配合的人。

（4）权变原理强调管理必须与实践相结合，要求管理的各种活动服从企业的内外环境。任何管理措施和实施方案，必须具有可操作性。

2. 权变原理的应用原则

权变原理在企业管理中的应用，要把握好以下几个方面：

（1）注意分析权变因素对管理的影响，因地制宜地设计或选择适当的管理模式，不能盲目追求新模式。在企业管理中对管理模式选择构成影响的权变因素有很多，如外部环境的复杂性、多变性和不可预测性，企业任务的多样性和规范性，企业员工的素质，管理人员的能力和经验等。因此，要结合企业自身的实际，选择合适的管理模式。

（2）保持管理职能的适度弹性。为保证企业生产经营活动的正常进行，计划、组织、控制等管理职能都必须相对稳定。但管理决策是许多因素合力的结果，人们想要掌握所有因素是不可能的，任何一种管理工作都会有不够完善之处，任何一个管理人员的决策也绝不会是"绝对正确"或"一贯正确"的，为了适应企业内外环境的变化，也必须保持适度的弹性。如计划要有严肃性，不能朝令夕改，但也要有备选方案。管理必须留有余地，保持适度的可塑性。

（3）保持经营管理策略的高度灵活性。管理不仅是多因素起作用，而且是人的社会活动，面对的是活生生的人，这增加了管理的不确定性。这一特点告诉我们，任何一种管理办法都必须随着时间、地点、条件、对象的变化而变化，而不能绝对化、机械化。为适应复杂多变的管理对象和环境，企业在经营方向和经营方式上，要考虑多种形式；在领导方式上，要根据任务性质、上下级关系、被领导者素质等，采取灵活多样的方式；在调动员工积极性上，要根据员工的思想觉悟和实际需要，采用恰当的手段和方法。

（4）注重提高企业管理人员的能力和技巧。企业管理人员既要注重企业管理新理论和新技巧的学习，又要注重通过实践提高自身的能力和素质；既要认真总结和学习我国企业管理的成功经验，也要不断吸收和借鉴国外企业管理有益的经验和技巧。

（5）增强创新观念。为适应市场经济的要求，企业管理人员要不断提高自身的素质，大胆创新，与时俱进，不断增强创新的观念。

企业管理的基本原理，是企业管理运行规律的基本要求和理论概括，是对管理实践活动的理论指导。学习这些原理知识，有助于我们对企业管理的认识和理解，但还需要在实践中深入体会，不断积累经验，逐步领悟管理的实质和内涵。

三、企业管理特点

企业管理特点可概括为以下几个方面：

（一）实践性

任何一门学问都具有实践性，但企业管理的实践性尤其突出，具体表现如下：

（1）企业管理非常重视管理理论或方法在实践中的应用。一般的理论方法在不同企业中应用是有所侧重和变化的，即必须结合企业实际情况。例如纺织企业管理就是将一般的管理方法在纺织企业的具体实践和运用。任何一种管理理论或方法，如果不能够在实践中运用，便不能成立或者就是无效的理论，即管理理论及方法必须经过实践的检验。

（2）企业管理必须反映企业内外的复杂性及现实中的相互制约关系。为了促进企业的良性运转，管理不仅要追求理论上的一致和优化，还必须采取实用可行的，以及能使企业良性运转和大多数人满意的"有限理性"标准。

（二）复杂性

企业的生产经营活动要受到内部和外部的多因素制约,具有一定的复杂性。

（1）企业管理是一门领导艺术,具有艺术性和科学性的特征。科学性是由于企业管理有其内在的客观规律性。艺术性是指企业管理学与许多其他科学不同,由于经济现象的复杂性和多因素性,客观事物往往有许多无法定量的目标和因素,因而它不像有些理学学科那样,可以直接通过计算得到最佳答案;它也不能为管理者提供解决问题的具体的标准模型,它只是透过企业的复杂性,探索企业管理的一般规律,使人们按照客观规律的要求,从实际出发,实行创造性的管理。

管理的艺术性适应了千变万化的管理现象,它强调管理的创造性、技巧和经验。管理的科学性则反映了变化纷呈现象中的一般规律。在管理实践中,两者是相互补充、相辅相成的。

（2）企业管理是一门由经济学、工学、数学、心理学、社会学等学科结合的边缘科学或交叉科学。这种综合性进一步使对管理问题的观察具有多角性,因而导致多种解决方案的出现,使问题更趋复杂。

（三）动态性

企业生产经营活动的状态和过程都是时刻变化的,其管理也是动态的。

（1）管理环境与形势是经常变化的、发展的、不断更新的,因而不能以僵化的、固定的、静态的眼光来看待管理。

（2）管理过程充满着不确定性。它启示我们应当以辩证的观点来研究管理问题,从实践中来,到实践中去;要全面地分析问题,把握整体与局部间的关系,要从发展的角度观察问题,要学会具体问题具体分析。

第三节　企业管理职能与分类

管理职能是对管理的基本工作内容和工作过程所做的理论概括。职能要通过具体管理工作履行,也是对具体管理工作进行的归纳。

一、企业管理的职能与任务

（一）管理职能

企业管理的职能一般可以划分为五项职能。

1. 计划职能

计划,是预先拟订企业目标和对实现目标的途径、方法、资源配置等进行安排的工作,它是企业管理的首要职能。

在协作劳动中,必须有统一的目标和统一的安排,才能彼此配合,最终达到预期目标,所以计划起着指导企业开展各项工作的纲领和依据的职能作用。

2. 组织职能

组织,是为了实现企业的共同目标与计划,确定企业成员的分工与协作关系,建立科学合理的组织结构,使企业内部各单位、各岗位的责权利明确,保障组织有效运转。

组织职能与计划职能是密切相关的,计划职能为组织职能规定了方向乃至具体要求,组织职能则为计划任务的完成提供组织上的保证。组织是管理实现的保证。

3. 指挥或领导职能

指挥,是由企业各级领导人员行使的一种职能。它是指企业各级领导为了贯彻实施企业的计划,在自己的职权范围内,通过下达指示、命令和任务,使员工在统一的目标下各负其责、相互配合,保证完成各项任务的过程。指挥是管理的客观要求。

4. 协调职能

协调也称调节,是协调企业内外部各方面的工作,协调各项生产经营活动的计划或计划外的事物,使各部门之间及与外部环境得到有效的配合,从而提高系统总体效率,清除工作中的脱节现象和存在的矛盾,以有效实现企业目标。协调是管理的核心内容。

5. 控制职能

控制,是指按照既定计划和相关标准对企业的生产经营活动进行监督、检查,发现偏差及时纠正,使工作按原定计划进行,或者调整计划,以达到预期目标的管理活动。

对企业生产经营进行控制,是企业高层、中层和基层的每一个主管人员的职责。因各级主管人员的分工不同,他们的控制范围也不一样。因此,控制职能应划分为不同的具体类型,如生产作业控制、质量控制、安全生产控制、成本控制等。控制是管理实现的关键。

以上管理职能具有普遍性。无论何种类型的企业,也不管企业的哪一个管理部门或者哪一级管理人员,他们所从事的管理工作都可以归纳为这些职能,区别仅仅在于他们执行的各种管理职能的具体内容、要求及时间分配各不相同而已。

现代管理理论界对具体的管理职能划分还有四职能、七职能等几种,前者是把组织与协调职能合并为一项职能,后者是根据社会的发展需要增加了创新、决策或信息等职能,这些也可以在计划和控制职能中体现。

(二) 企业管理的任务

1. 经济效益放在首位

企业是一个基本经济组织,它必须用自己的经济成果为社会创造财富,增加积累。只有这样,才能证明自己在社会上有存在的必要和价值。

2. 以人为本开展管理

要使工作富有活力,管理者必须在企业的生产经营活动中,不仅要管好物,更要管好人,因为员工是企业活力的源泉。要重视人的因素,发挥员工的智慧和创造力,激励员工的劳动热情,同时使他们在物质上和精神上得到相应的利益和满足。

3. 对社会承担的责任

企业向消费者提供产品和服务,它的行为对社会发生影响,对这些影响要承担相应的责任。企业必须做有益于社会的事,如依法经营、照章纳税、履行合同、弘扬正气、保护环境等。

二、企业管理的分类

企业管理按照层次一般分为高层管理、中层管理和基层管理等三个层次,其中高层管理侧重战略和决策管理,中层管理侧重执行和控制管理,基层管理侧重班组和作业管理;按照范围可以分为经营战略决策与计划管理、专业管理、作业管理和基础管理;按照性质可分为技术开发管理、生产作业管理、市场营销管理、财务管理和人事管理等。下面主要介绍层次管理及基础管理。

（一）企业高层管理

高层管理在企业管理体系中处于核心地位，全面负责整个组织的规划运行管理，负责制订组织的总目标、总战略、总规划，实时制订并掌握组织的大政方针并评价整体绩效。其主要内容是制订和组织实施企业经营战略、决策与计划，这是关系企业前途与命运的重要问题。此外，还包括企业组织结构的设置、使用培养和考核干部、培育企业文化、处理企业同外部的关系等。高层管理决定着企业管理工作的全局。

（二）企业中层管理

中层管理是高层管理的参谋与助手，发挥着高层与基层之间桥梁的作用，既要贯彻执行高层管理者制订的重大决策及战略规划，又要注重部门日常的管理事务，对基层管理具有进行指导、服务与监督的职能。其内容一般是以企业生产经营或服务全过程的不同阶段（开发、供应、生产、营销、设计、维护等）和构成要素（人、财、物、信息等）为对象，形成一系列的专业管理，习惯上称为人、财、物、产、供、销"六大"管理。中层管理有承上启下的作用，但也有棚架信息、降低效率的可能。随着产品订单制及信息化的进步，要求企业具有快速反应机制，不少企业实行组织扁平化，尽量减少中层的设置，以提高管理效率。

（三）企业基层管理

基层管理主要是生产车间内工段、轮班、工序、项目组等的管理，是将计划变为产品与现实效果的关键。由于基层管理是对生产、销售、服务及项目等现场作业的管理，所以也称为作业管理。

基层管理主要是分派具体作业任务，直接指挥和监督现场作业活动，保证各项活动有效完成的过程。其内容一般包括工序管理、现场管理、环境管理、规范化管理、员工自主管理、班组管理等。

（四）企业基础管理

企业基础管理是企业在生产经营活动中的基本手段和前提条件，是实现管理的保证。

1. 基础管理涵义

基础管理是企业对带有基础性质的基本要素的管理，主要指管理工作实施过程中的标准、信息和规章制度等最基础的要求，一般包括标准化、定额、计量、信息（包括统计核算工作）、建立以责任制为核心的规章制度、员工培训管理等内容。

2. 基础管理特点

（1）科学性。基础管理要体现和反映企业生产经营服务活动的客观规律，是一项科学性较强的工作。只有科学的基础管理，才能导致科学的管理。

（2）群众性。基础管理是一项群众性很强的工作，表现在各项计划、定额、标准、制度的制订落实，都需要群众的积极参与才能完成。因此，它的涉及面比较广，工作量比较大，必须依靠广大员工进行实施。

（3）先行性。基础管理一般走在专业管理之前，要为专业管理提供资料、准则和手段，是搞好企业管理的一项先行性的工作。

（4）经常性。基础管理的信息、统计、定额等工作，需要实时进行，它对企业的生产经营活动起着指导、反馈作用。另外还表现在要求持之以恒。

（5）适应性。企业的基础管理建立后，要保持相对的稳定性，但也不能一成不变，还要随着生产经营服务环境的改变而变化，要适应实际的需要。

3. 基础管理的作用

企业基础管理工作的到位及完善程度，直接关系到企业管理水平和效益，企业管理水平越高，管理方法越先进，越离不开基础管理。基础管理的重要作用：

（1）为企业生产经营活动进行计划、组织和控制提供支撑。

（2）是建立正常生产秩序、提高生产效率和产品质量的重要手段。

（3）是推行经济责任制、贯彻按劳分配原则的具体依据。

（4）是搞好经济活动分析、促进经济效益提高的基本保证。

4. 基础管理的主要内容

（1）标准化工作。标准化工作包括技术标准和管理标准的制订、实施执行的全过程管理工作。技术标准是关于生产对象、生产条件、生产方法、咨询服务，以及产品包装、贮运等方面的规定。管理标准是关于企业各项管理工作的职责、程序、方法和要求等方面的规定。

（2）定额工作。定额工作是包括制订、贯彻和修订各类规定的单位任务目标在内的一系列管理工作的总称。

定额是企业在一定时期和一定生产服务条件下，为合理利用各种资源所规定的消耗额度与占用要求，是编制计划、组织生产、服务质量、经济核算、提高经济效益的有效依据或手段。

定额的种类，主要有劳动定额、技术指标定额、物资消耗定额和储备定额、流动资金定额及服务定额等。

（3）计量工作。计量是指用一种标准的单位量测定目标量的量值的活动。计量工作包括原料、半制品、成品和辅助材料等的测试、检验，对感观性能和理化性能的测定与分析，计量器具的日常维护，以及计量制度落实等一系列管理工作。

（4）信息工作。工艺控制、原始记录、新产品、产质量情况、统计分析等技术经济情报、科技档案工作，以及数据和资料的收集、处理、传递、贮存等管理工作，统称为信息工作。

随着计算机的应用和网络技术的发展，不少企业建立了综合信息管理系统，对数据进行收集、存贮和检索，在规定范围内进行信息共享。

（5）建立以责任制为核心的规章制度。企业的规章制度是用文字或图表的形式，对各项管理工作和生产作业要求所做的规定，是企业全体员工行动的规范和准则。建立和健全企业规章制度，是企业管理的一项极其重要的基础工作。把员工合理地安排在每一个岗位上，把他们的积极性充分调动起来，把复杂的、连续性很强的工业生产、技术服务等组织成有节奏的活动，就必须有一套科学的规章制度。企业的规章制度可划分为三类：

① 基本制度，是关于企业运转机制、组织设置、产权构成等方面的制度。例如，领导制度（如厂长负责制、员工民主管理制度等）、组织制度等。

② 工作制度，指企业生产经营活动中，计划、生产、技术、物资、销售、人事、财务等方面的工作制度。

③ 责任制度，企业每个成员在自己的岗位上所应承担的任务、责任、权利及义务的规定。

（6）员工培训工作。重视和坚持员工的思想教育、管理知识和技术培训，提高企业整体素质水平，培养企业核心价值，建立企业文化，是现代企业的重要工作之一。

一般性基础工作是企业管理最基础的工作,是企业管理必不可少的工作,一定要认识到它的重要性,因为再现代的管理也需要基础工作做保证才能有效。

需要注意的是,管理的内容分类在实际中并没有严格的界限,只是相对而言的,有很多管理本身就是互相交叉的,一个管理者可能会同时承担多个角色,同一个管理者会在不同时期承担不同的角色。一般根据具体情况和需要进行分类。

第四节　企业管理组织与管理方法

现代企业是一个有机整体,为使企业协调而有效地运转,必须建立统一的、高效率的生产经营管理系统。管理组织机构是管理系统的硬件,建立精干高效的组织机构,对实现企业目标,提高企业竞争能力和盈利能力,具有重要的作用。

一、企业管理组织及其作用

(一) 企业管理组织

组织是人们为了实现某一特定目的而形成的系统集合,它有一个特定的目的,由一群有共同志向的人所组成,有一个系统化的结构。组织从本质上来说是人们为了实现共同目标而采用的一种手段或工具。组织必须有目标,共同目标的存在是组织存在的前提。为了实现共同目标,组织内部必然要进行分工与协作,没有分工与协作的群体也不是组织,分工与协作关系由组织目标决定。

企业组织是为有效地向社会提供产品或劳务,将企业的各种资源,按照一定形式结合起来的社会系统。现代企业组织具有目的性、系统性、结构性、群体性、适应性等基本特征。

企业组织分为两大部分:一是由员工和生产资料紧密结合而形成的企业生产劳动组织;二是配备一定数量和能力的管理人员,按分工协作关系划分,明确职责、权限和义务的企业管理组织。管理组织通过其整体性的活动和信息传递,决定和影响着企业生产劳动组织配置的合理性和效率。企业管理组织既要对直接生产过程和服务活动进行计划、组织、领导、控制,又要对企业生产经营过程中出现的一系列问题负责。

管理组织主要由管理人员、规章制度和企业信息等要素构成,其工作内容主要是组织机构设计、组织规章制度建立和组织人事工作等。

(二) 企业管理组织的作用

1. 确定企业的生产经营目标

随着社会主义市场经济的不断完善,经营决策对企业越来越起着举足轻重的作用。对企业的经营目标和经营战略做出决策并加以贯彻落实,是管理组织的重要职能之一。做出决策和制订目标,领导者个人的才智、能力和知识对组织整体固然十分重要,但是只有与组织的力量和集体的智慧融合在一起,才能充分发挥其龙头作用。

2. 组织生产经营,实现企业目标

企业只有不断地对企业的各种物质资源、劳动力、资金和信息做出适当安排和合理配置,分工负责,互相配合,才能形成持续发展的生产力,才能实现经营目标。

3. 协调各职能部门的工作

企业的人、财、物各要素和供、产、销各环节,各管理部门与生产部门之间,经常会出现各种脱节和不平衡的情形,组织管理的职能就是要发现和解决这种脱节和失衡的问题,使生产经营活动均衡发展,保持良性循环状态。

4. 发挥组织的凝聚作用和群体效应

管理组织通过制订的组织制度和激励措施,能够将分散的、个体的企业员工,凝聚成一个强大的整体,充分发挥团队的优势与合力,使企业全体员工紧紧围绕企业的总目标而开展活动,产生巨大的群体效应,促进企业不断发展。

二、企业组织设计原则及类型

(一) 企业组织设计

企业组织设计是为了有效地实现企业经营目标,从实际出发探索企业组织合理架构的活动。设计一个科学、合理、先进的企业组织结构,一般应遵循以下原则:

1. 目标一致原则

任何企业都有其特定的战略及目标。组织设计只是一种手段,其目的是保证组织战略的顺利实施和目标的实现。企业管理组织设计,首先必须明确组织的发展战略及目标是什么,并以此为依据,设计组织的总体框架。同时,在组织设计中要以事为中心,因事设机构、设职务、设岗位,避免出现因人设事、因人设职、因人设机构的现象。

2. 有效管理幅度原则

有效管理幅度是指一名领导者能够有效地监督、管理其直接下属人员的数量。管理幅度受多种因素的影响,如领导者的知识、能力、经验,工作性质,下级的工作能力等。在一定规模的企业中,管理幅度与管理层次成反比:管理幅度增大,管理层次减少,但管理幅度过大,领导者管不过来,达不到有效管理的目的;管理幅度减小,管理层次增多,则机构臃肿,信息损耗量大,效率低。因此,组织机构设计要遵循有效管理幅度原则。

3. 统一指挥原则

机构设置应当保证行政命令和生产经营指挥的集中统一,这是现代化大生产的客观要求。统一指挥要求每个管理层次、各种管理组织和机构都必须实行首脑负责制,即由一个人总负责并统一指挥,以避免多头指挥和无人负责的现象。统一指挥还要求分层授权,自上而下地一级指挥一级,不能越级指挥。

4. 权责对等原则

职权是指一定职位在其职责范围内,为完成其职责应具有的权力。职责是职位的责任、义务。权责对等原则是要求职责与职权保持一致,一个人在得到某种职权的同时,应承担相应的责任。在组织机构设置时,既要明确规定每一管理层次和各职能机构的职责范围,又要赋予完成其职责所必需的权限。只有职责,没有权限,或权限太小,管理者的积极性和主动性都会受到束缚,实际上是不可能承担起应有的责任的;相反,只有权限而没有责任,就会造成滥用职权。所以设置什么机构,配备什么样的人员,规定什么职责,就要授予什么样的职权。

5. 分工协作原则

分工就是按照提高管理专业化程度和工作效率的要求,划分职责范围。组织结构中的分工有管理层次的分工、部门的分工、职权的分工。管理层次的分工,即分级管理。部门的分工,即部门划分,部门划分过细,容易产生"隧道视野",不便于协同合作。组织结构中有三种职权类型,即直线职权、参谋职权和职能职权。直线职权是指挥权,参谋职权是提供咨询、建议,而职能职权介于直线职权和参谋职权之间。有分工就必须有协作,只有分工没有协作,分工就失去意义,而没有分工就谈不上协作。因此,分工与协作之间是相辅相成的,在组织机构设计时必须遵循分工协作原则。

6. 精干高效原则

组织结构是否精干直接影响到组织的效能。所谓精干高效,就是在保证完成目标及达到高效和高质量的前提下,力求减少管理层次,精简机构和人员,充分发挥组织成员的积极性和创造性,提高管理效率和工作效率,节约非生产性开支。这项原则推动了现代管理的扁平化趋势。

7. 集权与分权相结合原则

集权与分权在企业管理体制上主要表现为企业上下级之间的权力分配问题。集权与分权是一组相对的概念,集权形式就是将企业经营管理权集中在企业的最高管理层,而分权形式则是将企业经营管理权适当地分散在企业的中下层。集权是社会化大生产保持统一性与协调性的内在需要。但是,集权又有弹性差、适应性弱等致命的弱点,特别是在社会化大生产的复杂性和多样性面前,无弹性的集权甚至可能造成企业窒息。因此,必须实行局部管理权力的分散。企业在进行组织机构设计和调整时,应根据实际情况,正确处理好集权与分权的关系。这项原则导致现代企业出现了事业部制、合伙制等组织结构。

8. 稳定性与适应性相结合原则

为了保证企业生产经营活动有序进行及提高效率,企业组织机构设计首先应保持一定的稳定性,即保持相对稳定的组织机构、权责关系和规章制度。同时,环境条件的变化必定影响企业的目标及企业成员的态度和士气,企业组织机构必须针对这些条件作适应性的调整。但是,企业组织机构调整过于频繁,也会对企业产生不利的影响。因此,企业组织机构设计要遵循稳定性与适应性相结合的原则。

(二)企业组织结构类型

企业组织结构形式,受行业特点、生产规模、生产技术的复杂程度、专业化协作水平、管理水平和人员素质等诸多因素的影响,并随着企业生产经营活动的发展而不断演变。企业组织结构的类型主要有直线制、直线职能制、事业部制、模拟分权制、矩阵制、多维立体等几种,将在以后章节中结合纺织业情况进行介绍。

三、企业管理的一般方法

(一)管理方法的种类

管理方法是在管理活动中为实现管理目标、保证管理活动顺利进行所采取的各种工作方式。管理原理必须通过管理方法才能在管理实践中发挥作用。管理方法是管理理论、原理的自然延伸和具体化、实践化,是实现管理目标的途径和手段。企业管理方法一般有以下几种:

1. 教育方法

教育方法是指运用思想工作和企业文化来解决员工的思想认识问题,调动员工的积极性,提高员工素质的一种方法。

（1）教育方法实质。教育是我国企业管理中具有特色的管理方法，其实质是通过讲道理、谈心沟通来实现目标。在企业生产活动和社会活动中，人们会产生各种各样的思想问题，直接影响着员工的工作积极性和日常的工作任务的完成。这些思想问题绝不能用强迫命令、压服的方法去解决，只有以人为本，落实情况，依靠思想工作，多用激励和说服教育的方法才能奏效，也可以通过企业文化建设、企业培训进行教育。

（2）教育方法内容主要有爱国主义、集体主义、人生观、世界观、道德观、民主法制、规章制度、科学专业技术、企业文化等，主要是企业目标统领，热爱企业，热爱工作。

（3）教育方法符合社会发展要求。在当今以人为本、建立和谐社会的客观要求下，教育说服、以身作则、模范作用等都是不可缺少的重要方法。但是，这些方法需要结合实际运用，单纯的说教式、空洞教育，有时会起反作用。

2. 经济方法

经济方法是指按照经济规律的要求，运用经济手段（价格、工资、利润、奖金、股份等）和经济方式（经济合同、经济责任制等）来执行管理职能，实现管理任务的方法。例如，运用目标责任制。

（1）经济方法的实质是围绕物质利益，运用各种经济手段处理国家、集体、个人三者之间的经济利益关系，责权利统一，从而发挥员工的积极性和创造性。

（2）经济方法不是用强制性的手段，具有利益性、普遍性、灵活性、平等性的特点。

（3）经济方法运用方便，易于接受，是常用且受欢迎的方法，但容易产生讨价还价的现象，诱发拜金主义的倾向，因此要适当运用。

3. 行政方法

行政方法是指企业各级行政机构运用法定权力（命令、指示、规定等），以及计划、组织等行政手段，完成管理任务的一种方法，是企业管理的重要手段之一。

（1）行政方法实质是通过行政组织的职务和职权（但不是特权）进行管理，即按照行政隶属关系执行管理职能。

（2）行政方法具有强制性、权威性、垂直性、具体性、无偿性的特点。企业员工都必须遵守法定的下级服从上级的原则。

（3）行政方法运用要依照客观规律办事，讲究科学性，切忌主观主义的指挥行为。

4. 法律方法

法律方法是指运用法律规范或相应的行为规则管理企业的一种方法，一般包括国家法律法规、企业规章制度、司法、仲裁等。

（1）法律方法是通过经济立法和经济司法，运用经济法规管理企业的生产经营活动。

（2）经济法规和企业规章制度是保证企业生产经营活动有秩序进行的前提条件。

（3）法律方法是国家管理经济的重要工具，也是民主法制的重要组成部分。因此，企业管理必须重视法律方法的运用。

（4）法律具有严肃性、规范性、强制性，但是法律方法需要一定的成本和时间。

5. 数学方法

数学方法是指运用数学模型或系统模型寻求优化方案的定量分析方法，促进企业管理的定量化、合理化。

（1）管理常用的数学方法有盈亏平衡法、线性规划法、网络法、模拟模型法、存储模型法等。

（2）数学方法有很重要的作用，但由于难以表示人的因素而有一定的局限性，因此需要将各种方法综合运用才会准确有效。

（二）管理方法的关系和原则

1. 管理方法相互关系

教育方法、行政方法、经济方法等管理方法不是各自孤立的，只能单独使用，而是互相联系、互相促进的，可以结合应用。

2. 管理方法运用原则

管理方法在实际中运用，总体原则上要把握公正公平、重在激励、灵活运用，同时注意以下具体原则：

（1）以人为本。把员工当社会人看待，要从正面引导、激励，要多在鼓励员工积极性的方面做工作。

（2）实事求是。坚持公平公正的原则，遇到问题要多听各个有关方面的意见，经认真分析落实后，才能提出有关意见，同时要注意做好有关原始记录。

（3）以制度法律为准绳，按照国家法律和企业有关规定处理问题，要做到有根有据。

（4）严格程序。对一些棘手、一时难以解决的问题，必须进行调查研究，严格按程序和要求（一步都不能少），确保处理问题的合法公正性。

（5）有利有节。因人而异，灵活运用。对爱面子的人，要注意保护其面子，就能起到一定效果；对计较小利的人，要一是一、二是二，认真对待；对急爆脾气的人，要冷处理；对明白清楚的事，要快刀斩乱麻，不要拖拉，以免让员工无所适从；对明达事理的人，要把事理说清，按规定处理。

总之，企业管理已成为一门综合运用自然科学知识和社会科学知识的科学。许多符合大工业生产、经营和客观规律的管理方法、管理技术，已卓有成效地应用于企业管理中。正因为如此，在发展社会主义市场经济的过程中，要坚持自己的优良传统，并照顾到中华民族文化心理特征体现在企业管理中的合理成分。与此同时，要认真汲取、借鉴发达国家先进的企业管理经验。所以，作为企业管理人员，在任何情况下，都必须对各种变动的环境因素进行具体分析，然后再采取那些适用于某种特定环境的管理方法，以取得良好效果。

[**案例**]

华茂纺织股份有限企业发展之路

由安徽省安庆纺织厂改制而成的安徽华茂纺织股份有限企业（简称"华茂"），经受了中国纺织行业从巅峰到低谷的极其复杂的外部环境的考验，创造了连续 40 多年盈利，多年来始终处于行业领先地位的不凡业绩，受到了全国纺织界普遍的关注。

"十五"期间华茂累积投入超过 52 亿元，创造了让中国人骄傲的业绩，用中国的棉花、中国的纺机纺织出了 240 支纱的高档面料。精梳纱比重达 80%，无梭织物比重达 70%。华茂集团拥有世界一流的纺纱织布设备，其配棉、工艺设计、生产调度、财务、销售、安全、生产管理等工作，全部采用电子信息监控。华茂正在从劳动密集型向高附加值方向发展。

华茂多年来坚持以质量效益为主，上下求索，积累了许多成功经验，但新形势下还会面临更大的挑战。华茂的思路：

（1）坚持质量效益型企业不动摇，向技术效益型企业迈进。不仅要让用户满意，而且要进一步追求技术质量、服务质量、稳定质量、高端质量，不断地向国际高端市场进军。坚定不移地走品牌道路，追求品牌效应。华茂先后通过 ISO9001 企业认证、环境认证，在国际上注册了 20 多个商标，不断地按照品牌要求，走自主创新的道路，打造华茂品牌，推向国际市场。在技术标准、质量管理、信息化管理上，不断加大技术创新的投入。

（2）坚持以人为本，努力营造和谐华茂，走新型管理模式。一是坚持以法治企；二是加大人才培养，与东华大学合作，开设了本科班、大专班、中专班和后备干部培训班等；三是不断探索新的分配机制，真正做到"能者高薪"。

（3）坚持可持续发展道路，坚决履行社会责任。一是坚持以市场为导向，走产业链延伸的道路，寻求发展；二是坚持两个市场，特别是国际高端市场；三是强调规范发展动作；四是强调诚信、环保、人文等社会责任。

华茂是一面鲜艳的"红旗"。华茂经验：以管理为一条主线，不停顿地改革，为传统管理不断注入新内涵和新活力。其重点是把市场环境、行业形势和自身实力看作一个大系统进行分析和研究，将市场推力、政策引力和企业内力汇聚成强大的动力，将市场有优势的价格作为起点，从产品的最后一道工序倒推到第一道工序，通过各道工序的成本管理，最大限度地为企业赢得市场和效益。为了实现市场目标，对企业内不适应市场经济的部分逐一进行改革，不断创新，确保产品价格为市场接受，实现盈利。汲取了"嘉丰""安陆"为代表的"质量、品种、效益型"管理模式的精华，开拓性地将邯钢的"成本效益法"经验与企业实际紧密结合，创新为"质量、成本、效益型"的新管理模式，成功地实现了由传统经济到市场经济的跨越，为我国纺织战线树立了榜样。

[思考题]

1. 什么是企业？现代工业企业制度有哪些主要特征？
2. 企业管理有哪些职能和方法？
3. 什么是企业管理的基础工作？
4. 企业管理特点、内容和基本原理有哪些？
5. 泰罗的科学管理主要由哪些内容组成？
6. 法约尔提出了管理的十四条原则，请就其中两条谈谈看法。

第二章　纺织工业与管理

　　纺织工业是指以具备社会化大生产特点的纺织生产企业为主及相关配套的企业组成的产业。它是我国国民经济的重要组成部分,是从事化学纤维、纺纱、织造、染整、纺织机械及服装、家用和产业用纺织品等生产经营服务活动,实行独立经济核算的经济组织的总称。纺织工业主要包括棉纺织业,毛纺织业,丝绸业,麻纺织业,针织业,复制业,印染业,非织造材料工业,化学纤维企业,服装企业,纺织机械、纺织专用器材及纺织技术服务企业等。

　　国际上,有的国家(如日本)把纺织工业概括为"纤维产业",有些国家(如一些欧州国家)则概括为"纺织与服装业"。

第一节　纺织工业概况

一、纺织工业的组成

(一)纺织工业组成类别

　　我国纺织工业已经形成比较完整的工业体系,按照不同性质进行划分,主要由原料加工业、生产加工业、装备及专件制造业等组成。其中:

　　(1)原料加工业。原料加工业主要有化学纤维生产和棉花轧压、洗毛、制条、缫丝、脱胶等加工企业。化学纤维生产又分人造纤维如黏胶纤维、合成纤维如涤纶等生产企业,是纺织工业中技术含量较高的资本密集性行业。

　　(2)生产加工业。生产加工业主要有棉纺织、毛纺织、麻纺织、丝绸、印染、针织内衣、服装、非织造等加工企业。它们又分别形成纺织工业中的小行业。其中:

　　① 棉纺织业。指以棉花为主要原料,其他化学纤维为辅助原料的纺纱、织造及印染等生产加工企业。它是纺织工业中最大的分行业,也是纺织工业中的基础行业,主要有棉纺、棉织、印染等各自独立的企业。

　　② 毛纺织业。指以羊毛、羊绒为主要原料,其他动物纤维及化学纤维为辅助原料的洗毛、制条、纺织及染整等生产加工企业,主要有粗纺、精纺、绒线、半精梳等生产企业。它们一般都具有织造和染整的加工能力。

　　③ 麻纺织业。指以苎麻为主要原料,其他麻纤维及化学纤维为辅助原料,进行各类麻纺产品生产的企业。麻纺织企业一般是全能的,即一个企业具备脱胶、制条、纺、织、染整等加工能力。

　　④ 丝绸业。指以桑蚕丝、柞蚕丝、绢丝为主要原料,其他天然纤维及化学纤维为辅助原料,进行各类丝绸产品生产的企业。丝绸纺织企业一般包括煮茧、缫丝、整理、织造、染整等加

工能力。

⑤ 印染业。指以棉和化学纤维为主的纺织品为原料,进行漂白、碱处理、酶处理、印花、染色及各种功能整理的专业印染整理企业。这类企业的技术含量较高,一般投资比较大,属于耗能大、环保要求高的企业。

⑥ 针织业。指以各种纤维的成纱为原料,进行针织、整理及成衣加工的各类企业,主要有内衣、制袜、纺缝、经编、巾被、复制、家纺及整理等企业,是生产工序少、产品变化快、符合当今时代需要的纺织业。

⑦ 服装业。指利用设计技术或模仿方法,采用各种纺织材料进行成衣加工,实现设计创意的企业,主要有时装、休闲装、女装、童装等企业。我国是纺织服装加工大国,但在服装设计水平和品牌数量方面与发达国家相差甚远。

⑧ 非织造业。指将纤维通过摩擦、黏合、化学、机械、热学或它们的组合的加工方法,生产各种纤网或絮片材料(也称无纺布)的各类企业,主要有纺黏、针刺、水刺、化学黏合、热黏合、缝编、闪蒸、熔喷、膜裂、复合加工等生产企业,是产业用纺织品行业的主体,其产品广泛应用于国民经济的各行各业。

(3)装备及专件制造业。装备及专件制造业是指制造纺织加工生产所用的各类纺织机械装备、设备、成套生产线、辅助设备和纺织专用器材的各类生产企业。

我国现在已经具备制造棉纺、毛纺、麻纺、喷气织机、喷水织机、剑杆织机及各种染整设备、非织造机械及生产线的能力。随着产品质量和品牌知名度的不断提高,不仅能够满足国内需要,而且出口量不断增加。这说明我国的纺织机械制造和加工企业,已经有相当一部分企业的制造水平达到了国际水平。

(二)纺织企业的组成形式

纺织企业按照生产工艺、产品结构、协作环境、技术装备等条件的不同,可以有不同的组织形式,一般可以分为三类:

(1)专业企业。指对纺纱、织造、印染、服装、家用纺织品、专件等纺织加工门类中的单独一种进行专门加工的生产企业。棉纺、毛纺、缫丝、纺织配件、色织布厂、针织企业、独立的染纱厂、印染厂、染整厂,以及非织造中的针刺、纺黏、水刺加工等企业,都属于这一形式。

(2)全能企业。指具备纺和织、织和染、纺织和染整部分或多功能的组织形式,如毛纺织、绢纺织、麻纺织企业。另外,棉纺织业中生产漂布、色布、毛布、被单等产品的企业,以及丝织行业中的许多企业,也常采取这种组织形式。少数针织企业拥有棉纺车间,也可以归纳为这一类型。

(3)联合企业。这是一种联合专业优势,减少物流环节的多工序、长链条,追求终端产品的组织形式。这种类型的企业早已出现。现代社会经济的不断发展,促使不少纺织企业增建服装车间,或服装企业向上游行业拓展,建立集团企业,此种类型的企业日益普遍起来。例如,针织服装厂一般是染纱、针织、服装加工三大专业的联合体,牛仔服企业一般是纺织-染整-服装联合厂、织-染-服装联合厂、染整-服装联合厂。此组织形式存在难以管理的弊端。

以上纺织工业中,化学纤维业是技术含量较高的资本密集性行业,我国产能较大,但创新和差异化水平较低;非织造业为主的产业用纺织品行业是纺织业的一个新兴行业,其技术、品种、产能都得到了迅速的发展,已经成为纺织业的一个新的增长点;针织业以工序少、品种多、服用性能好等特点成为近年发展较快的行业,其产能已达纺织各类产品总量的 50% 左右;

纺织机械业是纺织业发展的基础,要求材料、加工等技术水平较高,近十多年来,加大引进和消化吸收的技术改造力度,使整个制造水平明显提高,已具有一定的国际竞争能力。

纺织工业的进步离不开纺织服务业。它们围绕纺织业的需要进行配套、技术咨询及媒体服务等,促进纺织工业的快速发展。例如,中国纺织工业联合会、纺织时尚信息发布机构、产品检测检验机构、中国纺织媒体,等等。

二、纺织工业的发展

中国纺织历史悠久,两千多年前的西汉时期,就掌握了很高水平的纺织品图案设计和制作技术,唐时期的中国丝绸更是名扬世界,在中西方形成了著名的"丝绸之路"。因此,在那个时期,中国纺织为世界的文明和发展做出了巨大贡献。现代纺织工业是指具备了社会化大生产特点的工业化生产以后的纺织工业。我国纺织工业化发展的历史较短,主要分 1949 年前后两个时期,真正具备完整的工业体系条件是在 1949 年以后。

(一) 1949 年以前

当时,我国纺织工业十分薄弱,主要靠一些民族资本家引进国外设备,在全国建有大小数百家纺织厂,仅有棉纺纱锭数百万枚,有梭织机 6 万多台。每年纱产量不到 50 万吨。棉布产量最高年份只有 27.9 亿米、最低年份只有 19 亿米,而且多为窄幅布;人均棉布年耗量不到 3 米。产品的品种、花色也十分单调,主要是白粗布和素色布。服装产量为 0.55 亿件(梭织布服装)左右,人民的穿衣问题始终没有得到解决,整个纺织业几乎没有出口创汇。

(二) 1949 年以后

1949 年以后,我国纺织工业得到迅速发展,大体可以分两个阶段。

第一阶段主要是计划经济阶段。当时的纺织品十分紧张,实行统一的"两纱两布"计划管理。国家在十分困难的经济条件下,大力建设纺织工业。经过二十余年的努力,国家先后在北京、青岛、上海、武汉、济南、郑州、石家庄、西安等地建立和改造了数十个大型新老纺织工业基地,把我国纺织工业的发展推进到前所未有的水平。到 1977 年,全国棉布产量突破了 100 亿米大关。

第二阶段是 1978 年实行社会主义市场经济后,依靠不够完善的市场力量,纺织业再次得到快速发展。1982 年,全国棉布产量达到 150 亿米,服装产量达到 10 亿多件。1983 年底,全国取消了布票制度,纺织品敞开供应,基本解决了人民穿衣和其他方面的需要。随后,我国纺织工业进入了历史上最快的发展时期,建成了多行业、多类别、系列完整的纺织工业体系,并且很快成为世界第一大纺织品服装出口创汇国家。

三、纺织工业的水平

从我国纺织工业建设发展的基本过程看,大体为产业准备阶段、纺织大国建设阶段、转型升级阶段、纺织强国建设阶段。现在基本上处在第三到第四个转型阶段,其基本水平:

截至 2015 年,全国独立核算纺织企业 4 万余家,规模以上企业 3 万余家。年主营业务收入 7.07 万亿元,年利润 3 800 亿元,年纤维加工量 5 300 万吨(占世界纤维加工总量 50% 以上),出口创汇 3 000 亿元左右(占世界纺织贸易额 30% 以上)。我国纺织各行业规模见表2-1。

表 2-1　我国纺织各行业规模

行业	规模
棉纺	1.3 亿锭左右
毛纺	500 万锭
麻纺	95 万锭
缫丝	60 万吨/年
化纤	2 600 万吨/年
印染	600 亿米/年
服装	350 亿件/年
非织造材料	500 万吨/年

我国棉、毛、麻、丝、化纤和服装行业在规模上均属世界第一,已经成为纺织大国,然而在质量和技术进步上,我国的纺织装备、加工工艺等与世界先进水平仍有不少差距。例如,纺织装备结构中先进设备的比例,与发达国家还有一定差距。无梭织机等纺织新技术在我国的占有率与世界先进水平对比见表 2-2。

表 2-2　纺织新技术占有率对比

项目	世界先进水平情况	我国情况
无梭织机占有率	80%～90%	60%～70%
自动络筒占有率	90%～100%	65%～75%
清梳联占有率	75%～85%	45%～55%
精梳机占有率	65%～75%	45%～55%

第二节　纺织工业管理概述

我国纺织企业管理是随着纺织工业化生产的进步发展起来的,形成比较系统的管理体系只有五十余年的历史,却走过了一条曲折的发展道路。其间的纺织工业管理,按照纺织工业发展阶段可分为两个类型:第一是计划经济体制的管理,即计划管理;第二是市场经济体制管理的转型,即科学与现代管理。

一、计划管理

计划管理主要指 20 世纪 50 年代全面引进苏联的企业管理模式的管理。

建国初期全国有几百个纺织厂,基本上沿用民族资本家实行的欧美、日本纺织企业的传统管理为主的管理方法,主要以"师傅"加"工头"的形式进行管理。在社会主义工业改造时期,经过筛选,批判式地吸收了其中有益的东西。例如,重视生产与经营的结合,重视产品质量,讲求效率,用人较少,等等。在 1950—1952 年的国民经济恢复时期和 1953—1957 年的第一个五年计划时期,中国纺织工业开始广泛学习并照搬苏联企业管理模式。

"苏式"管理主要特点:实行计划管理,强化行政指挥职能;制订工艺规程,开展劳动竞赛,贯彻按劳分配,建立岗位责任制等规章制度等。通过这些举措,推动了我国纺织企业管理全面走向规范化,形成了比较完整的管理体系。但是,也存在很多不足,如过多依靠行政办法,忽视人本管理,特别是不重视用经济规律和经济责任方法进行管理,统得过死,企业缺乏应有的灵活性和经营自主权等。例如,纺织企业的原料、产品全部实行统购统销,采用调拨单结账核算;调动或处分一个员工,必须经过逐级审批,甚至省部级部门批准才行。

在这个时期,经历了"大跃进"、国民经济调整和"文化大革命"的各个过程。在这个特殊的历史时期,纺织企业主要受违反事物发展的客观规律、过分夸大主观能动性的思想影响,整个纺织企业管理混乱,随意加班加点以提高产量,出现了大量质量事故,给企业造成了很大的浪费和损失,使我国纺织企业管理走了许多弯路。但是,在苏联的企业管理模式和国民经济恢复调整的有关政策影响下,结合我国纺织工业的具体情况,整体上也取得了不少适合国情的管理方法和经验。

企业管理主要经验:重视专业技术管理;健全的职能科室和车间、轮班、生产小组管理;重视计划管理;以岗位责任制为主的管理制度;用编制作业计划和加强生产调度的办法,搞好生产的均衡、协调;开展社会主义劳动竞赛和合理化建议活动;强调劳动保护和安全生产;等等。我国纺织企业管理在长期实践中,经过继承和借鉴,逐渐形成了自己的一些特点:

(一) 重视技术管理

我国纺织企业高度重视技术管理工作,形成了以纺织工艺、设备、操作的"三大管理"为主的一系列管理方法。这三项工作通常被称为"三基工作",主要有以下方面:

一是提出"工艺是主导"。纺织企业全部采用总工程师负责的工艺技术管理体系,工艺管理强调工艺设计、审批、"工艺上车"检查和"先锋试验"(小批量试生产)制度等。行政部门不得干涉技术问题。

二是强调"设备是基础"。在设备管理方面,全面实行纺、织、染各类设备的周期性计划维修制度,以及从大修理、小修理到日常保养、揩车的一整套严密措施。

三是明确"操作是保证"。重点总结先进员工实践创造的成功经验,推广"郝建秀细纱工作法""五一织布工作法""五三保全工作法"等操作法,之后又先后总结和制订棉、毛、麻、丝纺织厂各个主要工序、工种的操作法,规范操作程序和标准。

(二) 企业管理民主化

管理民主的主要表现:实行员工代表大会制度,民主选举车间主任、轮班工长和生产组长;在解决生产、经营、技术等重大问题时,广泛实行干部、技术人员、操作工人三结合制度;实行班组管理制度,创设班组"五大员",分别管理考勤、核算、质量、安全和生活的各个方面;推行"两参一改三结合"的工作模式,即干部参加劳动、工人参加管理,不断改革、完善不合理的规章制度。这种工作模式,不仅符合当时的情况,为纺织业培养了大批管理人员和技术人员,对整个纺织工业管理水平的提高起到了积极的推动作用,也具有现代管理的观点和要求。因此,在现代纺织企业管理中,仍然值得借鉴和运用。

(三) 思想政治工作

我国纺织企业虽然经历了"苏式"的计划经济管理模式管理,但是在实践中仍然非常重视对员工进行思想政治工作,只是其出发点是为了完成计划任务,没有与人本相结合。虽然,这样做思想工作有一定局限性,但应该说还是有较大作用的。具体做法是在企业中配备适当数量的政治工作人员,主抓思想工作。经常化的思想政治工作:在员工中深入进行主人翁思想和以厂为家的教育;评先争优,并给予模范人物表扬、奖励;对于涉及员工利益的重大问题,先做深入细致的宣传教育工作,关心员工及其家庭的生活问题;积极学习、落实国家提出的对国民经济进行"调整、巩固、充实、提高"的八字方针,以及颁布的《国营工业企业工作条例(草案)》;等等。这些对纺织业起到了十分重要的作用,使纺织企业管理走上了正规的轨道。

(四)强化计划管理

纺织企业非常重视编制年度、季度、月度以至每周的生产计划,用以控制产量、质量、品种、消耗。企业的计划指标有三种类型:指令性指标、指导性指标和分析性指标。指令性、指导性指标由主管机关定期下达,作为衡量企业生产、经营、管理水平的主要依据。自20世纪50年代起,国家以指令性计划为主,考核纺织企业的指令性指标一直是产量、品种、质量、消耗、劳动生产率、成本、资金、利润等八项;80年代起改为产量、品种、质量、利润等四项,其余四项改为指导性指标。分析性指标则由企业根据经营管理的需要自行制订。

(五)吸收先进经验,提高管理水平

纺织工业本身是形成社会化大生产较早、管理系统比较完善的行业,已经积累了丰富的经验和方法,为其他行业输送了大量的管理人才和管理经验。为了行业的良性发展,纺织工业非常重视学习和应用其他行业先进的管理方法和经验。例如,各个纺织企业认真学习大庆油田"三老四严"等管理经验,学习王进喜吃苦耐劳的工作精神,严于教育,严于管理,促进了纺织企业管理水平进一步提高。

二、科学与现代管理

科学与现代管理是一个逐步发展、完善的过程。我国纺织工业的科学与现代管理是通过三十多年改革开放、市场经济体制的管理转型而逐步形成的。

1978年以后,随着全国工作重点的转移变化,纺织企业管理在坚持原有的重视计划及岗位责任制管理的基础上,主要进行企业管理体制机制的改革探讨,促进了企业管理的产权制度的建立和完善,带动了企业管理方式的规范化、多样化。例如,根据市场经济体制发展需要,将原有的纺织"三大管理",引伸发展为"五大专业管理";将生产计划主导的工厂制管理,转型为经营开拓主导的公司制管理;从"一股独大"的国营纺织企业,向多种形式的混合制产权形式转变。随着经济新常态发展,纺织业也在不断探讨"两化"融合、创新管理等新模式。

(一)企业整顿、改革,管理逐步规范

党的十一届三中全会以后,国家的工作重点转移到现代化建设上,开始了经济体制改革,加强了管理制度建设和改革。1982年起,国家有计划、有步骤地分期分批对所有国营工业企业进行领导班子、员工队伍、管理制度、劳动纪律、财经纪律等全面整顿,促使企业围绕现代化建设逐步走向规范。这一阶段,纺织工业出现了以上海嘉丰纺织厂和湖北安陆五七纺织厂等为代表的"嘉丰""安陆"管理经验和模式,即"管理细、质量精"为特点的质量、品种型模式,在一个较长的时期内成为全国纺织业的楷模,推动了我国纺织业和纺织企业管理的发展。

1984年,《中共中央关于经济体制改革的决定》提出增强企业活力是经济体制改革的中心环节。国务院制订出《企业管理现代化纲要》,确定了企业管理现代化的前进方向。企业开始实行多种形式的承包经营责任制,加强企业各项基础工作,全面推行厂长负责制,积极促进企业间的横向联合,较大地提高了我国企业管理水平。这是建国以来经济工作的一个重要阶段,以实践作为检验真理的唯一标准,"三个有利于"的务实思想大得人心,推动了全国工业企业及纺织企业的全面改革,拟订了"产权清晰、责任明确、政企分开、管理科学"的现代企业制度的总框架,从而真正全面地将企业推向市场,实现自主经营、自我约束、自负盈亏、自我发展。在超前试行现代企业制度的企业中,总结出了"五个机制",即企业优胜劣汰的竞争机制、国有资产保值增值机制、员工能进能出的就业机制、覆盖全社会的保障机制和经营者择优录用的竞争上岗机制。这五个机制既符合中国实情,又体现了当代企业的进步和文明。

(二)现代企业制度建立,管理创新提高

在建立现代企业制度的改革过程中,初步建立了资本金制度,明确了产权关系,形成了国家投资企业的规则与机制;初步建立了出资人制度,确立了企业法人财产权,形成了符合市场经济要求的国有资本运营体系;建立健全了国有资产管理、监督和营运体系。纺织行业的杉杉集团、雅戈尔集团等一大批乡镇纺织企业异军突起,全面推动了我国国有纺织企业改革和结构调整,使纺织工业的生产力得到了前所未有的发展。

20世纪90年代,纺织工业得到了飞速发展。此时,由于纺织规模增长过快,纺织装备技术改造没有及时跟进,尤其是企业管理创新滞后,造成了企业规模盲目扩大而效能低下的局面,主要表现为劳动生产率偏低、生产成本上升、市场竞争力较低。大多数纺织企业从1993年开始亏损,且亏损持续时间长达数年,最终导致国家在1997年底开始把纺织业作为扭转全国工业企业被动局面的"突破口",用了三年时间对纺织业进行"结构调整、技术改造、压缩规模、提高水平"的攻坚战,国家累计投入1 000亿元人民币,压锭改造落后的棉纺细纱1 000万锭,减人转岗450万,同时开展"三改一加强",即企业改制、行业改革、产业技术改造和加强企业管理的多管齐下的综合治理。经过三年的综合调整、整顿,我国纺织工业的运行质量明显改观,1999年全行业实现了扭亏为盈。

到了21世纪,经历了社会主义市场经济的磨练,纺织工业依靠国内外市场作用,苦练内功,向管理和市场要效益,再次得到了迅猛发展。我国纺织工业前后涌现了安庆华茂纺织集团公司、山东魏桥纺织集团公司 、鲁泰纺织集团公司、吉林化纤集团公司、上海三枪内衣集团公司、江苏阳光毛纺集团公司、浙江雅戈尔服装集团公司等一大批市场经营型的现代管理排头兵企业,它们集中地代表了我国纺织工业的管理水平。

三、纺织工业管理水平

(一)纺织工业管理的经验

我国纺织企业管理是从建国后起步的,尤其是从计划管理模式到市场经济管理模式的转变时期,逐步形成了一些有特色的管理思想和方法。例如,出现了一批管理水平较高的企业,促使我国纺织管理水平整体处于科学管理与现代管理之间。

纺织企业管理具备社会化大生产工业企业管理的所有共性特点,同时具有其特色的管理,最集中的就是重视基础管理和专业技术管理,主要体现为十分重视纺织工艺、纺织设备、纺织操作"三大管理",并在此基础上发展了增加纺织原料(物流管理)、纺织空调(环境管理)的"五大专业管理",探索实施了小批量、多品种的快速反应与市场营销管理机制,整体上形成了纺织企业管理的"四大特点"即"严、实、细、恒"的管理模式:

严：严格制度,严格纪律,严格标准。

实：实事求是,实际可行,落在实处。

细：注意细节,细心做事,细致管理。

恒：持之以恒,恒定心态,恒久如一。

(二) 纺织工业管理的不足

以上管理方法和经验,对促进我国的纺织企业管理发展,加快我国成为世界纺织大国的进程,都起到了十分重要的作用。但从整体上看,我国纺织工业历史不长,又经历了"大跃进""文化大革命"等时期,所以纺织企业管理水平不高,还没有真正形成先进的、系统的管理,不少企业还处于传统管理与科学管理的中间阶段,具体表现:

(1) 企业思想观念陈旧,不重视长远战略经营方面的管理。在我国深化改革开放、推行社会主义市场经济的时期,纺织企业的观念有了一定的转变。随着经济全球化和区域一体化进程的加快,我国"一带一路""两化融合"倡议实施,进入全力实现"中国梦"的新时期,国际市场竞争加剧,纺织市场的竞争更是如此。纺织企业的经营观念还远远不够,必须进一步适应变化,更新观念。

(2) 现代企业制度不够完善。我国纺织企业经过几十年的改革,有90%以上的企业进行了改制,企业管理有了质的变化,正在向现代企业制度过渡,但是还不够健全和完善,信息化管理水平和营销能力还有待提高;交货期长,快速反应能力差;习惯看重眼前利益,不注重营销战略计划的制订,缺少国际营销渠道,使大部分利润转向国际中间商。这些都表明纺织企业管理还没有完全适应市场经济的要求。

(3) 创新能力不足,与国家实施的创新战略很不适应。纺织工业的创新能力不足,集中表现为研发管理薄弱。例如,研发投入过少,纺织企业平均研发费用投入强度在0.6%左右,是全国工业企业平均水平的40%,是国家的目标要求的30%,与发达国家的研发费用水平有更大差距。另外,我国纺织服装技术结构中,产品主要制造工序即"纺织—染整—设计—制衣"是两端大而强、中间小而弱,也就是纺纱、织布、制衣的企业数量多、规模大,染整、研发、设计的企业和人员少、品牌少。两端都是劳动密集型工作,利润空间很小,而中间是技术密集型工作,利润高。纺织企业的技术力量也远远不够,招不进、留不住、用不好的现象仍然很突出。

(4) 产业结构不合理。在纺织品中,家用和产业用纺织品的比例代表现代纺织品需求结构的发展趋势。我国的纺织品结构还不够合理。表2-3所示为不同国家和地区2015年的纺织品结构。

表 2-3　不同国家和地区的纺织品结构

国家和地区	服装用	家用	产业用
美国	23	45	32
欧盟	38	34	28
日本	27	41	32
中国	50	29	21

在正常情况下,化学纤维生产中,单体、聚合物和抽丝能力的比例应为1.2：1.1：1.0,我国为0.7：1.0：1.25,原料的生产能力和纺丝加工的生产能力不配套,原料创新发展严重滞后。

纺织行业内出现的结构不合理现象还可以列举很多。这种不合理是由多种因素长期作用形成的,带有普遍性,造成我国纺织工业规模大,但数量型多而效益型少。

(5)企业效能低下,主要表现为劳动生产率偏低、生产成本上升、市场竞争力较低。例如,虽然我国拥有纺织工业数量上的第一,但生产的产品档次不高,每吨纤维制品出口创汇只有先进国家的20%~50%;我国吨纱用工为29.6人,为日本的2.8倍、美国的7.5倍;我国廉价劳动的优势日渐消失。

总之,纺织工业的发展速度很快,目前正处于转型升级和纺织强国建设阶段,面临着巨大的机遇和挑战。我国纺织业市场竞争力较弱,没有形成一大批优势跨国企业集团,其中有多方面的历史原因和深层的社会原因,但主要原因是企业管理水平不高、创新能力不足,因此企业和行业的战略决策、产品结构、技术水平受到严重制约,影响了我国纺织工业的根本发展。

第三节　纺织工业特点及管理

纺织企业为实现生产经营的各项目标,需要合理地组织各种资源,对采购、生产到销售的全过程,都要进行计划、组织、指挥、控制和协调等一系列管理。纺织企业管理是各类工业管理的共性与纺织工业的特性相结合而形成的具有纺织企业自身特点的管理。

一、纺织工业特点

纺织工业是现代加工工业,具有各种工业企业管理的共同特征,即企业内部高度集中的指挥系统、高度发达的分工和协作、技术工作和经济工作的紧密结合、管理组织的多层次、对产品品种和质量的高度重视。同时,也有许多纺织企业自身的特点:

(一)多工序、连续化的大量生产

大多数纺织企业的传统工序有清棉、梳棉、并条、粗纱、细纱、络筒、并线、拈线、整经、浆纱、卷纬、织造等,其生产过程基本是昼夜不停、连续不断的。有些纺织企业的工序根据产品不同则更多、更长一些。

纺织加工多工序、连续化的特点,决定了纺织企业的管理需要高度重视前后工序生产作业的连续性、均衡性、比例性,需要加强调度管理,运用信息化手段及时检测、掌握各个工序半制品和成品的生产进度和产质量。

(二)多机台、多设备作业

纺织企业的前纺、细纱、织造、印染、服装等车间的生产主机设备少则几十台,多则几百台,还有成千上万台的,再加上辅助设备,形成纺织加工的多机台、多设备作业。

多机台、多设备作业这一特点,决定了纺织企业的设备维修管理和技术改造任务非常繁重,故需要重视设备的自动化、智能化及技术培训工作。

(三)劳动密集型

我国大多数纺织企业的生产设备还没有达到完全自动化的水平,生产加工过程中的手工操作、人机配合的比重较大。纺织企业用工需要100人左右/万锭、80人左右/百台织机,一个大型纺织企业通常需要几千到上万名员工,表现为劳动密集型。

劳动密集型这一特点,决定了纺织企业中协调、分工、操作、人事、劳动管理的重要地位和繁重性。

(四)轮班作业

纺织企业生产加工过程的连续化,促使企业一般都采取每天两班或三班作业制,有四班三运转、三班三运转、三班二运转等形式(需要符合国家劳动法的规定要求)。

轮班作业这个特点,给纺织企业的日常生产管理带来一系列的问题,如中夜班生产、设备维修和交接班制度等轮班的运转管理等。

(五)原料成本比重高

纺织工业中,部分企业生产高端产品、品牌产品,附加值高,原料成本所占比重较低。但是,大多数企业生产一般产品,原料成本所占比重较高,一般为60%～80%。另外,原料加工对环境要求较高,需要一定温湿度条件,也造成生产成本提高。

原料成本比重高这一特点,决定了原料采购、储运、配用等物流管理和合理的工艺设计、空调管理在纺织企业中的重要性。

(六)纺织品市场流行变化快

随着社会经济的不断发展,人们的需求不断提高,追求时尚流行及功能性,使纺织产品品种、花色、款式变化非常快,产品生命周期越来越短。

纺织品流行期短、功能性强这一特点,决定了纺织企业需要高度重视产品创新开发管理,加强市场调研和产品设计,要快速反应,进行多品种、小批量生产,及时满足消费者需求。

二、纺织企业的生产类型和规模

(一)纺织企业生产类型

判断企业的生产类型,主要看企业内多种生产类型的工作地中,哪一种生产类型的工作地占多数。一般地说,纺织企业可以分为大量生产企业、成批生产企业和小量生产企业三种类型。

1. 大量生产企业

大量生产企业一般指长期生产一种或少数几种产品,规模较大,生产效率较高,在行业中处于上游的原材料企业。例如,化纤企业属于大量生产类型。

2. 成批生产企业

成批生产企业一般指行业中游加工企业,如棉纺、毛纺等企业,属于成批生产类型。企业规模以中型为宜。

3. 小量生产企业

小量生产企业一般为下游行业制造最终产品的印染、服装厂、纱线复制等企业,倾向于小量生产类型。它们采用小批量、多品种、快速反应机制,抢占消费者市场。企业规模以中小型为宜。

(二)纺织企业的规模

划分企业规模的范围,一般以各种经济类型的独立核算法人工业企业为对象,包括独立核算一级法人的联合企业和企业集团。

1. 产品单一的大企业规模划分

产品单一的大企业,按生产设计能力或查定生产能力及专业设备规模划分。例如,传统认为棉纺织 10 万锭以上的纺织染全能企业,毛精纺、麻纺 1 万锭以上的纺织染全能企业,化纤年产能力 20 万吨及以上,为大型企业,另外还有生产用固定资产的要求。化纤联合企业,年产能力化纤 30 万吨及以上,生产用固定资产原值 6 亿元及以上,为特大型企业。

2. 多个品种的企业规模划分

多个品种的企业规模,按照一定的折算标准折算后划分。例如,化纤企业既生产长丝又生产短纤维,可将长丝能力折合为短纤维能力,然后以短纤维能力作为划分标准,1 吨长丝能力折合为 3 吨短纤维能力(不能把短纤维能力折合为长丝能力)计算。

棉纺织企业既有棉纺环锭,又有气流纺锭,可将气流纺锭设备折合为棉纺环锭,然后以棉纺环锭设备作为划分标准,1 头气流纺锭折合为 3 枚棉纺环锭设备。其他新型纺纱锭,目前暂不考虑折算。

3. 生产多种产品的联合企业规模划分

生产多种产品的联合企业,主要按照企业既有生产能力和专业生产设备规模划分;具备按生产用固定资产原值划分的行业,按照固定资产原值(不考虑折算因素)划分。

例如,棉纺织企业内既有棉纺纱锭、印染生产能力,又有针织和服装生产车间,在划分和统计该企业的规模时,按照棉纺纱锭和印染生产能力进行划分,对针织和服装生产车间用固定资产原值(不考虑折算因素)划分。

对于其他企业规模,主要按生产用固定资产原值划分,包括单织品、复制品、针织、丝织印染、丝制品、化纤浆粕、服装鞋帽和单一的毛线、毛毯、长毛绒、工业毡、工业呢、毛条、帘子布、麻袋等生产企业,其固定资产原值依上一年财务决算数据作为划分标准。

三、纺织企业管理的内容与特点

(一)管理幅度

管理幅度指一名主管人员有效地监督、管理其直接下属的人数。当超过这个人数时,管理的效率就会降低。纺织企业具有劳动密集型特点,决定了人力资源管理的重要性,也就是要尽可能地增大管理幅度。这也是反映管理水平的一个重要指标。一般在企业中,管理幅度的差距是很大的。例如,纺织企业的班组人数,按企业的产品和规模区别,有几人到几百人不同。

1. 影响管理幅度的因素

(1)主管人员及其下属双方的素质和能力。管理幅度与素质和能力成正比。

(2)需要解决的问题或任务的难易程度。管理幅度问题或与任务的难度成反比。

(3)管理层次。一般管理幅度与层次多少成反比,与授权程度成正比。

(4)计划的完善程度。管理幅度与计划的完善程度成正比。

(5)沟通渠道状况及组织环境等。管理幅度与沟通渠道的顺利状况及组织环境的有利程度成正比。

2. 控制管理幅度定量

控制管理幅度定量主要依据协调关系原则。控制管理幅度定量的一般原则:中上层管理幅度为 4~8 人,中下层管理幅度 8~15 人。管理幅度定量关系见表 2-4。

表 2-4　管理幅度定量关系

人数	1	2	3	4	5	6
关系数	1	6	18	44	100	222

(二) 组织结构类型

纺织企业组织结构主要有直线型、职能型、直线-职能制、事业部制、模拟分权制及矩阵型等类型。

1. 直线型

直线型是工业发展初期的一种最简单的组织机构形式。它的特点是管理的一切职能基本上完全由行政领导独自执行,一个下属只接受一个上级领导的指令。

优点:结构简单,权力集中,责任分明,命令统一,决策迅速,工作效率高;缺点:要求行政领导通晓多种专业知识及技能,能够亲自处理各种事务。一般只适用于规模较小、生产技术比较简单的企业,不适合大型企业。

民营纺织企业的组织结构在初始发展时期大多属于此类,如图 2-1 所示。

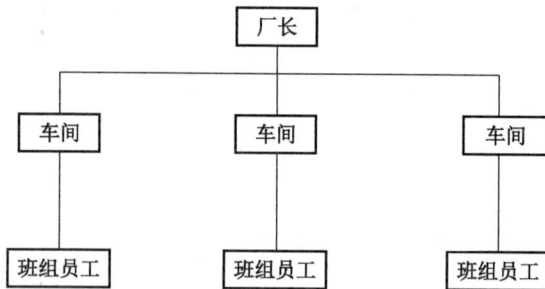

图 2-1　直线型组织机构

2. 职能型

职能型是厂长管理全面中心工作,日常工作由职能部门管理的组织形式。

优点:适应技术比较复杂和管理分工较细的组织,减轻上层管理者负担;缺点:容易出现多头领导。

较多中型以上纺织企业的组织结构属于此类型,如图 2-2 所示。

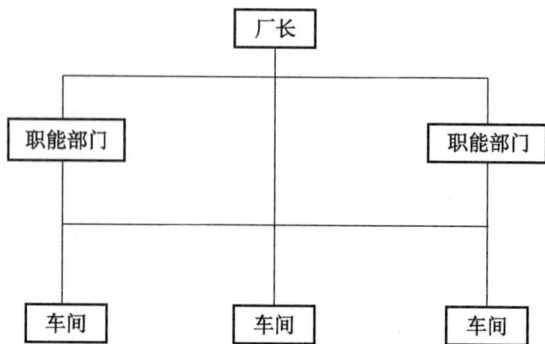

图 2-2　职能型组织机构

3. 直线-职能制

直线-职能制又称直线-参谋制,是直线与参谋相结合的组织结构。参谋部门(职能部门)不能直接指挥其他部门,只能提供服务、帮助,提出意见和建议,即领导经职能部门咨询参谋后再直接进行管理的组织形式。

优点:上级有参谋部门,命令和指挥能统一,可以高效率地从事标准化、专业化活动;缺点:缺乏横向部门间的沟通,管理人员难以熟悉企业的全面情况,信息路线长,难以适应环境的变化,下级管理者缺少积极性等。

大多大中型纺织企业的组织结构属于此类型,如图2-3所示。

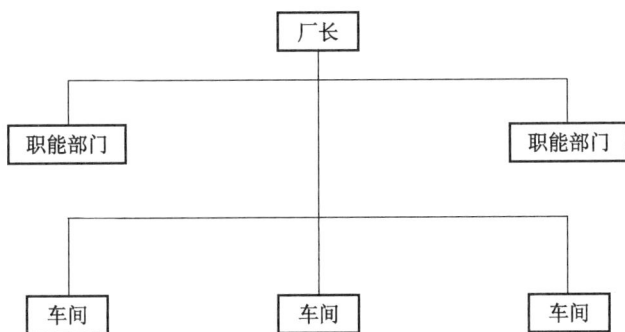

图 2-3　直线-职能制机构

4. 事业部制

事业部制是采取"集中政策、分散经营"的分级管理、分级核算、自负盈亏的分权管理一种组织形式。在这种制度下,企业按产品、地区或经营部门分别设立若干个事业部;该项产品或地区的全部业务,从产品设计、原材料采购到产品制造,再到产品销售,全部由事业部负责。企业高层管理者只保持人事决策、财务控制、规定价格幅度及监督等权力,并利用利润指标对事业部进行控制。

优点:有利于企业高层领导摆脱日常事务,集中精力关注考虑全局性的经营战略问题,可以充分发挥下属组织的经营管理积极性和展示个人才智,也便于组织专业化生产和企业内部协作;缺点:职能机构易重叠,造成人员浪费,各事业部只考虑自身利益,容易产生极端的本位主义和失去控制。事业部制适用于大型企业或跨国企业。

纺织企业的少数大型集团企业的组织结构采用此类型,如图2-4所示。

5. 模拟分权制

模拟分权制是一种介于直线-职能制与事业部制之间的组织形式,如图2-5所示。许多大型纺织企业,由于受到产品品种或生产工艺过程的限制,难以分解成几个独立的事业部,又由于企业规模庞大,高层管理者感到采用其他组织形式都不容易管理,于是出现了模拟分权制。所谓模拟,就是模拟事业部制的独立经营、单独核算,而不是真正的事业部,但又是一个个实际的生产单位,这些生产单位有自己的职能机构,享有尽可能大的自主权,负有"模拟性"盈亏责任,目的是调动他们的生产经营积极性,达到改善企业生产经营管理的目的。由于这些生产单位进行的生产是连续的,很难将其截然分开,因此它们之间的经济核算只能依据企业内部的价格,而不是市场价格。

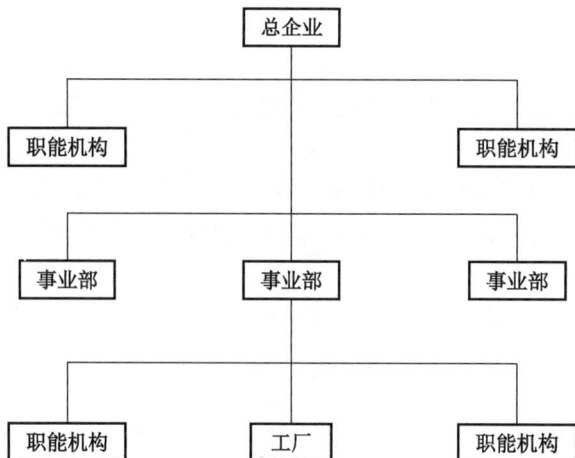

图 2-4　事业部制组织机构

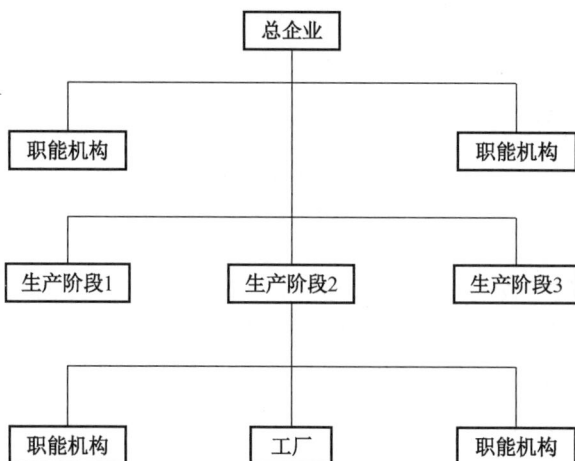

图 2-5　模拟分权制组织机构

优点:模拟分权制可以调动各生产单位的积极性,解决企业规模过大、不易管理的问题,减少高层管理人员的行政事务,使他们将精力集中到战略上;缺点:不易为模拟的生产单位明确任务,考核上存在一定困难,各生产单位较难了解企业全貌,在沟通效率和决策权力方面也存在缺陷。模拟分权制在纺织企业有一定的应用。

6. 矩阵型

矩阵型是既有按职能划分的纵向组织系统,又有按产品或项目划分的横向组织系统,可以延伸到现有的合伙人管理的组织机构。横向组织系统的形式为项目办公室或项目小组,在厂长(经理)直接领导下进行工作,专门负责完成既定的规划目标。一旦规划目标任务完成,该系统即撤销。因此,它是一种临时性的组织结构形式。项目办公室(小组)所需的工作人员是从各个职能部门中抽调来的,他们接受项目小组和原职能部门的双重领导。矩阵型适用于创新任务较多、生产经营活动复杂多变的企业。

优点:横向联系加强,具有灵活性和较强的适应性,非常适用于创新型企业;缺点:多头领导,缺少稳定性。

纺织企业的少数特大型具有活力的企业或在建项目适用此类型,如图2-6所示。

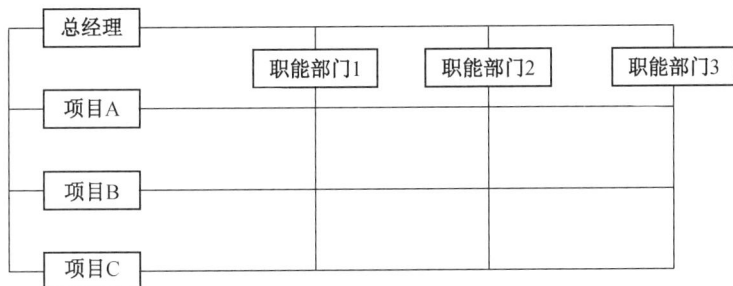

图 2-6 矩阵型组织机构

(三) 管理机构

1. 基本生产单位设置

(1) 纺织大型企业通常采用两种方法:一是设企业一级管理经营,子企业一级单纯管理生产加工;二是企业和分企业两级都是经营实体。

(2) 纺织大中型企业通常设置车间作为基本生产单位,形成三个管理层次:厂部—车间(职能)—班组。小型企业一般只设厂部—班组两个管理层次。

(3) 车间设置有三种原则:

① 工艺原则(顺序原则),即按照生产加工的工艺顺序为主设置车间。例如,棉纺织企业按工艺设置清花、细纱、准备、织造等车间,其中又可分为单工序车间和多工序车间。按工艺设置车间的优点是生产、技术管理专门化;缺点是大型企业按这个原则设置车间,往往使后纺车间和织造车间显得过于庞大,不便管理。

② 产品原则(对象原则),即按照生产加工的产品类别为主设置车间。例如,按纱线粗细设置细号(高支)纱、中粗号(中低支)纱的纺纱车间,按织物种类设置中低密度和高密度织造车间,按服装类别设置时装与工装车间等。按产品设置车间优点是前后工序目标一致,便于协调,有利于经营;缺点是工种、设备类别多,不利于管理。

③ 混合原则。即同时按照工艺原则和产品原则设置车间。有些企业的车间设置并不严格按照以上两种原则进行,而是同时按照以上两种原则进行。例如,纺纱的前纺、后纺、面料加工的染整车间等。

2. 职能科室设置

纺织企业职能科室设置差别很大。有的采取职能制的做法,设纺纱工作科、织造工作科等,直接管理有关车间;有的采取专业管理制与职能制相结合,以专业业务管理为主的做法,设技术科、设备科、人力资源部、综合管理科等,按照专业业务分别管理车间。这两种管理体制,前者管理效率较高,用人很省,但有些粗略;后者有利于贯彻专业化原则,但需要协调工作。

四、现代纺织管理内容和要求

(一) 纺织企业管理内容

整体上讲,纺织企业管理与其他企业管理一样,管理内容主要有两个方面:一是资源开发利用;

二是目标绩效实现。企业管理的最终目的是提高组织效率,利用现有资源实现组织预期目标。

1. 纺织企业资源

主要由五个方面构成:

(1)资本资源,包括资金、负债能力及财务资源等。

(2)技术设备资源,包括厂房、机器设备、正在应用的技术、已经开发但尚未得到应用的储备技术、尚未被认识但不久将成为应用技术的潜在技术等。

(3)人力资源,指人力的体能、智力、劳动能力,以及通过培训达到企业要求的数量和质量的综合情况。

(4)土地资源,指企业从事生产经营及服务活动的场地。土地是重要的经济资源。我国的土地归国家所有,但在市场经济条件下,按照有关规定要求,可以取得合法的土地的使用权。

(5)管理资源。管理本身也是重要的资源。管理的组织简约,指挥有力,工作高效,协调有序,控制稳定,才能形成企业竞争力。

2. 纺织企业目标

纺织企业目标有发展战略目标、生产经营目标、年度工作目标、营销目标、生产计划、生产作业计划、质量目标、成本计划、人力培训计划等,其中战略目标对于大型企业尤为重要。企业的根本目标是经济效益稳定增长,促使企业良性长期发展。

3. 纺织企业管理内容

指针对纺织企业的实际情况,利用计划、组织、控制等手段,充分理顺和发挥以上各种资源优势,保障预期目标的实现。具体包括:

(1)纺织产品开发,指纺织品设计、创新、激励、组织,保障产品优势及核心竞争力等一系列工作。

(2)纺织技术管理,指纺织生产过程中有关工艺、设备、操作、环境、原料(物流)等方面的管理,又称纺织"五大管理"。

(3)纺织生产管理,包括生产计划、作业、运转现场与控制等。

(4)纺织质量管理,指质量体系、认证、控制,保障产品质量稳定提高等。

(5)纺织营销管理,指纺织品的市场、消费行为及营销策略,尤其是以网络为主的现代营销应用。

(6)人力资源管理,指人力战略及日常的招聘、使用、考核、培训等。

(7)现代财务管理,指企业资金、资产、成本、盈亏、预算、投资、分析预测等方面的管理,重在现代财务管理观念的运用。

(8)纺织管理信息化,指现代信息技术手段建设及合理应用的管理,这是纺织企业现代化管理的重要标志。

(9)经营战略管理,指企业战略方针、规划、模式、决策等一系列活动。纺织企业要抓住结构调整时机,立足现实,放眼长远,坚持长期培育企业竞争优势。

(10)企业管理创新,指企业管理创新模式的探索、文化建设及实施运用。创新文化是企业得以长青的根本所在。

(二)企业管理现代化

1. 企业管理现代化的涵义

企业管理现代化是指为适应现代化生产力发展的客观要求,按照社会主义市场经济的发展规律,积极运用现代经营思想、组织、方法和手段,对企业的生产经营进行有效的管理,使之达到或接近国际先进水平,创造最佳经济效益的过程。

企业管理现代化是一个综合的系统概念,它要求把自然科学和社会科学的最新成果应用到管理中,使企业管理适应生产力和生产关系发展变化的要求,推动社会生产的进步。企业管理现代化是现代生产技术的要求,是我国纺织企业发展的一项重要内容,是提高纺织企业经济效益的有效途径,也是我国实现社会主义现代化、实现"中国梦"的必然要求。目前,我国纺织企业与发达国家相比,技术上有一定的落后,管理上也有不少差距,基本仍处于科学管理阶段的转型期。因此,要适应国际市场的激烈竞争和世界新技术革命的严峻挑战,就必须在积极推进技术进步的同时,狠下工夫,推进企业管理现代化的进程。

2. 企业管理现代化的内容

企业管理现代化的内容不仅是合理组织生产力,而且包括正确调整生产关系,其主要内容包括以下五个方面:

(1)管理思想现代化。管理思想现代化是管理现代化的灵魂。管理思想现代化要求在思想观念上不断创新,以适应现代化大生产、现代化技术和现代经济发展的要求。

纺织企业管理人员特别是企业领导者,要遵循"创新、协调、绿色、开放、共享"五大发展理念,彻底摆脱长期形成的习惯势力的影响,树立起以提高经济和社会效益为中心的思想。按照社会主义市场经济的客观要求,树立和加强创新观念、市场观念、竞争观念、用户观念、效益观念、人才观念、民主管理观念、社会责任观念、系统管理观念、时间和信息观念等。

(2)管理组织现代化。现代企业管理应遵循生产关系适应生产力发展的规律,建立健全企业的组织结构。纺织企业组织结构普遍运用层级制管理,没有根据企业实际情况进行创新管理。

管理组织现代化要根据企业具体情况,从提高企业生产经营效率出发,积极学习当前新兴产业的发展模式,如网络企业的项目负责、任务组合、合伙人制的扁平化、权责统一的组织方式。按照职责分工明确、指挥灵活统一、信息灵敏畅通、精简高效的要求,合理设置组织机构、配置人员,并建立健全以人为本、结合经济责任制为核心的科学的、严格的规章制度,充分调动员工的积极性、主动性和创造性,保证生产经营的良好秩序。

(3)管理方法现代化。管理方法现代化是指在管理方法上运用科学研究的新成果对管理中的问题进行科学分析,在总结和继承传统的行之有效的管理经验和方法的基础上,积极推行现代化管理方法在企业管理中的应用。

纺织企业管理在机器大生产阶段具有传统的优势,但是,在当前"一带一路""中国制造2025""两化融合"等创新倡议的趋势下,显然已经跟不上时代发展的要求,需要转变观念,认清形势,加大纺织管理现代化方法的探索应用。

现代化管理方法是现代科学技术成果包括自然科学和社会科学的某些成果在管理上的应用。现代管理方法内容十分广泛,如人本管理、目标管理、预测决策、价值工程、网络计划技术、量本利分析、线性规划等。企业在推广应用现代化管理方法时,必须根据自身的条件,注重适用、效能的原则,有选择、有分析地采纳应用,切忌违背客观实际,盲目求全求新,追求形式主义。同时,要注意在管理实践中创新和总结新的管理方法。

(4)管理手段现代化。管理手段现代化是指在企业管理的各个方面,广泛积极地采用包括计算机及经济、行政和法律在内的一切管理手段,尤其是"互联网$^+$"、信息化等手段的运用,这是纺织企业的弱项,需要加强扶持运用。管理手段现代化要根据企业的实际情况,逐步应用和推广。从"硬手段"方面来看,应用计算机建立企业管理信息系统,充分利用国内外信息网络系统,应用计算机、电子设备和仪表对生产过程、供应和销售、人事、财务等部门进行科学管理。从"软手段"方面来看,应用创新思维、价值观念、企业文化、战略管理等对员工实行管理和激励。现代化管理手段必须是"软硬兼施""两手都要硬"。

(5)管理人才现代化。企业管理现代化的关键是实现管理人才现代化。随着纺织技术的进步,智能化的到来,没有大批具有现代化管理知识、实践经验丰富、头脑敏锐、视野开阔、善于吸收国内外先进科学技术成果和管理经验的开拓型人才,就不可能实现企业管理现代化。企业管理人才现代化包括管理人才的结构、知识、观念、素质、培训和开发等内容。纺织企业普遍存在人才缺乏的问题,需要重视和加强这方面的工作。

企业管理现代化是一个系统的、整体的概念,管理现代化五个方面的内容存在一定的内在联系,管理思想现代化是灵魂,管理组织现代化是保证,管理方法现代化是基础,管理手段现代化是工具,管理人才现代化是关键。要从系统的观念出发,不能孤立地看某一方面,要从整体上把握,否则不可能实现企业管理现代化。

(三)纺织企业管理要求

(1)重视企业管理创新的探索,注重采用先进企业的管理理论和方法,不断加强企业管理创新,提高企业管理现代化水平,增强参与国际竞争的能力,形成一批值得推广的有中国特色的纺织管理典型企业。

(2)遵循市场经济发展规律,推进企业各种生产要素的优化整合,推动企业并购、重组、整合,促进纺织企业做大做强。

(3)以市场为目标,以创新能力和快速反应能力的提高为着眼点,通过业务流程再造和信息系统建设,以信息化技术改造传统的生产过程、营销过程和管理过程,加快对用户和市场的反应速度,提高企业管理效率。

(4)根据纺织企业的运转特点,做好企业的基础管理工作,为企业管理水平提高提供有效支撑。

综上所述,我国纺织企业管理已经走完传统管理阶段,在完善科学管理的转型的基础上,积极探索符合市场规律的先进的管理理论和运营模式,向现代管理阶段迈进。

[案例]

鲁泰纺织抓管理促发展

鲁泰纺织股份有限公司为外商投资股份制企业,A、B股上市企业,是具有棉花种植、纺纱、漂染、织布、整理、制衣综合垂直生产能力的纺织企业集团,世界产量最大的高档衬衣色织面料生产厂商。

鲁泰纺织股份有限公司现有员工30 000余人,总资产81.4亿元,企业现拥有从日本、德国、瑞士等国家引进的具有国际先进水平的机器设备8 800多台(套)。企业主要产品为纱线、色织布、衬衣三大系列,年产纱线60 000吨、色织布17 800万米、衬衣2 000万件。产品具有质量好、档次高、技术含量大、花色品种多等特色。企业生产经营业绩一直位居全国纺织行业前列,产品85%销往日本、美国、英国、意大利、新西兰等30多个国家和地区。2012年企业实现销售收入 59 亿元,出口创汇实现 7.02 亿美元,持续在全国色织行业名列前茅。

鲁泰纺织股份有限公司采用现代化的管理模式,自 1995 年至今,先后通过了 ISO9000 质量管理体系、ISO14000 环境管理体系、职业健康安全管理体系的认证(OHSAS18000)、SA8000 社会责任管理体系、有机棉体系、法国船级社(BV)等 12 个体系的认证,实现了企业管理的国际化、标准化和规范化。

在考验和挑战中,鲁泰走过了十余年的风雨历程,由默默无闻的棉纺小厂发展成为具有棉花种植、纺纱、漂染、织布、整理、制衣综合垂直生产能力的企业集团。

开拓进取是鲁泰的主旨。鲁泰从不认为工作已做得最好,但有决心把工作做得更好。用最好的原料、最好的设备、最好的技术,生产最好的产品,取得最好的效益是鲁泰最大的目标。

科学管理是鲁泰的追求。企业的竞争就是管理的竞争,企业的成功也是管理的成功。鲁泰在引进国外资金、国外设备、国外技术,将产品销往国外,获得外汇收入的同时,所致力的便是汲取外国先进的管理经验,结合自身实际形成自己科学、规范、高效的管理特色。

踏实苦干是鲁泰的精神。功崇惟志,业广惟勤。鲁泰人笃信用心血和汗水能够铸造事业的辉煌,世界在改变,市场在变,但伴着鲁泰走过漫长道路的这种精神永远不会改变。不进则退的危机意识、爱厂如家的责任意识凝聚成的这种精神,是鲁泰最为宝贵的财富。

诚实守信是鲁泰的原则。在市场竞争中,人们在表现自己的能力,也在展示自己的品德,鲁泰就是要用产品的高质量、良好的信誉和完善的服务,向所有的朋友展示自己的道德风貌:做不到的绝对不说,说了的一定做到。

展望未来,任重道远。成绩面前,鲁泰不会不思进取;困难面前,鲁泰也不会消沉退缩。鲁泰将发扬"团结守纪、勤奋进取、追求卓越"的鲁泰精神,永不止步,永远向前。

[思考题]

1. 试说明我国当前纺织企业管理总体水平。
2. 我国纺织企业管理经过了哪几个阶段?经验是什么?
3. 纺织企业管理的内容要求和特点有哪些?
4. 纺织企业管理的层次和目标有哪些?
5. 结合案例,进行分析其管理思路和方法。
6. 请举出一家纺织或其他行业的企业经营成功的经验进行说明。

第三章　纺织产品开发管理

创新是企业生命之所在,创新已经成为时代发展的主旋律。产品创新是企业生产发展的起点和终点。作为企业,技术创新永远是生存必不可少的手段。技术创新的结果是促进企业不断设计,生产出市场需求的各种新产品。产品创新是技术创新的延续和深入。纺织品作为消费品,更要随着消费者的需求变化进行创新开发。在纺织市场逐渐向个性化、功能化、舒适化转变的形势下,对企业而言,加强产品创新开发和管理具有十分重要的战略意义,它是企业生存与发展的重要支柱。

第一节　产品开发概念

市场畅销的永远是能够满足消费者需求的产品。随着社会的进步,人们的需求不断转变,要求企业生产的产品对消费者具有引导性、适应性,充分满足消费者的需求。可以说产品是企业的生命。

一、产品与新产品

产品,是指人们为了某种社会需要,通过一系列有目的的劳动而创造出来的物质实体。美国著名市场学家菲利浦·卡特勒教授,将产品从理论上分成三个层次:核心层、结构层和无形层。第一层次——核心层,是指消费者通过使用产品可以获得的基本消费利益,即产品的功能和效用;第二层次——结构层,是指产品的外形结构和内在质量,主要包括产品的质量、价格及设计等;第三层次——无形层,也叫延伸层,是指产品销售方式和伴随产品销售提供的各种服务,以及生产商或经销商的声誉等。

近年来,也有观点认为产品可分为五个层次:第一层次——核心层,即顾客真正需要的基本效用或利益;第二层次——基础层,也叫形式层,即产品的基本形式,如款式、质量、品牌等;第三层次——期望层,即购买者期望的属性和条件,如功能全面等;第四层次——附加层,也叫延伸层,指销售后服务与保证,如"三包""三保"等;第五层次——潜在层,指企业产品可能的发展前景。

以上观点虽然分的层次不同,但都将产品的概念,按现代的观念进行了延伸,对人们全面理解产品概念是很有帮助的,对企业产品开发的构思创新也十分有益。尤其在经济新常态下,国家大力引导进行供给侧改革,更加确立了产品的重要地位。有人提出当今已经进入"产品为王"的时代,促使企业要深入认识产品、研究产品、开发产品。对纺织企业而言,就是要树立创新观念,克服开发产品靠"仿"的观念,加大自主开发的投入和管理力度,以不断创新的产品,引导消费,引导市场。

新产品是指采用新技术原理和新设计构思、研制并生产出来的全新型产品,或在结构、性能、用途、材料、技术、成本的某一部分有创新和提高的产品。新产品是一个相对的概念,是和原有产品相比,在结构、性能等方面有重大突破的产品。一般来讲,新产品的类型有以下几种:

（一）按地域范围分类

（1）国际新产品,指在世界范围内第一次生产和销售的产品。这类产品是重大的发明创造,企业应注意保护,必要时应申请专利。

（2）国内新产品,指国外已有而在国内第一次生产和销售的产品,通常称为"填补国内空白"。开发这类产品对赶超世界先进水平,加快我国的经济建设,具有重大意义。

（3）地区新产品,指国内已有但在本地区尚未试制的产品。当其他地区的此类产品不能满足国内外需要时,开发这类产品就很有必要了。

（二）按创新程度分类

（1）全新型,指具有新原理、新材料、新工艺、新技术、新功能、新用途的产品,如新型纺织材料蛋白纤维、藕纤维、竹纤维等,以及型新纺织工艺转杯纺、紧密纺、混色纺、缆绳纺等。

（2）换代型,指在原产品基础上,利用新材料、新技术制成的性能有所提高的产品,如新一代的纤维材料天丝、吸湿排汗纤维、天然彩色纤维等。

（3）改进型,对部分性能提高改进的产品,如功能、结构上有所改进的纺织材料甲壳素、抗静电、抗紫外线、阻燃性等。

（三）按决策方式分类

（1）企业自主开发的新产品,指企业通过市场调查预测用户需求趋势,由此开发和销售的新产品。

（2）用户订货开发的新产品,指企业根据用户提出的具体产品方案而开发的新产品。

此外,从市场角度出发,那些试制成功后只放在陈列室内供参观或展览的产品,不能纳入新产品之列。新产品必须是正式生产并投入市场的产品,因为只有接受消费者的选择,产品才能真正为企业和社会创造效益。

（四）纺织产品分类

纺织产品按用途分为服用、家用及产业用三类。

服用、家用纺织品的主要作用是美化生活、传承文化,产品要跟潮流、追时尚。少数企业需要自主开发产品,引领市场潮流;大多企业属于模仿改进完善而形成新产品。例如,纺织品在外观、组织、规格上改变,习惯叫新花色品种。这种新产品可能对全部市场而言并不新,但对某一市场是新的,它具有开发时间短、成本低的特点,但要在质量、性能、价格上具有优势。

产业用纺织品是用于国民经济各个产业发展需要的产品,主要以功能性、替代性、性价比等综合价值体现产品的创新性,其技术含量及附加值较高,因此,创新性要求也高。

二、产品开发的概念

（一）产品开发定义

产品开发,也叫产品创新,即把科研成果和知识应用于产品和工艺的技术活动。狭义上是指运用技术设计、生产产品。广义上是指研究设计、生产加工、推广使用、效果服务的全过程。因此,产品开发是运用科技设计研制出新产品的全部技术活动。

（二）产品开发范围

产品开发范围,主要有新材料的研制应用、产品结构的设计、产品功能的设计、产品外观的设计、设备工艺的研制改造五个方面。纺织企业的花色品种设计通常只是产品开发的一部分。从现代产品开发的观点看,要开拓思想,重视广义的产品开发,即从调研到销售的全程式产品开发,使产品开发路子广、方向准、速度快、花色多。

（三）产品开发类型

产品开发类型,按照产品层次理论可分为三种:

（1）技术型产品开发,即一般意义上的产品创新,它所对应的是产品核心层或结构层的变革。

（2）市场型产品开放,即产品性能和质量并无显著变化,只是采用新的营销方式或进入新的市场领域,使用户得到新的满足,它所对应的是产品延伸层的变革。

（3）技术市场型产品开发,即技术型与市场型结合的产品开发,是现代的全面产品开发,包括产品核心层、结构层和延伸层面的创新。

这里主要介绍技术型产品开发及管理。

（四）产品开发工作特点

（1）产品开发理论性。理论性指产品开发已经具有整套理论,如开发原理、纺织科学、纺织材料学、开发工程、生理学、心理学、市场学、经济学、未来学等,其工作已成为一门“工程”。

（2）产品开发系统性。系统性指产品的研发、生产、市场服务等成为一个系统整体,表现为以下几点:

① 技术运用的综合性,例如产品开发的原料、纱线、织物、色彩、图案、工艺、设备等的综合运用和有机结合。

② 组织管理的严密性。产品开发需要全面组织人、财、物、技术,合理配置,优化安排。

③ 产品技术的创造性。剧烈的市场竞争,促使纺织产品开发必须具有创新性,而且偏重于实践的运用。

三、纺织产品开发的作用

（一）有利于增强纺织企业的竞争能力

在现代纺织品市场的国际化环境下,企业的外部竞争十分激烈。每当市场上有个别企业投放某种新产品时,其他同行企业就会做出各种反应,诸如开发或改进该类产品、扩大该类产品系列或品种、调出本企业的类似新产品等。这又促使开始投入新产品的企业对自身的新产品进行改进。可见,企业间竞争的实质往往就是通过新产品开发去赢得某一特定市场的主导或支配地位,具有较强的产品开发能力的企业就可以维持其在市场上的竞争地位。

（二）创造效益,促进企业不断发展壮大

据美国《研究与管理》杂志统计,大多数企业销售额和利润的 $30\% \sim 40\%$ 来自于三年前还不属于本企业产品范围的那些产品。由此可见,经营良好的企业大多具有开发及向市场推出新产品的能力。纺织企业也是如此,企业依靠现有产品提高其市场份额是很困难的,只有依靠新产品、新技术来扩大市场份额,才能促进企业的发展壮大。

(三) 可促进纺织业技术设备更新

新设备、新技术、新工艺或新材料的应用,不仅能改善产品的原有性能,还能提供新的产品性能,它们是新产品开发的基础,同时,新产品开发也为新设备、新技术的应用提供途径,因为企业总是适应市场需求变化生产产品的,企业必须寻找可代替品,更新现有设备,采用新技术、新工艺或新材料。例如,新材料、新技术促进了产品的功能化,电子技术与纺织品的结合促进了产品的智能化,等等。

新产品开发的实质是一种创新活动,创新观念是企业保持其核心能力的源泉,一旦企业高层管理者把创新精神注入企业管理体系,那么新产品开发就如同一部新能源的机器,会加速运转,从而持续保持企业的核心能力。

四、产品开发有关理论

(一) 产品开发与系统工程

1. 系统工程

产品开发涉及面广,包括从市场调研、设计构思、原材料选择、工艺设计、打小样、先锋试验、中试生产、批量生产、市场认可到售后服务的全过程。因此,产品开发是需要企业资源整合运行的系统工程,要从全面出发,研究系统的各个组成部分的相互联系,综合考虑各种因素,运用数学方法和现代计算机工具,寻找系统的最佳方案,以达到最佳效果。

2. 系统工程的方法与步骤

(1) 目标确定。一般采用直观经验法、预测法、结构模型法、多变量统计分析法,或利用行为科学、社会科学、一般系统理论和模糊理论进行分析,甚至将多种方法结合起来进行分析,使任务明确化。

(2) 应用功效理论、费用/效益分析法、价值工程原理,建立价值体系或评价体系,研究确定系统的目标函数,制订开发计划备选方案。

(3) 系统分析(建立模型)。在已确定的目标下,对设想的各种开发方案进行分析、比较。

(4) 系统最优选择。在各个部门间对方案进行分析、比较后,确定可行的开发方案。

(5) 开发决策。由高层管理者决定执行的开发方案。

(6) 实施执行。细化开发方案,分解目标任务,建立责任制和考核办法。

(二) 产品开发与价值工程

1. 价值工程

产品开发的根本目的是得到市场认可,形成具有经济效益的产品。产品得到市场认可的基本条件是产品具有使用价值,使用价值体现为具有需要的特性和成本的合理性。因此,开发产品的核心是提高产品的价值,要重视利用价值工程。

价值工程是通过各相关领域的协作,对研究对象的功能与费用进行系统分析,不断创新,旨在提高对象价值的思想方法和管理技术。它主要用于对已确定的产品进行功能分析和研究,以最少的成本,充分实现产品的功能。

2. 价值工程的价值与功能、成本的关系

$$价值(V) = 功能(F) / 成本(C)$$

3. 提高产品价值和经济效果的途径

（1）保持产品成本不变，寻求提高其质量与功能。

（2）保持产品的质量和功能不变，设法降低其成本。

（3）大大提高产品的质量与功能，其成本虽有所增加，但价值仍有提高。

（4）设法减少或消除产品不必要的功能或过高的功能，使成本显著下降，从而提高产品的价值。

（5）提高产品的质量与功能，同时降低成本，价值自然显著提高。

（三）产品开发与科学思维

1. 科学思维

所谓思维是人类特有的认识过程。科学思维主要研究人的有意识思维的特点、规律、历史发展和人工模拟的现象，主要有：

（1）社会思维。研究思维的社会性、个体思维与集体思维、个体思维与社会知识体系和社会信息之间的关系的科学。

（2）逻辑思维。以概念为思维要素，以判断、推理为特征的思维过程。

（3）形象思维。形象思维始终不脱离想象，它以对生活的记忆、选取、集中、改造和加工为特征。

（4）灵感思维。指人们在科学研究、科学创造、产品开发或解决过程中突然涌现、瞬息即逝，使问题解决的思维过程。

2. 科学思维方法

（1）顺向思维。纵横延伸出新品，是一种常规思维方式，容易掌握，但难以推出个性的新产品。

（2）逆向思维。打破定势出新品，反其道而行之，不破不立。如酒瓶塞陷入瓶内而倒不出来酒，多数人设法取出酒瓶塞，实际上用筷子将酒瓶塞捅入瓶内就可以了，这就是一种逆向思维。还有，电灯照明都是由上向下照，有人发明了由下向上照天花板的反射照明的灯具，灯光柔和自然而别具一格。

（3）多向思维。指产品开发人员的创新要具有开拓性、全方位的大胆设想、立体又多向的思考方式。左右逢源出新品，将思维多向延伸。帽厂只在款式、颜色、质量上做文章。近年保建产品很畅销，有人开发了电子测温稀土磁疗帽、中药帽等，很受市场欢迎。

（4）聚向思维。把多向信息、多路思维聚合到某一个中心点。如蚕丝富丽华贵而羊绒温柔细腻，两者聚合在一起形成真丝羊绒面料，就是更上一层楼。

（5）常用具体方法：

① 奥斯本设问法。对产品技术而言，通过提问，扩宽思路。

■ 目前的产品、技术能否用于其他领域？

■ 能否模仿其他相似的事物，借用其他方案？

■ 能否改变产品的形状、颜色、声音、味道，以取得新的效果？

■ 能否扩大或增加某些方面，如尺寸、强度等？

- 能否缩小或取消某些方面,如减轻、减薄等?
- 能否替用,如人、材料、元件、工艺等?
- 能否改变,如程序、布局等?
- 能否颠倒?
- 能否组合?

② 阿诺德设问法。对产品效果而言,还能改进哪些方面,使产品的效果更好?

- 增加功能?
- 提高性能?
- 降低成本?
- 增加销售?

③ 智力激励法。又称头脑风暴法、集体智慧法。邀请一定范围的人员,针对产品开发议题,让每个成员自由地、毫无约束地思考,并毫无保留地发表自己的见解、设想和方案,同时让与会者之间互相启发,激发想象和联想,产生甚至强化创造性思维的共振效应。

第二节　产品开发管理

纺织产品开发包括从调研构思、产品设计、加工生产到售后服务的全过程,其中的关键环节是产品的构思设计、开发程序、过程管理等。因此,产品开发管理的重点围绕这些环节进行。

一、现代纺织品设计特征

纺织品作为一种流通性、交换性、竞争性非常强的产品,随着人们生活水平的不断提高,对纺织品的要求也在不断变化。现代纺织产品具有美观性、流行性、舒适性、功能性、智能性的特点。因此,现代纺织品的设计原则、具体方法同传统比较,已发生质的变化。开发管理要求产品设计必须遵循客观规律进行。

(一) 设计由材料设计转向目标设计

以往采用从原材料出发的思路,即从纤维到纱、织物、服装,主要考虑如何运用原料,产品成为自然产物,这叫材料设计,是被动式的。现在则以最终产品反推,设计什么样的半成品才能满足最终需要,即目标设计,是主动式的。两者可以结合使用。如运动服、旅行服,消费者需要防水透湿、轻便舒适、耐气候性等,设计时就要采用新材料、高支高密、涂层、防紫外线、复合等概念。

(二) 市场对产品要求的多方位

传统要求织物牢固、耐用,现在则多方面要求,要全面性、功能性、美观性、经济性统一。这种满足多方位、多因素的设计被称为"主体设计""多元设计",已取代单一设计模式。

(三) 产品用途要求有针对性

用途针对性也可理解为特性或功能性。现代纺织市场上,纺织品已从一布多用、耐穿耐用转变到满足基本用途的基础上具有某一方面用途的很强针对性。例如,运动服中,网球服、击剑服、滑雪服、登山服、柔道服等各有特色;另外一些防护服,如医用服等,也都有明显的针对性。

二、纺织产品开发思路

产品设计是开发的重要环节,而设计首先要有正确的思路引导,因此,开发管理要重视设计者的知识更新、修养提升和思路引导工作。

(一) 以消费者需求为出发点

在市场经济条件下,生产与消费环节紧密相联,消费者需求是产品开发的重要前提,因此开发新产品时首先应从市场出发。消费者的需求多种多样,产品开发时应把握其变化。

(1) 以满足消费者物质生活水平提高需要进行开发。随着人们生活水平的提高,人们对纺织品的需求已经从实用保暖向更高级化的方向发展。适应人们物质生活的高级化,纺织品向更好、更精、更舒适的方向发展是必然趋势,其市场大且生命周期长,企业如果抓准时机,开发成功后效益就高。例如,北京的白领、广东名瑞集团等,根据服装市场向高档化发展趋势,采用合适的面料和设备技术生产的高级时装,成为国内和欧美市场的流行服装。

(2) 以满足消费者精神生活水平提高需要进行开发。随着社会的持续发展,人们在精神生活方面的消费要求也逐步提高。最典型的是,衣着用纺织品向"服饰文化"发展,人们对纺织品的品种、质量、花色、款式、功能及艺术含量的要求不断提高。例如,在款式上,不同场合衣着,不同色调搭配,上下内衣配套,高档时装二件套、三件套、连衣衫裤、情侣装等,均体现出高档次和时代感。在产品的色彩上,由于人们的色彩观念不断变化,文化素养和审美水平不断提高,如何运用流行色、渐进色的思维和组合技术,及时推出流行色产品,也是企业的新产品开发战略。

情感因素和文化内涵是现代纺织品的重要特征,尤其是服装作为与人结合最紧密的符号,其审美等精神消费作用越来越重要,在某种意义上甚至超过了它的物质消费作用,而且情感丰富的女性在家庭消费中起着主导作用。这也是开发产品时应注意的一个重要因素。

(3) 以满足消费者保健需要进行开发。面对社会的竞争和进步,人们更加关心如何保持自己的身体健康,保健型纺织产品应运而生。保健型纺织产品又称"绿色纺织品",是指从生产到使用的整个过程中能体现出安全、卫生、无污染、节约能源和资源的产品。例如,在纺织品服用性能上,采用远红外纤维加工成远红外保健内衣等;在生物工程应用方面,通过研究可开发出人工器官等。

此外,纺织品还可从满足消费者某项专用需要进行开发,或从人们对现有产品的失望、不满、抱怨投诉中寻找消费者需要进行开发,等等。

(二) 以技术发展为出发点

(1) 通过技术创新进行产品开发。这是纺织产品开发的一个重要途径,最直接的手段就是应用当今出现的最新科学技术,即利用微电子技术、激光技术、红外技术、生物工程技术、海洋工程技术等进行纺织产品开发。例如,智能纺织品及产业用纺织品的发展标志着一个国家的纺织品发展水平,它是利用纺织、化工、造纸、塑料等交叉技术而形成的纺织业增长点,其产品可延伸到各个领域:

① 建材类:碳纤复合材料代钢筋混凝土、维纶加强混凝土及板材等。

② 海洋类:超高分子量聚乙烯作超强缆绳、超过滤材料作海水淡化、海水中提炼油、发展

新能源的重要材料。

③ 国防用：飞机尾翼、导弹外壳用碳纤复合材料、装甲用芳纶复合钢板等。

④ 生物医用工程：人造脏器、关节、血管、皮肤、内窥镜等纤维医疗器材等。

⑤ 环保工程：超细纤毡片、离水交换纤维、可生物降解纤维制品、吸声纺织材料等。

⑥ 农用、渔业：温室大棚用材、无土栽培基质布、微胶囊、微渗透灌溉排涝系统、渔用网箱材料等。

⑦ 交通通信：电子基布、路基布、汽车轮胎内饰、飞机客体等。

⑧ 水利、电力、防灾工程：水库、堤坝用土工布、风力发电风扇、帐篷等。

智能纺织品主要是利用学科交叉、技术融合，将电子技术与纺织技术相结合，开发出来的发光、变色、温控、测压、报警及可通信纺织品等等。

（2）通过工艺创新进行产品开发。某些新产品开发必须通过某种新工艺才能实现。例如，溶剂纺的 Tencel 纤维，可以说是粘胶纤维生产技术上的一次新的革命，它具有真丝的外观、涤纶的强力、黏胶纤维的吸湿性及棉的舒适性，被誉为 21 世纪的绿色环保纤维。

（3）通过技术合作进行产品开发。当企业缺乏技术创新和工艺创新能力时，可通过合作引进国际或国内先进技术，达到开发新产品的目的。这是大多数中小型纺织企业常用的方法。

三、产品开发方式

在开发思路的引导下，要按照企业自身具有的条件，选择合适的开发方式，建立相应的培育机制。

（一）自行研制

根据市场需求和目前产品存在的问题加以改进，生产具有企业特色的新产品，优点是"独树一帜"，提高知名度，但成本高，时间长，技术要求高。

（二）技术引进

利用外部成熟技术直接开发，适合于市场急需但供不应求的产品。该方式时间短，速度快，见效快，但需一定投资。

（三）技术联合方式

把引进和自行研制结合起来，综合开发。如上海引进杜邦的 Tancel 纤维制造技术，联合开发，就很成功。此方式成本适当，见效快，技术含量高。

（四）现代模式

（1）计算机应用。辅助设计、电子测配色、三维人体测试等技术综合运用。

（2）专业化精细化。利用专门的生产基地或样品生产线，生产各种专用纤维、纱线、面料及服装。专门进行产品开发，节奏快，可形成快速反应机制。江浙等许多纺织发达地区，都已形成这种机制。

（3）协同开发产品。采用多学科、跨行业组织协同创新团队，应用交叉技术开发产品。

5. *产品开发路径*

（1）原材料路径。通过研究、开发新材料，开发新产品。

（2）技术路径。采用新设备、新技术、新工艺，改变产品的品质、形态结构、风格、性能、功能。

（3）功能路径。以人们对新产品功能的需要为基本出发点,进行新产品的构思、创造。

（4）终制品路径。按产品最终用途需要为基本出发点,进行新产品的设计。

（5）综合路径。对于全新产品的开发,往往通过多条路径进行探索、研究,方可奏效。

（6）交叉路径。引进、吸取其他科学技术领域的成就,用于产品的开发。

四、产品开发原则

（一）紧紧围绕需求

需求是产品开发的源泉。企业要善于发现需求,及时捕捉需求信息,提高开发产品的市场占有率。例如,人们穿着个性化明显增加,对保健的需求不断提高,产业用纺织品发展迅速,这促使产品开发人员要掌握时机、结合实际,有针对性地进行开发。

（二）结合时尚流行

随着社会的进步,纺织品的基本功能已经不仅仅是驱寒避羞,纺织品成为人们个性化、自我价值体现美化生活的艺术品。因此,纺织产品开发必须了解流行趋势和时尚,掌握其变化规律,利用超前的意识引导市场。

（三）追求性能创新

生活质量的提高,要求纺织品在环保安全的前提下,具有满足人们某种需要的特殊性能,这促使产品开发一定要在观念、技术、材料方面不断创新,增强最终产品的功能性。

（四）注重经济和社会效益

追求效益是企业的本质要求,开发产品并不是一味地要求新、奇、特,关键还是要适应市场需要,符合企业能力,有产品价值,符合产业政策。因此,开发产品要满足环保安全的社会效益,同时要保证企业的经济效益。

（五）重视知识产权保护

针对纺织业知识产权意识薄弱的普遍情况,必须优化创新环境,保护知识产权。企业要重视知识产权保护和创新意识开发,要加大知识产权保护力度,切实保护企业技术、产品创新和品牌培育的权益,强化知识产权保护意识,引导企业提高运用、管理和保护知识产权的能力;积极促进我国纺织品原产地自主知识产权品种的开发和注册,塑造和提升我国纺织品原产地形象;研究制订对纺织品服装产品的登记备案制度,以适应国际化的生产需要,促进新型纺织品及服装品牌的创新发展。

五、产品开发程序

产品开发程序是开发管理遵循的依据,需要企业建立配套制度加以实施。产品开发程序因开发与决策方式不同而有所区别,以独立研制开发为复杂。纺织品创新开发程序:

（一）调查研究阶段

在调查研究阶段,主要根据企业的经营目标、产品开发策略和企业的资源条件,确定新产品开发目标。企业开发新产品首先要做好调查研究工作,包括市场调查和技术调查,一般由研发和营销人员共同完成。

（1）市场调查。了解国内外市场对产品的需求情况,根据市场需求开发新产品。

（2）技术调查。调查有关产品国内外的技术现状与发展趋势,为制订新产品的技术方案提供依据。

（二）开发创意阶段

企业开发新产品的构思创意主要来源:

（1）用户。开发新产品的目的是要满足用户需要,因此企业要通过各种途径收集用户的需要,了解用户在使用老产品过程中提出的需要改进的意见,并在此基础上形成新产品开发的构思创意。

（2）企业员工。员工熟悉本企业生产条件,关心本企业的发展,特别是销售人员和技术服务人员能经常接触用户,比较了解用户对老产品的改进意见和需求趋势。因此,企业要鼓励员工提出开发新产品的构思创意。

（3）科技人员。科技人员有比较丰富的专业知识,掌握较多的国内外科技信息,可通过多种方式鼓励他们为企业开发新产品提供构思创意,主要方法:聘请专家当顾问,请求提供咨询;运用专家学者的科研成果,从中汲取开发新产品的构思创意。

构思创意,是依市场需求为目的,进行创新构思,形成新的创意。要在征求多方面意见的基础上,再进行借鉴和概括,形成自己的创意。

（三）开发创意筛选阶段

在开发创意筛选阶段,要从已经征集到的许多方案中,选择出具有开发条件的构思创意。筛选时,一要坚持新产品开发的正确方向;二要兼顾企业长远发展和当前市场的需要;三要有一定的技术储备;四要综合论证评价,包括资金、效益方面的财务分析,技术可行性方面的技术分析,生产车间各部门的协调生产能力分析,以及市场预测、营销方面的市场分析,等等。

（四）开发决策方案

产品决策方案,是根据新产品开发目标的要求,对未来产品的基本特征和开发条件进行概括的描述,内容包括主要性能、目标成本、销售预计、开发投资和企业现有条件利用程度等。决策的目的是对不同方案进行技术经济论证,通过比较来决定取舍。一般决策结果可能出现几种情况:一是所有方案都不付诸开发;二是因某些情况尚不清楚而推迟开发;三是选择两个各有利弊的方案制造出样品,然后依试验结果再决定取舍;四是选择某个真正较优者进行开发。

（五）纺织产品设计

纺织产品设计,主要是对纺织产品的风格设计和工艺设计。一般需要参考近似产品的参数、经验估计参数及小样试验结果,得出初步设计方案。产品风格是市场需要的产品特性指标;工艺设计是产品创新试制阶段和大批量生产时,为达到产品设计的技术要求,指导工人操作,保证产品质量的一项重要技术工作。在产品制造过程中,工艺设计具有工作量大、费用高等特点,要充分利用 CAD 等辅助设计工具进行。

（六）新产品试制

新产品试制一般包括样品试制(也叫先锋试验)和小批试制两个步骤。

（1）先锋试验。按设计生产出样品,主要是检验、测试新产品的生产、结构、质量、性能,提出改进意见,基本定型后准备小批生产。

(2)小批试制。目的是考核工艺效果是否能够达到预期的质量标准。

纺织产品试制,要按计划,定原料、定人员、定机器、定工艺、定标准进行安排。

(七)产品测试与评价

新产品生产出一定数量后,要进行技术鉴定,应做好测试工作,对样品进行全面检查、试验,做出总结,交企业鉴定委员会进行鉴定评价,确定样品的水平、批量生产可行性和应采取的有关措施。

(八)产品市场开发

产品市场开发,是产品得到市场认可的活动,既是产品开发过程的终点,又是下一代产品开发的起点。它的主要工作:

(1)市场分析。市场分析的目的是对产品未来销售量进行预测,并根据预测值来估算收益情况和开发价值。

(2)产品推广。主要是到市场组织试销,听取用户反馈意见,接受市场的考验,尽快占领市场。

总之,纺织新产品创新开发是技术性很强的工作,开发管理要在遵循规律的前提下,注重培育,严格程序,在打小样的基础上,先锋试验时要"开小灶"优先安排,专心组织,确保以最少投入在最短时间内产出样品;小批试制要客观评价改进,促使工艺完善,为大批生产做好准备;最终结果则需要经过市场检验。

产品开发内容体系如图 3-1 所示。

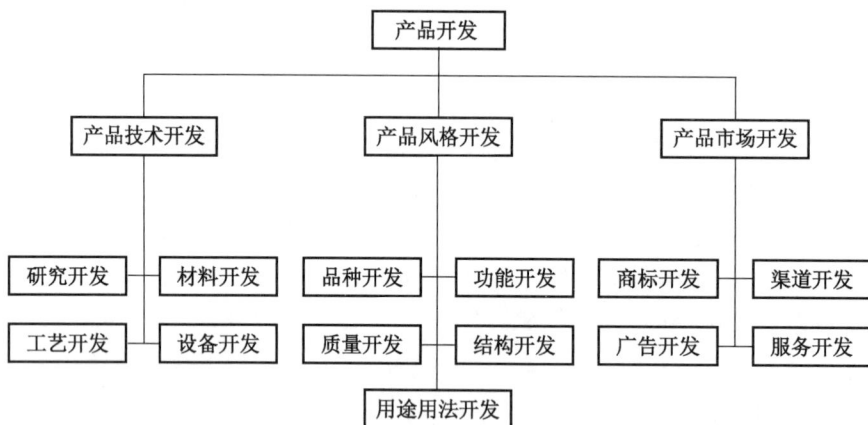

图 3-1　产品开发内容体系

六、产品开发过程管理

(一)产品开发计划的制订

产品开发计划的主要内容:

(1)确定产品竞争领域。例如,产品的类型和档次,产品的最终用途,产品面向的顾客群,产品所拥有的技术资源。这几个因素的各种可行组合就是产品竞争领域的备选方案集。最终确定产品竞争领域,需要综合考虑各种备选方案对企业总体目标的贡献。

(2)确定产品开发具体目标。例如,产品创新目标、产品系列计划、市场态势、市场占有率、特殊目标等。

(3)明确实现产品开发目标的具体规划措施。例如,确定关键性开发要素的来源,确定开发方式和技术变化强度,选择进入市场的次序和时机,以及开发资源的保障程度(资金、机构、条件、机制)等。

(4)制订应急预案。也叫制订应急计划,是指应付产品开发过程中出现的不利情况和突发事件的安排。这些不利条件和突发事件包括:市场突然衰退;开发产品不被市场接受;竞争对手的产品受到严格的专利保护;市场被竞争对手所控制;企业经营遇到困难,没有足够的资金支持创新开发;营销渠道难以打通;与合作伙伴的合作不顺利;所需要的外部技术无法得到;关键技术人员离开企业;等等。

(二)产品开发过程控制

产品开发过程控制,是指产品开发计划的组织、落实活动,是确保产品开发的各个工序、环节按照开发计划进行的有效措施。

(1)开发过程控制的任务。开发过程控制的主要任务:制订合理的资源配置计划、开发活动计划和各阶段的开发产出目标;根据项目实施过程中的反馈信息纠正偏差,调整计划和目标;协调各职能部门的活动;消除开发过程中企业内部技术转移的障碍;解决因意外情况出现或影响开发进程的企业内外部因素变化导致的有关问题。

(2)开发过程控制的方法。采用何种方法进行开发过程控制,取决于开发项目的复杂性和控制可能带来的损失。简单项目的开发过程控制可以采用简单的方法,复杂项目的开发过程控制则需要采用相对复杂的方法。纺织品开发要根据实际情况,如产品技术的难易程度、产品批量大小及产品的交货周期确定。

(3)开发过程中的技术转移。在新产品或新工艺开发过程中,新技术在企业内部从上游开发部门向下游部门的完整转移是一个非常复杂和困难的问题。解决这个问题涉及四项相互关联的决策:技术转移的时机、技术转移的去向、参与转移的人员以及上下游部门间的沟通方式。例如,纺织产品的设计思路、要求风格等,需要在开发前以及过程中,向有关人员进行培训、沟通,以便产品开发过程顺利且符合设计要求。

(三)产品开发过程整合

产品开发过程整合,是指产品开发过程依据产品特性、企业实际情况进行优化整合,提高开发效率和成功率的活动。整合方式主要有三种:串行整合、交叉整合和并行整合。

(1)串行整合。串行整合是一种传统的产品开发过程整合方式。在串行整合方式中,产品构思形成、实验原型开发、工程原型开发、小批量试制、商业规模生产、市场营销和售后服务等阶段依次完成。上游阶段的任务完成后,产品开发阶段成果被移交到下游工作部门,下游阶段的工作才能开始。

串行整合方式的优点在于,在各个过程开发,职能部门的内部效率较高,易于管理。但由于部门之间缺乏信息交流,移交开发阶段成果时缺乏负责的态度,产品开发思想在转移过程中会失真,造成工作反复。这样一方面会增加开发成本,另一方面会延长开发周期,最后可能导致生产出来的产品不被市场接受,给企业带来巨大的损失。

（2）交叉整合。如果对开发过程中的各个阶段仔细剖析,会发现下游阶段的工作没有必要等到上游阶段的工作完全结束再开始,上下游的工作可以有一定的交叉。交叉整合有两重含义:一是在上游阶段的工作未完成时就开始下游阶段的工作;二是在每个上游工作阶段都吸收下游工作部门的人员参加,从而在不同的职能部门之间形成交叉。

在交叉整合方式中,由于有下游阶段的人员参与上游阶段的工作,在上游阶段的开发过程中就会充分考虑到下游阶段的要求,人员交叉也有助于下游阶段的职能部门加深对上游阶段开发成果的理解,这使得前一阶段的成果向后一阶段转移的效率大大提高,从而减少信息失真和工作反复,节约费用和时间。交叉整合非常适合汽车工业等产品结构复杂、工序繁多的行业,在纺织企业也有扩大应用的趋势。

（3）并行整合。并行整合是一种全新的产品开发协调与管理方式。并行整合也称为同步工程或并行工程,是一种在产品开发过程中支持集成化并行作业的系统方法。各部门一开始就一起运行,一开始就要考虑到开发过程中的全部要素,及时沟通信息,发现问题并及时解决,尽量缩短开发周期,降低开发成本。与交叉整合相比,并行整合的优点在于强调尽可能早地开始下游阶段的工作,不仅相邻的阶段有交叉,不相邻的阶段之间也尽可能地交叉。

七、产品开发责任制

产品开发,是一种创新活动,具有不可预见性,给管理工作带来一定难度。传统观点认为要加强目标任务管理;现代观点则认为创新需要自由空间,宽松管理。从管理角度分析,产品开发活动尽管不能做到全部成功,但按照工作职责,还是要明确和落实开发各环节的责任,即开发责任制。

（一）建立培训制度

产品开发重在知识和技术的应用,企业必须建立完善的开发培训制度。对产品开发人员,定期进行必要的新知识培训和车间锻炼,或外出学习,鼓励员工进修深造,重视创新意识的培养,并提出学习的具体要求,如取得学习证明、学习报告及技术交流报告等;对与产品开发工作有关的人员,定期进行内部开发设计培训、技术交流、应知应会考核等。

（二）调研报告制度

设计构思源于各方面信息的碰撞。产品开发企业、会展、市场调研就是提供综合信息的主要途径。要求产品开发和营销人员,在重视互联网信息的基础上,定期访问客户,参加会展,调研市场,增加沟通,互相启发,开拓思路,并写出书面调研报告,根据质量情况给以评价和鼓励。

（三）设计目标任务

设计目标任务,是开发活动的结果和目的。但是开发活动有自身规律,不可能全部成功,而且有时变化很大。为此,要灵活考核,既要看结果、定目标,又要不以目标作为唯一考核标准。重点要求把责任分解落实到人或组,促使开发人员明确从市场调研、生产设计到售后服务的全过程中各自的责任,与目标结合考核,重在合理激励,激发员工积极性。

（四）工艺设计审批

工艺设计,是在调研、构思、初步方案、大小样、分析完善的基础上进行的设计活动,是产品开发的关键环节。工艺设计完成后,要经过选择确定,按工艺管理制度规定,经逐级审批并由负责人签字,方能执行。

(五)上机试验跟踪

上机试验跟踪,是指开发人员对设计的产品上机工艺情况落实报告的活动。一般新产品上机,由于有关人员、挡车工的惯势所在,极易出现原料混批、参数不按要求调整、产质量波动等问题,直接影响产品开发结果。因此,落实上机试验责任,严格跟踪制度是十分必要的。产品设计人员要按设计工序逐批、逐工序跟机试验,及时报告并调整工艺参数,掌握第一手工艺资料。

(六)工艺技术、知识产权管理

样品,包括打小样、先锋试验样品,以及中试、批量生产的各个环节的取样。这些样品要一一对应具体工艺,是企业内部的重要技术信息和资料,需要加强保护,重视样品和工艺资料的收取、保存、发放、借用的管理。每个产品批量生产后,要由设计者交存该产品的完整资料档案存档。强化知识产权保护意识,对拥有核心知识产权给以激励,同时建立相应的知识产权保护制度。

(七)完善考核责任

对产品开发人员要有具体的责任制,并落实责任,及时总结,积极评价,考核到位,奖罚兑现。但是,根据产品开发的特点,需要企业结合实际进行责任考核。例如有的企业把开发产品的数量与个人业绩挂钩,有的则把开发产品的销售收入与个人挂钩,有的对开发人员实行底薪加提成,重在提高开发人员紧密结合市场需要进行产品开发的意识。

(八)以人为本管理

产品开发活动具有自身特殊性,采取与其他企业员工相同的绩效考核管理办法,显然是不行的。重点是创造和谐积极的工作氛围,整合企业的资源条件,引进和培养人才并重,创建高水平协同创新团队,以利于产品研发人员能够随时随地主动思考,产生灵感,形成创新思维,开发出新颖适销的产品。

(九)产品经理制

产品经理制,是对企业经营的产品大类分别设置专门经理人员负责的制度,江浙一带实行的较多,主要指对一个新产品或一组新产品,从新产品策划到新产品投入市场,都由一位经理全面负责。每位产品经理可以单独承担全部计划和管理控制工作,也可以领导一个小组来完成他所承担的任务。产品经理一般直接接受企业总经理的领导。

产品经理在企业产品开发中起核心作用,在新产品市场营销上起决策作用,在企业现有产品的改进或延伸中起组织作用。同时,往往因产品特性不同,在同一企业内,不同的产品经理所起的领导作用有所不同。

产品经理制的优点:责任明确,易于实现现有产品产销和新产品开发这两种有冲突的职责的协调,有利于提高研发人员的积极性。其缺陷:不易选拔既有技术专长又有营销经验的产品经理;授予产品经理的权力往往与他肩负的责任不相适应,他可能无权改变其他职能部门负责人的某些决定;受产品经理本人专长所限,他可能与设计部门或营销部门专家发生冲突;产品经理事务繁杂,容易造成个人精力不足。

第三节　产品开发战略

产品开发战略是企业产品开发的方向和长期的计划要求,它表明了企业根据自身条件及发展,对市场的判断和态度,是保证企业进步的重要工作之一。产品开发的最高境界是产生颠覆性技术并拥有核心知识产权,其次是成本优势即有整合资源的能力和管控成本的能力,再次是对需求的快速反应。在不断变化的时代,产品依然是企业的生命之本,坚持创新在当前情况下更显珍贵。需求导向就是围绕行业需求来设定创新目标。针对企业的不同情况和发展阶段,可以有不同的产品开发战略。

一、主动型开发战略

(一)主动型战略目标

主动型战略目标:通过开发或引入产品,全力以赴地追求企业产品技术水平的先进性,抢先占领新的市场,力争保持技术与市场的领先地位。

(二)主动型战略条件

企业应具备独立的研究和开发机构,有较强的技术研究开发能力及雄厚的资金作保证;同时要求企业能预见到未来市场的潜在需求,并有能力批量生产新产品去占领较大的市场。

(三)主动型战略特点

主动型战略特点:投资大,周期长,难度高,有风险,收益高。如果企业实施该战略成功,给企业带来巨大收益,有利于提高核心竞争力。但是,企业需筹措用于风险性开拓的大量资金,并且需要具备一定的条件,例如高水平研发团队和平台等。

我国纺织业目前正处于转型升级,实施增品种、提品质、创品牌的"三品"战略时期,非常需要纺织企业积极实施主动型开发战略,提升企业核心竞争力。

二、防守型开发战略

(一)防守型战略目标

企业不抢先研究和开发新产品,而是当市场上出现成功的新产品时,立即做出反应,对市场的新产品进行开发或加以改进,并迅速占领市场。

(二)防守型战略条件

首先是企业应有高水平的信息收集网,系统了解其他企业的研究方向和科研成果;同时,企业应具有较强的研究与开发条件,技术人员必须反应敏锐、行动迅速,具有理解与发挥别人科研成果的能力。当企业决策者一旦做出决定,开发机构应与企业的各部门合作立即成立开发小组,争取在短期内生产出与创业厂家相当或更为先进的产品。一般纺织品如面料,开发面市时间应在一周至十天。

(三)防守型战略特点

与主动型开发战略相比,防守型开发战略避免了开发研究以至基础研究的大量投资,大大减少了投资风险性;同时,它是对新产品加以改造后推向市场,克服了新产品最初的缺陷而后来居上。因此,防守型战略尽管在科学技术上没有做出重大的发明创造,但对企业的发展十分有利。

我国纺织业中众多的中小企业具有这种新产品快速反应能力,取得了收效快、成本低的相应利润。

三、引进型开发战略

(一)引进型战略目标

利用他人的科研力量,替代企业去开发新产品,如通过购买高等院校、科研机关的专利或科研成果为自身企业服务。

(二)引进型战略条件

企业要具有较好的信息系统,能及时迅速地掌握研究开发动向和成果,并能迅速决策,且有消化能力。那些缺乏技术专家,没有独立研究开发机构又缺乏足够财力的企业,可采取此战略。

(三)引进型战略特点

企业本身不进行研究开发,具有收效快、成本低、风险小的效果。据统计,把科研成果转化成商品所需的时间仅为独立研究开发经费的1/30,因此不少企业采取此战略。

采用此战略,须特别注重引进通用技术,即引进适合于本国、本地区或本企业经济条件和环境技术条件的技术。同时,在技术引进中应注意多引进软件,以免缺少配套软件而浪费了引进的硬件。

我国纺织企业在这项战略的运用上,杭州凯地丝绸股份有限企业有较成功的经验。该企业与德国KBC企业补偿贸易引进设备,同时进行技术改造、引进人才,其"真丝印染绸技术的引进、消化、吸收和创新"项目获得国家科技进步奖。该企业还先后与浙江大学、浙江工程学院、浙江丝绸科学研究院等单位合作,分别完成了"电脑分色系统""电脑测色配色系统"等多项市、省、国家级重点科研项目的研究,以及"高档精深真丝印花绸""黑色涂料雕印绸"等国家级新产品的研制、开发工作,相关产品在国内、国际市场上有较强的竞争力。

四、部分市场开发战略

(一)部分市场战略目标

部分市场战略,主要为特定大企业服务。企业利用自己的工程技术满足特定大企业的订货要求,不再进行除此以外的其他技术创新和产品开发。

(二)部分市场战略条件

部分市场战略实施条件:具有特殊渠道关系的大企业的子企业或专业化生产能力很强的中小型企业。

(三)部分市场战略特点

部分市场战略特点主要是风险较小。采用部分市场战略按订货要求或企业专业化需要,只需完成专业化协作部分的生产任务,其工作重点是在材料及生产工艺方面进行革新,达到降低成本的目的。不足的是企业服务的主体一旦变化,自己将受极大影响。

以上四种产品开发战略,是根据不同的市场、时期、产品和企业而产生的,也可以综合运用,各纺织企业可根据自己的经营战略、战略环境条件加以选择。

五、纺织产品开发方向

(一)加快纺织工业智能制造的进程

"中国制造 2025"战略规划提出智能制造是两化深度融合的主攻方向,纺织工业智能制造包括智能化装备、智能化运营和智能化产品三方面内容。

智能化装备主要包括产品自动转运系统,实现自动化、数字化控制、实时在线监测和自适应控制的关键装备,实现机器代人,提高劳动生产率和实现柔性制造。

智能化运营包括智能化生产和智能化管理,智能化生产是纺织业分步骤建设智能制造示范生产线和数字化工厂;智能化管理是整合供应链、设计、生产、销售相关的全部环节,建立云工厂与实现电子商务,通过远程定制、异地设计、协同生产、远程监测等信息技术,将用户需求充分体现在产品的设计、生产和服务的各个环节,形成全新的产品开发模式。

智能化纺织产品是信息化技术在纺织终端产品上的直接应用,将传感技术、通信技术、人工智能技术与纺织技术结合,开发智能化的纺织品服装。

(二)推进纺织新材料的研发和应用

新材料研发应用是纺织业发展的重点领域之一,高新技术纤维和复合材料又是新材料的重要内容。纺织新材料发展重点:

一是发展满足航天、国防、安全防护、能源等高端领域需求的高性能纤维及其复合材料,打破发达国家的技术垄断。

二是开发替代石油资源的新型生物基纤维材料,推进海洋生物基纤维产业化,解决原料的多元化。

三是大力发展各种差别化、功能性纤维,发展高效率、低能耗、柔性化、自动化和信息化技术及装备,满足个性化、时尚化和功能化的纺织终端产品消费需求。

(三)强化纺织工业基础能力

针对受制约程度严重、对行业发展影响面广、提高生产效率明显、节约资源减少排放效果显著的纺织基础材料、基础零部件、基础工艺分阶段突破,并搭建合理的产业技术基础平台。重点突破以高性能为代表的新型纤维材料等纺织基础材料制造技术,新型多功能高速转杯、针布、锭子等纺织基础零附件,对纺织工艺转型升级影响大的纺丝、纺纱、织造、印染及非织造等纺织先进基础工艺,并加强科技创新平台、检验检测平台及技术公共服务平台等产业技术基础建设。

(四)提升产品质量和加快品牌建设

通过技术进步、创新设计、可靠工艺、严格标准、装备先进及有效管理等环节,提升纺织产品质量品质,并为产业用纺织品最终产品的开发提供积极支持,确立质量品质的一致性和可靠性。在产品设计方面,通过对纺织产品高端化、个性化、休闲化、智能化及低碳环保等方面的研发,提供具有差异化和符合消费者需求的产品。创造良好的品牌环境,包括产业环境、市场环境、文化环境和政策环境等。推动纺织行业知名产品品牌、知名企业品牌、知名区域品牌和知名国际品牌的成长和地位的提升。

（五）提高绿色制造水平

在纺织工业的各环节采用先进的节能装备和节能技术，提升全行业的节能水平。突破一批关键共性技术，发展低能耗、低水耗、低污染物排放的生态染整加工技术。建立物理法、化学法兼济的废旧聚酯纤维高效连续再生纤维关键技术体系，循环再生纤维产品应用范围扩大到服用、家纺和产业用等领域。

我国已是纺织大国，正在努力建设纺织强国，纺织行业及其企业要抓住历史的机遇，发挥各自的优势，协同一致，加强产品开发及其管理工作，全方位提升纺织业创新能力。

[案例]

无锡一棉开发 300 支纱，引领国际高端市场

无锡一棉抢抓机遇，成为棉纺行业紧密纺及智能化应用最早的探索实践者。万锭用工从 300 余人减少到 25 人，在高效用工方面成为业内的标杆。凭借"特高支精梳纯棉单纺紧密纺纱线研发及产业化关键技术"，无锡一棉荣获纺织之光 2014 年度中国纺织工业联合会科技一等奖，而且以 300 支特高支纱产品的规模化生产走在了中国纺织企业转型升级的前列。

创新在思路。一棉认为，不管纺织企业如何创新，最重要的是思路正确。找准方向，明确目标后，就要倾尽全力地投入，无论是资金还是技术。之所以说正确的思路目标更重要，是因为一棉意识到，只要肯钻研，技术上总会突破，可明确的目标是具有指导性意义的。"做一个课题不难，但要有价值才有意义。因此，研究要与企业发展战略相吻合。比如我们专做高支纱，我们的重心就放在这里。此外，做一个新产品，一定要考虑给客户能带来价值，所以我们的开发完全是从市场、客户的需求出发，把有限的资金用到最有用的地方。"这就意味着开发思路要带有前瞻性，研究过程中可能也会有意想不到的收获。

追求高标准。在棉纺业不少企业关停亏的情况下，无锡一棉保持了平稳增长，这是为什么？一棉的回答是"我们注意追求高标准，开发高档纱，主要做高支纱，客户相对比较稳定"。随着技术进步，竞争加剧，现在做 120 支纱的企业多了，同质化竞争不会有好出路。为此，一棉一直在思考纺纱的拐点在哪里，怎样的技术和设备才能生产出更细的纱线。

通常市场需求是生产的风向标，但目前市场上特高支纱的价值高但需求比较少，一棉坚持开发 300 支以上的特高支纱，是否能够盈利？对此一棉有自己的理解"最初我们做特高支纱，主要是想深入研究纺纱机理"，后来"听说国外已经有 300 支纱，我们想国外企业能做的，我们也应该能做，起码保证紧跟国际先进水平不能掉队"。

一棉通过特高支纱的研究成果也解决了很多高支纱的难题，掌握了纺特高支纱的关键技术，这些技术成果的应用提高了其他品种的生产质量和效率。一棉介绍："特高支纱的原料成本占比很小，主要是电费和人工成本，只要能减少断头，让车速上去，产量增加，效益就会随之提升。特高支纱的客户都是国外一线品牌，产品利润较高，客户认可我们的品质，常年与我们合作，市场波动对我们的影响就相对较小。"

从技术上看，300 支的纱线已经到达一个极致的水平。一棉坦言，纺纱是有极限的，企业研究特高支纱并不是为了好看的数字而吸引眼球，实用性才是更重要的。"一棉不会刻意去研究极细纤维，研究的目的是改善条干水平，还要考虑产量。研究要接地气，适应市场的需求，但不会为做细而做细。我们追求的是做精，而不是做大。"

华源生态科技企业创新之路

华源生态科技企业是一个仅有 4 万纱锭的"不经济"规模的小厂,多年来,年生产各类纱线约 4 700 t,实现销售收入 2 亿元左右人民币,平均每吨纱的售价在 4 万~5 万元。值得一提的是,该企业的平均纱支并不很高,只在 40~60 支的水平,质量虽然稳定在乌斯特公报 5% 的高水平,也不致于卖出如此的高价。这是为什么呢?企业说,华源重点是多品种开发,原料除消耗较少的涤纶和棉花外,较多使用新型化纤,以及绢丝、羊毛、羊绒、彩棉、各种麻纤维等天然纤维。其中,铜氨纤维、莱塞尔纤维、蛋白纤维、牛奶纤维的年耗用量近百吨;天丝、竹纤维等年耗用量均超过 200 t,彩棉和莫代尔纤维的耗用量超过了 1 500 t,成为中国最大的莫代尔纱线供应商之一,因此荣获了兰精企业的"特别贡献奖"。概括企业高速度发展的历程,即充满"艰辛"地坚持"创新"。

车间负责人介绍,企业平均每个月要生产超过 200 个纱线品种,而对客户提出特种纱线的起订量仅为 10 kg。这在其他棉纺厂是难于生产的,因为这点量连清花设备的底都铺不满,10 kg 纤维连一个棉卷的质量都不到,形不成生产线的连续操作。华源能做到主要得益于创新改造,他们将一些毛纺、绢纺和麻纺的前处理设备,进行适用于小批量多品种的纤维处理的技术改造。但是,要真正形成小批量多品种的连续化生产,其秘诀还在于工厂的现场管理。在华源的车间里,物品排放有序,各种标识一目了然,地面和机台清洁,整个厂房显得宽敞明亮,这得益于企业长年坚持推行 5S 现场管理。

华源认为,针对企业规模小、历史短的情况,如果不走创新的道路,就无法生存,所以企业的理念很简单,那就是"创新永无止境,挑战自我极限"。在企业推行 5S 管理的过程中,富有管理经验的领导班子专门挑选一些在一般棉纺厂里比较容易忽视的"死角",如前纺精梳、细纱皮辊、更衣室、电气保全室,以及棉检室、人力资源部、经营部等设为"样板示范区",然后在全厂推广。5S 管理的推行促进了员工素质的提高,形成了精益生产管理的良好局面。所以,在 4 万锭规模下,平均每年的细纱改纺达到了 3 000~5 000 台次的高水平,令全国同行感到有点不可思议。

不做寻常品种,专攻特种纱线的发展战略,使华源收获了自主创新的硕果。作为一个小企业,却拥有不少大学毕业后在基层打拼了 10~20 年且年富力强的管理、工程技术人员,这些人才组成了一个和谐团队,在他们的带领下,企业形成了一种基于严格制度保证的快速反应能力。这应该是华源充满活力的根本原因。

[思考题]

1. 何谓新产品?纺织品的特点有哪些?
2. 纺织产品开发的意义和程序有哪些?
3. 说明产品开发的程序,在实施时要注意些什么。
4. 技术创新有哪几种基本战略思路?企业如何从实际出发进行合理选择?
5. 产品设计主要有哪几种方法?具体如何应用?案例中的企业采用了哪种方法?
6. 结合案例说明企业怎样进行产品创新。

第四章　纺织生产管理

纺织企业为实现生产、经营的各项目标,需要合理地组织人员、设备、原材料、资金、技术和信息,对生产、检验的全过程进行计划、组织、指挥、控制和协调管理。生产管理是负责实现计划到产品转变的重要环节,在企业管理中占有不可替代的位置。纺织企业生产管理就是落实执行纺织品生产计划过程中管理职能的活动。

第一节　生产管理概念

一、生产管理的定义

生产管理是对产品的投料加工过程的计划、组织、控制活动,即企业日常生产的物化劳动的管理活动。它的概念有狭义和广义之分。

(一) 狭义概念

狭义的生产管理,指生产制造过程中生产管理部门职责内的管理活动,即直接与产品加工制造有关的活动,例如纺织生产计划、作业计划、产量消耗、生产调度、班组活动等。具体部门有生产科及生产车间等。

(二) 广义概念

广义的生产管理,指全部生产系统的管理活动,不仅包括生产加工过程还有劳动组织、定额、设备、质量、物资、技术、产品检验等管理内容。具体部门有生产、技术、设备、质量、安全、机动、环保、节能、仓库及生产车间等。

"厂内管理千条线,生产管理一线牵"。生产企业的最终目标是提供产品,满足市场需要,实现企业所担负的社会使命。这个工作的基础是生产管理,即企业必须能够正常地生产制造,有效地运营,否则一切都是空话。生产管理不正常的企业不可能提供有效产品,也就失去了企业存在的价值。为此,无论在何种情况下,生产企业都必须重视生产管理。

二、生产管理的地位与作用

(一) 生产管理的地位

1. 从系统观点看

纺织生产管理是纺织企业管理系统的子系统,是按照企业经营决策所确定的经营方针、目标和战略计划的要求,具体组织企业内生产活动,完成生产目标任务的全过程。

2. 从管理地位看

生产管理在企业管理中属于过程管理,相对于战略管理,处于执行地位,是必不可少的。

3. 从历史发展看

生产管理的重要性是随着市场经济发展的要求而不断变化的,由过去的中心位置逐步转变到相对重要的位置。随着当前市场的变化,有学者提出在供大于求的市场条件下,需要加强生产管理,用产品引导消费,提高了生产管理的重要地位。

在计划经济时期,由于纺织品供不应求,纺织工业是完全的计划管理,国家统管从原料到产品、人事、设备的经营、调配和管理权。企业无需经营销售,只需按计划指令生产,企业的中心工作就是尽可能地增加产量。因此,计划经济体制下的纺织企业生产管理是企业各种活动的核心部分,完成生产管理任务是最重要的工作之一,企业的一切工作都围绕生产进行。当时的生产计划科室,管理范围广、权限大,能管理到供应、成品、招工、员工等层面上。

随着市场经济的发展,纺织品市场由卖方市场转为买方市场,尤其是国际经济环境对纺织品市场的影响,我国纺织行业面临高端市场和低端市场的双向挤压,竞争越来越激烈。另一方面,纺织的生产设备、生产能力与技术水平越来越高,能够生产足够多的纱、布、服装等纺织产品,在供大于求的国内外买方市场形势下,让企业自己生产的纺织产品占领市场的营销活动成为企业的主要任务,企业不仅要进行产品生产,而且要根据市场的需求变化,开发产品,服务用户,同时还要注重形象和培育品牌等工作。因此,纺织品营销活动已经排在纺织企业管理工作的第一位。

但是,经过对市场的认真分析,发现市场上一方面存在不少产品供大于求,产品滞销,营销作用不能长期有效,另一方面又存在消费者想要但买不到的称心产品,出现大批海外抢购现象。这说明产品供给出现问题,需要加大产品开发,在做好营销管理的前提下,进一步重视生产管理,为市场提供满意的产品,通过产品引导消费。

(二) 生产管理的作用

1. 生产管理是实现企业经营目标的重要手段

纺织企业的生产过程是纱、坯布、成品布及服装形成的过程,同时也是劳动时间和各类原材料物资的使用和消耗的过程。它要求对生产过程进行合理的组织协调,使产品生产加工的行程最短,时间最省,原材料消耗最少,质量有保障,以尽可能少的投入得到尽可能多的产出。因此,生产管理就是对整个生产过程实行有效的控制过程,是实现企业经营目标的重要手段。

2. 生产管理是落实企业经营决策的关键

企业管理的核心是经营决策,而落实决策的前提是要有正常的生产秩序和健全的生产管理机制。随着市场经济的不断发展,市场变化越来越快,消费者的需求越来越广泛,特别是纺织品市场的需求更加趋向个性化、功能化、智能化,追求高品质、时尚流行及功能智能型。因此,纺织企业必须能够适应多品种、小批量、高新技术和快交货的生产管理方式,同时还必须提供质量信得过的产品。这要求纺织企业建立快速反应机制,而这个机制的关键就是有效的生产管理。

三、生产管理的职能与任务

(一) 生产管理的职能

生产管理的职能一般包括计划、组织、整合、协调和控制。

1. 计划功能

计划是实现企业经营目标的重要手段,是组织企业生产活动的依据。生产计划工作的主要内容:确定生产的品种、产量、质量、消耗和交货日期等;进行生产能力的核算与平衡;制订各项定额标准;编制生产计划和生产作业计划;组织实施计划与保障工作;检查计划完成情况。

纺织企业生产计划是分步骤和时间承担的生产目标,其内容还包括计划制订、保证措施、实现途径等。

(1) 制订计划分生产计划、作业计划,例如纺纱计划、色布计划、用棉计划等。

(2) 制订保证计划进度和完成的有关措施,例如生产高支高密织物需要相应的原料、较高级别的操作员工及先进的设备等。

(3) 落实承担任务部门的产量、品种、质量、消耗、交货期、设备运转率、利润率等目标完成情况及相应措施。

2. 组织功能

组织指纺织生产过程的人员、机构等的设置安排工作,主要是生产中各工序、各阶段在时间上、空间上的人员、原料、产量等方面的衔接分配,通过时间测量,定员定额,提高劳动生产率。要求达到:

(1) 生产安排与劳动人员的优化组合。

(2) 生产过程的连续性、比例性、均衡性控制。

(3) 生产工艺条件及人、财、物发挥最大效能。

3. 整合功能

整合指合理利用企业的各种资源,组成最佳的组合,做好生产前的准备工作。

(1) 生产技术准备,如纺纱工艺、皮辊皮圈工艺配件、新产品试制要求等。

(2) 生产过程的人力、物件、能源、设备、安全等基础条件。

4. 协调功能

协调指对生产各个部门、车间、班组之间,围绕组织要求目标及生产条件进行沟通实施的活动。

(1) 协调沟通各个部门、车间围绕整体目标、服从大局,保障生产的正常进行。

(2) 指导实施各种管理制度、生产技术和工艺文件、原材料消耗、用工标准和单产定额、半成品储备量、生产进度要求等。

5. 控制功能

控制指对纺织企业生产全过程的检测、监督、信息反馈和改进等作用,具体内容:

(1) 总体上,要掌握纺织生产的进度,及时发现问题并采取措施,保证生产计划进行。

(2) 范围上,指生产计划、组织、准备的各个方面监督落实的职能。

(3) 内容上,主要包括生产进度、产品质量、生产数量、机物料消耗、原料及半成品库存、生产成本、占用资金等方面。

(4) 方法上,根据纺织生产计划或定额,建立完善的控制标准、信息反馈系统,并制订相应对策,及时检查整改,监督执行。

(二) 生产管理的任务

生产管理的任务就是通过整合生产要素,即采用计划、组织、协调等手段,按照计划生产产品,完成生产目标。

1. 完成生产目标

生产管理任务最重要的就是按时按量生产合格产品,保证完成生产目标。纺织企业生产目标主要指产量、质量、品种、消耗、用工和成本指标等。

2. 安全生产,落实计划

生产管理要加强组织和调度,分时间、工序、人员检查、落实计划完成情况,避免资源和时间的浪费,确保安全生产。

3. 有效利用资源

做好原料、设备、人员、能源的选择和使用,降低消耗,充分发挥员工积极性和生产设备技术能力,提高生产效率,增加产品产质量。

四、生产管理原则

管理原则是管理活动过程的规则和要求,生产管理原则是以实现生产经营目标为出发点和终点的总体要求。

(一) 按需生产

1. 协调组织

在市场经济条件下,纺织企业的生产组织必须适应市场需求的快速变化,必须减少生产组织中不必要的中间环节,使纺织企业的生产组织内部信息传递畅通,换批翻改速度快,计划目标落实好,整个生产组织的协调能力增强,保证产品交货合同的顺利完成。

2. 适应变化

现代纺织品市场是一个不断变化的市场,所以纺织企业的生产组织必须具备快速反应能力,以适应纺织品市场的变化。例如,当棉花价格过高而市场上的棉纱和棉布的售价不能相应提高时,纺织企业势必要快速调整产品结构,增加混纺纱的生产数量,减少棉花用量,如果生产组织不能做出快速反应,为生产混纺纱提前做好准备工作,就要影响纺织企业的生产经营工作,甚至会给企业造成重大经济损失。

3. 切合实际

避免不顾自身技术条件的盲目翻改品种,生产高难度产品。高难度产品的附加值高,一般都是市场销售好的产品,但是企业的技术装备、工艺技术水平和管理水平是生产高难度产品的前提条件。另外,这些产品需要一个市场认可的过程,从开发到销售的时间一般较长。不顾自身条件盲目生产这些产品,会给企业生产经营带来极大的风险。例如,无锡一棉、华茂企业能够生产 2.46 tex 的超细号纯棉纱,而其他大多数纺织企业不具备生产这种超细号纱的能力,应避免跟风。

(二) 均衡生产

1. 均衡生产的定义

均衡生产是指纺织生产中各生产环节和各道生产工序,按照计划规定的进度,在相等的时间内完成相对稳定的产量的过程,即均衡的生产过程。

2. 均衡生产的必要性

纺织厂的工序多(一般有几十多道工序),生产品种也多,如果不能够实现均衡生产,会造成生产脱节和混乱,生产计划和生产任务不能按期完成,同时会造成资源浪费。因此,均衡生产有利于稳定生产秩序,提高生产效率,保证质量的稳定提高,也有利于减少半制品的储备量,节能降耗,加速资金周转。

3. 均衡生产的注意事项

(1) 生产作业计划、工艺设计及生产准备工作客观、实际,并落实到位。

(2) 设备能力配备均衡,衔接顺畅。

(3) 前后工序人员搭配合理。

(4) 建立生产应急预案,生产调度及时有效。

(三) 节约原则

(1) 从产品设计到生产及市场开拓的全过程,树立节约意识,优化工艺,定额管理,责任到人。

(2) 制订降低原材料消耗、节能降耗的目标。

(3) 遵循交货时间和数量准确的市场基本要求,避免提前或拖延现象发生。

(4) 努力生产高质量的产品,提高一次性合格率,最大限度地减少残次品,降低工费成本。

(四) 科学管理

1. 安全生产,指挥统一、规范

纺织企业在一定时期是劳动密集型企业,具有员工多、工序长、机台多及生产批量小、花色品种多、三班倒等生产特点,要求纺织企业的生产指挥必须科学统一、规范,生产过程中必须做到上令下行、有令必行、行之有效,实现生产过程的高效率安全运转。

2. 做好基础管理工作

基础管理工作是企业管理规范和有效的前提。生产管理主要是生产计划的实施实现过程,更需要加强基础管理工作,包括专业性基础管理工作和一般性基础管理工作。

3. 运用现代管理手段

在纺织企业的生产管理中,广泛采用计算机技术、现代信息技术、价值工程、系统工程、统筹法、线性规划等科学技术成果,促进生产管理水平的不断提高。

第二节 生产过程组织

一、生产过程的基本涵义

(一) 生产过程的概念

生产过程,指从生产准备、原料投入到生产出产品的全部环节,如纺纱企业中从原棉、开清棉、梳棉、并条、粗纱到细纱、落筒等工序过程。

(二) 生产过程的内容

生产过程主要包括四个部分:

(1) 生产准备过程,指为保证生产正常运转,企业有关部门进行的生产所需的人、财、物等计划落实工作。例如,生产人员确定、原料储备、配件准备、产品设计、工艺技术文件等完成情况。

(2)基本生产过程,即直接改变劳动对象,使其成为产品的过程。例如,棉纺企业利用棉花经过各工序的加工,使其成为一定规格的纱线的过程。

(3)辅助生产过程,即为保证基本生产过程的正常进行所必需的各种辅助性生产活动。例如,纺织企业的设备维修、纺织专件的维修保养、空调温湿度调节、厂房维修等。

(4)服务生产过程,即为基本生产过程和辅助生产过程提供各种服务工作的活动,主要指机配件及原材料的供应、运输、保管等工作。

上述四个过程中,每个过程都不是孤立的,而是密切相关的。基本生产过程是核心,生产准备过程是前提,辅助生产与服务生产过程是保证。

3. 生产过程的形式

生产过程一般有两种形式:

(1)流程式,按工艺顺序,前后衔接,连续加工成最终成品的生产形式,如纺织、化工、冶金等行业。

(2)装配式,指先按照要求在不同地点分别制出零件,再集中组装成最终成品的生产形式,如汽车、电视、服装等行业。

上述两种形式的生产过程各有特点,流程式顺畅,适于大批量生产;装配式的专业化强,效率高。

二、生产过程的基本要求

经济性和时效性是生产过程的基本要求的具体体现,即工艺过程最短、加工时间最短、原材料消耗最少、生产效率最高。

纺织企业的生产过程的基本要求,具体体现为"三性",即连续性、比例性、均衡性。

(一) 连续性

连续性,指产品在各工序流动时,在时间上前后衔接和过程连续的特性。连续中不能出现脱节、停顿、等待的现象,可以减少在制品存放,缩短生产周期。

纺织企业生产过程中要求尽可能做到连续性,因为,其生产过程中经常出现生产中断现象,如工序间设计不连续、操作断头、落纱停顿及设备能力不均衡造成的脱节现象等。因此,在现有工艺条件下提高纺织生产连续性,需要有相应的措施。一般要求设备布局合理,少迂回往返,提高机械化和自动化水平。具体采取以下措施:

(1)适当增大各个工序的卷装量,减少落取、喂入、停台和接头次数,提高效率和质量。但过大的卷装量会导致运输上车困难,喂入张力不匀且占地面积过大。

(2)缩短工艺流程,采用大牵伸、大定量和高速度,减少加工工序。

(3)采用联合机形式,如细络联、开清棉联合及清钢联等。

(4)采用自动装置,如上卷换卷、落纱、换筒、换管等。

(二) 比例性

比例性又叫协调性,指纺织企业生产的各个环节,在前后工序的人员和设备上要互相协调、互相适应,有一定的比例性,这是保证生产连续的重要条件。

　　纺织生产企业,一般以主机能力来决定其他设备能力。例如,细纱机以"万锭"为单位,决定前工序如清花、梳棉、精梳等设备台数;织布则以"百台"织机为单位,决定络筒、整经、浆纱等设备台数。为保证比例性,设备配置要留有余地,一般情况下,前工序大于后工序,以满足产品多样化的要求。

(三) 均衡性

　　均衡性又叫节奏性,指各工序、各阶段都要有节奏地、均衡地进行生产,即各个生产环节在相同时间内生产大致相等或一定增量的产品。各个工序机台产量负荷充分且相对稳定,不出现时紧时松、前后不一的现象。均衡主要表现在产品的投入、生产和产出这三大环节上,尤其是产出要均衡。均衡性主要靠计划调度手段完成。

　　以上生产过程要求的"三性"关系是相互联系、相互制约的。比例性是连续性的条件,而连续性又是均衡性的保证。

三、生产过程的空间组织

(一) 空间组织的概念

　　生产过程要在一定的空间内进行。空间组织指设计产品在生产过程中的空间运动形式的活动,即对生产原材料、半成品的运输路线、生产单位的设置等。例如,纺织生产的清花、梳棉、精梳、并卷、粗纱等。

(二) 空间组织的设置原则

　　(1) 工艺专业化(又称工艺原则),指按工艺特点设置生产单位的原则。它的特点是集中同类设备,用同种工艺方法加工产品,加工对象多样,但工艺方法相同。例如,纺织企业的清花车间、梳棉车间等。

　　该原则的优点:①对品种变化适应性强;②有利于提高设备利用率,节约占地面积;③便于生产管理。不足:①运输路线长,中间库存多;②生产周期长,占压资金多;③单位间协作关系复杂,责任不易划清。

　　(2) 对象专业化(又称对象原则),指具有不同设备和不同工种工人,能独立完成一定产品(加工对象)的全部工艺过程的生产单位设置原则,如图 4-1 所示。

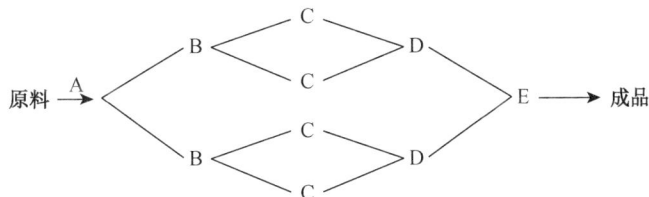

图 4-1　对象专业化

　　该原则的特点是加工方法多样,而加工对象一定,一个单位集中了不同设备和不同工种工人,能独立完成产品的全部工艺过程,故又称封闭式车间,如服装缝纫、印染、纺织生产线等。

　　该原则的优点:①加工、运输路线短;②停顿等待时间少;③周期短,占压流动资金少;④简化协作关系,利于核算管理。不足:①品种适应性差;②占地多,设备能力发挥不够;③生产技术管理复杂。

(3) 对象工艺专业化(又称混合原则),指综合运用以上两种形式设置生产单位,灵活方便。主要采用两种方法,一是在对象原则上结合工艺原则设置空间组织,二是在工艺原则上结合对象原则设置空间组织。

相比较而言,对象原则的优点多,便于生产管理,适用于品种稳定、生产规模大的企业。

四、生产过程的时间组织

(一) 时间组织的概念

物质形态变化、生产加工需要一定时间。合理组织生产,利用时间资源,在时间上衔接良好,提高生产的连续性和比例性的活动,即生产过程的时间组织。

(二) 时间组织的类别

时间组织,主要指生产周期、交货期、工序加工时间,其中工序加工时间是生产过程时间组织的基础。

(1) 生产周期。生产周期,指从原料到产品所用的时间,包括劳动时间和停顿时间两个部分。要缩短生产周期,就要从这两个部分时间入手。

(2) 交货期。交货期,指原料投入到产品整批产出或客户所允许的最小批量所用的时间。如果客户需要多个产品品种,就要按照客户要求,确定部分或全部产出交货的全部时间。因此,要保证交货期,就要全面掌握生产进度和衔接时间。按时交货是体现生产企业信誉的重要标志。

(3) 工序加工时间。工序加工时间即产品经过每道工序所需的时间。在一定条件下,一般由产品移动方式来决定工序加工时间。

(三) 产品移动方式

产品移动方式,指产品在生产过程中各个工序变动的顺序安排和要求,有顺序移动、平行移动及平行顺序混合移动等。

(1) 顺序移动(指产品成批移动于各工序)特点:

① 集中加工设备不停顿。

② 产品等待时间长,生产周期长。

③ 适用于批量小、加工时间短的情况,如新产品试制等。

例:图 4-2 所示为某产品顺序移动时间。已知 $n = 4$,$t_1 = 10$ min,$t_2 = 5$ min,$t_3 = 15$ min,$t_4 = 10$ min,求 $T_顺$。

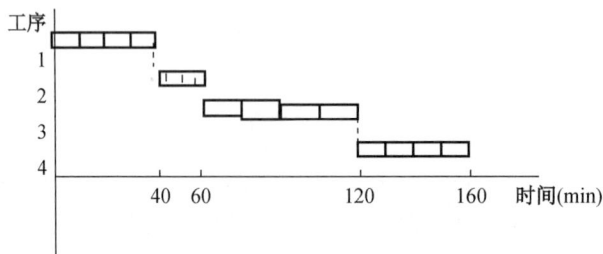

图 4-2 某产品工序顺序移动时间

解： $T_顺 = 4 \times (10 + 5 + 15 + 10) = 160(\text{min})$

（2）平行移动（指产品分别逐个移动于各工序）特点：

① 生产周期最短。

② 前后工序的加工时间不同时，产品和人员都有停顿时间，而且是分散的、不便利用的。

③ 适用于单件产品加工时间接近且成倍数关系的情况。

例： 图 4-3 所示为某产品平行移动时间。已知 $n = 4$，$t_1 = 10 \text{ min}$，$t_2 = 5 \text{ min}$，$t_3 = 15 \text{ min}$，$t_4 = 10 \text{ min}$，求 $T_平$：

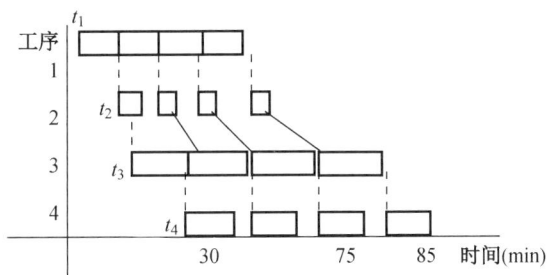

图 4-3 某产品平行移动时间

解： $T_平 = (10 + 5 + 15 + 10) + (4 - 1) \times 15 = 85(\text{min})$

（3）平行顺序混合移动特点：

① 生产周期居中，能减少停顿现象。

② 前工序单件产品加工时间小于后工序，应每加工一件即转移；前工序单件产品加工时间大于后工序，则积累到足够下工序生产时才向后转移。

三种产品移动方式各有特点，但需要说明，都是理想状况下产品移动最基本的形式。实际生产中，产品移动是根据需要不断变化的，要复杂得多。总体比较如下：

① 顺序移动：组织工作简单，生产周期时间长，适用于小批量且加工时间短的产品。

② 平行移动：生产周期短，及时转移，运输频繁，在前工序加工时间大于后工序时出现设备停顿。

③ 平行顺序混合移动：组织工作复杂，适用于大批量且加工时间长的产品。

纺织生产顺序是多种形式的，根据需要有时是顺序式，有时是平顺式，也有几种方式组合运用的。

五、流水线

（一）流水线概念

流水线指按一定工艺流程和规定速度，流水般地通过所有工序，完成产品加工的方法。它是比较先进的组织形式，节约时间和空间，是结合了对象专业化和平行顺序混合移动方式的各自特点而形成的。

（二）流水线特征

（1）专业化程度高，适用于固定生产一种或少数几种产品。

（2）设备具有顺序性和封闭性，按工艺顺序排列。

（3）具有节奏性，按节拍生产。节拍指生产出两件相邻产品的时间间隔。

（4）高度连续化，最大限度地减少停顿时间。

第三节　纺织生产与管理

纺织生产管理，主要是针对纺织生产过程中加工半成品、产品的各种资源进行组织和控制的活动。做好生产管理需要结合纺织生产特点，明确生产管理内容，落实生产目标计划。

一、纺织生产特点

如前所述，纺织企业管理具有现代加工工业（制造业）企业管理的共同特征：企业内部高度集中的指挥系统；高度发展的分工和协作；技术工作和经济工作的紧密结合；管理组织的多层次；产品的品种、质量受到高度的重视。同时，纺织生产管理还具有许多自身的特点：

（一）多工序、连续化生产

棉纺的传统工序有清棉、梳棉、并条、粗纱、细纱、络筒、并线、捻线等。毛纺的工序则更多。这一特点体现了纺织企业需要高度重视前后工序生产作业的连续、均衡、协调，需要及时检测、掌握半制品和成品的质量，决定了生产中工序管理的重要性。

（二）多机台、多设备作业

大中型棉纺织厂的织造车间少则有几百台，多则有 1 000～2 000 台织机；纺纱车间少则有近百台、多则有 200～300 台细纱机，其他各类主机及辅助设备种类繁多。这一特点体现了纺织企业设备维修和技术改造的任务非常繁重，说明设备是生产的基础，设备管理是正常生产的有效保障。

（三）劳动密集型

目前纺织企业生产仍然需要较多员工，一个中型以上的纺织企业通常有几百至几千名员工，而且女工较多。这一特点体现了纺织企业人事、劳动、工资和生活福利等管理工作的繁重性，决定了纺织企业要加强人本管理、人员培训、操作管理及企业文化建设，并且要重视女工的权利和管理工作。

（四）轮班作业

根据纺织生产工艺连续性的要求，纺织企业一般都采取每个工作日 2～3 班连续作业制。这个特点体现了纺织企业日常生产管理的难度较大，要求必须重视轮班管理、夜班生产和交接班管理等。

（五）原料占生产成本的比重高

纺织原材料本身是紧缺资源。例如，棉花作为重要纺织原料，国内供给只占总量的 60％左右；涤纶原料直接受石油短缺的影响。同时，原料在毛、麻、丝纺织企业的成本中所占比重较高，少则 50％以上，高的在 80％左右。另外，原料加工要求在一定的温湿度条件下进行，这决定了纺织生产中原料配用、回用、节约及空调管理的重要性。

（六）产品品种、花色多

纺织品市场具有时尚性、流行性、功能性和周期性。这一特点决定了纺织生产的多样性和复杂性，需要加强生产的批量调度管理。

纺织企业管理就其内容、职能、目标、方法而言，在世界范围内具有许多共性，但在不同的社会制度下及不同的企业中，又有不同的特性。根据上述纺织企业生产和管理的特点，纺织企业的生产管理需要充分考虑纺织生产的实际需要进行。

二、纺织生产管理的具体内容

（1）生产计划、作业计划的编制和落实。

（2）班组、工序、人员等各项定额的制订。

（3）新产品计划、工艺计划制订。

（4）生产辅助管理的计划等编制和落实。

（5）生产调度指检查、督促和协调有关部门及时做好各项生产作业工作的活动。纺织企业工序长、品种多，一般都设有生产调度，组织厂部或车间的生产调度会议，监督生产计划的实施落实。

（6）运转管理，主要是班组、交接和现场的管理。

（7）安全生产管理。纺织企业的原料都是易燃物品，纺织设备也多是高速运转的大型机械，在生产过程中随时可能存在安全隐患或发生安全事故。因此，安全生产管理是生产管理的重要任务之一，管生产必须管安全。

三、生产计划

（一）生产计划的概念

1. 生产计划定义

生产计划是企业在计划期内应完成的产品生产任务和进度的计划。它具体规定了企业在计划期（年、季、月）内应当完成的产品品种、质量、产量、消耗、出产期限等一系列生产指标，以及为实现这些指标采取的能力、资源方面的协调、平衡措施。所以，它是指导企业有计划地进行有序生产活动的纲领性文件。

2. 生产计划体系

生产计划按其在企业经营活动中所处的地位和影响的时间长度，划分为长期、中期、短期三个层次。这三个层次的生产计划各有侧重点，相互联系，协调配合，构成一个完整的生产计划体系。

（1）长期计划，主要针对市场的长期变化趋势、企业产品系列变化、企业生产性资源配置及企业规模变化等战略性问题而编制的生产计划，时间跨度通常在三年以上。主要内容包括企业生产产品或服务的种类、规模大小、生产布局、工艺设备选择等。它为中期计划的编制规定了能力范围。

（2）中期计划，通常称为年度生产计划。对工业企业来说，主要包括生产计划大纲和产品产出进度计划。生产大纲主要规定企业在计划年度内的生产目标，由一系列产品品种、质量、产量、消耗等指标表示；产品产出进度计划则是企业将生产计划大纲细化到产品品种规格程度的计划。

（3）短期计划，又叫生产作业计划。根据年度生产计划规定在计划期内应完成的计划指标，针对各车间或某个品种，编制该部门或品种具体的作业计划。

关于计划期的划分是相对的，不同类型企业的计划期长度往往有很大的差异。目前，大多纺织企业由于需要适应市场经济、市场竞争的要求，计划的时间性十分灵活。

（二）生产计划内容

生产计划内容主要有确定生产目标、生产能力、生产进度和生产计划实施。

1. 确定生产目标

生产目标，即安排的生产指标，指企业在计划期内应完成或达到的主要生产指标。纺织生产计划的主要指标：

（1）品种，即品名和品种数，按用途规格、花色分，纱有纯棉、精梳普梳、高支、中低支、混纺、转杯纺纱、包缠纱等，布有本色、色布、花布、绒布等。

（2）质量，主要分物理指标，外观疵点两部分，按有关标准检测分类。

（3）产量，即合格的实物数量，纱以吨计量，布以长度计量，成品、半成品也有按个、桶、卷、包计量等。

（4）消耗，指生产过程中规定的原材料、工时、费用等额度指标。例如，用棉率、制成率、用工率、工时率等。

（5）产值，即以货币形式表示的产量指标，综合反映企业生产的总成果。产值是计划经济及与市场经济过渡时期的重要生产指标，随着市场经济的完善，逐步成为参考指标。

随着经济的发展需要，纺织工业新增加的生产指标主要有新产品产值率、科技贡献率等。

2. 生产能力核定与平衡

生产目标不能脱离实现目标的条件——生产能力。只有以生产能力为基础，科学核定，才能保证生产能力得以充分利用，使生产计划得以实现。

生产能力，指年加工最大数量，是反映可能性的指标，分设计能力、查定能力、计划能力，三种能力一般以年度为时间单位。国外常用潜在能力、现时能力、有效能力（年）表示。纺纱厂以细纱能力表示，布厂以织机能力表示。

例如，对不同品种，纺纱以 29 tex 纱（20 英支）为标准纱进行折标；织部则将不同规格的布折到经纱 29 tex×纬纱 29 tex×经密 236 根/10 cm×纬密 236 根/10 cm×幅宽 91.4 或 112 cm 的标准规格上表示。随着纱支的不断提高，标准纱、布也有所提高。

3. 确定生产进度

生产进度是将全年的生产计划任务合理分配到各季度、各月份及各工序，保证生产稳定有序地进行，在订货合同规定的交货期内，均衡地生产产品。

4. 生产计划实施

生产计划实施，即保证生产目标及生产进度的实现的监督控制活动。生产措施是生产计划必不可少的部分。生产计划编制必须有保证生产计划实现的方法、途径、措施等内容，如劳动组织保障、跟踪检查计划执行等。

（三）生产定额

生产定额指生产中耗用人力物力的限定额度，是企业制订生产计划的重要依据和计划实施控制的有效措施。其类别有以下几种：

1. 在制品定额

在制品定额，指生产工序中在制品的限定数量，一般按前后工序衔接的实际需要确定。

2. 消耗定额

消耗定额，指生产中原料、材料、工时、费用及水电汽等资源允许消耗的额度。

3. 设备定额

（1）设备生产效率：设备效率＝实际单产/理论单产。

（2）设备利润定额：设备综合利用系数＝利润率×运转率×效率。

（四）生产计划的编制

1. 编制原则

（1）以销定产，以需定产。一种是根据企业销售部门所承接的客户订单编制生产计划，重点保证交货期；另一种是根据产品开发部门市场调研，按市场需求开发产品情况，编制生产计划，生产具有一定的灵活性。

（2）以自身能力定产。根据企业设备能力、工艺技术水平和管理水平及各种资源情况，编制符合企业实际的生产计划。

2. 编制步骤

（1）根据营销计划确定品种数量，要求分部门定出有关计划。

（2）进行综合平衡（主要有四个方面平衡），结合实际能力编制计划草案。

① 内外平衡，主要是供、产、销平衡，如原材料、品种、生产能力、市场需要的衔接。

② 内部平衡，生产过程中人、财、物资源平衡，例如车间班组品种之间的用人材料分配等。

③ 指标平衡，计划是一个有机整体，各指标是互相联系、制约、促进的关系，如产量和利润、设备和产量、产量和质量等，都是互相联系的。

④ 长短期平衡，长期计划与短期计划的衔接安排。

（3）交各部门协商讨论，尤其要组织有关员工参加，提出不同意见，改进并修正完善。

（4）交企业高层会议讨论批准并实施。

（五）生产方案的选择

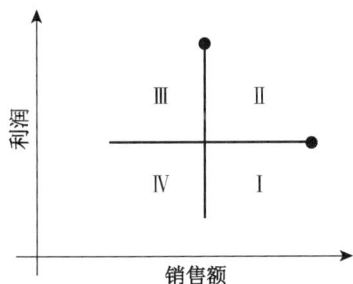

图4-4　某产品销售收入与利润象限图

主要从品种、产量、交货期等方面分析选择：

1. 品种分析

对不断变化的纺织市场，要有产品梯次准备，即生产一代、贮存一代、试制一代、设计一代，但对品种的选择做出决定是很难的，可以利用销售收入与利润进行品种分析。

图4-4所示为某产品销售收入与利润关系，可以按其指标所处的象限位置确定品种策略：

象限Ⅰ的产品要淘汰；象限Ⅱ的产品需要扩大品种；象限Ⅲ的产品表现最好，要全力保持；象限Ⅳ的产品要认真分析，决定是否生产。

2. 产量分析

企业确定生产品种，还可以利用产量与成本和利润关系进行分析，选定生产同一品种的最佳产量或不同产品的生产品种。图 4-5 所示为某产品的产量与成本和利润关系。可以分析如下：

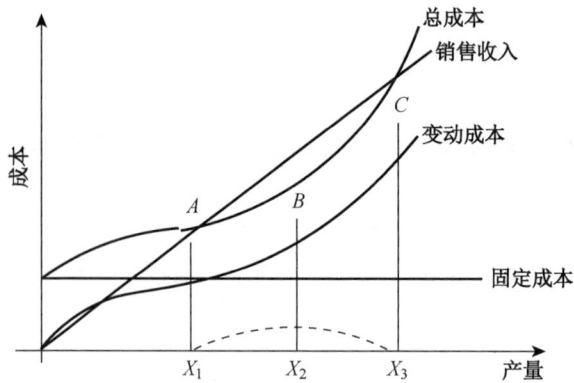

图 4-5　某产品的产量与成本和利润关系

（1）A、C 两点是盈亏平衡点，X_1、X_3 是盈亏平衡对应的产量。

（2）B 点是利润最高点，对应的 X_2 是盈利的最高产量。

（3）B 点的单位成本最低，ABC 为利润区。

（4）销售收入因单价不变而成直线（实际是不断变化的）。

销售量＝（固定成本＋总利润）/（销售单价－单位变动成本）

利润＝0，即保本销量（产量）＝固定成本总额/（销售单价－单位变动成本）

显然，生产同一产品的最佳产量是利润区中利润最高点对应的产量；生产不同产品时，选择保本量较低的产品较合适。当然，这些分析是在理想条件下进行的，实际生产中还需要考虑更多条件。

3. 交货期分析

交货期指企业按合同向用户提供合格产品的日期，对生产管理来说，就是能够满足用户要求的生产期限。交货期短，直接成本大（需加班或加大投入），间接成本下降，反之亦然。图 4-6 所示为某品种交货期与成本关系，可以用来分析合理的交货期限。

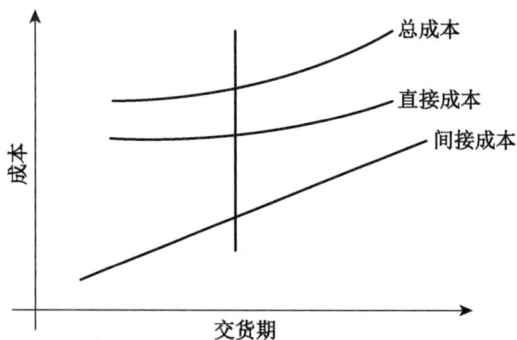

图 4-6　某品种交货期与成本关系

图 4-6 中，总成本最低点对应的时间就是最佳的交货时间。企业在允许条件下，应当按照此交货时间组织生产，成本最低，经济效益最好。

（六）生产作业计划

生产作业计划，是按品种把生产任务细化、分解到各部门和各时间段的具体任务。

1．作业计划要求

（1）计划要分解到车间、工种、班组到人，时间上落实到月、旬、周、日、班。

（2）确保指标分解全面，主要为品种、质量、数量、期限、单位成本等。

2．作业计划内容

作业计划内容主要有全厂作业计划、车间作业计划、部门生产准备计划、部门成本计划、各种用工计划等。

全厂作业计划——计划内容分解到各专业部门、生产车间，主要内容有产品品种、产量、质量要求、原材料消耗指标、时间进度等。

车间作业计划——计划内容分解到班组，主要内容有生产品种、产量、质量及消耗指标、生产进度要求、完成时间等。

部门生产准备计划——拟订各期原材料、设备维修、工艺设计及有关材料的准备计划。

部门成本计划——各种原材料定额、用工、原料消耗指标、机配件消耗计划等。

各种用工计划——具体安排人员数量、任务等。

3．作业计划作用

（1）是建立正常生产秩序的重要手段，是日常管理的依据。

（2）作为具体的基础计划，是均衡生产的保证。

（3）落实到各工序员工，便于经济责任制的落实考核。

（七）生产计划的实施控制

1．生产控制定义

生产控制就是按照生产计划的要求，全面掌握生产过程中计划执行情况，根据各种信息和情报，检查、发现计划与实际结果之间的差异及原因，及时采取调整生产进度、调配劳动力、合理利用生产设备等有效措施和方法，纠正偏差，使生产组织得到有效控制，最终实现计划目标。要完成生产计划，实现生产目标，必须进行有效生产控制。控制是管理职能中非常重要的一个职能。

2．生产控制的前提

要保证生产控制工作落实，必须做好以下工作：

（1）生产计划。计划与控制是管理中最密切的两个职能。计划不仅是制订控制标准的依据，而且是对组织未来活动加以控制，使组织的一切活动井然有序的重要保证。所以，生产计划制订的水平及合理性，直接关系到生产控制的有效性。

生产控制中要求生产计划先进合理、系统完善、具体明确。

（2）信息工作。在生产控制系统中，信息的传递、反馈方式及速度决定着控制的效率，信息的准确性决定着控制的效果。信息工作是生产控制的基础和前提。

生产控制中对信息的要求是及时、真实、准确、可靠。

3．确定控制标准

确定控制标准是生产控制的起点和基础。首先要对上期计划执行情况进行分析，对计划期内影响生产活动的各种要素和有关条件进行全面了解和分析。然后根据纺织企业经营目标的要求，拟订各种生产工作标准，作为生产控制的依据。

生产控制标准主要包括：生产作业计划和期量标准，是生产期限和数量方面的规定，即作业计划标准；技术文件，包括工艺设计、织物组织设计、花样图案、原料及辅料的配方、温湿度控制要求等;工艺标准,是为产品和生产选择所需要的资源投入、操作工艺、物流形式和工作方法,以及有关它们设置与搭配组合的标准;质量标准,指合乎指标要求的技术标准;劳动定额;物资消耗储备定额;费用标准;等等。

4. 对照检查

对照检查阶段是在生产过程中对生产活动的实际成果按照一定的频率进行检查、测定,将测定结果与标准比较的过程。如果符合标准的要求,说明生产系统运转正常,可以继续进行。如果出现偏差,说明日前生产系统失控,要立即及时反馈和报告。

这一环节的关键:测定的信息要真实可靠;检测方法要简单、实用、正确;检测的频率要恰当;测定的结果要及时反馈和报告。

5. 纠正偏差

在检查过程中发现问题,有关部门和人员接到报告后,要对发生的偏差进行分析研究,找出原因,提出解决问题的有效方法,采取措施,改进工作,使其尽快恢复到标准规定的要求,使生产系统重新进入正常控制状态。如果偏差是由于标准脱离实际而产生的,则应修正计划目标和有关标准。纠正偏差应该做到:发现问题,及时分析研究;对应措施可行;措施要实际有效。

6. 实际控制要求

(1)产前控制,即控制投产。产前控制是指投产前的各项准备工作,以及在各项资源投产前,按确定的控制标准进行预测分析,预计生产中可能出现的问题和偏差,采取措施加以预防,即做到"防患于未然"。其中的准备工作包括技术、物资、设备、动力、劳动力等,主要依据生产计划进行检查控制,主要内容有以下几个方面:

① 检查原材料及其他各项物资的准备情况。例如,棉纺织厂的原棉是构成产品的主要实体,至少要按品种要求储存一个月以上的存量,这样才能够按品种、地区、纤维特性等进行分类排队,合理配棉,保证产品质量和生产稳定;纺织企业所需材料及辅助材料品种繁多,如染化料、浆料、酸、碱、各种助剂、油类、包装料等,都要按生产进度做好准备,保证供应。此外,按不同品种调整工艺所需的机配件,如各种变换齿轮、皮带盘、钢领、钢丝圈、钢筘、综丝等,都必须根据工艺要求逐项检查落实。

② 检查劳动力准备情况。投产前要结合工艺文件对劳动力提出的工种、操作水平、劳动定额等要求,合理配备工人和调整劳动组织,进行劳动力余缺的调配。

③ 检查技术文件准备情况。投产前必须仔细检查技术文件是否准备好而且齐全,如果准备不足,生产就无法进行。

④ 检查生产设备准备情况。生产所需的机器、设施及各种专用器材、仪表、仪器等,在投产前要检查是否配备齐全,是否保持良好的技术状态。如果准备不好就仓促投产,不仅影响生产效率、生产进度,而且影响产品质量和增加能源及物资消耗等。

(2)中间过程控制,也是投入产出控制,它主要是现场控制,一般指从原材料投产到加工成产品入库或直接出厂的全过程的控制。要从时间上和数量上控制投入进度,保证按时、按质、按量产出,做到紧密衔接、均衡生产。控制方法是从实际生产进度与计划进度的对比中发现偏差,观察产运行状态,分析研究其原因,采取相应措施纠正偏差。例如,采用"进度控制图表"加以计算机控制等。

投入产出控制主要是控制生产计划在完成时间上、数量上的均衡程度,包括进度时间上的动态控制,即各工序投入产出进度,如计划完成率、计划完成程度、品种完成率、均衡完成率、预计完成时间等；以及进度数量上的静态控制，主要是半成品、在制品及成品的数量控制。

（3）事后控制。事后控制是指将一定时期（月、季、年）生产活动的实际结果同原定的控制指标进行对照研究，发现偏差，及时查明和测定各种因素对计划目标完成的影响程度，采取临时补救方法，解决一部分问题，同时预测下一步生产可能出现的问题，制订相应措施，预防问题发生的控制方法。它虽然是"秋后算账"，但也不失为一种有效的生产控制补救和预防方法。

7. 控制应把握的方面

（1）日常生产加工。每天现场检查生产进度是否与计划进度相符合，落实生产计划的各项阶段性内容，结合生产实际情况，定期召开生产会议，对不同阶段的生产任务完成情况和存在的问题进行分析总结，提出解决实际存在问题的措施和方法。

（2）新产品试制。新产品试制工作应按计划完成，对试制过程中出现的问题，应督促技术部门尽快解决，保证各工序批量生产按计划进行。

（3）安全与现场管理（7S，即清扫、清洁、整理、整顿、素养、安全、节约），指按照企业安全生产制度要求进行生产，现场清洁卫生、生产容器、运输工具、车辆布置、半成品存放和搬运等符合管理要求，坚持节约，员工素质提高，保证安全生产正常、有序进行的活动。

8. 现代控制方法

随着生产和科学技术的发展，控制论的应用越来越广，不仅它所面临的各种系统越来越复杂，而且实践对控制系统的性能指标要求也越来越高，经典控制论已不适应分析和设计复杂的控制系统的需要，于是出现了现代控制方法。

现代控制方法所包含的研究对象主要是多因素、多变量的控制系统，研究方法主要是状态方程、时域法，研究重点主要是最优控制、随机控制和自适应控制，核心装置是电子数字计算机，应用重点是机组自动化。现代控制论主要应用数学方法解决系统的设计问题，使系统能够满足多输入和多输出的要求，达到系统的最优化。

例如，最优生产技术OPT在纺织企业的运用，可以实现计划与控制的同步目标，一旦某个被控制的工序建立了动态平衡，其余工序也相应地与此工序同步，达到顾客需求与企业能力的最优配合。

四、运转管理

纺织生产计划最终靠各轮班作业实现，各轮班中的小组、工序作业管理统称运转作业管理。它是一线的现场管理，涉及面广，工作量大，对全局的影响也大，是企业管理的一项重要内容。其任务主要是组织轮班工人按计划要求保质保量地完成生产任务。

（一）运转管理责任制

纺织企业的厂部是横向衔接，车间是纵向管理，一般要建立厂部、车间及轮班的三级管理制。

1. 厂部责任制

厂部责任制，指在厂级分管领导下的生产部门负责制度。

（1）定期制订运转管理计划，并贯彻检查落实，如排班情况、放假、停车、人员调整等安排计划。

（2）建立运转管理制度，主要是岗位职责和经济责任制。通过建立员工岗位责任制，分清各级员工的工作职责，做到员工职责分明，便于考核。经济责任制是体现"多劳者多得"的社会主义分配原则和调动员工生产积极性的重要手段和基本方法。

（3）轮班值班巡视制度。建立厂级和车间领导中夜班值班制度,以便处理生产中出现的突发性事件。

2. 车间责任制

车间责任制,是将厂级责任制对车间的各项要求,分解落实到车间的各个轮班,将各项工作职责落实到轮班。

（1）车间按厂部计划分解到轮班,并落实执行。

（2）建立各个工序的岗位责任制。

（3）落实运转管理制度,加强班组建设,关心员工生活。

3. 班组责任制

班组责任制,指各轮班及班组长按照车间要求承担的职责。

（1）协助车间搞好轮班工作,完成各项任务指标。

（2）推行"7S"现场管理模式,具体检查各岗位责任执行情况,包括交接班、供应、安全、出勤等原始记录。

（3）发挥生产小组作用,抓好班组民主建议、人员协调、考核分配等工作。

（4）加强轮班操作管理,要求挡车工操作优级率达 10%、一级率达 35%。

班组长具体安排各岗位员工的工作,辛苦而繁琐,难度较大,所以要从劳动报酬上体现出班组长的工作贡献。

（二）运转管理主要内容

运转管理是将车间责任制对轮班的各项要求,分解落实到轮班的各个班组、各个工序及每一位员工,进行组织、协调、控制的过程。其主要内容:

（1）落实运转管理制度,如交接班、劳动纪律、产品质量、疵点把关等。

（2）及时调配运转人员,尽可能使班组人员、设备等资源平衡。

（3）加强班组建设、劳动竞赛,关心员工生活。

（4）做好各项纪录,定期检查产量、质量,公布产量、质量、消耗情况。

（5）现场管理,是运转管理的主要工作。例如,大力推行的"7S"现场管理,要求班组员工在完成挡车操作的同时,要随时做好整理、整顿、清扫、清洁、素养、节约、安全等工作。

"7S"现场管理的涵义:

整理:把必要的和不必要的区分开,把不必要的去除掉。

整顿:把必要的放在指定位置,实行标准化。

清扫:清除生产现场的脏乱现象,及时发现问题。

清洁:保持整理、整顿、清扫的清爽状态。

素养:自觉遵守规定事项,养成良好习惯。

安全:机器、设施稳定可靠,按规定操作。

节约:优化、合理配置各种资源,杜绝铺张浪费。

运转管理的目标是做到职责明确,奖罚分明,规范标准,程序公开,保证生产正常有序。

（三）交接班制度

纺织企业实行三班生产,班与班之间的正常交接是保证生产正常进行的基础,上一班为下一班生产创造良好的工作条件,是交接班的基本准则。

1. 交接班管理的要求

（1）建立交接班制度。实行轮班制生产的车间或部门,都应设立内容清楚、责任明确的交接班制度和交接班检查项目。

（2）实行对口交接。轮班长、组长和各工种都应定时间、定点、定巡视区域,实行双方对口交接,相互沟通情况。交班者切实做好准备,主动交清,为下一班生产创造条件;接班者必须提前到岗,严格检查,确保连续正常生产。

（3）交接双方满意。交班以交清为主;接班以检查为主;接班未到,交班不得离开。轮班长、组长和教练员做好简明交接记录,写清楚本轮班的品种翻改、工艺调整、开台变动、大小修理的开车、设备故障、品质事故和安全隐患等情况。交接班时按照规定内容逐台、逐项、逐件交接,包括公用工具,均要填写记录,做到不遗漏、不忙乱,交接满意。

2. 运转交接制度

为了保证交接班符合要求,各纺织企业均有严格的交接班管理制度,其主要内容包括:

（1）现场交接。运转机台、通道地面、四周环境的清洁情况;原料、半制品、生产容器、包装材料准备适当,堆放整齐;回料、落料、废料及时送清;坏条、坏纱、坏筒处理清楚;公用的用具、器具、车辆、箱框完整无缺。

（2）生产交接。品种翻改或试纺试织规格、数量进度等交清;开台变动、容器交换、标牌更动、温湿度变化等情况清楚;生产标志、交班印记清楚;各种半制品、筒管严格分清,使用正确;先做先用、固定供应等工作正常;各工序操作法符合规定要求。

（3）工艺交接。原材料变动、工艺变更、车速调整等情况交清;工艺零部件变换,皮带盘、齿轮的调换交清;质量、断头、疵品情况交清。

（4）设备交接。设备改装、设备故障、坏车检查修理情况交清;大小修理情况交清;电气装置、附属设备正常。

（5）其他交接。节假日无接班者或在车间进行清洁或维修工修理时,由在场者填写交班簿或工作记录簿。

3. 检查处理

（1）交接责任划分。接班者在检查中发现问题,由交班者负责;接班后发现问题,由接班者处理。

（2）实行三级检查。交接班实行车间、轮班、小组的三级检查,在交接班时间里,根据检查内容,考核交接班者的责任。

（3）重大事故处理。发生质量事故或机械事故,由当班者负责;当班者无法处理完毕时,应向接班者说明原因,并提供处理意见,方可交接;发现重大事故,交接双方有关人员都应到场观察,统一意见,并做好记录;如双方意见有分歧,应尊重接班者的意见,后由上一级处理。

五、加强班组管理

（一）班组管理

1. 班组概念

班组是企业生产管理的基本单位,一般按照所承担的工作任务,分为生产型班组和非生产型班组两大类。生产型班组是按同类型生产设备或同类型生产工艺设立的,承担繁重的生产任务,如前纺乙班、络筒甲班等。非生产型班组是指为生产服务的辅助班组,不承担直接的生产任务,如机修班、后勤班等。

2. 班组作用

纺织企业的班组是根据纺织企业的生产工艺流程及不同岗位的要求,由一个相同或几个不同工种的员工组成。纺织企业有常日班及早班、中班、夜班,通过轮班制,把各班组从时间上联系起来,保证连续生产且顺利进行。

3. 班组类别

纺织企业的班组工作取决于企业的生产任务和生产性质,班组类别按生产性质可以分为轮班班组和常日班组。纺织企业的轮班班组有"三班三运转制""四班三运转制""三班两运转制"等,常日班组有保全班组、保养班组等。服装类、纺织机械类企业主要以常日班组或两班制班组生产。

(二)加强班组管理的必要性

纺织行业的竞争日益激烈,现已进入微利经济时代,提高内部管理水平是当务之急。班组是企业的细胞,只有企业的每个细胞是健康的,企业才能健康地发展。建设一流团队和培养高素质员工的需要,建立快速应对市场变化的需要,纺织机械的自动化程度越来越高及新设备与新工艺的应用,都要求纺织企业必须提高班组管理水平。

(三)班组管理的主要内容

1. 生产管理

生产管理,指企业的基层生产活动的组织过程。其最主要的内容是组织生产,完成上级下达的生产工作任务及指标,提高产品质量,降低成本,创造出更多的经济效益。

企业的生产任务和经营目标,是分别由多个班组来实现的,班组完成的生产任务、目标及指标是实现企业总目标的保证。如果班组管理中出现了计划、产量、质量、交期等问题,会直接影响企业指标、目标的完成,引起客户的不满意。因此,生产管理是班组管理的主要内容。

2. 现场管理

现场管理,指对生产现场和生产过程的管理,是从组织生产、原料投入、过程加工到半成品的标识及搬运、成品打包、出货的全流程管理。主要包括:通过运转和设备管理对生产计划与过程进行控制,落实"7S"现场管理,使生产中的各要素有机结合,提高产品质量,降低成本,准时完成交货期,培养员工认真工作的态度,提高员工的整体素质,生产出客户满意的产品,实现企业效益最大化。

3. 轮班管理

轮班管理,指运转班自身的生产组织及上下轮班之间的协作的活动。管理内容主要包括:多班制生产时,合理安排各班的倒班,各班的工人技术水平均衡,为各班提供相同的生产条件,建立轮班岗位责任制和交接班制度,加强现场管理,保障安全生产。

(四)班组长管理

班组长是企业中人数相当庞大的一支队伍。班组长的综合素质高低决定着企业政策能否顺利实施,因此班组长是否尽职尽责至关重要。

1. 班组长职责

(1)劳务管理。人员的调配、排班、勤务、严格考勤、员工的情绪管理、新进员工的技术培训,以及安全操作、生产现场的卫生、班组的建设等,都属于劳务管理。

（2）生产管理。生产管理职责包括现场作业、人员管理、产品质量、制造成本、材料管理、机器保养、安全生产等。

（3）辅助上级。班组长应及时、准确地向上级反映工作中的实际情况，提出自己的建议，做好上级领导的参谋。但不少班组长目前仅停留在通常的人员调配和生产排班上，没有充分发挥出班组长的领导和示范作用。

2. 班组长管理注意事项

一般来讲，做好班组长要按照以上职责办事，但这还不够，还必须准确地了解企业文化、领导习惯及员工的性格特征、物料情况、车间设备的使用状况等，遇到问题正确处理。需要注意的事项有：

（1）班组成员之间矛盾的处理。成员之间存在意见分歧是不可避免的，就像经常说到的窝里斗。那怎样处理比较合适呢？

作为班组长，应该正视这些影响组织行为的主观因素，最不应该的是对成员之间矛盾视而不见。例如，某班组长，他的三个员工之间有矛盾，其中一个员工将他们之间的矛盾告诉了班组长，后者却很不耐烦地说："这么点小事，你也告诉我。你们就不能处理好自己的关系吗？"那位员工很不高兴，又不好说什么，就离开了。一个月后，他们之间的关系越闹越僵，互相拆台，终于有一天在工作中引起了品质事故，造成当天产品全部返工。事实上，当员工提出矛盾时，通常是他解决不了的。如果班组长不做出正面处理，通常会引起更加僵化的关系。员工可能会破罐子破摔，最终影响工作。作为班组长，对员工之间的关系应该有一定的了解，经常从他们的言谈举止中体会他们之间的关系，当发现有不融洽的气氛出现时，应把握其度。这个度，一是看它影响工作的程度，二是看这种不良气氛的长久性。根据不同的情况，采取不同的调解方式。总之要做到以下几点：

① 不要逃避问题。

② 不要责怪他们处理不好。因为每个人的性格是有差异的，社会上总是有一些人会让另外一些人感觉不舒服。那种关系是很难自我调整的。

③ 不要对矛盾的一方讲另一方对其的看法，以免让前者更加怀恨在心，反而把他们之间的关系推向僵化。

④ 在调解过程中，尽可能以平静心态对待。耐心听取矛盾双方的诉说，客观分析其中的问题，指出错误的观点和行为。对已经影响工作的极端行为，必须提出严厉批评，并说明行为对结果的利害关系。

⑤ 对无法调解的，应及时调整或调离现有岗位。

⑥ 做好表率，自己带领员工共同完成一个合作性很强的课题，加强员工的团队精神。

（2）对间接领导亲自指挥自己工作的处理。首先要正确对待，这表明你的工作能力被这位领导认可，所以不能拒绝其指挥。接到间接领导的指示要快速判断，这是否为紧急事件，如果是应尽快处理，如果不是则应向直接领导请示汇报，在直接领导的首肯下安排实施。不管间接领导的指示最终执行情况如何，都要向直接领导报告工作进度和结果，由直接领导向间接领导转达报告。

（3）与领导意见不同时的处理。俗话说，牙齿和舌头也有打架的时候。与领导意见相左是难免的，是完全放弃自己的观点，还是抱着"砍头不要紧，只要主义真"念头据理力争呢？这里需要把握一个原则，即根据不同工作意见的最终结果、判断，如果两种意见的目的和结果相同,可将自己的构想融入领导的方案中,做到取长补短、互通有无;如果领导的意见有明显问题,那么应该提醒领导,让领导认识到自己意见的不足并重新考虑。如果不是领导主动询问自己,一般不要提出自己的意见,因为这样会让领导感到不愉快,可能会否决你的想法。

所以,与领导意见相左时,应该进行一定的沟通。如果通过沟通让领导的想法与自己的一致,那当然最好;如果无法一致,作为下属,应该无条件服从领导指挥,因为领导站得高,承担的责任大,考虑问题更全面。

(4)将成员的意见正确向领导反映。班组长是上下级沟通的桥梁,做到"下情上达""上令下行"是很重要的。向领导反映成员的意见前应该整理一遍,以书面报告形式更好。重要的是不可就事论事,应该附上自己的看法和建议,因为领导工作比较忙,面对的人员比较广,如果根据你的意见做决策,时间上会更快,也可以防止遗漏。

另外,作为一名管理人员,仅仅以一个"传声筒"身份工作是远远不够的。对成员提出的意见和看法,如果自己能够解决、澄清的,可以当场处理,事后再向领导报告,不要把所有的事情都原封不动搬给领导处理,增加领导的管理负担。

(5)正确向成员传达上级决议。向成员传达上级的精神和决议是属于"上令下行"范畴的工作。做好这项工作注意以下要点:

① 充分理解上级决议的目的、要求、执行方法,不能把通知往告示栏上一贴或者在会上讲两句就完事。如果自己没有充分理解决议,那么成员该如何执行,是否达到要求。

② 不能只管结果不管过程。工作安排下去后,不能只等结果,定期的工作进度跟踪是必要的。工作安排以后,执行情况如何、碰到什么问题、该如何解决等,都需要班组长逐项确认和解决。

③ 做好员工的疏通、解释工作。企业的很多决议可能让大家不舒服,闹情绪是难免的,作为管理人员,不应该把自己的情绪表现出来,火上浇油。要针对决议的内容,耐心向成员说明解释,安抚人心,保证生产任务的正常进行。在这一点上,应该站在企业的立场上。

④ 及时做好沟通反馈。上级的决议下达后,应该将执行过程、结果即时反馈。对于一些反响比较大、可能造成严重后果(如罢工、破坏、人员流失)的事项,更要及时报告,寻求有效的对策。

(6)正确对待员工越级报告的问题。被领导问起某事时,自己一无所知,这种现象确实尴尬,但要正确处理。因为班组成员出于多种原因和目的,经常越级报告,使直接领导为难。要减少这种现象,需做到以下几点:

① 与领导达成共识,对一些别有用心的越级报告予以抵制。这是根本的一点。如果说自己的领导喜欢越级报告的员工,那么这种风气会愈演愈烈。但如何让领导高兴地接受这种观点,是需要重视的。

② 通过会议等形式宣传教育,明确工作报告的途径。

③ 与个别喜欢越级报告的成员开诚布公地谈话,提出自己的意见和看法,使成员明白自己的立场和感受。

(7)正确对待下属爱打小报告的问题。爱打小报告的员工不多,一个班组一般有一两个。但这类员工要谨慎对待。有时候,员工的报告能够提供很多信息;有时候,小报告会造成整个班组的人际关系紧张。对于爱打别人小报告的员工,处理要点如下:

① 以冷处理为主,即以不冷不热的态度对待该员工,让其最终明白上司的立场和想法,逐

渐改掉爱打小报告的毛病。

② 适当调整自己的管理理念和风格,慎重处理所收集的信息,在班组内创造融洽的工作气氛,减少彼此的对立和摩擦。

③ 适当利用该员工喜欢传播的性格,以小道消息的方式传播一些信息,为正式方案的出台预演和过渡。

(8) 正确处理员工的抱怨。当员工认为他受到了不公正的待遇,就会产生抱怨情绪,这种情绪有助于缓解心中的不快。抱怨是一种最常见、破坏性最小的发泄形式。处理得不好,可能会出现降低工作效率等过激行为。管理者一定要认真对待。处理员工的抱怨时,要注意以下几点:

① 耐心倾听抱怨。抱怨无非是一种发泄,当你发现你的成员在抱怨时,你可以找一个单独的环境,让他无所顾忌地进行抱怨,你需要做的就是认真倾听。只要你能让他在你面前抱怨,你的工作就成功了一半,因为你已经获得了他的信任。

② 尽量了解起因。任何抱怨都有起因,除了从抱怨者口中了解事件的原委外,管理者还应该听听其他员工的意见。在事情没有完全了解清楚之前,管理者不应该发表任何言论,过早地表态只会使事情变得更糟。

③ 有效疏通。对于抱怨,可以通过与抱怨者平等沟通来解决。管理者首先要认真听取抱怨者的抱怨和意见,其次对抱怨者提出的问题做认真、耐心的解答,并对员工不合理的抱怨进行友善的批评。

④ 处理果断。抱怨具有传染性,所以要及时采取措施,尽量做到公正严明的处理,防止负面影响进一步扩大。

(9) 正确对待不服自己的员工。员工不服多发生在班组长刚刚被提拔上来的时期,有的员工认为自己或某位同事更有资格晋升,他的表现往往是不服,或者出一些难题为难这个刚刚上任的领导。发生这种现象时,有的班组长新官上任三把火,往往会以权力去"镇压"不服,造成上下级关系极度紧张,最终使工作难以展开。

出现这种现象时,管理者需要有三种心理准备:自信、大度、区别对待。因为管理经验不足,错误是难免的,但是一定要坚信自己能够做好这项工作。有自信的管理者,人们才会信服。对于不服自己的员工,要大度,就事论事,不要打击报复,这样才会渐渐使员工的心安定下来,对这部分人员要先发动起来,开展正常的工作。人都有从众的心理,看见有的人动起来了,又迫于饭碗的压力,自然就投入工作了。

总之,班组长是"兵头将尾",承担着繁重又重要的工作任务,班组管理得好,企业发展肯定好。企业要重视班组长的培养和使用,加强班组建设,促使班组发挥应有的作用。

第四节　现代生产管理

随着经济全球化和信息技术的快速发展,中国已成为全球最大的纺织品生产制造基地。要保持纺织优势,加强纺织企业管理是非常必要的。纺织生产管理一直是纺织企业管理的重点和难点,在传统管理的基础上,强化创新管理,需要尽快推广应用现代的生产管理技术 MR-PII(ERP 系统的重要组成部分)、约束理论(TOC)及准时生产制(JIT)等。利用这些管理理论和管理技术,纳入信息化管理,尽快改变我国纺织企业的生产管理模式,建立一套适用于我国纺织企业的先进生产管理系统。

一、生产管理的需求分析

(一) 生产环境的变化

由于经济全球化的迅猛发展,特别是信息技术的推广应用,纺织品生产环境发生了巨大的变化,主要表现在:

(1) 人们的消费观念发生了变化,消费者已经从要求纺织品"价廉物美、经久耐用"转变为追求精神满足的求新求异、时尚个性、生态智能,市场上的纺织产品品种日趋多样化、功能化、绿色化。

(2) 科学技术创新成为新的利润增长点,新材料、新技术的引用,使得纺织产品的技术复杂性和应用的智能化水平大大增加。

(3) 产品升级换代快,使得产品生命周期大大缩短,产品开发范围更加广泛,设计产品要联系到生命周期及回收利用。

(4) 产品生产日益联盟化,使得行业内部和外部、企业与企业、企业与销售商、企业与供应商之间的协作关系越来越密切,要求建立快速反应、共赢机制。

(二) 存在问题

经济全球化与互联网的发展,促使纺织企业与客户的关系日益广泛和密切,市场竞争日趋激烈。企业为了在激烈的竞争中保持不败,必须在产品上具有比竞争对手更快的市场响应速度、更高的质量和更低的成本。但是,一些纺织企业的生产管理方式不能适应这些变化,导致生产中一些矛盾日益突出,其主要表现为:

(1) 由于市场变化加快,企业生产的产品品种不断增加,加上绿色生产的要求,造成交货期延迟,影响企业在客户中的信誉。企业的设计任务加重,频繁翻单,没有时间思考创新性开发问题,缺乏引导市场的核心竞争能力。

(2) 生产周期过长,常常要加班加点才能完成交货任务,影响产品的质量;或者采用分批交货方式,使得运输环节增多,成本增加。

(3) 企业的"订单生产"和"现货生产"等生产方式日益多样性和混合性,使得企业插单生产越来越频繁,扰乱了生产的固有节奏。

(4) 企业经营管理者忙于生产调度,现场"救火",很少有时间静下心来分析研究管理决策及成本分析和控制。

以上问题的实质是企业的生产计划和运转机制出了"毛病",企业需要全面、灵活和创新的解决方案。采用现代化的生产与库存管理方法,是解决这些问题的根本出路。利用现代信息技术提高企业生产管理水平,对纺织企业的经营者来说,已迫在眉睫。

二、现代生产管理优化技术

在传统生产管理系统中,总是假设一些相等长度的计划时段、固定的生产提前期和无限的生产能力。这些假设在计算机处理能力较弱的时期,对重点解决物料需求计划编制及简化计算过程起到了积极的作用。但是,对当今快速变化的市场需求,插单生产频繁,提高企业的资源利用率,特别是重点解决企业生产瓶颈问题,都还远远不够,所以在新一代 ERP 系统中,一些最新的生产管理优化技术纷纷涌现。

(一)无时段计划技术

(1)采用无时段计划编制技术,意味着所有的计划编制都是根据实际的定单日期,不再按周或月作为计划时段。但企业可根据产品特点和管理变革步骤,设计满足企业管理精细程度的计划单元(可细至天、时),作为计划报告显示的时段。

(2)动态提前期和静态提前期结合。在市场环境下,生产批量变化大,采用经验估计的静态的生产提前期与实际出入较大,影响生产计划的可执行性。为此,新一代的生产管理系统的物料需求计划应该允许用户根据用户的生产环境,自行确定采用动态提前期或静态提前期。可以根据每次 MRP 计算时所建议的订单批量自动计算出随批量变化可变的制造提前期,使生产计划的排程时间更加准确。

(二)TOC 理论运用——支持平行作业

(1)现代生产管理在缩短生产周期方面采用了 TOC 理论,它可以根据需要将订单的批量和工序中转移批量加以区分,并应用于车间作用计划的编制,通过平行作业来缩短加工周期,并可享受大批量生产带来的低制造成本优势。

(2)TOC 理论运用——抓制造瓶颈关键。制造瓶颈是生产管理的难点。现代生产管理充分体现了生产管理抓瓶颈的思想,它不仅能够帮助企业找出生产瓶颈,还能够在充分利用瓶颈资源的条件下,调整其他工序的生产作业安排。

(三)大批量定制——产品配置管理

为满足产品个性化的要求,又能够享受大批量生产所带来的规范化和低成本优势,一个新的生产管理方法"大批量定制"已经成为各企业追求的目标。在大批量定制中,首先从产品设计入手,分析变型设计的规律,然后快速形成产品配置,应用以往的产品结构和工艺路线。它可以大大减少新产品生产维护的工作量,从而快速满足客户个性化产品的要求。

(四)固定供应式

固定供应式,是纺织生产实践摸索出来的一种特色生产组织形式。它在企业现有基础上,采用原料、工艺、流程、人员、机台、容器、标准"七固定"进行生产,是纺织企业面对市场的快速变化,利用传统的设备条件,在实践中逐步摸索形成的先进生产组织形式。它近似于流水线,并且符合现代管理的理念,是组织再造、流程再变等现代方法在纺织业的具体表现。

固定供应式原则:

(1)根据产品质量、品种的要求固定。一般品种采用分班、定台、对机号固定的方法。重要工序采取分区固定的方法。质量要求高的品种,可采用逐眼、逐只、逐包使用标记或传票的固定方法。

(2)合理的储备数量。企业应核定各个品种、各道工序的储备定额,前工序产量应略大于后工序生产的需要。车间有关人员应及时提供需求信息。遇到品种翻改、工艺变动、设备维修改造、故障和生产波动时,要有预见性地主动调度,保持固定供应的正常秩序。

(3)明显的责任标志。在各工序使用的各种容器上及在制品上,根据不同品种、不同工序,选用不同的标志,如颜色、印记、号数纸、责任纸、号码纸等,并严格区别,定期负责清理。要做到标志清楚,能够明显区分责任班别、责任机台和责任个人,以利于跟踪追查。

（4）统一的单位容量。各种在制品的卷装容量（质量、长度）或满落时间，应有规定。同一品种采用同一卷装容量，以利于分段搭配和流水更换卷装。

（5）在制品先做先用，保证固定供应不乱。

采用固定供应方式，可以减少半成品储备量，加快资金流动速度，保证交货期，提高企业的产质量及管理水平。

5. 其他方法

随着经济与科技的发展，生产管理方法与技术有了新的发展，其中最有代表意义的有准时生产制（JIT）、精益生产（LP）、敏捷制造（AM）及再造工程等。了解和掌握这些方法，对生产管理是十分重要的。

从以上分析可以看到现代企业的生产管理优化技术随着时代发展和市场变化在不断地涌现，每个企业可根据自身的产品特点和生产方式选择合适的生产管理模式及个性化的应用解决方案。

[案例]

纺织生产精益管理

某纺织企业自2009年重视生产管理以来，组织了企业中高层领导干部广泛学习6S管理知识，观看中国海尔、日本丰田等知名企业6S管理现场情景模拟培训，汲取他们的管理成功经验，明白了6S管理在现代化企业管理中的重要性。通过学习交流与讨论，立即成立了企业6S领导管理委员会，委员会主任由企业常务副总挂帅，企业各部门主管认真督导进行6S管理活动。为确保6S管理活动取得实质性的成效，管委会下设6S领导办公室，同时设有督导委员和执行委员及6S考核成员，执行委员主要负责企业各单位部门6S管理活动推进工作的跟踪、考核、考评，并要求各单位（部门）每周根据现场实际情况进行考评，每月召开一次6S管理活动推进工作落实会议。

6S管理是现代工厂行之有效的现场管理理念和方法，其作用是提高效率，保证质量，使工作环境整洁有序，预防为主，保证安全。6S的本质是一种执行力的企业文化，是强调纪律性的文化，不怕困难，想到做到，做到做好。作为基础性的6S工作落实，能为其他管理活动提供优质的管理平台。

各部门在接受6S管理培训后，迅速行动，经过一定时间的活动，6S管理已经在企业初见成效。通过企业副总带领6S活动小组进行6S活动的落实检查。看到企业死角整理之后干净、清洁、卫生，车间物品摆放整齐。通过6S管理，企业全体员工的积极性更高，在企业里归属感更强，工作质量得到提高。同时，其他单位和分企业也积极行动，将6S责任区划分到人，制订了全面整顿，定点、定位、按标准及时清扫，保持清洁的6S方案。特别是企业办公区和生产区环境，与过去相比都有极大的改观。

为了加强6S管理效果，生产加工制造中心经过多次6S活动的整顿，已经有明显改善，企业行政部的6S管理也较为突出，多次现场考评都得到6S管理管委会考评小组的一致好评。

6S活动只有开始，没有终结，它是一项长期而艰巨的活动，需要持续不断地推动和创新，需要全员的共同参与和努力。

6S管理活动贵在坚持。该企业表示将长期将6S管理活动贯彻下去，让全体员工接受6S

管理的操作,让6S管理活动能与企业文化相融合,真正做到6S管理为企业服务、为顾客服务,全面提高员工素质,提高企业生产管理水平。

纺织企业班组生产管理

班组生产管理是纺织企业管理的核心部分,按职能分为运转管理和操作管理两大部分,应用现代化管理方法制订计划,实行全过程控制,科学组织生产各要素,降低成本,达到生产效率最大化。某企业班组长具有10年以上的资历,提出不论企业技术怎么先进,在班组生产中必须坚持以下基本原则:

(1)班组的团队作用。把班组作为一个集体,团结、公正地对待每一位员工,班组长做好表率,加强班组建设,发挥团队作用。

(2)坚持用户第一观念。上下道工序及轮班互为客户关系,生产中各工序或轮班必须树立互为客户关系的观念,做好生产服务工作,以客户满意为基准,建立互访制度和内部客户投诉机制;及时掌握生产中出现的问题,协商量处理,消除生产过程中相互扯皮的不良现象,保证均衡生产,提高生产效率和产品质量。

(3)必须完成生产计划。生产计划是企业管理的首要职能,企业的生产计划是靠班组完成的,如果企业的一个班组不能完成生产计划,会引起生产过程的连锁反应,使整个生产的连续性遭到破坏,造成不良后果,影响企业总目标的实现。每个班组必须加强生产计划管理,合理地组织生产,保证在安全生产的条件下完成产量、质量、交货期指标。

(4)加强现场管理,彻底排除浪费。生产过程中的浪费大部分在班组中产生。在班组管理中排除浪费,是降低产品成本的重要途径。班组应以最少的人力、物力、财力投入,深挖内部潜能,实行全面成本控制,提高经济效益。

(5)作业标准化。通过对工艺流程、操作方法的标准化,缩短生产流程,提高工作效率;通过研究讨论找出合理的方法,并加以强化、固化、优化。

(6)有价值地工作。生产过程是输入和输出的过程,这个过程必须是增值的、有附加值的,不增值的任何工作或动作,只能增加生产成本。只有增值的过程才能给企业创造经济效益。

(7)积极应对变化。当今纺织品市场千变万化,消费者追求个性和自由,对产品的要求是高质量、多品种。以前的大批量生产方式已不能适应市场的发展,因此,班组管理水平必须不断提高,培养有综合素质的班组长和多技能的员工,充分发挥团队作用,才能解决这一矛盾,才能适应这一变化。

[思考题]

1. 试述生产管理在企业经济活动中的地位和作用。
2. 纺织企业生产的特点有哪些? 对生产管理有什么影响?
3. 工艺专业化与对象专业化的区别在哪里?
4. 生产计划的编制平衡和作用是什么?
5. 生产调度与运转管理的主要内容是什么?
6. 生产的均衡性是什么?
7. 生产管理原则有哪些?
8. 现代生产管理趋势是怎样的?

第五章　纺织"五大"专业管理

纺织企业管理具有现代加工工业企业管理的各种共同特征。同时,根据纺织企业运行特点,其管理还具有自身的运行要求。例如,我国纺织企业都十分重视纺织的工艺管理、设备管理、操作管理、原料管理及空调管理,并称为纺织企业"五大"专业管理,这是纺织企业长期形成的行之有效的具有纺织企业特色的专业性管理。随着现代工业技术的不断发展及纺织机械工艺性能的提高,企业的现代化管理水平也在不断提高,而"五大"管理仍是纺织企业各项管理的重点,必须高度重视。

第一节　工艺管理

纺织企业的专业管理十分重要,其中工艺管理在"五大"管理中起着龙头作用,占据主导地位。

一、工艺管理

(一)工艺管理概念

1. 工艺流程

工艺,指人们利用生产工具对各种原材料进行加工和处理时,制订并遵循的加工产品的条件和方法。纺织工艺即根据制造纺织品需要,制订的原材料、设备流程、技术参数、质量指标等各项规定和要求。

工艺流程,是将一系列的机器、设备、工序等组合起来,对原材料、辅助材料按一定的产品质量标准进行加工、处理的生产工艺过程。

2. 工艺管理

工艺管理,指合理制订工艺设计,加强工艺创新研究,确保工艺上车和严格工艺纪律等各项工作活动的总称。在五大专业管理中,工艺管理是龙头,设备、操作、空调和原材料的管理都是为工艺服务的,只有各项条件同时符合工艺运行要求,工艺才能发挥出最佳效果,生产线上才能生产出优质、低耗和产量高的纺织成品。

(二)工艺管理内容与要求

1. 工艺管理内容

纺织企业工艺管理主要内容:

(1)制订工艺责任制。责任制是对某工作岗位的责任义务的规定要求。合理的工艺设计是工艺管理的中心内容,包括按产品要求选择合适的原料、工艺路线、工艺流程、加工方法、上机工艺参数和工艺技术条件,制订操作规程、原料消耗定额和半成品质量指标等,同时要确保这些要求执行到位。

工艺责任制,是确保以上工艺条件方案,按照生产需要,及时、规范、准确地交付使用,并得以贯彻落实的规定要求。

(2)组织工艺研究,主要研究新工艺、新技术、新材料、新标准及新的管理方法等。为了保证在制品的质量和提高机台的生产效率,充分利用计算机控制技术、互联网技术,采用不同的工艺技术方案,通过上机工艺试验对工艺的合理性进行深入研究,在优化工艺参数的基础上,找出最佳工艺方案,如纺纱工艺大牵伸、高定量及小牵伸、低定量或两者结合使用等。

工艺条件随着原料、设备、员工、环境等变化而变化,需要技术人员坚持不懈地分析总结,找出合适的工艺方案。管理需要重视工艺研究的组织工作,尤其要注意了解技术人员的建议和问题,发挥他们的积极性。

(3)严格工艺纪律,即工艺参数条件在实际生产中的执行程度。只有严格执行工艺纪律,才能够保证工艺的准确性和完整性。管理既要以人为本,重视激励,调动员工积极性,同时也需要维持管理的严肃性,加强组织与控制的职能,坚持工艺纪律,制度面前人人平等。

(4)建立完善的工艺制度。制订和落实工艺的上机制度、检查制度、研究制度、审批制度、档案制度、工艺部件制度等。制度是依法治企的基础和前提,也是管理控制的依据。要保证工艺的龙头作用,就需要一系列关于工艺设计、实施到位的制度支撑。

2. 工艺管理要求

(1)满足产品质量和标准的规定。保证产品质量符合技术规定是工艺管理的基础和出发点,工艺管理的所有工作都是围绕稳定提高产品质量及确保产品性能风格等要求的目标开展的。

(2)保证生产正常稳定。工艺设计合理,工艺条件稳定。例如,从工艺上减少机台的断头率,减少设备停台,提高工艺上机合格率等。

(3)坚持节约高效。工艺技术要充分考虑生产过程中的原材料消耗问题,工艺设计和工艺流程的选择应该满足提高生产效率、降低原料消耗、降低工人劳动强度的要求。

二、工艺责任制内容

工艺责任制也称工艺管理责任制。纺织企业一般实行厂部、车间及班组三级管理,严格执行工艺审批制度,建立并明确企业生产技术职能部门、实验室、车间及轮班的责任制,既要统一集中,又要发挥各部门参加工艺管理的积极作用。

(一)各级责任制

1. 总工程师责任制

总工程师,是企业工艺管理的总管,即主管领导。责任制内容是负责全厂总工艺设计的审批,建立完善工艺制度、工艺研究、标准化、检查落实、事故分析、产品质量等。

2. 技术部门责任制

技术部门,是在总工程师的领导下负责全厂工艺管理的专职技术职能机构。责任制内容主要有制订初步工艺方案,在审批后组织贯彻执行检查、日常工艺管理、工艺试验研究、质量分析与把关、汇总存档等。大型企业只对车间下达总工艺,由车间制订具体上机工艺和各工序调车工艺单。

3. 实验室责任制

实验室,是属于生产技术部门直接领导的具体贯彻执行工艺管理的单位。实验室参加工艺研究和拟订工艺方案,包括进行实物抽样试验分析并进行数据处理,办理工艺变更事宜并对业务范围内的工艺管理制度负责监督等。实验室的日常工作是对生产线上的半成品或成品进行在线或离线抽样检测,看其是否符合工艺设计要求。对不符合要求的,及时通知相关工序并参与整改,直至符合要求为止。一般实验室分厂部和车间两级。

4. 车间责任制

车间是落实工艺的具体部门,一般由车间的技术副主任负责审查车间工艺、车间工艺管理检查落实等责任。其在工艺管理方面的主要职责:负责工艺设计的贯彻执行并确保工艺上车,负责审批和检查车间分管的工艺项目、试验,参加全厂工艺设计的讨论,领导车间专员工艺人员做好本车间的工艺管理工作,定期检查工艺上车情况等。

5. 班组责任制

班组必须负责当班的工艺管理工作。按工艺设计变更通知单上规定的内容与要求,组织有关生产组长及生产工人认真贯彻执行。

(二) 工艺审批责任

(1) 工艺设计、变更均由技术员、主任、技术部门、总工等按职责范围审批后方可执行。

(2) 重大工艺事项由总工程师审批后执行。

(3) 日常调整由生产部门主任和技术部门批准。

(4) 审批者承担组织工艺检查与实施的责任。

三、工艺纪律

工艺纪律,指工艺审批、执行、检查、落实的强制性要求,体现了工艺主导的重要性和严肃性。一般有审批纪律、执行纪律和检查纪律等。

(一) 工艺审批纪律

(1) 建立工艺审批纪律。严格工艺审批程序,工艺设计、变更均由技术员、主任、技术部门、总工等按职责范围逐级审批后方可执行。不按规定要求审批或不按权限审批,均为违反工艺纪律行为。

(2) 工艺事故分析纪律。由于工艺管理问题而造成的质量事故或质量差错,应按有关规定查明原因,分清责任,落实到人,督促改进。

(3) 工艺软件、资料使用纪律。工艺变动时,工艺卡应及时更改,各种工艺软件、资料要注意妥善保管;工艺软件、资料领用需经审批。

(二) 工艺执行纪律

(1) 工艺执行由生产技术部门、实验室负责跟踪落实,定期检查各工序工艺执行情况,定期整理汇总工艺设计表和技术资料,工艺部件及工艺资料的存放领取要按工艺纪律进行。

(2) 各工序经审批翻改品种、变更工艺或采用新工艺时,当班班长和技术员负责根据生产技术工艺文件跟踪落实,确定无误后方可开车试车及正式生产。

(3) 各机台经维修后,由维修队长负责落实有关工艺条件,填表送实验室核对,运转班长核实无误后方可开车生产。

3. 工艺检查纪律

工艺检查,即检查工艺文件所规定的各项要求在实际生产中的执行程度。检查由技术部门负责。

工艺检查的目的,是保证工艺真正落实,了解工艺上机的实际情况,为完善工艺、提高工艺设计水平提供依据。

工艺检查的内容,是工艺参数、在产品的质量和工艺部件标准是否符合要求,具体包括:

(1)翻改品种按工艺卡调车测试合格后方可开车,由班长、技术员负责。

(2)设备维修的交车要满足工艺要求,由维修、运转班长及技术员负责,合格后才能交接开车。

(3)实验室要按班次、工序,按规定抽样检测半成品、成品质量,并填好实验记录。

(4)各级工艺质量负责人负责检查工艺分析纪律落实情况,对质量事故要书面报告。原因分析不清、责任措施落实不到位、员工没有受到教育,不得放过。

(5)定期或不定期抽查工艺软件、资料的使用管理情况。

(6)检查生产现场,生产机台和半制品存放场所做到干净整洁,符合工艺质量要求。

工艺检查方法,主要落实挡车工自查、专职人员定查、有关负责人抽查的"三查"规定,做到工艺审批、分析、使用、资料等纪律严格执行,确保工艺上机合格率达到100%(合格项次/检查项次)。

四、工艺设计与上机

工艺设计与上机,是按照工艺规定进行调研、设计,合理确定某产品工艺参数,制订工艺文件,及时提供生产车间部门使用的过程。它是工艺责任制的主要内容。

(一)工艺设计的概念及要求

1. 工艺设计

(1)工艺设计,是根据产品设计,确定主要原材料成分及配比、工艺流程、工艺参数、设备类型选择,以及各工序产品规格与质量要求等。工艺设计是工艺管理的核心,是产品生产的主要依据,因此,必须认真合理地制订。合理的工艺设计,必须保证品种的特点要求和产品质量的提高,保证符合实际生产条件,同时节约原材料和降低能源消耗。

(2)工艺设计准备,即了解产品的风格特征、花色花型特点和用户要求,了解产品所用原料的特性、组成成分、掌握机器设备的性能及实际生产条件,使产品具有良好的使用性能和良好的经济可行性。

2. 工艺设计要求

工艺设计要求,是依据产品性能和经济合理原则进行。

(1)质量风格、工艺制订要确保生产产品的规格质量和风格达到合同要求。

(2)工序稳定,指尽可能保持工艺参数少变化,为稳定生产秩序创造条件。

(3)节约安全,指选用的工艺路线、流程、原料、工艺方法、技术标准、操作规程要符合有关安全节约的要求。

(二)工艺设计的主要内容

工艺设计,主要是设计满足用户要求的产品工艺参数和技术措施条件。由于纺织产品的用途、规格、质量标准、用户要求不同,所用的原料、染料、生产设备和工艺流程等因素不同,产品设计也各有不同。

1. 纺部工艺设计

纺部工艺设计是指按照客户对成纱(线)号数、成纱(线)质量要求与用途及织物工艺设计特点等,设计应使用的纤维和配比、混合方法及纺纱方法,进一步计算原料用量、落料、落杂、回花、回丝率等指标,详细设定工艺路线。以棉纺为例,纺部工艺设计是按纱支的技术要求,如号数、强力及差异范围等,设计相应机台的工艺参数,然后上机试纺。主要内容:确定开清点;选择机器速度;定量;定隔距;定牵伸倍数;定压力;定捻向、捻度。

2. 织部工艺设计

织物的种类繁多,不同种类的织物有着各自的结构风格、效应等。织部工艺设计主要包括织物组织设计和上车工艺制订。

(1)织物设计。织物设计也称织物品种设计,包括规格设计与艺术设计。规格设计是指织物的幅宽、匹长、缩率、每平方米质量、织物组织、经纬密度、捻度和捻向及原料混合比等。艺术设计是指织物的外观花纹和风格设计,如各种变化组织、提花、色织配色、印花、立绒、顺毛、丝光、波浪形等。有些色织物之所以有立体感,是色彩、组织与图案三方面的综合反映。

织物设计又分创新设计(新品种设计)、来样设计(客户来样或合约规定)和改进设计(推陈出新)。

(2)上车工艺制订。上车工艺制订主要是确定织部工艺线路和流经各工序的单机,再进行各单机的工艺参数设计等。主要内容:调节纱线张力;选择清纱器;选择最佳速度;其他(如整经轴的分头、卷绕密度、浆纱上浆率、浆槽温度、回潮率、墨印长度、织物组织、综框综丝规格、停经片规模、钢筘号数、经位置线、引纬时间等,都应有严格明确的要求)。

3. 印染工艺设计

印染工艺设计是指根据织物规格、印染加工条件、产品用途及用户具体要求,确定各工序的工艺流程。主要内容:坯布检验;翻布;缝头;烧毛;退浆;煮练;漂白丝光;定型;染色后处理。

(三)工艺设计表现形式

纺织企业具有工序多、机台多、品种多、人员多、工艺参数多的生产特点,各种产品的质量要求不同,应有不同的工艺设计方案。在一个车间(或工厂)内,常有多个品种同时生产,为适应市场要求,翻改也比较频繁。工艺设计的表现形式目前大多已经采取计算机联网进行,迅速准确,使用方便。实际中运用的基本形式有以下三种:

1. 工艺设计总表

工艺设计总表,主要确定各品种总的工艺参数和技术要求。例如,纺纱工艺中的原料配比、纺纱支数、捻度、一等品率等,织部工艺中的织物组织、经纬密度、每平方米质量等。表5-1所示为精梳毛纺工艺设计总表。

表 5-1 精梳毛纺工艺设计总表

品名			品号		数量			投料					
纺纱	原料品质	原料名称	细 度		长 度			毛粒	草屑	含油	回潮	比例	毛条单重(g/m)	质量不匀(%)
			平均	离散	平均	离散	短毛率							

（续　表）

品名			品号			数量		投料		

纺纱	纺纱技术条件	用途	纱批号	支数	捻度(单纱×股线)	捻向(单纱×股线)		蒸纱	含油

织造	总经根数		其中边纱		用途	编号	纱批号	色号	质量(kg/匹)
	经密(在机×下机)							
	纬密(在机×下机)							
	幅宽(在机×下机)							
	筘号×每筘穿入数							
	缩率(长×宽)		综片数					
	整经长度(匹×匹长)		经纱质量(g/m)			纬纱质量(g/m)		
	下机长度(匹×匹长)		每米质量(g)			坯布质量(kg/匹)		

染整及成品	经密(根/10 cm)		染整长缩(%)			染色牢度	摩擦	干	
	纬密(根/10 cm)		染整宽缩(%)					湿	
	幅宽(cm)		染整重耗(%)				熨烫	
	匹长(m)		强力(cN)	经			水洗	
	匹重(kg)			纬			汗渍	
	米重(g)		缩水率(%)	经			日晒	
	平方米重(g)			纬			干洗	

2. 工艺单

工艺单,即各个工序设计单,是各车间的阶段工序的分工艺参数要求,主要按照工艺设计总表的要求具体到各个工序的工艺要求。例如,一般纺纱工序的工艺要求有皮辊压力、隔距、牵伸倍数、定重、并合数等。精梳毛纺工艺设计单见表5-2。

表5-2　精梳毛纺工艺设计单

工序	并合数(根)	牵伸倍数(倍)	出条定重(g/m)	出条速度(m/min)	加压(kg)	前隔距(mm)	针板数	备注
混条								
一针								
二针								
三针								
四针								

(续　表)

	牵伸倍数(倍)	捻度(捻/m)	出条质量(g/m)	锭速(r/min)	轴向卷绕密度(根/cm)	径向卷绕密度(层/cm)	隔距(mm)
粗纱							

	牵伸倍数(倍)	捻度(捻/m)	纱支(N_m)	锭速(r/min)	钢丝钩号数	隔距块颜色	加压(kg)
细纱							

3. 工艺卡

工艺卡,即设备"工艺参数卡",是设置在各个机台上的工艺显示牌或显示屏。细纱上机工艺卡见表5-3。

表 5-3　细纱上机工艺卡

产品名称		
纱批编号		
纱支		筒管颜色	
捻度		捻向	
锭速		牵伸倍数	
隔距		钢丝钩号数	
牵伸牙		捻度牙	

以上是基本的表现形式,可以运用计算机系统直接与设备终端联网,形成无纸化工艺表,方便各个工序使用,促进工艺管理。

（四）工艺上机检查

1. 工艺上机定义

工艺上机,指设计的工艺条件、参数在各个工序、机台上的具体运行落实。

2. 工艺检查目的

工艺上机检查,主要是针对设计的工艺上机情况进行核实修正的过程。实际生产中,上机工艺参数大多需要调整。因此,需要上机进行检查,落实实际偏差,为纠偏和合理制订工艺提供依据。主要原因:设备静态和动态有变化,与设计参数有一定差异;同型号的机台之间,工艺相同,但工艺效果可能不同,会产生一定差异;多头输出的机台,头位之间也不均匀。例如,为了缩小纺织机台的眼与眼、锭与锭、台与台之间的工艺差异,应力求上车工艺符合工艺设计要求,稳定产品质量。

当然,随着设备精度提高,设备静态与动态的偏差会逐步减小。

3. 检查内容

检查内容是指根据各工序内容和要求,制订出检查项目、工艺技术标准、允许差异限度、统一检查方法等。例如,细纱机主要检查变换齿轮、罗拉运转灵活程度、隔距块松紧、加压大小、皮圈架磨损等;织布机主要检查经位置线、引纬时间、车速、张力机构、吊综状态、经纱通道等。

4. 检查方法

检查方法是根据工艺上车技术条件中规定的检查项目,允许限度与检查方法对挡车工实际工艺执行情况逐项(次)检查并记录,逐台计算各项(次)数,最后按工序计算工艺上车合格率：

$$工艺上车合格率＝(合格项/检查项)×100\%$$

五、工艺研究

(一) 工艺研究目的

工艺研究是实现技术创新,推进企业生产技术发展提高的重要手段。纺织企业的工艺研究应根据用户需要、市场和季节变化,依据质量指标、实物质量等要求,抓住生产中的薄弱环节,制订工艺改进方案,从理论上、技术上进行科学分析,达到保证生产稳定、产品质量不断提高和不断满足用户需求的目的。

(二) 工艺研究主要内容

1. 做好先锋试验跟踪分析

注重创新及工艺试验。工艺试验是利用各种物理、化学等试验手段,及时经济地探索出最佳工艺方案的过程。工艺试验通常采用先锋试验进行。所谓先锋试验,是指某新产品正式生产前的一系列工艺方案的试探。在实践中,常利用先锋试验并结合计算机技术、单因素优选法、正交试验等方法,进行工艺试验。

2. 做好已用工艺的归纳总结

对已经用于生产的产品工艺进行归纳和总结,找出经验和教训,并写成已生产产品工艺小结存档,利于今后同类或相近产品生产时备用参考,并提高知识产权保护意识,做好知识产权保护工作。

3. 做好新技术学习运用工作

注重利用互联网技术,对外单位、全国或国际新工艺信息加以分析研究,尤其要注意收集适合本单位生产线工艺的信息,推广学习其他单位的先进经验,不断提高工艺设计的先进性。

4. 做好技术攻关工作

对工艺中的疑难问题及时分析研究,尤其将"4M1E"(人、机、料、法、环)诸因素作为一个系统,剖析研究攻关,推动工艺技术水平的不断提高。

5. 加强工艺制度的完善和研究

工艺制度,是工艺方案实施与提高的保证。在工艺设计、工艺研究、工艺实施、工艺管理过程中,要注意创新、完善制度,促使工艺管理水平不断提高。

六、现代工艺管理

(1) 强调创新,在发挥员工积极性、应用先进设备、培养工匠精神方面,尤其在促使新材料应用、智能化产品等工艺研究上,打破常规,大胆探索,提高企业核心竞争力。例如,传统纺纱工艺的突破,进行"大牵伸、高速度、大容量"的高效牵伸工艺研究,以及新原料、新材料复合应用研究等。

(2) 利用先进设备的智能系统,利用工艺质量实时控制装置,加强工艺实时监控,进行工艺质量的在线管理。

(3) 采用计算机管理系统,如专家系统(ES)、CAD辅助设计系统、印花图案CAD/CAM技术和计算机测色配色等技术,进行工艺创新管理,提高企业的工艺管理水平。

第二节 设 备 管 理

设备是固化的工艺技术,是生产装备硬件,设备管理是纺织"五大"专项管理的基础。因此,纺织企业要实现优质高产,就要先做好设备管理工作。设备管理主要经历了事后维修、预防维修和设备综合管理三个发展阶段。在设备综合管理阶段,日本创建了富有特色的全员生产维修制度(TPM)。我国也在总结实践经验的基础上,探索了设备综合管理的模式。

一、设备管理概念

(一)设备的内涵

1. 设备概念

设备,又称为装备或机器,是社会生产力发展水平的物质标志,是企业实现经营目标的重要物质技术基础,具体指企业加工制造产品或其他活动中能起到工具作用的物体。设备一般由动力部分、传动部分、工作部分和控制部分构成。随着科学技术的进步,作为制造强国战略第一个十年行动纲领"中国制造 2025"的实施,我国设备的智能化水平逐步提高,给设备管理的要求也带来了新的变化。

纺织设备是用于纺织品生产加工的各类装备、主机及辅助设备的总称。

2. 纺织设备分类

设备合理分类是编制相关设备台账的基础,是有效开展设备管理工作的保证。根据设备在生产中的作用,可以分为以下几类:

(1)生产设备,或称主机设备,是指直接改变原材料属性、形态或功能的各种工作机器或设施,如纺纱机、织布机、缝纫机等。

(2)动力设备,是指生产动力用设备,因在各个行业都使用,也称通用设备,如发电机、锅炉、空压机、制冷机等。

(3)运输设备,是指用于纺织品及其在制品、半成品输送的工具,如条桶、推纱推布车及通用的车辆、船只等。

(4)试验设备,是指各种度、量、衡器具及生产测试等仪器,如天平、条干仪、捻度仪、强度仪、牢度仪等。

(5)办公设备,是指用于生产经营管理的各种计算机、复印机、传真机和其他装置。

(6)其他设备,如传导设备(用于传送电力、热力、风力、固体、液体、气体的电网、传送带、各种管道等)、公用福利设备(医疗卫生、通信、炊事用等设备)。

3. 设备的特点

随着科学技术的进步及人们使用要求的提高,设备性能得到了很大发展,形成了许多与现代工业相适应的特点:

(1)高速化。设备的生产速度、运行速度、运算速度大大加快,使生产效率显著提高,如纺织喷气、喷水、剑杆等无梭织机代替了有梭织机。

(2)电子化。微电子科学、自动控制与计算机科学的高度发展,引起了机器设备的巨大变革,出现了以机电一体化为特色的设备。

（3）精密化。设备的工作精度越来越高。

（4）自动化。不仅实现了各生产工序按顺序自动进行，部分或全部代替手工操作，还能实现产品的工艺调整、自动检测、清理和包装及设备工作状态的实时监测、报警、反馈处理等。例如，全自动落纱机代替人工接头、落纱，大大减轻了工人的劳动强度，提高了生产效率。

（5）连续化。设备在生产过程中的运作形成了一个连续系统，如纺织清梳联、细落联、纺黏、水刺生产线等设备。

（6）智能化。单一功能的设备已不能适应现代生产发展的需要。一机多能，具有分析、学习及自处理能力，提高设备综合利用率，已成为一个方向，加工中心、柔性加工单元（FMC）、柔性加工系统（FMS）的出现就是十分显著的例证。纺织设备由生产单一原料向智能适应多种原料方向发展。同时，劳动力需求紧缺，科技迅速进步，机器人大量应用，促使设备明显向无人操作的智能化迈进。

（二）设备管理概念

所谓设备管理，就是对企业使用的各种设备，从选择评价、合理使用、维护修理、更新改造直至报废处理的全过程所进行的计划、组织和控制，达到预期目标的活动。

1. 设备管理的重要性

设备是技术装备硬件，是企业生产的基础。纺织生产为连续轮班运转，要求设备随时处于完好状态，保证正常运转。

纺织设备管理对于纺织生产的有效运行十分重要，直接影响纺织企业的计划、交货期、生产监控等方面，直接关系到纺织企业产品的产量和质量。设备管理水平高低直接影响产品制造成本的高低，也关系到安全生产和环境保护，并影响纺织企业生产资金的合理使用。

2. 设备管理的任务

纺织企业设备管理的任务，是选好、用好、管好和维修好设备，确保设备始终处于良好的技术状态。在加强日常管理工作的同时，做好现有设备的挖潜、改造和更新工作，使设备在其寿命周期内的费用最少，综合效能最高，适应纺织企业的生产经营发展的需要。

3. 设备管理的原则

应贯彻执行依靠技术进步促进生产发展的方针，坚持生产与使用安全相结合、维护与检修相结合、改造与更新相结合、技术与经济管理相结合的原则。

4. 设备管理内容

建立设备责任制，正确选购设备，充分利用设备。重视改造和提高设备水平（纺织是传统加工业，采用高新技术改造传统产业是我国目前的重要的产业政策）。做好设备的维护和修整，设备的投入产出、价值核算，以及设备管理制度的创新和落实等工作。

二、设备选用

设备选用，即设备的选择和使用，是设备管理的首要环节。

（一）设备的选择

设备取得方式主要有三种：购买、自制和租赁。目前，大多数纺织企业采用购买的方式。选购设备时，应满足企业实际生产需要，要从企业长远经营发展方向考虑，从技术与经济两方面进行分析,把有限的设备投资用在生产必需的设备上,发挥最大经济效益。

1. 选择设备原则

设备选择,总体上要保证设备技术上先进、经济上合理、生产上适用,便于维护,技术服务好。主要考虑因素:

(1)先进性。企业是生产单位,要在适用的基础上,选择具有一定先进程度设备。

(2)可靠性,指设备的精度、准确度及其对产品质量的保证程度,既要求纺织设备能够生产高质量的产品,又要减少纺织设备的故障。零部件具有耐用性、稳定性等。

(3)经济性(性价比),指设备的投资费用和使用费用较少,投资回收期短。

(4)节能环保性,指设备要有利于节约能源和降低原材料的消耗。设备的噪声和排放的有害物质符合有关规定。

(5)操作性。设备复杂、精密,但操作不能复杂。过分复杂的操作往往易造成操作人员疲劳和失误,而且人员培训费用增加,所以应选择操作容易简便的设备。

(5)适应性,指设备能够适应不同工作条件,加工不同产品,完成不同工作,包括单机、机组和项目等配套水平的成套性。

(6)安全性,指设备对生产安全和人身安全的保障能力,如是否装有自动控制装置(如自动切断电流、自动停车装置等)。

(7)维修性,指设备要便于检查、保养、维护和修理。

(8)售后服务。选择设备供应厂家时,应考查他们提供安装、调试、人员培训及维修服务的条件。有良好售后服务条件的设备,运行就有充分保证。

(9)设备寿命。要选择相对全面的纺织设备寿命。设备一般具有三种寿命:一是物质寿命,指设备从投入使用到因物质磨损而报废所经历的时间,正确使用设备并合理保养,可以延长其物质寿命;二是技术寿命,指设备从投入使用到因无形磨损而被淘汰所经历的时间;三是经济寿命,设备由于磨损老化而支付的使用费用高低决定的寿命,称为经济寿命。使用费用包括纺织设备的维修费用及使用过程中的故障损失、停机损失、资源多耗损失、废品损失等经营费用。

以上各因素是相互联系、相互制约的,纺织企业选择设备时,要统筹兼顾,全面权衡利弊,尽量做到综合统一。

2. 设备选择方案的评价

纺织设备选购合适是实现设备管理任务的先决条件。因此,选择设备时要进行科学的评价。纺织设备的评价包括技术评价和经济评价两个方面。

(1)纺织设备的技术评价。纺织设备的技术性能是各不相同的。选择设备时,除了根据纺织企业当前使用要求和不断进步的技术要求(如对品种、质量、产量、安全及环境保护的适用性)评价设备的技术性能外,还要考虑企业是否具备购置及充分发挥设备技术性能的相关条件,如资金筹集情况、厂房条件、操作与维修人员的素质、维修备件提供的可能性、设备所需能源种类及数量、原材料的供应情况等。

(2)纺织设备的经济评价。纺织设备的经济评价是通过几种方案的对比、分析,选购经济性能最好的设备。经济评价的方法主要有投资回收期法等。

投资回收期 = 设备投资 / 采用设备率节约额 = 年创收 / 设备投资

（二）设备的使用

设备的使用,即设备合理地运行、维护、改造,保持完好使用价值的活动。机器设备使用寿命的长短、生产效率和工作精度的高低,固然取决于设备本身的结构和精度性能,但在很大程度上也取决于使用时间、环境及保养情况。

纺织设备处于连续运转的环境下,正确合理使用纺织设备,可以保持设备处于良好的技术状态,防止发生非正常磨损,避免突发性故障,延长设备使用寿命,减少修理次数,降低维修费用,提高企业经济效益。为了使设备得到充分合理的使用,必须做好以下工作:

1. 合理调配设备

根据本企业的生产要求和纺织工艺特性,合理地配备、调整各类设备。例如,纺纱企业一般根据前后工序产能的比例不同及小批量生产特点,前工序配备产能大于后工序。

2. 合理分配负荷

根据各种设备的结构、性能、精度、加工范围和技术要求合理地分配生产任务,避免超负荷运转。例如,纺织生产为保证质量,多采用小定量、多工序的方式;染整生产考虑功能整理要求,需要针对不同工序要求合理地分配生产任务。

3. 合理操作设备

合理操作设备,需要合格操作员工承担。为各类设备配备合格的操作人员,实行凭操作证使用设备的制度。根据现代新型纺织设备的技术要求,配备相应等级的操作工人,要求操作者熟悉设备的性能、结构、工作范围和维护技术,做到"三好四会",即用好、管好、保养好和会使用、会保养、会检查、会排除一般故障。同时,操作员工应通过技术基础理论和实际操作技能培训,经考试合格后获得操作证,方可独立使用设备。

4. 保证设备环境

设备需要在合理的环境条件下运转,所以应为设备创造良好的工作环境和条件。根据各类设备的需要,创造适宜的工作场地和整洁、宽敞、明亮的工作环境,安装必要的保护、安全、防腐、保暖、降温等装置,配备必要的测量和控制用的仪器、仪表等。

5. 完善规章制度

设备是生产的基础,健全设备使用责任制及规章制度是设备完好运行的保证。从纺织企业的各级领导、设备管理部门、生产管理部门到每一个操作工,都要对设备的合理使用负相应的责任。建立切实可行的责任制和设备综合管理规章制度,是管好、用好设备的重要保证,如岗位责任制、凭证操作制、定人定机制等。

6. 开展竞赛活动

完好设备是指零件、部件和各种装置完整齐全,油路畅通,润滑正常,内外清洁,性能和运转状况均符合技术标准的设备。开展完好设备的竞赛活动是激励动员广大员工用好、管理好设备的有效方式。厂部或车间要定期对设备技术状态进行检查评比,落实经济责任制,做到奖罚分明,并总结和推广先进经验。

三、纺织设备维修

纺织企业三班连续生产,设备长期处于运转状态,设备的静态和动态变形及磨损随时在发生,一旦超过一定范围,设备就会出现故障,影响设备运转及生产进行。

设备磨损形式有有形磨损和无形磨损。有形磨损也叫"物质磨损",指运转震动摩擦和氧化腐蚀磨损引起的价值和使用价值的损失。无形磨损也叫"精神磨损",指劳动生产率和技术水平提高造成的同类设备降价或新设备性能、效率提高造成的原设备贬值的现象。无形磨损有两种情况。一种是由于设备制造部门的劳动生产率提高,生产成本费用降低,同类设备的价格下降。这种原因引起的无形磨损称为"第Ⅰ种无形磨损"。另一种是由于科学技术的进步,新设备的性能更好和生产率更高,使老设备贬值。这种原因产生的无形磨损,称为"第Ⅱ种无形磨损"。

设备维修,是指设备管理部门组织检查,及时分析发现设备故障苗头,采取维修措施,减少设备有形磨损,避免设备故障,延长设备寿命,阻止机器系统误差超出工艺允许误差,保证设备正常使用的一系列活动。

(一) 纺织设备故障

纺织设备故障,指设备(系统)或零部件丧失其规定的使用功能的状态。故障按其发展情况可分为突发性(偶然)和渐发性(磨损)两大类。设备的突发性故障是指通过事先的测试或监控不能预测到的,以及事先并无明显征兆亦无发展过程的随机故障,其发生概率与使用时间无关;设备的渐发性故障是指通过事先的测试或监控可以预测的故障,其发生概率与使用时间有关,使用时间越长,发生故障的概率越高,如零件磨损、腐蚀、疲劳、老化等。

1. 设备故障率

设备故障率,指设备使用过程中因故障停用的时间与应该运行的总时间(含待机时间)的比值,是考核设备技术状态、故障强度、维修质量及效率的评价指标。它随使用时间的推移有明显变化。设备故障率曲线如图 5-1 所示,由于典型故障曲线形状与浴盆相似,又称浴盆曲线,共分三个阶段(时期)。

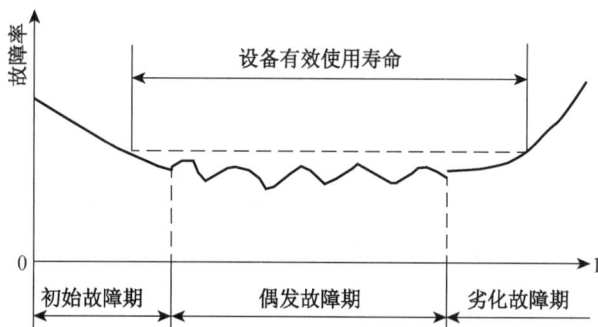

图 5-1 设备故障率曲线

2. 纺织设备性能劣化

设备性能劣化,指设备在使用过程中,由于零部件磨损、疲劳或环境造成的变形、腐蚀、老化等原因,原有性能逐渐降低的现象。通常,这是正常磨损到急剧磨损的临界过程。

需要说明的是,传统的故障概念仅认为零件的损坏是故障的根源,但现代机械增加了复杂的控制部分(即信息及执行系统),形成了人机整体,不少时候是机器的零部件完好无损,但发生了故障。因此,现代设备的故障源至少有零件缺陷、零件配合不协调、信息指令故障、人员误操作、输入异常(原材料、能源、电、汽等不合格)和工作环境劣化等六大因素。例如,自动络纱机的故障源有零部件缺陷、接头异常、滚筒磨损、检测信号失误、气压不足、操作误差及湿度过大等。

（二）纺织设备检查

1. 设备检查概念

纺织设备检查,指对纺织各工序设备的运行情况、技术状况、工作精度、磨损或腐蚀程度进行测量、校验和效果判断。

通过设备检查,全面掌握设备的技术状况和磨损情况,及时查明和消除设备的隐患,针对发现的问题提出设备维护工作的措施,有目的地做修理前的准备工作,提高修理质量,缩短修理时间。

2. 设备检查分类

（1）日常检查,是每天例行的针对各自岗位管理范围内的设备检查和交接班检查活动。由操作工结合日常保养进行,及时发现纺织设备运行前及运行过程中不正常的技术状况并排除。设备维修人员或动力站房运行人员对各自负责维护的设备所进行的日常巡视也称为巡回检查,其目的是及时发现事故预兆,排除故障隐患。

（2）定期检查,是在规定检查周期内进行比较全面或重点的专业检查活动。由设备部门的专、兼职检查员或维修工对设备性能和精度、零部件的磨损老化情况进行全面检查和测量,对发现的问题,除当时调整解决者外,均应做好记录,作为制订检修计划的依据。

（3）随时抽查,指设备管理部门组织的不定期对设备维修状况及管理情况进行检查评价的活动,它是促进开展设备维修完好竞赛活动、设备岗位责任制落实情况、设备管理水平提高的有效措施。

（三）纺织设备维修的种类

纺织设备维修是纺织设备的维护、检查和修理的简称,是设备综合管理中工作量最大的环节。其目的是保持设备经常处于良好的技术状态,防止和减少设备事故的发生,降低维修费用,减少停工损失,延长使用寿命。

1. 设备维修

纺织设备维修习惯称设备保全,是指修复由于日常磨损、震动或其他原因造成的设备损坏和精度劣化。它的作用是恢复机器设备的机械性能和运转中所产生的损耗。纺织企业设备的维修种类有以下几种:

（1）大修理,又称大平车,是对设备进行全面修理,需要将设备全部拆开,校正和调整整个设备,检查校正机架和机框等水平,更换所有的磨损零部件,全面恢复原有的安装精度、性能和生产效率,达到整旧如新的要求。

（2）小修理,又称小平车,是对设备进行局部修理,更换或修复个别磨损较快、不能保证连续使用到下次大修理的易损零件和个别套件,拆装部分机件并揩拭干净,同时检查各零件的相互作用、各易损零件的安装情况,校正一切机构的隔距等。

（3）部分保全,或叫重点修理,是在两次小修理之间针对设备的某一易损部位或部件进行修理或更新,对部分易走动的隔距加以校正,如梳棉机的调磨盖板、细纱机敲锭子、织机自动部分检修等。

（4）特小平,是更换和修复设备的主要零部件和较多的磨损件,同时检查整个机械系统,紧固所有机件,消除扩大的各种间隙,换油和调整设备,校正设备的基准,保证设备恢复和达到应有的标准和技术要求。纺织厂常采用这种形式。

2. 设备保养

设备保养,指对纺织设备进行预防性的技术护理,保证设备正常运转。传统方法有一般揩车保养(周期 15 天)、润滑保养(每周一次)、零部件检修(有不同周期)。主要内容包括以下几个方面:

(1)清洁。经常洗擦灰尘及油垢,清扫散落在设备各部位的尘埃、残渣、废屑,保持设备内外清洁,无泄漏现象。

(2)润滑。定时、定点(按规定的油眼)、定质、定量加油,保证油路畅通,设备运转灵活。

(3)紧固。及时紧固因高速运转而松动的连接件(螺钉或销子),防止脱出。

(4)调整。及时调整由于设备机件松动或位置移动带来的不协调,保证设备放置整齐,防护装置齐全,线路管道完整。

(5)防腐。使用防腐剂保护设备,及时清除生产过程中沾染的腐蚀物质。

(6)安全。实行定人定机交接班制度,遵守操作规程。定期检查各种测量仪器、保护装置,保证安全,不出事故。

随着纺织设备的技术进步,自动加油,清洁报警提示等功能应用,设备保养方法避免简化,但主要内容未变,只是侧重点有所变化。

四、纺织设备维修管理

(一) 设备维修原则

1. 满足生产需要

设备维修必须服务生产,满足生产。当出现设备磨损严重、装配尺寸变动、设备故障率上升、设备动力消耗增加、生产效率下降等情况时,如果不及时采取维修措施,不仅影响生产任务的完成,还将影响加工产品的质量。

2. 坚持预防为主

设备维修必须坚持预防为主,要重检查、有计划地维修,尽可能做到心中有数,及时处理故障苗头,避免手忙脚乱影响正常生产。在设备使用过程中,对设备传动部分、易损部分要结合生产间隙及时检查,重点检修,将设备的故障苗头、小故障及时修复,防止出现严重的设备故障。

3. 保全保养并重

保全指设备的大小修理工作,保养指设备日常润滑、揩车零部件检修、清洗维护等工作。保全和保养工作的侧重点不同,但是对设备的完好状态和正常使用有同等重要的意义。保全保养并重是保证设备正常的有效措施。

(二) 纺织企业的设备传统管理

纺织设备的传统管理,借鉴了苏联时期的管理方法,主要有四项重要管理工作,即周期管理、质量检查、交接验收和考核评价。

1. 周期管理

设备修理周期是指相邻两次大(小)修理之间的时间间隔。纺织设备的周期管理是指对设备进行有计划的定期维护与修理的管理,是贯彻预防为主原则的重要制度。纺织主机、辅机等保全保养项目均有规定的周期,并由设备管理部门负责定出周期计划,提前准备,到期停车修理。

纺织设备维修一般规定大修理三年一次,小修理六个月一次,部分保全三个月(近年来,许多企业延长了周期时间)。但是,各类维修周期是根据设备实际运转时间、部件耐用寿命、机械结构、负荷速度及产品要求等确定的。例如,不少企业调整棉纺梳棉机二次大修理间隔四年、小修理间隔八个月,因第六次小修理与第二次大修理重复,所以大、小修理次数之比是1∶5。如果因生产需要,小修理要扩大修理范围,改为"特小平"。敲锭子等可以均匀地插在两次小平之间进行。一般各厂分工序以四年大修理为一个周期,一次性分机台排好保全计划周期表,揩车、保养、检修等工作按需要安排保养周期计划。

2. 质量检查

质量检查,是指对机器设备维修质量工作的检查,经过维修的机器设备应分阶段检查,在自查基础上开展互查或逐级逐项检查及抽查、复查。查出问题要分析原因,及时修复,达到维修标准的允许范围之内,最后做好记录并存档保管。

(1)质量检查的内容:交接技术条件规定的项目,质量检查标准规定的机件磨灭限度和安装公差,其他认为有必要检查的项目。

(2)质量检查的方法:一是中途检查是指维修后不便检查的项目可在维修时进行检查;二是工作完成后检查,是指维修后的常规检查;三是开车时检查,是指必须在运转中(动态)判断安装质量的轴承发热、声响、成品质量和用电等项目的检查。

3. 交接验收

交接验收,指保全保养之间有关分清责任、相互促进、提高设备的维修质量和使用质量的交接活动,有初步交接验收和最终交接验收。

(1)初步交接验收。大小修理后的设备,经过试车,由保全组长交给保养组长或检修工。此时设备须经运转考验,一般大修理须经九个班的运转查看期,小修理须经三个班的运转查看期。

(2)最终交接验收。在初步交接验收后的七天内,由保全组长、保养组长或轮班长检查设备修复情况和工艺测定结果,按照交接技术条件评等评级,办理最终交接验收手续。

4. 考核评价

设备修理质量评价,主要以评等评级方式进行考核。评等是对机械安装质量而言的,全部达到技术交接条件的评为一等,有一项不能达到者评为二等;评级是对工艺标准而言的,全部达到工艺要求者评为一级,有一项不能达到者评为二级。主要指标有设备工艺上车合格率、设备利用率、维修费用率等。

5. 维修分类

纺织企业维修传统管理,一般分保全(大、小平车、部分保全等)、保养(日常揩车检修、加油)、重点检修(按计划和运转班交接维修)、运转维修(跟班修机工加油检修)等。

(三)设备故障处理

1. 故障分析

故障分析,即对设备故障的形成原因进行分析、查找,也叫因果分析或故障逻辑查找。

例如,故障逻辑查找主要分析零件、部件、子系统的问题对整个设备、系统产生故障的影响程度,是通过设备、系统上一层次的故障现象分析下一层次对产生故障现象的影响和两者间的逻辑关系。这种方法的优点是不仅能分析构成设备的硬件产生的影响,还包括软件、人为因素、环境因素等产生的影响,既可以分析由单一零部件缺陷引起的设备故障,还可分析两个以上零部件同时发生影响产生的故障。

2. 分析原则

故障分析坚持"三不放过"原则,即对发生重大事故的设备做到"三不放过":

(1) 事故原因分析不清,不放过。

(2) 没有防范措施,不放过,目的是防止重复发生类似事故。

(3) 对人为事故没有落实责任,没有接受教训,不放过。

设备事故处理一般都有事故报告、调查分析、处理意见等过程。表 5-4 所示为设备事故调查处理表。

表 5-4 设备事故调查处理表

资产编号		设备名称		规格型号		使用部门	
事故发生时间	20 年 月 日 时 分		事故排除时间		20 年 月 日 时 分		
事故报告人		事故类别			负责人		
停台时间		维修时间			修复费用		元
事故发生经过及损坏情况							
事故分析							
事故原因	违反操作规程 / 擅离工作岗位 / 超负荷运转 / 没有按期检修 / 忽视安全措施 / 检修质量不良 / 设备先天不足 / 润滑管理不善 / 其他						
事故预防措施及处理意见							
使用部门意见: 年 月 日		设备部门意见: 年 月 日			主管厂长意见: 年 月 日		

五、纺织设备状态维修

(一) 状态维修概念

1. 设备状态维修

设备状态维修是以设备状态检测为核心,依据纺织设备实际运行状态,制订相应的维修周期、维修内容及维修方式,实行预防维修的一种维修方法。它是我国纺织行业自引进世界先进水平的纺织主机设备后,结合先进维修管理及我国传统的设备周期维修经验,不断总结创新、综合运用的一种现代化设备管理方式。

2. 状态维修产生原因

20世纪80年代开始,我国引进和制造了一大批具有世界先进水平的纺织机械,如清梳联合机、细纱机、自动络筒机、无梭织机和后整理机械设备等。这些进口设备除了要求保证清洁、润滑、保养和局部检修项目外,并无传统纺织设备维修的保全大小平车项目,并且一般都具有机、电、气、仪一体化,技术含量高,结构复杂,装配精度高。若继续采用传统的维修方法,周期性地拆装,不但难以使设备恢复其应有的工艺机械精度,还会在拆装过程中造成不必要的损坏,降低工艺要求标准,影响这些高费用设备发挥原有的效能。因此,有的企业从进口设备投入使用开始,就探索采用状态维修来替代周期性的大小平车,重点做好巡检、清洁、润滑保养和局部检修工作,效果良好。以后又根据国产设备新老机型各自的特点,分别采取周期性计划维修与状态维修相结合的方式进行设备维修,也取得了良好的工艺效果和降低维修投入的经济效果。

3. 状态维修特点

状态维修具有用人少、消耗少、设备利用率高的优点,但要求管理水平高、维修人员素质高,需要利用精密的仪器诊断,要求检测水平高。其具体特点:

(1) 按计划检测设备,计划检测是状态维修的核心。根据设备检测情况排出立即维修、缓期维修的计划,把设备故障消灭在萌芽状态。

(2) 按状态适度维修,主要侧重于根据设备检测状态和维修计划,有针对性地进行适度维修。

(3) 状态检测手段,有仪器检测与感官检测两种。

一是用先进的仪器检测,主要有振动分析仪、脉冲仪、油质分析仪、电器仪表、转速表、条干仪等,按实际状态分析故障部位,确定维修内容、时间、程度。另外可参考设备警示要求分析。

二是直观的五官感官检测,即通过询问、眼看、耳听、触摸、鼻闻方式来确定设备状态,也就是询问操作者设备运转情况,观察设备的振动、发热、异味和声响等状况,判断设备的故障部位,确定维修内容、时间。

4. 状态维修内容与方法

(1) 状态内容,指设备的技术状态(如工艺条件)、工艺状态和设备的质量状态,体现了设备为工艺服务的观点。

(2) 检测内容,确定检测点、检测项目、制订检测的方法条件和判定标准、确定检测周期、确定检测人员和培训工作、编制检测计划表、做好检测记录和分析。要建立以重点检测内容时间计划表为主的巡回检测系统。表5-5所示为自动络筒机状态维修计划表。

表5-5　自动络筒机状态维修计划表

类别	周期(月)	每台修理耗时	人数	维修内容
A	1	8天	2	① 检查车头主机吸风电机轴承并加油,调整变动皮带的张力,检查中心轴电机内的润滑油位 ② 清扫络纱头,清扫并检修传动箱各转动部件,检查槽筒电机轴承、平衡活塞、筒子制动器活塞等部位
B	6	5天	9	清洗纱头吸嘴、捻结器并加油润滑,查修皮带张力
C	2	2天	2	检修络纱头、可移动中心销轴部分、上吹风、吸风装置、车头散热风扇、坦克链等并加油保养,清洗槽筒、电镀杆等

（续　表）

类别	周期（月）	每台修理耗时	人数	维修内容
D	1	1天	2	清洗车头各电气控制箱、各单锭控制箱,检修电气部件的固定连接情况,清洁下部拦纱杆并加油保养
E	1/2	4 h	2	检修络纱头外部各机件并加油保养(纱线通道部分的清洁,各剪刀的清洁、检修及喷润滑剂)

注:自动络筒机各类计划状态维修均不停产。

（3）状态维修方法。统筹安排计划检修。具体根据已检测设备的异常征兆和劣化程度进行诊断,经分析、研究,确定修理部位,制订维修类别、时间和方法,分为需要停产进行的计划检修（定修）和不需要停产进行的计划检修（日修）。例如,设立周期计划分 A、B、C、D 四种,分状态确定其维修内容。

A 为复杂机型,维修周期可定为 6～12 个月,维修时间 8～16 h,内容如梳棉隔距校正、盖板刺辊、大小漏底、离合器、齿轮箱检修等,目的是保证专件运转平稳灵活。

B 为较复杂机型,周期定为 3～6 个月,维修时间 4～8 h,内容如并条机传动部分检修。

C 为不复杂部位,周期一般为 15～30 天,维修时间 2～4 h,内容如整机清洁保养、齿轮、隔距校正等。

D 为一般部位,周期为 1～2 周,维修时间 2～4 h,内容如道夫盖板抄针等。

（4）状态维修阶段。一般为三个阶段,即检测、诊断、维修,可以间断或连续,要分析研究设备的具体状态,确定维修内容和时间。例如,细纱机基础部分的机架、大轴、滚筒平衡、各大轴轴承等,是设备的重要大件,但只要按照安装要求固定到位,日常问题较少,可以作为状态维修的重点。多采用随机检测、状态诊断、计划维修。

5. 状态维修效果

状态维修在纺织业实施,取得较好效果,与传统周期维修相比,维修成本低、效率高。例如,广东清远市泰和棉纺厂自推行状态维修后,设备用工逐年下降,由 279 人降为 177 人,年节约工资 48.96 万元,设备运转率由以前的 82.5%～93.2% 上升至 97.1%～100%,机物料年消耗由 258 万元降为 166 万元,降幅为 35.66%;山东德棉集团恒丰纺织有限企业开展状态维修以来,维修人员减少了 35.9%,维修停台总时间下降了 73.1%,设备运转率提高了 1.3%,产品质量稳定,用工开支每年减少 158 万元,机配件消耗每年节约 126.6 万元,取得了状态维修的综合效益。

纺织行业设备状态维修,整体上还不够普及,即使是采用了状态维修的企业,也停留在人的感官检测与简单仪器结合为主,与先进行业相比,差距很大,发展也很不平衡。因此,多数企业仍然在试行或在传统基础上增加状态维修。

六、纺织设备维修体系

纺织设备在使用阶段,其维修管理系统由设备预防维修、故障维修、紧急维修、改进维修和计划综合维修等子系统组成。

1. 预防维修

预防维修（PM）有两种形式,即计划预修制和状态维修制。

（1）计划预修制。计划预修制又称计划修理制，是指我国纺织企业从 20 世纪 50 年代起，一直采用苏联的周期计划维修模式，即定期大小平车。维修周期按照设备类型确定，一经制订，就多年不变，为防止事故发生，到期（计划修理周期图表）采取强制预修手段。其特点在于预防性与计划性，即在设备未发生故障时就有计划地进行预防性的维修；缺点是易造成迟修或过剩维修的现象。

（2）状态维修制。状态维修制以设备日常检测和定期检测为基础，依据检测出来的缺陷，及时编制维修计划，对设备进行修理，排除隐患，恢复设备性能。其特点是依据设备运行状态安排修理计划，优点是可把出现的故障和性能劣化消灭在萌芽状态，防止过修或欠修；缺点是定期检测分析工作量大。

预防维修首先在美国推行，后由日本引进并结合日本实际情况，经创新和发展成全员设备管理（TPM）。

2. 故障维修

故障维修又称"事后维修"，它是设备发生或即将发生故障时采取的非计划维修。目前，有些独立设备或辅机也采用事后修理，这样较经济。

故障维修，主要根据设备部件生命周期判断设备预期发生故障率的情况进行维修，也称为故障预期维修法。例如，日本企业的设备开动率基本保持在 $80\%\sim90\%$，难以周期性地停车维修，重要措施是狠抓设备的故障预期修理，其做法有三：

一是根据设备的磨损规律，采取不同的维修方法。第一磨损期，即初期故障期，由于设备刚使用，性能不稳定，故障率偏高。这主要由设计、制造和安装过程中的缺陷所致，应搞好严格试车验收的初级管理，加强改善维修。第二磨损期，即偶发故障期，设备性能基本稳定，故障率也趋于稳定，故障较少，且多因操作人员的技术不熟练或操作失误而引起。为此，在搞好员工培训的同时，加强预防性检查，实行预防性维修。第三磨损期，即磨损故障期，又称损坏期，除了加强日常维护保养和预防维修外，还必须加强改善维修，使设备故障率降低，延长使用寿命。

二是发生事故及时维修，减少设备停车时间。日本的一些工厂，设备一旦发生故障，操作工人立即打开设备故障红灯，维修人员便跑步赶到现场进行抢修，停车超过半小时以上的，必须报告主管课长处理。例如，日野企业在修理工人工位下面特地安装了故障停车表，以便掌握故障停机时间。该企业十分注意加强维修人员的基本功训练，使维修效率和质量不断提高。

三是合理安排生产工人和维修工人的工作时间。对于白班或两班生产的企业，跟班维修工人与操作工人同时上班，跟班维修；其他维修工人的班次和生产工人的班次交叉，较多地利用生产间隙时间进行维修，有些则安排在星期日或节假日进行维修，从而降低设备的停车时间。

3. 维修预防

维修预防又称无维修设计，它是指在设备设计时就考虑设备在使用中无需维修和没有故障时间，这是一种策略，如各种电子类纺织监测仪器等。例如，纺丝机等生产关键设备或故障停机损失很大的工艺设备，才有发展无维修设计的趋势。

4. 改进维修

改进维修，也叫专项维修，是针对设备先天不足、经常发生故障或维修性差，为提高设备的可靠性、维修性、经济性、安全性等而进行的维修。它是改变原有设备的一种修理方式，使设备不再发生以前出现过的故障。可结合设备改造计划，通过改进维修，提高设备性能和增加新的功能。

5.计划综合维修

计划综合维修是从经济角度出发,以无维修设计为方向,以追求最低成本为目标,把设备因性能劣化、故障停机所造成的损失与维修费用相比较,使总费用最低。对不同设备或同一设备的不同部位,采用预防维修、故障维修、状态监测维修、无维修设计和改进维修等方式的最佳组合,系统规划设备维修,使维修费用与停机损失费用的综合费用最低。这是计划综合维修考虑问题的出发点和落脚点。

由图5-2可知,越是周密地进行维修,设备故障所造成的停机损失费用就越少,维修费用与维修程度成正比,总费用等于维修费用与停机损失费用之和。曲线最低点对应的维修程度,即最小费用点,是计划综合维修的最佳方案。

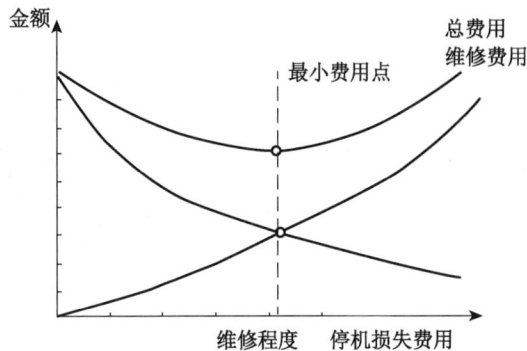

图5-2 经济的维修程度曲线

设备的计划综合维修管理,要求尽可能地减少设备故障发生次数。一旦设备产生事故和损坏时,要在最短时间内修复,而且要以最低费用保证设备持续稳定运行。这样,有助于完成生产计划,严格执行合同交货期,提高产品质量,降低产品成本,改善环境保护,提高企业生产效率,增加企业经济效益。

总之,按设备类型不同,区别采用维修方法。例如,20世纪90年代后的新进设备采取状态维修方法,以前的设备仍然用周期维修法;主机连续运转的设备采用周期维修与状态维修结合的方法;辅机采用状态维修法。但总体上都要排出计划并严格执行。

七、纺织设备的改造与更新

由于科学技术的高速发展,现有设备和新设备不断完善,设备无形老化速度越来越快,已成为设备的突出问题。设备管理必须研究如何提高设备的使用价值,促进设备的改造与更新。

纺织设备改造,是指把科学技术新成果应用于纺织企业的现有设备,对设备进行局部革新、改造,改善设备性能,提高设备的技术先进性和生产适用性,提高生产效率和设备的现代化水平。

1.纺织设备改造

(1)设备的改装。它是指为了满足增加产量或加工要求,对设备的容量、功率、体积的扩大或形状的改变。例如,将设备以短接长、多机串联等。改装能够充分利用现有条件,减少新设备购置,节省投资。

（2）设备技术改造。它是指把高新技术成果应用于现有设备，改变其落后的技术面貌。技术改造可提高产品质量和生产效率，降低消耗和成本，全面提高企业经济效益。

（3）纺织设备改造方向。提高设备自动化程度，实现数控化、联动化；提高设备速度，改善设备的工艺性能；提高设备零部件的可靠性、维修性；将通用设备改装成高效、专用设备；改进安全、保护装置及环境污染系统；降低设备原材料及能源消耗；零部件通用化、系列化、标准化。

（4）纺织设备改造原则。纺织企业在进行设备改造时，必须充分考虑改造的必要性、技术上的可能性和经济上的合理性。具体应注意以下几点：

一是必须适应生产技术发展的需要。针对设备对产品质量、数量、成本、生产安全、能源消耗和环境保护等方面的影响程度，在能够取得实际效益的前提下，有计划、有重点、有步骤地进行。二是必须充分考虑技术上的可能性，即设备值得改造和利用，又有改善性能、提高效率的可能。改造要经过大量试验，严格执行企业审批手续。三是必须充分考虑经济上的合理性。四是必须坚持自力更生方针，充分发动员工，总结经验，借鉴国外企业的先进技术成果，同时要重视吸收国外科学技术。

2. 纺织设备更新

纺织设备更新，是指用比较先进、经济的纺织设备，替代技术上不能继续使用或经济上不宜继续使用的纺织设备。

（1）纺织设备更新形式。纺织设备更新形式有两种。一种是纺织设备的原型更新（也叫简单更新），是用同类型的新设备代替旧设备。它适用于设备技术寿命尚可但物质寿命已尽，或设备制造厂受技术水平限制不能提供新机型的情况。二是纺织设备的技术更新，是用技术上更先进、效率更高的先进设备代替技术上不能继续使用、经济上不宜继续使用的陈旧设备。

（2）纺织设备更新条件。根据我国的实际情况，国务院《企业设备管理条例》规定，纺织企业设备属于下列情况之一的，应当报废更新：

第一，经过预测，继续大修理后技术仍不能满足要求和保证产品质量的；

第二，设备老化、技术性能落后、耗能高、效率低、经济效益差的；

第三，大修理虽然能够恢复精度，但不如更新经济的；

第四，严重污染环境，危害人身安全与健康，进行改造又不经济的；

第五，其他应当淘汰的。根据纺织行业每年公布的设备淘汰目录进行淘汰。

（3）纺织设备更新原则。纺织设备更新应当结合企业的经济条件，有计划、有重点、有步骤地进行。要做好调查摸底工作，根据企业的实际需要和可能，安排设备的更新工作。注意克服生产薄弱环节，提高企业的综合生产能力。要有利于提高生产的安全程度，有利于减轻工人劳动强度，防止环境污染。更新设备要和加强原有设备的维修和改造相结合，如改造后能达到生产要求，可暂不更新。追求经济效益，做好设备更新的技术经济分析工作。例如，确定设备的最优更新周期，计算设备投资回收期等。

八、设备管理存在问题

（1）现代纺织设备大量采用现代科学技术新成果，计算机技术、信息技术、自动控制技术等广泛应用于新型纺织设备，纺织设备的机电一体化程度越来越高，对技术工人的素质要求也越来越高。纺织企业在新型设备使用中面临的最主要问题是高素质技术人员的短缺，直接影响企业的技术创新活动开展和水平提高。

（2）纺织业的技工工资偏低，一是技术级别工资制，二是学徒转正年限制。技术工熬时间、升级慢的现象比较普遍。用工机制不灵活，促使纺织企业一方面出现了全行业的技术工人特别是高级技工人才短缺，另一方面在岗人员不稳定、没人愿干的局面。

（3）企业员工培训和职业技术教育发展滞后于纺织工业的高速发展。一方面是学校培养与企业需要存在差距，学生实践能力不够；另一方面是企业用人条件有问题，造成不愿干技术岗位的环境。

第三节　操　作　管　理

操作管理是纺织企业正常运行的重要保证，是促使纺织品保质保量生产的关键环节。

一、操作管理概念

（一）操作管理的定义

操作是生产过程中维护设备运行的规程要求。操作管理是对操作规程执行落实的计划组织活动，是纺织企业涉及面广、影响面大的专业性管理工作。

（二）操作管理的意义

企业生产主要依靠各种操作来完成。纺织企业生产是多机台、多流程，纺织品的生产操作与机械加工并存，原料导入、设备运行、故障处置及产质量都直接受操作水平的影响。因此，操作管理在纺织企业占有很重要的地位。一般情况下，在纺织企业中，操作对产品质量和制成率的影响如下：

（1）对产品质量的影响。产生质量问题都有原因，在传统纺织生产过程中各个环节的影响程度大体见表5-6，其中操作影响产品质量的比例近四分之一。

表5-6　影响质量比例

原料	设备	工艺	环境	操作	其他
10％	22％	15％	8％	24％	21％

（2）对制成率的影响。制成率以用棉量/吨纱表示，操作水平高为1 040，操作水平低为1 100，全国平均定额1 080。

可见，操作对纺织企业的产品质量、原料消耗起着关键作用，因此，操作管理是纺织企业十分重要的工作。

二、操作管理内容

操作管理内容具体、范围广泛，涉及纺织生产各个工序、环节、员工。这里仅就纺织企业操作方面的一般工作内容说明如下：

（一）建立完善操作管理制度

操作管理制度，指操作活动的培训、检查、考核等环节应遵循的原则规范。必须重视操作工作的规范、操作制度的建立和完善，做到操作工作有章可循、有法可依。例如，建立完善操作岗位责任制、操作培训制度、操作检查制度、操作考核定级制度、交接班规范、设备巡回工作规范等。

(二) 坚持操作练兵培训

操作培训,主要是定期对操作员工,以及随时对新员工进行岗位操作、安全生产及应知应会(即理论、实际)内容的实践与培训。通过定期进行各工序操作练兵、劳动竞赛,设立操作标兵,并将员工操作熟练程度、操作等级与劳动报酬挂钩,激励员工操作学习练兵的积极性。

(三) 严格操作测定检查

操作测定,指对各工序操作人员,按照操作岗位规范要求,现场测试操作水平,确定操作等级的活动。测定是一项能够有效促进企业操作水平提高的日常工作,要严格按照规范进行。各班组由车间操作教练员负责对本班组人员进行全面检查和测试,主要检查确定班组人员操作水平和操作法执行情况,并做好测定台账。

(四) 重视现场管理

操作岗位都在生产现场。整洁、美化、适宜的环境,是提高生产积极性的必要条件之一。因此,要促使生产的顺利进行,必须重视操作现场的管理。主要由班组长、教练员、操作岗位人员负责,重点加强7S现场管理,即现场的整理、整顿、清扫、清洁、素质、安全、节约等。

(五) 建立完善操作法

操作法是按一定规律和程序标准完成作业的具体操作方法规则,指一定时间内对看管机器设备的开关运行、周期巡回、处理断头、停机故障、机台清洁和质量捉疵等活动的规定标准。

主要由车间操作教练员负责建立完善操作规范标准,交车间技术主任同意后,报企业技术部门操作负责人审批后实施。一般有各工序工种基本操作(单项操作)规范,巡回工作的方法、时间、路线,清洁工作标准(要让"揩、卷、刷、拿、扫、拉"各个清洁的基本动作各得其效),防疵捉疵基本技术和方法。建立操作法遵循的原则:

(1) 抓住规律,熟能生巧。纺织生产具有多行业、多工序、多机台、多品种的特点,各行业和各工序在生产过程中都有自己的规律。不同品种在同一工序或机台上生产时,既有共性,又有特性。因此,操作方法和程序都要适应不同生产规律的要求。例如,多机台看管必须规定一定的巡回路线,保证在一定的间隔时间内能看管到每一个机台。单机台操作也要把各个动作根据生产规律的要求安排程序,做到有条不紊,主动掌握机器。对联合机组的操作工要强调协作配合。对由化学反应引起变化多的工序,必须强调工艺的重要性,严格按工艺要求配料和控制。

(2) 不断创新,提高操作效率。讲究操作效率是提高生产效率的重要手段,操作规程要在分析总结各类操作动作的基础上,把每一个动作进行合理组织,交叉结合,减少重复和无效动作,并充分运用人的器官和机体功能,把握好时间和路线。合理分配操作时间,选择巡回路线最短。例如,做到手脑并用,双手操作,手到眼到,"三先三后"(先易后难、先近后远、先右后左)的巡视检查方法。

(3) 突出重点,确保质量。各种操作必须以产品质量为重点,强调基本(关键性单项操作,如细纱、布机的断头断纱处理)的标准要求和熟练程度。例如,做好"三个结合",即结合清洁工作,查人为疵点;结合基本操作,查机械疵点;结合巡回工作,查上工序疵点。

三、操作管理途径

操作是重要的专业技术工作,多是看似简单的动作,但却是影响企业生产效率和产品质量的实际技术工作,其内容广泛(每个工序的操作方法不同,尤其是智能化水平高的设备生产线)、群众性强(挡车工众多,新旧交替频繁)。操作负责人必须加强操作管理,坚持规范化、强制化,才能抓实抓好。实际中,操作管理可以简化为"五个字":

(1)训,即培训。根据各工种操作规程的规定要求,制订培训计划,主要确定培训目标和分阶段的培训期限,包括具体培训内容及工序产量和品质的要求,以及培训考核的标准和办法。采取方式一般是集中培训学习,重在掌握应知应会,对照标准考核定级,师徒合同做好保障。

(2)练,即练兵。根据培训的操作方法要求,进行反复练习,熟悉、提高操作水平。以岗位练兵为主,业余练兵为辅,干啥练啥,缺啥补啥,差啥攻啥。缩小同工种之间操作技术水平的差距,提高整体操作水平。

(3)查,即检查。根据培训、练兵的情况,随时检查实际操作效果。坚持跟班测定检查,每月测定单项操作,每季测定全项操作。对不同操作水平的员工,及时采取相应的促进措施。

(4)帮,即帮助。对操作水平较低的员工给以针对性的提醒、示范、引导,帮助其提高。操作教练员要制订帮教计划,采取一帮一形式,开展帮教活动,进行专人指导,形成边帮助、边教练、边学习、边改进、边提高的局面。

(5)赛,即比赛。在操作员工中有计划地进行竞赛练兵,激励学习积极性,提高操作能力的活动。需要定期进行工序、小组、轮班、车间等各级操作运动会,选拔优胜,发挥榜样作用,并与物质奖励结合,及时落实兑现。

总之,操作管理是系统工程,要全面系统地制订操作规章制度及切实可行的考核激励办法;有计划地按时间分部落实,严格测定检查;要加强培训练兵,坚持不懈规范操作;及时做好操作状况台账,运用计算机管理系统,定期、准确地公开按照岗位的产量、质量、测定水平、操作法执行情况的四个结合,确定员工操作等级,并与经济责任制挂钩考核;发扬工匠精神,专攻一行,精益求精,努力提高企业整体操作水平。

第四节　原材料管理

纺织业的原材料成本,按照通用产品生产工艺,一般占纺织产品总成本的 70% 左右,原材料还是纺织品产质量水平的主要影响因素之一。因此,原材料管理是纺织企业的重要专业管理工作。随着企业发展和管理的需要,纺织原材料管理已经延伸为以管理原材料为主的原材料、物资、物流管理,已经成为纺织企业降低成本、节约费用、挖掘利润的重要源泉。

一、原材料涵义

(一)原材料管理涵义

原材料管理,指纺织企业在保证原材料供应的基础上,对原材料的采购质量、价格、运输和仓贮进行计划、组织和控制的一系列活动,相当于通常所说的物资物流管理。

（二）原材料管理任务

原材料管理的直接任务是保证原材料的供应和使用、控制消耗、安全保存等。它的全面任务则是制订合理的物资储备定额和采购批量，减少资金占用，合理组织订货、运输、储存，按时、按质、按量、按品种规格提供原材料及其他材料，提高管理效率，减少工序积压，加速资金周转，降低企业成本。

二、原材料管理内容

原材料管理内容很多，主要有以下几个方面：

（1）建立建全相关原材料管理制度。例如，原材料采购程序要求、原材料保管制度、发放领用规范、使用库存台账等。

（2）坚持节约原则，制订消耗定额、储备定额。监督使用部门合理使用原材料，节约使用原材料，降低产品成本。

（3）根据企业经营计划，结合实际生产技术条件，编制并执行供应计划、资金合同计划，包括相应的保证措施。

（4）按照合同和资金计划，做好原材料为主且包括其他材料的订货采购工作。多种途径，货比三家，按照有关程序，以合理价格和质量购入原材料。

（5）按照制度规定，组织好各种原材料的运输、验收、发放、贮存等日常管理工作。

（6）做好原材料废料、其他货物的回收管理工作。

三、管理途径与方法

原材料管理主要通过定额、计划、验收、保管、发放、节约等措施进行。实现原材料管理的具体措施如下：

（一）定额

1. 原材料定额

原材料定额，指一定条件下单位产品所限定消耗的原材料数量标准，或规定单位原材料必须生产出合格产品的数量。定额是生产考核、原材料管理的主要依据，制订原材料定额要客观、合理，其高低决定着企业的经济效益和员工的个人利益。因此，原材料定额是原材料管理的重要环节之一。

2. 原材料定额构成

原材料定额构成主要有以下三个部分：

（1）有效的消耗，构成产品实体物资消耗是主要部分。

（2）工艺性消耗，加工过程中不可避免的消耗。

（3）非工艺性消耗，如操作消耗中的棉接头纱等。

3. 定额方法

定额方法根据实际情况，各企业有所不同，一般有：

（1）经验估计法。根据实践经验，采用有关经验资料，结合企业实际水平确定的定额。此法简便易行，但准确性差。

（2）统计分析法。根据有关准则、消耗资料，经统计分析确定定额。此法具有一定科学性,但易受不正常资料的影响。

(3) 技术测定法。按工艺要求,通过技术测定数据来确定定额。此法较准确,但工作量大。

4. 原材料定额制订

原材料定额制订,是以原材料为主而其他材料为辅的生产单位用量及消耗量的限定数量的确定活动。

(1) 原料定额。原料占纺织企业成本70%左右,合理制订定额十分重要,一般结合使用统计分析法与技术测定法确定。对于批量较小的产品,通常依据实际消耗水平,并结合先进水平制订。

$$制成率=(产出/投入)\times100\%$$
$$总制成率=各工序制成率之积$$
$$本工序累计制成率=本工序制成率\times上工序累计制成率$$

(2) 其他材料定额制订。其他材料所占比例不大,通常采用经验估计分析法。

5. 原料储备定额

原料储备,指为保证正常生产、加速资金周转,在一定的生产技术条件下,企业所必须储备的原料量。

(1) 经常储备定额,简称常备定额,指两批相邻原料进厂间隔期内,为保证生产正常进行所必须储备的原料量,随生产进行而不断变化。

$$常备定额=(供应间隔天数+验收入库天数+用料准备天数)\times平均每天需要量$$
$$(=全年计划需要量/全年生产天数)$$

(2) 保险储备定额,为防止意外而多存储的原料量,如运输误期、交货拖期和退货等。
保险天数:根据过去影响到货的统计资料等确定。

$$平均误期天数=\sum 误期天数\times(误期入库数量÷误期入库总和)$$
$$误期天数=某批物货供应间隔天数>正常供应间隔天数$$
$$保险储备定额=常备定额+保险天数\times平均每天需要量$$
$$(=全年计划需要量/全年生产天数)$$

(3) 季节储备定额,考虑季节因素而储备的原料量。企业根据实际需要自行确定储备天数。

$$储备数量=季节储备天数\times需要量/天$$

(4) 最高定额,考虑各种影响因素而增加原材料储备的最大参考数量。

$$最高定额=常备定额+保险储备定额$$

(二) 编制原材料平衡表

原材料平衡表是根据生产计划、工艺方案、资金计划等综合要求,经协调后实际执行的原材料总计划。具体要求:

(1) 根据生产计划、工艺方案、资金计划提出可行的原料(纺织企业以原料为主,也包括其他物料)供应量。

（2）原材料市场调查，通过到原材料企业或田间走访、取样、仓库调查等手段，选择有利于企业发展、能够长期合作的原料基地。

（三）库存确定

考虑运输、时间及季节等因素，要制订合理的库存量。

1. 原材料用量的确定

原材料用量按品种计划分别计算、确定，有直接计算法，又叫定额计算法；也有间接计算法，按上一期用量推算。

2. 期初/期末库存

期初库存大于期末库存，需减少采购量；反之就增加。期初库存按实际盘存并考虑期初的计划到货量和消耗量的差额而得到。

$$期初库存＝期初（编计划时）实际存量＋期初计划到货量－期初消耗量$$
$$期末库存＝常储量均值＋保储量$$

（四）仓库管理

原材料的仓库管理任务主要是原材料的入库验收、保管发放（按质量、规格及时供应）、回收利用等。

1. 入库验收

原材料入库验收，要凭发票单据对原材料数量、质量进行检验，并建立账、卡、物手续，计入计算机系统管理。

2. 保存管理

原材料应合理包装存放，排列整齐，标记明显。例如，采取"五五化"（每堆长×宽×高为5×5×5单位）堆放，便于计量管理；要随时保证账、卡、物相符；认真进行日常保养，做到防火、防水、防霉、防蛀、防锈、防毒、防烂、防鼠、防盗等"十防"。

3. 使用发放

原材料使用发放一般采用用料卡和送料卡两种方法。第一种是用料部门凭用料卡到仓库登记领取；第二种是物资部门按计划按照送料卡向用料部门送料。这两种方法本质上都是定额发料方法，这样可以加强物资消耗定额管理，有利于控制原料使用，及时了解生产现场的使用性能及要求，提高物资管理水平。

四、原材料管理方法

（一）把好"五关"

1. 选择产地关

产地关，即综合考虑多种因素，选择固定原材料产地合作的环节管理。尽可能选择数量和质量稳定、信誉良好及有利于长期合作的原材料产地进行定点供应，确保渠道稳定，并与原材料供应加工单位一起把好质量关，协助其维修设备，建立良好合作关系。

2. 进厂检验关

检验关，即原材料进入企业后检验原料实际质量指标的环节管理。对新到原材料进行全项检验,了解原材料的实际质量状况,一方面可以为工艺配棉和成本核算提供依据;另一方面如果有一定的质量问题或质量差异,可以及时通知供货方协商解决。

3. 进库堆存关

堆存关,即原材料进入仓库后有序、合理存放的环节管理。入库要有计划,合理存放储备。坚持做到库存的原材料先进先用、后进后用、危料先用、合理配用的原则。库存堆垛要求:

(1) 分类堆放,区分产地、品种、批次和包装。

(2) 堆垛整齐,地面干净,凭证相符,货号准确,货卡齐全,月用月结,账、卡、物相符。

(3) 安全第一,符合安全、整齐、清洁、防霉、防火、防烂等要求。

4. 分类排队关

分类排队关,即原材料进入车间分类排队使用的环节管理。主要要求:

(1) 原材料要逐包抄码,分类排队。

(2) 按调拨单发货,即向车间发放时,必须货票一致。

(3) 原材料要"对号入座",即按照规定的存放地点集中放置。

5. 废料关

废料关,即原材料使用中产生的废料的回收利用的环节管理。纺织生产中,随着工艺条件、环境温湿度的变化,原材料会产生缠绕、飞料、落料、下脚料等废料,需要回收,分类利用。纺织企业通常称为"回、再、下"管理,即回花、再用棉、下脚棉的回收管理,其中一般回料、再用料可以分拣后配棉使用,进行环锭纺和气流纺纱;下脚料也可以分拣利用。因此,把好废料关,分别堆放,物尽所用。

(二) 节约原则

1. 重要性

节约降耗、降低成本是企业需要长期坚持的工作。近年来,纺织市场竞争激烈,企业利润增长速度减慢,降低原材料消耗显得更加重要。国内有很多纺织企业十分重视这方面工作,加强原材料定额工作,有些坚持收集包皮粘连余花,有些重视利用地道风节约原料并降低了能源消耗,形成了良好的节约习惯。

2. 节约途径

(1) 根本措施是创新产品,技术进步,减少单位产品原材料消耗,提高单位产品附加值。

(2) 长效措施是树立节约意识,坚持增产增收,降低消耗,修旧利废,加强基础管理,尤其是计量统计核算及其责任制考核工作。

(3) 加强采购制度的创新。例如,公开规定原材料购买程序,实行货物询价、订价、采购、验收、评价、付款各自分离,大宗原材料的采购使用招标的方法等,真正做到分解责任、公开监督、程序规范。

(三) 现代原材料管理

采用管理电子计量入网、计算机处理系统全厂联用等现代管理软件系统。例如,物料需求计划(MRP)等,提高原材料管理效率和管理水平。

利用物流管理(供应链)的方法,加强计划、采购、运输、储存、分配等环节的管理。供应链管理是一种集成的管理思想和方法,是对供应链中的物流、信息流、资金流、增值流、业务流及贸易伙伴关系等进行的计划、组织、协调和控制一体化管理过程。

例如,服装业的供应链:纤维—纱线—布料—服装—零售—消费者。根据咨询企业的调查,这一过程的平均周期为66周,但其中只有11周处于生产状态,其余均为库存状态,由于缺货损失和不适当的库存导致的价值降低约占全部销售额的1/4。根据这种情况,按照供应链管理方法,可以建立一个将服装制作厂、批发商、零售店等连成一体的信息网络,采用统一、通用条形码,改变交易各方的"敌对"关系,采用"多赢"的伙伴关系,有效地提高货物运转供应能力,将库存和其他损失降低到最低水平。

第五节 空调管理

纺织空调管理指对纺织生产车间空气的温度、湿度、流速、清洁度按规定调节,保持合理工作条件,也就是员工的工作环境和纺织品生产所需的环境。因此,空调管理从最初的纯粹为生产服务,发展为以人为本与生产综合的环境保护服务,已经延伸为纺织企业的环境保护管理。

一、空调与纺织生产的关系

环境温湿度等条件直接影响纺织生产的正常进行,因此,控制环境温湿度等条件是纺织企业管理的重要内容之一,即纺织生产需要重视纺织五大管理的关键——空调管理。温湿度等环境条件对纺织生产的影响主要有以下几点:

(一)环境与人的关系

(1)人体在体温正常情况下才能工作,气温低时,人体散热大于产热,会感到寒冷,如果空气潮湿,其吸收辐射热更大,因此人体会感到阴冷。

(2)人体适宜的环境主要受温湿度、清洁度、新鲜度、噪声等因素的影响。纺织企业一般规定车间温度 $20\sim28$ ℃,相对湿度 $45\%\sim80\%$,新空气补入量$>20\sim30$ m^3/h,CO 含量最高 30 mg/m^3,噪声最大 85 dB,逆风导流噪声 95 dB 以下,各工序最大粉尘允许浓度 3 mg/m^3 以下。随着社会的进步,这些要求更加严格,以适应以人为本的工作要求。

(二)环境与工艺的关系

环境温湿度与纤维强度、伸长、导电、柔软、回潮率的关系密切,要求必须利用空调将温湿度控制在工艺条件要求的范围内。例如,棉纤维具有羟基、羧基、酰氨基,吸湿性能较强,环境相对湿度过大时其含湿量过多,会影响开松除杂效果、可纺性和质量。另外,如温湿度过高,摩擦力增大,影响开松和牵伸率,需加压、扩大隔距等。

在纺纱生产中,清花应降低湿度,利于开松;梳棉为放湿状态,纤维内湿外干,温湿度大,棉卷易粘层,会出现"干三绕"现象,"生活"难做;并条、粗纱为吸湿状态;细纱则需要放湿。

(三)环境与设备的关系

环境对设备使用也有影响。例如,低温低湿时,静电多,易产生"干三绕",即缠皮辊及其他工艺部件;反之,机件发热,易磨损,断头断加,出现"湿三绕",纱线条干恶化。另外,现代纺织设备的自动化、智能化水平逐渐提高,对温湿度、清洁度的要求也越来越高。

二、空调管理的职责要求

(一) 空调管理职责

空调管理职责,指按照纺织生产工艺与工作环境要求,对温湿度、清洁度、噪声及空气新鲜度等环境指标及时调控的工作规定和要求。

空调管理职责落实,一般应根据企业实际情况设置专门机构,由专人管理。纺织企业的空调管理职能,有的归动力,有的归车间,有的归设备管理,但必须由主管部门承担。空调管理主要职责是监督调节温湿度和空调系统的运转、维修、改造、管理等工作。具体包括:

(1) 根据生产工艺要求,制订温湿度控制指标及措施,探索温湿度等环境指标对各工序、不同产品的影响和适宜条件。

(2) 开展创新活动,围绕节约主题,研究提高空调效率及节能措施。

(3) 贯彻预防为主、保全保养并重的原则,积极实施空调设备状态维修,加强空调设备的保养、维修、更新改造。

(4) 制订、落实空调管理制度,提高空调管理水平,做到三保证(保证回潮率、温湿度、生产正常)、二勤快(勤巡回、勤调节)、一满意(生产满意)。

(二) 空调管理制度

空调管理是纺织企业日常专业管理工作之一,有关管理制度的影响面大且比较具体,管理人员不多,落实制度较难,必须坚持不懈、严格落实。空调管理制度主要有以下几种:

1. 空调责任制

空调责任制,是空调管理与运转人员在相应工作岗位必须承担的规定要求。空调责任制一般有主任责任制、班组责任制、运转责任制等。要求岗责分明、任务清晰,保证空调运转的正常和安全,不允许出现扯皮推诿现象。

2. 运转交接制度

运转交接制度,是空调运转班及保全保养之间工作状况交接的规定要求。要求提前15 min 到班检查,当班问题当班解决,较大问题可以办理手续交保全处理,以交接状况的记录表为准。要加强现场管理,坚持节约原则,做好各项原始记录并进行现场交接,上班为下班做好服务。

3. 巡回检查制度

巡回检查制度,是空调管理人员定期巡回车间,了解现场环境条件,及时采取措施的规定要求。要求明确巡回检查制度、检查内容、检查周期,按规定时间检查空调运行情况,按温湿度变化及时调节风量,每班巡回不少于 7 次。

4. 清洁保养制度

清洁保养制度,是对空调设备系统进行日常保养维修的规定要求。要求明确保养时间、内容、标准等。例如,每班保证风道风口、风扇设备等清洁干净,每周清理洗涤室、喷水头、挡水板等,每两周清理一次其他辅机设备。

5. 考核评价制度

考核评价制度,是对空调管理人员的工作状况与目标任务、岗位责任制的规定要求,一般与经济责任、奖励惩罚、职位调整挂钩,是激励员工积极性、促进企业空调管理水平提高的有效措施。

例如,纺纱厂温湿度控制范围见表5-7。

表 5-7　纺纱厂温湿度控制范围

工序	相对湿度	温度(℃)
清花车间	50%～60%	20～32
梳棉车间	60%～65%	22～32
粗纱车间	60%～65%	22～30
细纱车间	55%～55%	24～33
并络车间	65%～75%	18～32

注:夏季偏大,冬季偏小。

(三) 空气调节原则

1. 日常调节

日常调节,是根据工作日内温差变化,对各个车间温湿度的控制,主要根据日夜温差调整:下午2:00～3:00温度最高,相对湿度最低;清晨4:00～5:00温度最低,相对湿度最大。这样可以进行预见性调节,增减风量及喷湿量。

2. 季节调节

季节调节,是根据季节变化引起的环境变化,对各个车间温湿度的控制。具体要求如下:

雨季:以去湿为主,采用低露点小风量送风,温度偏高掌握。

夏季:以降湿为主,合理配置风量及冷量,多利用回风逆喷降温。

秋季:利用循环水给湿,混合给风或加大风量。

冬季:保温,保湿,95%使用回风。

3. 灵活调节

灵活调节,是根据生产产品的特殊工艺要求,对各个车间温湿度的控制。灵活调节实际上要精准调节,带有局部性,调节难度较大,容易产生互相影响。因此,灵活调节要严格按照工艺要求,按品种变化精准调节,谨慎进行。

4. 节假日调节

节假日调节,是根据节假日设备停止运转时的环境变化,对各个车间温湿度的控制。例如,冬季要保温,关车时先关给湿装置,开车时先利用设备加热去湿,待温度高于26℃时再打开空调。其他季节要先通风去湿。

5. 调节方法

(1)量调,送风参数不变,只改变风量,适用于春、秋、初夏、初冬时节。

(2)质调,风量不变,改变送风参数,即控制机器露点,靠增加水量和水温进行调节。

(3)混合调,即量和质同时调节。例如,高温高湿时,加大风量,同时用低温水冷却去湿。

6. 调节原则

(1)纺部的温湿度调节。纺部完成纤维成条逐步抽长拉细的过程,开始要求纤维松开,之后要求纤维平直、抱合、条干均匀,温湿度要先低到高再低,主要是稳定棉卷回潮率,控制后工序温湿度,让半成品处于放湿或吸湿状态。例如,适当提高并粗的温湿度,降低细纱的温湿度,保证它们合适的回潮率,增加并粗的抱合力,减少细纱的毛粒。

（2）织部的温湿度调节。织部利用纱线交织成布，要求纱线光滑、织口清晰，要保持一定的温湿度。提高浆轴的回潮，降低布机的相对湿度，同时提高纬纱回潮，降低断头，减少疵点，解决布机车间机台多、品种多、难以调节温湿度的问题。

（3）染整的温湿度调节。染整是纺织产品染色整理的过程，存在大量水、汽、热源，环境温湿度的影响不大。车间环境控制主要考虑员工工作环境及原材料的安全存放，主要对需要的岗位和位置采取隔热防湿或局部空调控制的措施。

7. 空调管理注意事项

（1）依据工艺要求，"专群共管"（专业人员为主、非专业人员为辅的管理），及时联系，及时调节，保证操作环境。

（2）三班调节要统一，空调管理要作为一个整体进行调节，尽量不要单独进行。

（3）条件允许时，采取分品种、分工序调节，缩小日夜和车间区域差异。

（4）车间保持正压送风，即通风大于排风，保证空气新鲜度。

（5）空调系统是纺织企业的主要耗能设备，要注意利用车间余热余湿，节约能源。

三、现代空调管理

随着技术的不断进步，空调技术水平逐步提高。有些企业已采用系统控制中心调节空调，只要按需求设定一个温湿度范围，系统会自动调节风量，将温湿度控制在设定范围内，简化了空调管理工作，可以节约人员。但一次性成本较高，且保养要求较高。整体比较，智能化空调系统是纺织业空调应用发展的趋势。

五大纺织专业管理是纺织企业管理的重点内容，是纺织企业长期以来的经验所在。现代纺织管理要坚持工艺管理是主导、设备管理是基础、操作管理是保证、原材料管理是前提、空调管理是关键的原则，明确它们之间互相联系，又互相制约的关系，是一个有机的整体，进一步重视和加强五大管理。

[案例]

某纺织企业的发展

某纺织企业由改制时不足5万锭的小型企业发展为拥有纱锭数十万、固定资产4.6亿元、员工4000余人的大型棉纺企业，走过了一条不断研发和改进的发展道路。自1999年以来，企业的销售收入、上交利税平均每年都保持20%以上的递增速度。面对近几年激烈的贸易摩擦和原料市场变化，在行业重新洗牌的竞争中，企业实现了利税3500万元的业绩。"夯实基础，重在名牌战略"，是这个企业的发展理念和成功之道。

（1）夯实基础。该纺织企业的前身——某市棉纺织厂始建于纺织过热的1988年，当时企业设备选型多，技术含量低，设备号称"八国联军"。投产十多年，虽然经过几次大规模的技术改造，但生产能力仍然较小，企业实力弱，抗风险能力差。厂领导敏锐地意识到，企业要在激烈的市场竞争中站稳脚跟，关键是要打破低档次同质化产品竞争的局面，而提高产品档次，必须在技术改造上狠下功夫。针对国际市场对高档棉纱的需求，企业开始了高起点的技术改造。企业先后投入技改资金近1.5亿元，全部采用国内外一流先进设备，对高档棉纱生产线进行全流程改造，使企业有了质的飞跃。技术装备水平的大大提高，为企业调整产品结构、提升产品竞争力奠定了硬件基础,企业的产品质量有了大幅度提高,企业抵抗市场风险的能力大大增强。

(2)加强管理。争创名牌产品必须以提高产品质量为前提。针对纺织品市场周期短、变化快、竞争激烈的严峻形势,企业坚持不懈地深入开展"抓管理、练内功、增素质、上水平"基础管理达标活动,以贯彻ISO9001标准为契机,从提高质量意识、严格基础管理入手,突出重点,坚持抓好设备、操作、工艺等基础工作,并重点抓好以下五大环节:

• 设备管理从动态入手。加强设备检查,开展设备动态管理,对关键产品进行跟踪,根据产品质量要求,对设备进行"特修、特养"。对影响产品质量的关键设备和关键部位,制订设备完好加严项目,细化考核项目及标准,并推行包机包台、责任到人、严格考核、重奖重罚的办法,强化设备的维修保养质量,设备完好率达到100%。

• 操作管理从基础开始。通过操作运动会、技术对抗赛和业余练兵等活动,促使操作工人学习理论知识,提高操作技能。推行操作工人持证上岗办法,严把操作关。同时坚持开展"师徒帮教""结技术对子"等活动,及时培养、选拔操作苗子、尖子,月月评选操作能手,奖励操作尖子,激发了员工争学技术的热情,提高了员工队伍的整体技术素质,全企业操作优一级手率达到90%以上。

• 工艺管理从到位开始。健全企业、车间、班组三级工艺管理网络,严格工艺自查和抽查,组织技术工人,结合车间实际情况,选择梳棉、细纱等主要工序,积极开展工艺研究,采用多种方法完善产品工艺设计,使工艺上车合格率达到98%以上。

• 现场管理从责任开始。开展现场管理竞赛活动,推行定置管理和区域责任管理,使生产现场整洁、物流有序、设备完好、生产安全、纪律严明,为提高产品质量创造了良好的生产环境。

• 质量管理从水平开始。组织精兵强将,大力开展质量攻关,严格管理考核,落实质量否决权。对生产车间实行"合格产品计酬考核法",对不合格产品不计产量、不计报酬、加重处罚,落实质量责任制,促进了产品质量稳步提高。

重视基础管理工作,在激烈的市场竞争中,该企业不断发展,成为棉纺织行业的一支奇范。

[思考题]

1. 纺织工艺管理的内容和职责是什么?

2. 工艺设计的表现形式和原则是什么?工艺检查、工艺研究的内容有哪些?

3. 设备管理的任务和内容是什么?

4. 传统维修管理与状态维修管理的区别和各自特点有哪些?

5. 操作管理的意义和特点、提高操作水平的途径是什么?

6. 说明空气环境与纺织工艺的关系及空调的重要性。

7. 原材料管理的任务、内容及作用是什么?

8. 纺织的"五大"管理是什么?有哪些内容?

9. 根据案例分析其管理特点。

第六章 纺织质量管理

质量是企业的生命。企业生产的产品质量如达不到用户要求，会直接影响市场销售和企业效益。尤其是纺织产品，主要是生活消费品，要面对广大消费者的直接评价。因此，产品质量对纺织企业的影响很大，它是纺织企业走向市场的通行证，是企业竞争力的综合体现，所有纺织企业都必须重视质量管理。有统计资料显示，我国工业企业的不良品损失率接近8%（发达国家在3%左右），每年由产品质量导致的直接损失达数千亿元，因此，加强质量管理有十分重要的意义。

第一节 质量管理概念

一、质量概念

（一）狭义概念

狭义上，质量指产品满足规定要求的特性，主要指产品的技术性能。例如，纱线长度、细度、强力、不匀率、伸长率等，以及布的原料配比、经纬密度、幅宽、色牢度等。

（二）广义概念

广义上，质量指产品的设计、生产、销售、使用及服务全过程中，满足规定及潜在要求的特性，包含产品质量、工作质量和工程质量等。

（1）产品质量，指产品满足人们需要的特性，是产品的可靠性、适用性、安全性、寿命周期等使用价值的具体体现。

（2）工作质量，指与产品质量直接相关的各个环节的质量。工作质量不易量化，通过效率、效果来反映。

（3）工程质量，指产品加工过程中各个环节的工作质量的综合体现，或生产条件满足产品质量要求的能力，是全面质量管理的重要概念。

以上三种质量概念既有区别又有联系，产品质量取决于工程质量，工程质量又取决于工作质量。所以，工作质量是基础和保证，产品质量是工作质量的综合反映。

（4）影响质量的因素，主要是4M1E即人（Man）、原材料（Material）、设备（Machine）、工艺（Method）和环境（Environment），见表6-1。

表6-1 质量影响因素

人	原材料	设备	工艺	环境
质量意识	性能	性能	流程	温湿度

（续 表）

应知应会	质量	技术状态	上机	现场
操作情绪	来源	使用	测试仪器	噪声
责任心	批次	维修	测试方法	照明

二、产品质量标准

产品质量标准,指对产品规格、性能指标及检验方法等做出具体规定和要求的文件。纺织产品的质量及其标准分类如下:

（1）纺织品质量,主要分为内在质量（物理指标）、外观质量（外观庇点）两个部分。

（2）纺织品标准,分为国际标准（ISO 、IEC 等）、国家标准（GB）、地方标准（DB/T）、部门标准（行业 FZ/T）、企业标准（Q/FZ）五类。

三、质量管理

质量管理是随着市场经济的发展而不断完善的,是企业管理的重要环节。纵观质量管理的发展阶段,主要是质量检验阶段、统计质量控制阶段、全面质量管理阶段。纺织品是走向世界市场较早的商品之一,质量的竞争已经由初级向高级发展,进入全面质量管理阶段。但是,我国纺织业发展很不平衡,不少企业还在质量检验和质量控制这两个阶段徘徊。面对经济全球化趋势,纺织企业务必需要重视质量管理。

（一）质量管理职能

质量管理职能,指各部门应承担的质量管理责任和应该发挥的作用。对全面质量有直接影响的质量职能主要有市场调研、开发设计、制订工艺、采购供应、生产加工、检验包装、销售活动、售后服务等。因此,质量管理职能按照全面质量管理要求,就是对以上这些活动的质量进行计划、组织和控制的落实过程。

（二）质量管理内容

主要是建立质量体系,推行全面质量管理,开展质量管理活动,实现质量目标等。

1. 建立质量体系

纺织业已经成为全球竞争较激烈的行业,而且随着市场的发展,中国纺织业面临发达国家与发展中国家多重市场的夹击,竞争日趋激烈。纺织品质量必然是竞争内容之一。纺织企业的质量体系认证既是内部的质量工作的需要,也是企业走向国际市场的通行证。纺织企业必须重视这方面的工作。

2. 推行全面质量管理

全面质量管理是为保证客户满意的一系列系统活动,是一种现代质量管理模式。要求纺织企业树立全面质量意识,对生产经营的质量问题,要全过程、全员、全系统地进行管理,工作中要树立全面质理管理观念,坚持全面质量管理原则,把握全面质量管理特点。

（1）全面质量管理基本观点:一切为用户服务,一切用数据说话,一切以预防为主,一切按PDCA 循环办事,即"四个一切"。

PDCA 循环又叫戴明环,是美国质量管理专家戴明博士提出的,它是全面质量管理应遵循的科学程序。全面质量管理活动的全部过程,就是质量计划的制订和组织实现的过程。这个过程是按照 PDCA 循环,不停顿地周而复始地运转的。

PDCA 的四个阶段:

P(计划 Plan)——从问题的定义到行动计划;

D(实施 Do)——实施行动计划;

C(检查 Check)——评估结果;

A(处理 Act)——标准化和进一步推广。

PDCA 的八个步骤:

步骤一:分析现状,找出问题。强调对现状的把握和发现问题的意识、能力,发现问题是解决问题的第一步,是分析问题的条件。

步骤二:分析产生问题的原因。找准问题后分析产生问题的原因至关重要,运用头脑风暴法等多种集思广益的科学方法,把导致问题产生的所有原因找出来。

步骤三:要因确认。区分主因和次因是有效解决问题的关键。

步骤四:拟订措施,制订计划。5W1H,即为什么制订该措施(Why)? 要达到什么目标(What)? 在何处执行(Where)? 由谁负责执行(Who)? 何时完成(When)? 如何完成(How)? 措施和计划是执行力的基础,尽可能使其具有可操性。

步骤五:执行措施,执行计划。高效的执行力是组织完成目标的重要一环。

步骤六:检查验证,评估效果。"下属只做你检查的工作,不做你希望的工作。"IBM 公司的前 CEO 郭士纳的这句话将检查验证、评估效果的重要性一语道破。

步骤七:标准化,固定成绩。标准化是维持企业现状不下滑及积累、沉淀经验的最好方法,也是企业管理水平不断提升的基础。可以说,标准化是企业管理系统的动力,没有标准化,企业就不会进步,甚至下滑。

步骤八:处理遗留问题。所有问题不可能在一个 PDCA 循环中全部解决,遗留的问题会自动转入下一个 PDCA 循环,如此,周而复始,螺旋上升。

(2) 全面质量管理基本原则:预防为主,前工序为后工序服务,持续改进,用户第一。

(3) 全面质量管理主要特点:满足用户需要是出发点,用户第一,在生产过程中,后工序就是用户;管理对象是全面的、广义的,重点是工作质量;管理范围即产品质量产生、形成、实现的全过程;全员参加的管理,质量是各环节的综合反映,每个员工都要参与、都有责任;管理方法是多样的、综合的,有数理统计、组织管理、工程技术及思想工作等。

3. 质量管理的主要工作

(1) 明确质量计划、目标。

(2) 分析质量问题和主要原因。

(3) 制订和落实解决措施。

(4) 加强 QC 小组活动的领导,积极创造有利于攻关的环境和条件,如经常性地关心员工、开展交流活动等。

(5) 坚持检查控制,考核到位,责任到人。

(6) 重视员工培训,提高质量意识和工作技能。

第二节 质量管理体系

一、质量体系概念

(一)质量体系定义

质量体系,是为保证全面质量而形成的机构、职责、程序、活动、资源等构成的有机整体。它包括硬件(即资源,如人才、技术和设备)和软件(即质量活动及相应的机构、职责、程序等)。

(二)质量体系作用

纺织企业建立质量体系能够保证其产品满足规定的用途和需要,满足用户的期望。换句话说就是,通过质量体系的建立和运行,保证企业的产品质量和服务质量。

(三)质量保证

质量保证,指企业对用户在质量方面的能力保证,包括内部管理和售后服务两个方面。质量保证是对产品而言的,是质量管理的延续。质量管理是对生产单位而言的。质量体系是实现质量保证的基础。

二、质量体系内容

主要有组织机构、职责权限、工作程序与质量体系文件、资源和人员、质量活动要素五大部分。

(一)组织机构

健全组织机构,要设立专门的质量体系管理机构,整合企业各方面的有关资源,统一做好质量体系的运转工作。

(二)职责权限

质量体系是一个系统,围绕质量目标不断运转。要保证系统运转有效,必须对质量体系管理机构和人员,确定质量目标,分清管理责任和权限,建立完善的质量岗位责任制。

(三)工作程序与质量体系文件

工作程序,指制订各项质量活动的工作步骤。质量体系运转必须遵循程序要求,使质量活动能按正确方法实施。例如,开发设计、采购、加工、销售等各个环节的工作标准、质量计划、工艺规程、检验规程等标准程序,使质量管理由"人治"变为"法治",实现规范化管理。

质量体系文件,是企业对质量活动要求的原则和规范,如质量手册、活动要求等。

(1)质量体系文件的意义。质量体系文件是企业的无形资产,具有使质量管理达到动态高增值的作用,其重要性可用塔式分析模型说明。

一般情况下,企业在正常的质量管理活动中,如果能够科学合理地使用质量体系文件,及时指导、控制相关质量活动,那么企业发生质量损失的可能是很小的、偶然的。如果在质量管理活动过程中发现缺陷,企业会稍有损失;如果在产品检验过程中发现不合格品,企业损失将加大;如果在交付客户前发现问题而不能履行合同,损失严重;如果消费者在使用时发现问题,损失将十分严重;如果质量体系不健全,没有编制相关文件,必然导致各项质量管理活动失控,就会发生批量事故,引起索赔,此时企业将失去信誉和市场,发生无法挽回的损失。上述各种损失正好形成一个幂的等差序列,其塔式分析见表6-2,可见质量体系文件的重要性。

表6-2 塔式分析

文件中发生损失:10^0	1	交付前发生损失:10^3	1 000
过程中发生损失:10^1	10	使用中发生损失:10^4	10 000
检验中发生损失:10^2	100	索赔时发生损失:10^5	100 000

（2）质量体系文件构成:

① 质量手册,包括质量方针、目标标准、组织机构、活动程序等,是质量管理活动纲领性文件。

② 质量程序,指质量体系内各职能部门的活动程序规范。

③ 质量文件,由表格、报告、作业指导书构成,把细则要求具体书面化。

(四) 资源和人员

在质量管理活动中,要确保活动的有效性,必须保证组织具备一定的条件和手段,具有足够的主机设备、仪器和人才资源,如检测仪器、计算机、工作场地等。

(五) 质量活动要素

按生产过程分八项:

①市场调研;②开发设计;③制订工艺;④采购供应;⑤生产加工;⑥检验包装;⑦销售活动;⑧售后服务。

按管理过程分七项:

①机构职责;②质量审核;③人员培训;④质量控制;⑤质量文件记录;⑥纠正措施;⑦质量为本。

上述15项构成质量体系的全部质量活动,实际中将这些质量活动分为设计、加工、辅助生产和使用四大过程。

（1）设计过程,包括市场调研、试验、设计、工艺试制、评价鉴定等。

（2）加工过程,主要指生产制造和检验两个环节。

① 根据标准对材料、半成品、成品进行检验,保证"四不"(不合格的不投产、不转入下工序、不出厂、不计产量),要把握三点:设置专检点,由专职人员检验;采用正确的检验方法;自检、互检、专检相结合。

② 加强工艺管理,延伸到4M1E。

③ 掌握质量动态,做好原始记录。

④ 不合格品管理,指不可修复、可修复、返修品、回用品、次品等的管理。

⑤ 工序控制,重点管理质量控制点。

（3）使用过程,它是考验产品实际质量的过程。要重视技术服务,进行使用效果及要求调查,及时处理好与质量有关的所有问题。

（4）辅助生产服务过程,即物供、维修、动力、空调等服务要到位。

三、质量体系建立运行

(一) 质量体系目标明确

质量体系运转需要明确的目标。质量体系建立的目标,就是围绕企业产品质量及生产过程中工作质量的要求,不断提高质量的保证能力,明确质量方针和行动指南,保持质量体系围绕质量目标不断地有效运转。

(二) 建立质量责任制

质量体系必须分配和落实质量职能,完善质量文件。要保证系统运转有效,必须针对质量体系管理机构和人员,围绕质量目标,建立完善的质量岗位责任制。

(三) 健全专职质量机构

在企业范围内建立权威性的质量管理机构,健全组织机构,职责分明,目标明确,运转有效,经常性地组织质量活动考核评价。坚持采取"运行—检查—改进—再运行"的多循环运行机制。整合企业各个方面的有关资源,统一做好质量体系的运转工作。

四、ISO 9000 系列标准

(一) 概念与发展

ISO 是国际标准化组织(International Organization for Standardization)的简称,是世界上最大的非政府性标准化专门机构,是国际标准化领域内一个十分重要的组织,于 1947 年2 月23 日成立,总部设在瑞士的日内瓦。ISO 的任务是促进全球范围内的标准化及其有关活动,以利于国际间产品与服务的交流,以及在知识、科学、技术和经济活动中发展国际间的相互合作。

1. ISO 9000 标准概念

ISO 9000 标准,是应用最广泛的国际标准之一,主要是质量管理及质量体系标准。但 ISO 9000 标准不是一个标准,而是一族标准的统称,包括 ISO 9000、ISO 9001、ISO 9004 等系列,适用于生产型及服务型企业。根据 ISO 9000-1:1994 的定义,ISO 9000 族是由 ISO /TC 176 制订的所有国际标准。TC 176 即 ISO 中第 176 个技术委员会,它成立于 1980 年,全称是"品质保证技术委员会",1987 年更名为"品质管理和品质保证技术委员会"。TC 176 专门负责制订品质管理和品质保证技术的标准。

ISO 制订的国际标准,除了有规范的名称外,还有编号,编号的格式是"ISO ＋标准号＋[杠＋分标准号]＋冒号＋发布年号"(方括号中的内容可有可无)。例如,ISO 8402:1987、ISO 9000-1:1994 等,分别是某一个标准的编号。

2. ISO 9000 标准发展

ISO 9000 经过了以下发展:

TC 176 最早于 1986 年 6 月 15 日正式发布的一个标准是 ISO 8402:1986,名为《品质—术语》。1987 年 3 月,ISO 正式发布了 ISO 9000:1987、ISO 9001:1987、ISO 9002:1987、ISO 9003:1987、ISO 9004:1987,与 ISO 8402:1986 一起统称为"ISO 9000 系列标准",共有六个标准。此后,TC 176 于 1990 年发布了一个标准,1991 年发布了三个标准,1992 年发布了一个标准,1993 年发布了五个标准;1994 年没有发布标准,但是对前述"ISO 9000 系列标准"统一做

了修改,分别改为 ISO 8402:1994、ISO 9000-1:1994、ISO 9001:1994、ISO 9002:1994、ISO 9003:1994、ISO 9004-1:1994,并把 TC 176 制订的标准定义为"ISO 9000 族",共十六个标准。1995 年,TC 176 又发布了一个标准,编号是 ISO 10013:1995。至 2000 年修订、2008 年改版,由 ISO/TC 176 技术委员会制订并已由 ISO 正式颁布的国际标准有十九个和两个技术报告,还未经 ISO 颁布的国际标准有七个。

3. 我国使用 ISO 9000 标准状况

ISO 9000 习惯称为"质量管理与质保标准",指明用户不仅要对产品质量检验,还要对企业的质量管理体系进行评价,要求的是长期稳定的质量,这是国际贸易的前提条件。

实施 ISO 9000 标准,可以提高企业声誉,增加顾客对企业的信任,减少顾客对企业重复的检查评定,稳定和提高产品质量,增强市场竞争能力,提高企业的管理水平。因此,企业积极采纳 ISO 9000 标准,国家也非常重视推广,1988 年开始等效采用 ISO 9000,1992 年等同采用 ISO 9000 部分标准,1994 年全部等同转化为我国国家标准。具体如下:

(1) GB/T 6583—1994(idt ISO 8402:1994)《质量管理和质量保证术语》。

(2) GB/T 19000.1—1994(idt ISO 9000-1:1994)《质量管理和质量保证标准 第 1 部分:选择和使用指南》。

(3) GB/T 19000.2—1994(idt ISO 9000-2:1993)《质量管理和质量保证标准 第 2 部分:GB/T 19001、GB/T 19002 和 GB/T 19003 实施通用指南》。

(4) GB/T 19000.3—1994(idt ISO 9000-3:1994)《质量管理和质量保证标准 第 3 部分:GB/T 19001 在软件开发、供应和维护中的使用指南》。

(5) GB/T 19000.4—1994(idt ISO 9000-4:1993)《质量管理和质量保证标准 第 4 部分:可信性大纲管理指南》。

(6) GB/T 19000—1994(idt ISO 9001:1994)《质量管理体系设计、开发、生产、安装和服务的质量保证模式》。

(7) GB/T 19002—1994(idt ISO 9002:1994)《质量体系生产、安装和服务的质量保证模式》。

(8) GB/T 190031994(idt ISO 9003:1994)《质量体系最终检验和试验的质量保证模式》。

(9) GB/T 19004.1—1994(idt ISO 9004-1:1994)《质量管理和质量体系要素 第 1 部分:指南》。

(10) GB/T 19004.2—1994(idt ISO 9004-2:1991)《质量管理和质量体系要素 第 2 部分:服务指南》。

(11) GB/T 19004.3—1994(idt ISO 9004-3:1993)《质量管理和质量体系要素 第 3 部分:流程性材料指南》。

(12) GB/T 19004.4—1994(idt ISO 9004-4:1993)《质量管理和质量体系要素 第 4 部分:质量改进指南》。

(13) GB/T 19015—1996(idt ISO 10005:1995)《质量管理质量计划指南》。

(14) GB/T 19017—1996(idt ISO 10007:1995)《质量管理技术状态管理指南》。

(15) GB/T 19021.1—1993(idt ISO 10011-1:1990)《质量体系审核指南 第 1 部分:审核》。

(16) GB/T 19021.2—1993(idt ISO 10011-2:1991)《质量体系审核指南 第 2 部分:质量

体系审核员的评定准则》。

(17) GB/T 19021.3—1993(idt ISO 10011-3:1991)《质量体系审核指南 第 3 部分:审核工作管理》。

(18) GB/T 19022.1—1994(idt ISO 10012:1992)《测量设备的质量保证要求 第 1 部分:测量设备的计量确认体系》。

(19) GB/T 19023—1996(idt ISO 10013:1995)《质量手册编制指南》。

4. 处在标准草案阶段的 ISO 9000 标准

(1) ISO /DIS 9004-8《质量原理及其在质量管理实践中的应用》。

(2) ISO /DIS 10006《质量管理项目管理指南》。

(3) ISO /FDI S10012-2《测量设备的质量保证要求 第 2 部分:测量过程控制》。

(4) ISO /FDIS 10014《质量经济性管理指南》。

(5) ISO /CD 10015《继续教育和培训》。

(6) ISO /WD 10016《检验和试验记录结果表述指南》。

(7) ISO /WD 10017《统计技术在质量管理中的应用》。

(二) 主要内容

按 2000 年对 ISO 9000 标准的修订,主要内容如下:

1. 规定了四个核心标准

ISO 9000《质量管理体系 基础和术语》;ISO 9001《质量管理体系要求》;ISO 9004《质量管理体系业绩改进指南》;ISO 19011《质量和环境管理体系审核指南》。

2. 其他标准和技术报告

ISO 9000/ISO 10012/ISO 10005《质量管理原则及其应用指南》;ISO 9001/ISO 10006《选择和使用指南》;ISO 9004/ISO 10007《小型企业实施指南》;ISO 19011/ISO 10013/ISO 10014 ISO 10015/ISO 10017 等。

3. 标准应用

企业需根据自身情况重点选用以下三个标准之一:

ISO 9001:1994《品质体系 设计、开发、生产、安装和服务的品质保证模式》;

ISO 9002:1994《品质体系 生产、安装和服务的品质保证模式》;

ISO 9003:1994《品质体系 最终检验和试验的品质保证模式》。

(三) 意义

企业通过 ISO 9000 质量管理体系认证具有以下意义:

(1) 可以完善组织内部管理,使质量管理制度化、体系化和法制化,提高产品质量,并确保产品质量的稳定性。

(2) 表明尊重消费者权益和对社会负责,增强消费者的信赖,使消费者放心地采用其生产的产品,提高产品的市场竞争力,并可借此机会树立组织的形象,提高组织的知名度,形成名牌企业。

(3) 有利于发展外向型经济,扩大市场占有率,是政府采购等招投标项目的入场券,是组织向海外市场进军的准入证,是消除贸易壁垒的强有力武器。

(4) 通过 ISO 9000 质量管理体系的建立,可以举一反三地建立健全其他管理制度。

（5）通过 ISO 9000 认证可以一举数得,非一般广告投资、策划投资、管理投资或培训可比,具有综合效益,还可享受国家的优惠政策及对获证单位的重点扶持。纺织行业已有大多数企业获得该认证。

ISO 9000 标准不仅在所有发达国家推行,发展中国家也在逐步加入此行列,ISO 已成为一个名副其实的技术上的世界联盟。造成这种状况的原因,除上述它能给组织带来的巨大实际利益之外,更深刻的原因在于 ISO 9000 标准是人类文明发展过程中的必然产物。因此,在一个组织或一个国家实行 ISO 9000 标准,并非是一个外部命令,而是现代组织的本质要求。

（四）质量认证程序与管理

1. 申请评定阶段

整体上是提交申请,受理申请,检查评价。具体包括:制订实施 ISO 质量体系标准的计划;采取正确行动遵守所有 ISO 质量体系要求;建立文件和记录系统;完成质量手册并使之行之有效;让注册代理安排一次评估前的审核;补充完善并提交认证申请报告。

2. 批准认证注册

在质量体系实际运转的前提下,企业可以设立专门人员,配合注册评估机构工作。例如,提供资料、现场指路、办公条件等。

ISO 9000 认证需要一个同 ISO 9001 相一致的正在运行的质量体系,由注册评估机构进行独立的评估审核。认证的标准采用 ISO 9001,因为 ISO 9000 系列 2000 年以后的版本,将 9002 和 9003 融合到 9001 中。

根据标准对审核结果评价,如果合格,即批准认证注册。

3. 管理监督阶段

管理监督是为了维持认证。注册评估机构每 6 个或 12 个月进行一次监督评估,每到 3 年还要进行一次全面再评估,主要保证认证企业在有效期内持续符合规定要求。

（五）质量认证咨询服务过程

1. 准备阶段

（1）诊断。了解企业现状,确认企业管理优势,找出薄弱环节与 ISO 9000 系列标准要求之间的差距,向企业提交诊断报告。

（2）工作计划。指导企业起草认证工作计划,双方确认后,严格按计划执行。在此基础上,再做咨询计划、认证计划。

（3）组织机构设置。辅助企业设置专门负责认证工作的组织机构。

（4）ISO 9000 标准培训。

（5）为企业做整体管理框架设计,设定质量管理目标。

2. 体系设计阶段

（1）文件编写培训。

（2）帮助企业确定体系文件的结构。

（3）指导企业编写文件或根据企业要求而定。

3. 体系运行阶段

（1）讨论。督导受咨询方讨论体系文件。

（2）培训。文件编写人员对使用该文件的人员进行培训。

最后,进入体系申请认证阶段,按照以上程序要求进行。

（六）ISO 9000 认证证书

1. 1994 版证书

1994 版证书,有 ISO 9001:1994 和 ISO 9002:1994 两种。1994 版证书的有效期从 2000 版标准发布日起最长三年(有效期至 2003 年 11 月 30 日)。如果未换成 2000 版证书,1994 版证书均失效。

2. 2000 版证书

2000 版证书,有 ISO 9001:2000 一种。一般有效期三年,但每 12 个月要通过监督审核或复审。ISO 9001:2008 版标准于 2008 年 11 月 25 日发布(我国等同采用的 GB/T 19001 于 2009 年 3 月 1 日开始实施)后,过渡期两年,2010 年 11 月 25 日失效。

3. 2008 版证书

2008 版证书,于 2009 年 11 月 25 日开始颁发,过渡期内 2000 版证书同时有效(有效期至 2010 年 11 月 25 日)。

ISO 9000 族标准认证,也可以理解为质量管理体系注册,由国家批准的、公正的第三方机构——认证机构,依据 ISO 9000 族标准,对组织的质量管理体系实施评价,向公众证明该组织的质量管理体系符合 ISO 9000 族标准,提供合格产品,公众可以相信该组织的服务承诺和产品质量的一致性。

第三节　质量标准化建设

标准是产品质量的准则和依据,标准化则是制订标准、贯彻标准的一系列活动,标准化工作是一个企业管理水平的重要标志之一。在现代经济社会中,高标准化水平也是一流企业的核心竞争力。

一、加强新产品质量标准的制订

一般竞争性的纺织企业必须加强标准化建设,充分发挥标准的技术支撑作用。加强对纺织新材料及相关产品质量标准的研究和制订工作,是开拓国际市场、提高核心竞争力的重要措施,主要内容:

（1）新材料的命名和材料鉴别、新材料与其他纤维的定量分析方法、新材料的基础数据研究、新材料的产品质量指标等,如产业用纺织品特性。

（2）加强生态纺织品标准研究和制订工作,开展纺织品中有害物质含量检测方法研究、安全健康纺织品研究、可降解性产品试验方法研究,形成相关检测、控制和评价标准。

（3）结合纺织工业"十三五"发展规划的科技攻关方向、新材料和新产品的开发和应用,收集和分析国际标准化组织和国外发布的相关标准,研究和制订功能性纺织产品的试验方法及其功能性指标的评价标准。

（4）对纺织行业重点研发的产品和市场上急需的产品,还没有标准的要加快制订产品质量标准,标准年龄较长的要加快修订,以适应纺织科技发展和市场贸易的需要。

二、加强新技术配套标准的制订

（1）加大纺织印染环保、节能、节水的标准研究。

(2) 积极开展 ISO 质量管理体系和环境管理体系的推广和认证。

(3) 加强对国际标准和国外先进标准的研究,进一步提高纺织行业采用国际标准和国外先进标准的比率,增强纺织行业标准对国际市场的适应性。

(4) 在丝绸、亚麻、苎麻、羊绒等我国特有的传统产业和优势资源方面,提出国际标准工作项目立项,促进我国优势行业标准国际化。

(5) 积极推动并完善我国纺织企业的社会责任管理体系(CSC9000T)建设,落实企业社会责任。加强标准化服务信息系统建设,提高标准化信息服务水平,加强标准宣传和实施,提高全社会的标准意识和标准实施的有效性。

三、加强质量标准化工作

质量标准化,是制订质量标准、工作标准、质量体系标准及其贯彻等系列标准的组织活动。标准化工作是一个企业或者行业管理水平的重要标志之一。作为国际开放较早、国际竞争剧烈的纺织行业,要提高竞争力,势必要重视质量标准化工作,使各个标准深入贯彻于各个工作环节中。具体管理措施如下:

(一) 明确组织机构

组织是贯彻标准的保证,要做好标准化工作,必须健全标准化组织机构。可以设立专门的标准化机构或者利用质量体系管理机构联合办公,如标准化办公室、质量标准办公室等,整合企业各个方面的有关资源,统一做好质量体系的运转工作。

(二) 岗位责任制

质量标准化是一个系统工程,职责权限重点是围绕质量目标不断地贯彻、执行、检查、反馈、修订,再反复下去。要保证标准化活动运行有效,就必须对质量标准化管理机构和人员确定责任目标,分清管理权限,建立和落实完善的岗位责任制。

(三) 加强推广培训

标准制订和贯彻落实,内容具体严谨,程序规范繁杂,需要与员工沟通和他们的参与,而且需要长时间地坚持才能收到良好效果。因此,需要专业部门重视推广宣传和培训工作,要有培训计划,按期进行。

(四) 发挥中介服务机构的作用

中介服务机构具有一定的专业知识、广泛的关系渠道、组织活动的经验,又是企业与政府部门之间的桥梁,充分发挥行业组织、企业和科研机构在标准化工作中的作用,建设一支懂技术、了解产业发展状况、熟悉标准化工作程序、能积极从事标准化活动的专家队伍,促进标准化工作的健康发展。

第四节　质量分析控制方法

产品质量分析控制,是利用科学方法对生产过程中的在产品进行及时检测和纠正,从而保持产品质量稳定提高的有效管理措施,是综合运用工序检测和数据统计分析进行质量管理的重要方法。有新七种、老七种质量分析工具之说,老七种分析工具指调查表法、分层法、因果分析图法、排列图法、直方图法、控制图法和散布图法,新七种分析工具指关系图法、亲和图法、系统图法、矩阵图法、矩阵数据分析法、过程决策程序图法和矢线图法(网络图法)。新七种分析工具是对老七种分析工具的完善和补充,强调对质量问题的综合整理、分析思考;老七种分析工具则强调用数据说话,侧重对制造过程的质量控制。本节从纺织企业实际出发,重点介绍老七种分析工具,同时简介部分其他分析工具。

一、质量数据

(一)基本属性

1. 计量数据

计量数据,指实验分析数据中能够无限连续取值的数据,如长度、细度、强力、温度等,其特点是连续的。

2. 计数数据

计数数据,指实验分析数据中不能连续取值,只能以自然整数表示的数据,如棉结、毛羽等,其特点是不连续的。

(二)常用质量特征数(统计)

1. 集中性特征数

(1)算术平均数,指系列数据所有累积的平均数。

(2)中位数,指测定数据按大小排列的中间数。

(3)众数,指一个数据分布中出现次数最多的数。

2. 离散性特征数

(1)极差,指系列数据中最大和最小之差值。

(2)标准偏差,表示变量离散程度的特征数,对母体而言叫均方差。样本偏差用 s 表示:

$$s = \sqrt{\frac{\sum (x - \bar{x})^2}{n - 1}} \quad (n < 30)$$

二、质量波动因素与控制

波动性也叫离散性,对纺织产品质量而言,称为变异性,其原因主要有两类:一是偶然性因素,属于正常波动,是不可控的随机因素;二是系统性因素,属于非正常波动,是可控因素。

(一)偶然性因素

偶然性因素,指对产品质量特性变异经常起作用的因素。这些因素自然而然地存在于所有生产加工过程中。例如,棉、麻等原料差别、机械的微震动、电压电网瞬时变化、车间温湿度变化等,它们对产品质量波动的影响较小。因此,可把偶然性因素造成的质量变异看成正常波动。

(二)系统性因素

系统性因素,又称非偶然性因素,指不经常发生但对产品质量影响很大的因素。例如,混入不同规格的原材料、机器故障、违反操作规程、磨损引起的配合差异等,叫非正常波动或条件误差。

（三）质量控制

在生产过程中，随机抽样观测产品质量，由偶然性因素引起的波动大体是有规律的，即呈正态分布 $y = \dfrac{1}{\sigma\sqrt{2\pi}}e^{\frac{(x-u)^2}{2\sigma^2}}$，又叫常态分布。纺织生产中，大量的计量特性值基本呈正态分布规律，属于正常波动。如质量波动由系统性因素引起，则属于非正常波动，工序可能处于失控状态。

质量控制任务主要是发现和消除生产中的系统性因素。依靠工序质量监控系统，利用数据统计分析，判别系统性因素造成的质量波动，并采取措施加以控制，保持工序处于可控状态。

三、质量分析方法

（一）调查表法

调查表法又称统计表法或检查表法，是利用一定格式的表格，对质量数据进行初步整理及对原因做粗略分析的方法。调查表是一种为了便于收集和整理数据而设计的空白表格，检查产品质量时，在相应的栏目或部位填上数据或记号。表格的样式可以根据产品和工序的具体要求灵活设计，常用的有不良项目分类统计表、不良原因统计表（表6-3）和降等品分类统计表等。

表6-3　不良原因统计表

产品序列	工艺原因	操作原因	设备原因	环境原因	原料原因
1. 产品降等					
2. 产品褪色					

（二）因果分析图法

因果分析图法又叫鱼刺图法、质量分析特性图法，是整合质量分析人员的智力，定性分析各种问题产生原因的有效方法，即由质量分析人员通过人、机、物、法、环境等因素的不断细化分析，直至找到最终原因，直观表示影响产品质量的原因和结果，然后针对根本原因，制订有效对策的图示方法。显然，因果分析图法是一种系统分析方法。

因果分析图由质量问题和影响因素两个部分组成，图中主干箭头指向质量问题，主干枝丫的大枝表示大的影响因素，一般为操作者、设备、物料、方法、环境等五大因素，主干枝丫的中枝、小枝、细枝等表示小的影响因素。图6-1所示为细纱断头因果分析图。

例如，某纺织厂为降低细纱断头率，经质量分析人员，认为影响细纱断头的主要因素是粗纱、机械、钢丝圈、环境、操作和其他六项。每个大影响因素下面有诸多小的影响因素，影响粗纱的因素有绒板花、飞花、杂物、不孕、破籽、出硬头等，而造成飞花的因素可能是清洁不及时，影响机械的因素有歪锭子、芯子翻身、钢领起伏、钢领不良、导纱钩松动等，影响钢丝圈的因素有嵌飞花、飞离、损坏、偏重、偏轻等，影响环境的因素有温度、湿度、照明等影响操作的因素有误操作；其他影响因素包含纱线成分不合理、纱线捻度不合理等。在实际生产中，质量分析人员可针对上述问题，结合内部情况，集思广益，反复征求团队及有关人员的意见，找出质量问题最有可能的影响因素，采取相应措施解决。

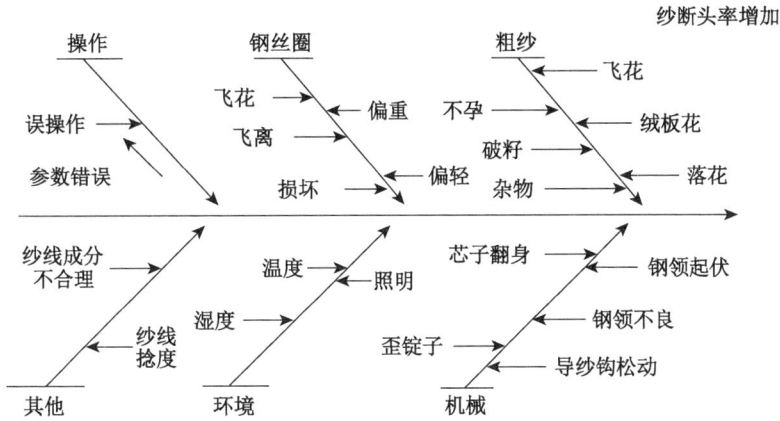

图 6-1　细纱断头因果分析图

（三）分层图法

分层图法又叫分类法,是分析影响产品质量的有效方法,即把各种原因按不同目的分类,把性质相同且在同一条件下收集到的数据归纳在一起,比较分析影响作用大小和主次的方法。该方法可以找出问题产生的责任及大小的部位。分类方法有:

（1）按时间分:日期、班次等。

（2）按人员分:新老工、男女工、工种等。

（3）按设备分:机器型号、排列顺序等。

（4）按原料分:供应单位、进料时间、成分等。

（5）按其他分:测试手段、业务条件、使用单位等。

通过分层找出哪些因素的影响大,哪些影响小,分出主次。例如,某纺织厂的织布车间出现大量布面疵点。为查明疵点原因,随机抽查了 50 台织机,结果发现 19 台织机的疵点率过高,这些织机采购自两个单位。仅有这一项数据,无法对质量问题进行具体分析。经初步分析,认定产生疵点的原因有二:

① 操作者的操作方法存在差异。

② 不同厂家的织机在性能上存在差异。

为进一步查清原因,应用分层图法,分别按操作者和织机供应商分层,见表 6-4、表 6-5。

表 6-4　按操作者分层

操作者	不合格	合格	不合格率（％）
A	6	13	32
B	3	9	25
C	10	9	53
合计	19	31	38

表6-5　按织机供应商分层

供应商	不合格	合格	不合格率(%)
甲	9	14	39
乙	10	17	37
合计	19	31	38

当不同分层得到的数据间存在有机联系,即分层因素间存在相互作用(如本例,织机供应商、操作者与操作方法间存在相互作用)时,孤立地就某个分层进行分析,就得出结论,可能会出现"误导"现象。为克服这种现象,可将不同分层因素进行综合分析,力求找出影响产品质量的主要因素。

本例中,经上述分层分析后采取了相应措施,但不合格率没有降低,反而提高了,说明上述分层分析的结论出现了问题。那么,问题出在哪里呢?经过深入分析后认为,问题出在没有考虑到操作方法和供应商之间的相互作用。正确的方法是对不同操作者及使用不同供应商织机的质量状况进行综合分析,见表6-6。

表6-6　综合分层分析

供应商 操作者	甲			乙		
	不合格	合格	不合格率(%)	不合格	合格	不合格率(%)
A	6	2	75	0	11	0
B	0	5	0	3	4	43
C	3	7	30	7	2	78
合计	9	14	39	10	17	37

从表6-5的统计数据可以看出,采用甲供应商的织机,应采用B操作者的操作方法;采用乙供应商的织机,应采用A操作者的操作方法。综合分层分析后,采用相应的改进措施,不合格率大幅降低。

(四) 排列图法

1. 排列图法定义

排列图法又叫主次因素分析法,也叫巴雷特曲线分析法。它是定量找出影响产品质量的主要问题或因素的一种简便、有效的方法。该方法因1897年意大利经济学家巴雷特在分析社会财富的分布状况时发现了"关键的少数和次要的多数"的关系而得名,后由美国质量管理学家朱兰应用于质量管理,作为改善质量活动中寻找主要因素的工具。

2. 排列图构成

排列图由两个纵坐标、一个横坐标、多个直方形和一条曲线(折线)构成。左边纵坐标表示频数,如件数;右边纵坐标表示累计频率;横坐标表示影响产品质量的各项因素,并按其影响大小从左到右依次排列;直方形高度表示因素影响大小;曲线(折线)表示各项因素累计频率的连线。

通常按照累计频率大小把影响质量的因素分为三类:0~80%的叫A类,是关键或主要因素;80%~90%的叫B类,是次要因素;90%~100%的叫C类,是一般因素。抓住了主要因素就可以集中力量加以解决,达到控制和提高产品质量的目的。

排列图的绘制步骤:

(1) 收集一定期间的数据,如不合格品的统计数据。

(2) 把以上数据根据原因、部位、工序、人员等因素分清层次,计算各因素重复出现的次数(即频数)及频率。

(3) 以一定比例绘图,左边纵坐标为频数,右边纵坐标为累计频率。

(4) 按频数大小,依次将各项因素用直方形表示出来,形成从左向右下降的排列图。

(5) 将直方形端点的累计数(将各项因素频率依次累加起来),用一条折线连起来,形成一条从左向右上升的曲线,即巴雷特曲线。

图 6-2 所示为某纺织厂棉布的降等因素排列图:

累计频率:在 0～80％降等是由条干、竹节等因素造成的,为 A 类因素,即关键因素。

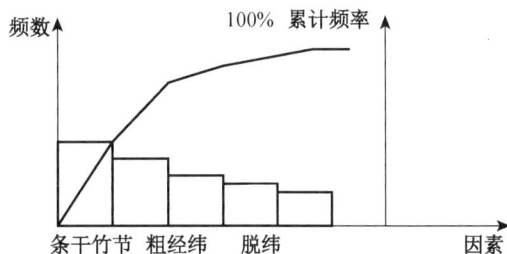

图 6-2 降等因素排列图

在 80％～90％降等是由粗经纬等因素造成的,为 B 类因素,即次要因素。

在 90％～100％降等是由脱纬和其他因素造成的,为 C 类因素,即一般因素。

要提高一等品率,就必须采取措施,重点解决条干、竹节等 A 类因素。

(五) 相关图法

相关图法又叫散布图法,分析变量之间的相互关系。它是将多组相关因素数据标在一个或几个坐标系中,形成散布坐标点群,分析这些点之间的关系,寻找反映事物自身或事物之间发展变化的规律性。此方法是解决分析数据中没有直接线性关系的因素之间的相关性的重要方法。

1. 数学公式法

$$r = \frac{\sum (x - \bar{x})(y - \bar{y})}{\sqrt{\sum (x - \bar{x})^2 \sum (y - \bar{y})^2}}; \quad s = \sqrt{\frac{\sum (x - \bar{x})^2}{n - 1}}$$

式中:x 为自变量;y 为因变量,r 为相关系数;s 为偏差。

正负相关形式:

(1) $r = 1$,完全正相关,如股纱与单纱的强力关系、棉布与棉纱的疵点关系等。

(2) $r = 0$,不相关。

(3) $1 > r > 0$,正相关。

(4) $0 > r > -1$,负相关。

(5) $r = -1$,完全负相关。

2. 图示法

(1) 列表记录相关因素的数据。

(2) 确定横坐标与纵坐标含义及单位长度表示的数值。

(3) 每对数值标出一个相关点。

（4）对个别距离点群远的点，要反复检查或复测。

（5）进行散布分析。

例： 布机断头率与空气相对湿度有关，经仪器测量得到表6-7所示数据。

表 6-7　空气相对湿度与布机断头率

序号	1	2	3	4	5	6	7	8	9	10	11	12	13	14	15	16
空气相对湿度（%）	60	61	62	63	64	65	66	67	68	69	70	71	72	73	74	75
布机断头率（%）	1.3	1.1	1.0	1.2	1.1	1.0	1.0	0.9	1.0	0.8	0.8	0.7	0.8	0.7	0.6	0.7

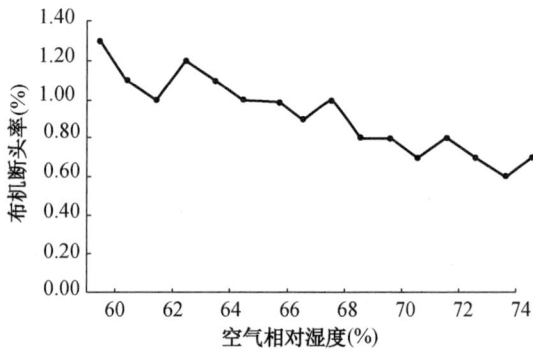

图 6-3　布机断头率与空气相对湿度的相关图

根据表6-7，可画出布机断头率与空气相对湿度的相关图（图6-3），观察图中的数据分布，可以初步得出各个因素之间的函数关系，如直线、抛物线、指数、对数等，则可以用数学方法求得，这里不再介绍。

（六）直方图法

直方图法又叫频数分布图法，也叫质量分析图法，是通过对质量数据的加工整理，分析质量数据的分布情况，用于工序质量控制的一种数据分析方法，是质量控制中调查工序能力的有效方法。此法把从工序收集来的质量数据分成若干组，以组距为底边、以频数为高度，形成一系列直方形。直方图能够形象、直观地表示产品质量的分布情况，用以整理质量数据，找出规律。通过对直方图的观察来分析、判断、预测产品质量和工作质量，并根据质量分析情况，进行适当的调整，解决其存在的问题。

例如，某经轴回潮率要求控制在6.45%±0.2%，已知数据列于表6-8中。直方图绘制步骤：

1. 收集数据（表6-8）

表 6-8　经轴回潮率

6.6	6.4	6.5	6.6	6.4	6.4	6.4	6.5	6.5	6.3
6.2	6.4	6.5	6.5	6.5	6.5	6.4	6.4	6.3	6.4
6.4	6.4	6.3	6.1	6.4	6.7	6.4	6.4	6.3	6.1
6.2	6.4	6.6	6.3	6.3	6.4	6.5	6.4	6.5	6.4
6.5	6.5	6.4	6.3	6.2	6.3	6.3	6.4	6.4	6.4

2. 计算

根据表6-8中数据计算,得出样本质量特性值(可直接用Excel电子表格进行处理),如平均数 $\bar{x}=6.4$,极差 $R=6.7-6.1=0.6$ 等。

3. 确定分组和组距(表6-9)

表6-9 分组

数据数 n	小于50	50~100	100~250	250以上
组数 k	5~7	6~10	7~12	10~20

本例中,样本50个,可分为7组,则组距 $h=R/(7-1)=0.6/6=0.1$

4. 确定分组点

第一分组点(组中值)$=x_{min}-h/2=6.1-0.1/2=6.05$

第二分组点 $=$ 第一分组点 $+$ 组距 $=6.05+0.1=6.15$

第三分组点 $=$ 第二分组点 $+$ 组距 $=6.15+0.1=6.25$

……

5. 作频数分布表(表6-10)

表6-10 频数分布

序号	分组	频数计数
1	6.05~6.15	2
2	6.15~6.25	3
3	6.25~6.35	10
4	6.35~6.45	20
5	6.45~6.55	11
6	6.55~6.65	3
7	6.65~6.75	1

6. 作直方图(图6-4)

质量中心值为样本平均值6.4,公差中心 $=(6.65+6.25)/2=6.45$。

7. 分析

(1)正常时,左右基本对称,表示工序稳定,具有可控性。本例属于正常型。

(2)非正常时,可能是工序出现失控现象,一般有两类:

① 分布不对称时(生产条件变化或测试方法不准确),有锯齿形、孤岛形、缓坡形、陡壁形、双峰形等,分析其原因:a. 锯齿形主要是数据少、分组多;b. 孤岛形可能是原料操作突然变化;c. 缓坡形是标准值控制上限选择有问题;d. 陡壁形是测试手段异常;e. 双峰形是加工方法、条件突变。

② 分布对称,但位置和分散位置不对,分析其原因:a. 偏离中心(上偏)工作状态已有问

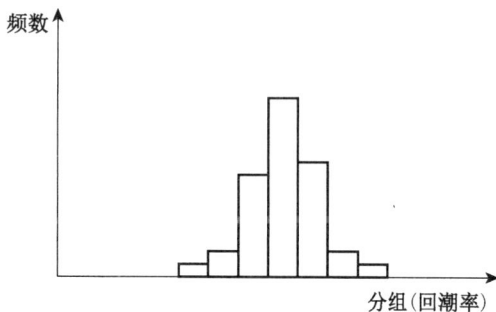

图6-4 相关图

题;b. 与标准缺少适当余量,条件稍变化会产生疵品;c. 离散程度太大,超限说明工作能力不足,已有疵品;d. 分布太集中,余量太大,工作能力过高,质量过剩。

(七) 控制图法

控制图法又叫管理图法,是用于监督、控制质量特性值随时间推移而发生波动的方法。利用控制界限(允许波动的上下限)区分质量波动是偶然性因素还是系统性因素引起的,判断生产过程是否处于控制状态。其基本形式,以单值控制图为例。图 6-5 中,纵坐标表示质量特性值,横坐标表示取样时间或样本号。图中的三条线,中间一条点画线为控制中线,用符号 CL 表示;上部一条虚线为控制上限,用符号 UCL 表示;下部一条虚线为控制下限,用符号 LCL 表示。图中的折线,是在生产过程中,每隔一定时间或从一定数量的产品中随机抽取一个或几个产品为样本,对样本进行检测,将检测数据按顺序编号标在图上,再把各点连接起来而得到的。根据点的排列情况,可以判断生产过程是否稳定正常,当图形表明生产不正常时,可以及时采取措施,使之恢复正常,从而使工序处于正常的受控状况。

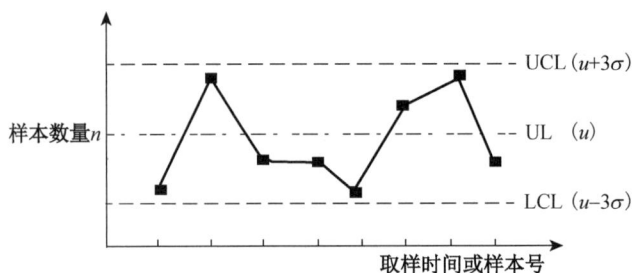

图 6-5 单值控制图

1. 特点

(1) 曲线的 平均值 u 为轴上下对称曲线 $x = u$ 的最高点。

(2) 对 u 的 ±偏差相等。其中曲线上 $u+\sigma$ 曲线所围面积比例为 68.25%。

2σ	95.45%
3σ	99.73%
4σ	99.99%

(3) 曲线与横坐标围成的总面积为 100%。这就是落在 $u\pm3\sigma$ 外的可能性,只有 $100\%-99.73\%=0.135\%\approx1‰$。

2. 种类

主要有单值控制图(如棉卷质量)、平均值控制图(如并条质量)、极差控制图(如控制总体离散性)、平均值极差控制图、中位数极差控制图、标准偏差控制图、不合格品控制图、不合格率控制图、产品缺陷控制图。

3. 图形分析

图形超限说明系统性因素发生了问题,需要查清原因,采取措施。

图形在限内,需具体分析,分别对待:

(1) 连续在中心线一侧 5 点以上,要分析。

（2）连续上下 5 点，注意第 6 点的动向，如趋势一样就要查原因。

（3）间断在中心线一侧 10/11、12/14、14/17、16/20，要查原因。

（4）周期性变化，要查原因。

（5）远离中心线 2/3，要查原因。

调查法、排列图法、鱼刺图法、分层图法、相关图法、控制图法、直方图法称为质量分析控制的老七种分析工具。

四、其他质量分析方法

质量分析在老七种分析工具的基础上，后来发展了新七种分析工具，即流程图法、亲和图法(风暴)、关系图法、系统图法、矩阵图法、矩阵数据分析法、矢线图法。这里做简要介绍。

（一）流程图法

流程图，也叫过程决策程序图，是用一些简单、容易识别的标识符号表示一个过程(如加工过程、检验过程、改进过程)的步骤(或活动)的图形。标识符号包括表示过程开始与结果的椭圆圈、表示活动的方形框、表示活动方向的箭头线及表示决策、选择与评价的菱形框等四种。

流程图可用于描述现有过程，也可用于设计一个新过程。建立流程图时对过程各步骤进行研究，可以发现潜在的失效原因和改进区域。

（二）关系图法

关系图，是用箭头线表示事物之间因果关系的一种连线图，也称为关联图。关系图法是一种运用关系图，以群体方式解决问题的方法。确定所要解决的问题后，若干成员组成一个小组，由全体成员多次反复构画关系图。在这一过程中，小组成员充分发挥创造性思维，利用关系图明确各种复杂因素之间的因果关系，就问题形成共识，最终找到解决问题的对策。

（三）亲和图法

亲和图法，是针对未来要解决的问题或未知、未接触过的领域的问题，搜集与之有关的想法、意见等语言文字资料，并根据其内在的相互关系(亲和性)作成归类合并图，从中找出应解决的问题和明确问题的形态。亲和图是按照头脑风暴法的思想设计的，已成为头脑风暴法的有效工具之一。

该方法具有与统计方法不同的特点，它属于问题发现型，而非假设查证型。该方法对搜集到的语言文字资料侧重于综合分析和分层，主要用感情、灵感等归纳问题，无须量化，这也是它与其他几种分析工具的区别之处。

（四）系统图法

系统图法，是将目的和手段进行系统的展开，寻求解决问题、实现目的的最佳手段和措施的分析方法。可以分为两类，一是以构成要素的展开为目的"构成要素展开型"，二是把解决问题时所采用的手段和对策作系统性展开的"措施展开型"或"因果展开型"。

（五）矩阵图法

矩阵图，是以矩阵形式，展示相关事项中各个子要素之间的相互关系，寻求解决问题着眼点的图形。它由三个部分组成：对应事项、事项中的各个要素和要素交点处表示相关程度的符号。表示相关程度的符号有三种：◎表示强相关关系；○表示有关系（或弱相关关系）；△表示可能有关系。

所谓矩阵图法，就是运用矩阵图，根据各个要素之间的相关程度，发现有效解决问题的关键点，即"着眼点"或"设想点"，寻求解决问题的方法。这种方法从所要解决的事项中（或问题）中找出成对的要素，分别按行与列排列，在要素交点处表示出这对要素的关系，分析问题和解决问题的手段，通过多维思考，明确问题所在。

（六）矩阵数据分析法

矩阵数据分析法，指前述矩阵图中的各个要素之间的关联程度能够定量表示时，即要素之间的关联程度能在交叉点处用数据表示时，对这些数据进行计算和整理，找出解决问题的途径或对问题进行评价的方法。矩阵数据分析法主要是多变量分析法中应用较广的主成分分析法，它是将定性分析转化为定量分析的一种方法。

（七）矢线图法

矢线图是基于时间，拟订日程计划和实施进度管理的网络图。它是计划评审技术与关键路径法在质量管理中的应用，是把所有作业（或工作）组织成为一个系统，便于从整体上计划与协调，既是一种有效的计划方法，又是一种组织和控制生产的手段。任何一项工程或计划，都需要很多具体作业来完成，而这些作业或作业之间的关系往往是错综复杂的。若将它们按照其内在规律进行有序的组织和安排，使各项作业活动顺利进行，使计划如期完成，就需要矢线图这一工具。

五、计算机辅助质量控制

计算机辅助质量控制，即利用计算机对纺织品生产过程进行监控与检测，及时自动反馈或修正参数，加以纠正失误的系统方法。它是质量控制手段现代化的标志。

现代纺织设备已经具有智能化发展趋势，不少设备上都有通过工艺部件或在产品环节的传感器，用来测试工艺、指标数据，传输到储存器整理后，由中心处理器进行综合分析判断，发出执行器指令，进行相应操作。还可以通过视频或文字资料，由质量管理人员进行人为决策处理。这些统称为计算机辅助质量控制，其主要途径有：

（1）质量监控活动，是利用数理统计理论，判断制造过程中的产品质量情况和发展趋势，通过各种工艺参数及设备变化状况进行随时修正，以保持工序处于控制状态，预防和控制不合格品（或废品）产生的过程。

（2）检测监控活动，是通过在线测试在产品质量特性值与并标准值相比较，以剔除不合格品或修正工艺参数进行弥补的过程。

总之，质量分析活动是需要长期持续开展的质量管理工作，必须坚持全面质量管理原则，认真负责、实事求是地进行。以上介绍的方法，在实际运用中很少单独应用，需要根据实际情况，综合、反复、多次运用，才能达到分析控制质量的目的。

[案例]

企业"质"的飞跃

富绅服装集团自创建之日起，就提出了"质量是生命""产品即人品""质量是做出来的，不是验出来的"等鲜明的产品质量主张和承诺。多年来,企业根据行业生产标准和市场需求及消费者个性化要求等变化,一直在不断更新、改进并规范、健全自己的质量管理体系。

企业于2006年通过ISO 9001质量管理认证,根据要求制订了完善的服务保障体系,并设立了专门的"客户服务中心"实施产品售后服务保障制度。坚持"顾客至上"的原则,制订了相关的"服务程序"文件,确定了包修服务、包换服务、包退服务、咨询服务的内容,对整个售后服务过程进行质量跟踪,并确保整个服务流程处于受控状态。基于"全员质量管理"理念,作为一个完整的服务保障体系,企业的各个部门都是其中不可缺少的一环。针对团购客户,服务在售前就开始了。从了解客户的需求,为客户提供专业的建议,给客户设计贴身的方案,到为客户量体定做,按质交货。富绅对售后服务的承诺是,顾客在购买后未经穿着,或未因穿着造成质量问题,无条件给予退换;在产品交付使用后,如存在人为造成但可修复的质量问题,企业为客户提供免费维修服务。

优化组织管理,提升售后服务水平。客户服务中心在全国各地专卖店设立了多个售后服务网点,每个网点设置售后服务专员,专职负责对产品信息的反馈和对顾客意见的调查,并在能力范围内为顾客解决产品质量问题,当不能解决时及时反馈回企业尽快解决。

客户服务中心作为售后服务的主要责任部门,对售后服务全过程进行跟踪,包括:对产品使用后质量的跟踪,对顾客满意度调查结果的整理、归纳与处理;对"三包"服务的具体执行;建立客户档案库,适时与客户联系和沟通,主动了解客户需求;向企业提出产品质量建议。企业设立了24 h服务热线和网站留言板,对于客户的意见,无论是电话、书面或通过网站留言,必须进行登记管理,回复时间不能超过24 h。服务中心通过客户服务专员与全国各地的代理商和专卖店负责人保持紧密联系,及时了解各地客户对产品质量的意见,以顾客为中心,做好售后服务工作。

所有的客户服务相关部门和各地服务专员,必须每年三次以上不定期地在企业内部进行质量服务方面的培训,确保相关人员了解最新的质量服务知识和企业新产品、服务新政策。

企业坚信"产品即人品",富绅以质量起家,在产品质量上有苛刻的要求。为保证富绅产品高质量且长期稳定,确定了质管"严谨、严格、严密"三原则,在生产程序中建立"预控""临控""验控"三环节,制订了26条保证措施和操作程序,形成了质量管理的有机整体,有效地保证了产品品质。简易、便捷的"一站式"服务为富绅服装赢得了荣誉,被授予"产品质量、服务质量无投诉用户满意品牌"。

从易处着手,从小事做起。企业根据ISO 9001标准,对已建立起来的质量体系进行强化,增加了产品设计开发程序的控制,加强了产品设计开发的质量管理,对影响质量的各项活动做出了规定方法和评定准则,使各项活动处于受控状态;为配合程序文件的有效执行,制订了更详细具体的工作指导书、作业指导书、检验指导书、工艺说明书等239份支持性文件;为了真实记载质量活动的开展情况,制订了77份记录表格,用于记录反映产品质量及质量体系运作情况,为满足质量要求的程序提供客观依据。为了对特定的产品、项目或合同要求进行有效的控制,编制了"质量计划控制程序",规定了如何满足特定的产品、项目或合同要求的方法,成为现有体系文件的补充。

按照质量方针持续完善质量保证体系的要求,ISO 9001办公室组织生产第一线管理人员进行了统计技术的培训,选用了先进的统计方法,加强了对原始质量数据、信息的统计分析,取得了显著的成效,企业成品出厂合格率达100%,其余质量指标均达到了企业质量目标的要求。质量方针、质量目标的有效贯彻,证明企业质量保证体系是健康、稳定、有效的。

"产品即人品",全员树立质量观念。企业非常重视员工的培训工作,专门设有培训领导小组,制订出全年的员工培训计划,并组织相关部门进行培训。所有的新入厂员工,首先必须进行为期一星期的入厂培训,主要内容包括企业情况介绍、安全消防常识、思想品德教育及 ISO 9000 基本常识等,达标后再分配到各相关部门进行岗位技能培训,确保每位员工都能达到企业培训的具体要求,持证上岗。

为了全面提升员工的业务素质,企业不定期地组织如电脑、消防安全、品质、法制、生产技能、管理技能等形式多样的技能培训,并定期外聘专家举办相关讲座,努力提升员工的业务、技术水平。对第一线的生产员工,企业尤其注意培养他们"质量是企业的生命"的观念,确保产品 100%良品目标的达成。企业近几年共组织各种类型的员工培训 10 余种,培训班达 1 200 多次,为企业质量体系的保证和员工素质的整体提高起到了积极的作用。

企业为保证顺利地完成 ISO 9000 的升版工作,聘请技术监督部门的质量保证体系咨询专家对企业进行了诊断咨询,并针对体系运行现状和 ISO 9001:2000 的要求,对质量体系文件进行了部分内容的修订,增加了产品开发设计到工艺制作各阶段的控制程序文件。企业在批量生产之前,都要对市场进行调查,掌握消费者的消费需求和服装流行趋势,然后设计出适合市场需要的新产品,由高层管理人员做出决策进行批量生产,投入市场。从新产品设计到工艺制作的各个阶段,都进行了控制,保证高质量的产品投入市场后,能为消费者广泛认同和接受。

企业规定在推行 ISO 9001:2000 质量保证体系中,除维持正常的运作和建立、健全品质管理制度外,还应遵循以下原则:企业在实行制度化品质管理系统的同时,各部门的工作编排与决策必须以保证产品的品质为前提;所有员工应依照岗位职责的要求办事,同时要服从上级安排的其他工作;各阶层管理人员的责权范围,要遵照企业规章所定的原则制订;各部门的工作方针必须符合企业的总目标——ISO 9000 品质保证体系要求,互相协调,以大局为重;树立长期稳定的品质保证思想,对员工进行各种技能和品质知识的培训,提高员工的品质意识,强化全员参与;企业各部门以 PDCA 循环的工作方式,通过质量方针、目标、审核结果、数据分析、纠正措施与预防措施、管理评审等,实现日常的持续改进,并提出改进的项目,促进质量管理体系的持续改进。

[思考题]

1. 全面质量管理的含义、特点、原则是什么?
3. ISO 9000 系列标准的组成和意义是什么?
4. 质量认证的作用是什么? 有哪些主要内容?
5. 在产品生产过程中怎样控制质量?
6. 叙述 PDCA 循环工作方式的意义和基本要求。
7. 质量活动和质量体系的主要内容有哪些?
8. 纺织企业常见的质量影响因素及造成的损失主要包括哪几个方面?
9. 举例说明应该怎样理解质量的经济性。
9. 通过案例阅读和网络资料的查询,谈谈你对质量管理活动的认识。

第七章　人力资源管理

人力资源管理是企业管理的重要内容之一,因为无论什么工作、目标,都是靠人去完成的。人具有思想,依靠思想指挥行动,即具有主观能动性。管理人的主要任务就是发挥人的主观能动性。尤其是劳动密集性的纺织企业,用人多,大部分企业自动化不高,员工工作环境及待遇较差,较难留得住人才,这要求纺织企业更加重视人力资源管理,从员工的招聘开始,注意员工使用和人文关怀,要招得进、用得好、留得住。

第一节　人力资源管理基础

一、人力资源管理的概念

(一) 人力资源特征

人力资源是人在劳动中为创造某种价值和组织绩效而运用的体力和智力的总和。对人力资源的概念需要把握以下几个方面:

1. 时空特征

人力资源可以按一定时间或地区、组织为单位进行划分和计量。这时,它表现为总人口中具有劳动能力的人口。它具体又可分为总体人力资源、可供人力资源和在用人力资源。总体人力资源是指一个社会或地区的劳动力的总和,主体是劳动适龄人口;可供人力资源是指有就业愿望的适龄人口;在用人力资源是指已经就业的人力资源。例如,一个纺织企业的在岗员工就是在用人力资源。

2. 结构特征

人力资源由人的体能与智能两个方面构成。体能指人们对劳动负荷的承载能力和消除疲劳的能力,以及对工作或事物的心理承载能力和平衡能力,它表现为人的身体素质和心理素质等。智能指运用知识解决问题和的能力,它包含三个方面:智力,包括观察力、理解力、思维判断能力等;知识,即人具备的从事社会实践活动的理论和经验;技能,即人在智力、知识支配和指导下的实际操作技能及熟练程度等。

3. 价值特征

人力资源也称为人力资本,指体现在劳动者身上的数量和质量。当人力资源被应用而取得活动效果时,才会表现出资源的价值。同时,人力资源本身有数量、质量、结构、强弱之分,而且在不断发展变化,因此,同一个人从事不同活动的效果不同,不同的人从事同一活动的效果不同,组织在不同时期的活动效果也不同。

4. 时效特征

人力资源是通过人的多种素质、知识技能体现出来的,在相当大的程度上受环境特别是教育的作用,其可用性有一定的时效和限度。一方面,人力资源可以创造物质财富,具有生产性;另一方面,人力资源本身需要消耗一定物质财富,具有消耗性,尤其在当今知识经济时代,知识更新日益加快。因此,对人力资源的持续性开发成为永恒的主题。

5. 战略特征

人力资源是一种战略性的资源。一个组织为了得到长期的发展,就必须拥有大量的顶尖人才。因此,组织应对人力资源进行长远规划,才能够保证组织战略目标的实现。然而,人才的获取不是一蹴而就的,所谓"十年树木,百年树人"说的就是这个道理。

6. 整合特征

人力资源是一个综合概念,是数量、质量、结构等的综合体现。一方面,人力资源是人所具备的素质、技能的综合体现;另一方面,人力资源既存在于具体的个体上,也体现在组织的整体资源价值上。在组织内,存在人际互动作用,形成综合的、个体所不具备的资源,即会产生"整体大于部分之和"的效能。

(二)人力资源管理的定义

人力资源管理是运用现代化的科学方法,对与一定物力相结合的人力进行合理的组织、培训和调配,使人力、物力经常保持最佳比例,同时对人的思想、心理和行为进行恰当的引导、控制和协调,充分发挥人的主观能动性,使人尽其才、事得其人、人事相宜,以实现组织目标的活动。

人力资源管理的范畴,主要是两个匹配(实现人与岗匹配、工作报酬与需要匹配),以及两个协调(协调人与人之间的关系,协调岗位之间、部门之间的关系)。

二、人力资源管理的任务

人力资源管理的主要任务是人的培养和使用,具体如下:
(1)选好人,培养人,用好人,做好招聘、培训工作。
(2)建立合理组织监督机制,保证生产经营正常进行。
(3)做好定员定额工作,提高用工水平和劳动生产率。
(4)各尽所能,按劳分配,利用考核分配激励机制调动员工积极性。
(5)依法保护员工的权利和利益。

三、人力资源管理的内容

人力资源管理的内容主要是开发与管理,分宏观和微观两个方面。

(一)宏观方面

人力资源管理是指社会总人口中的人力资源的开发与管理。具体来说,宏观人力资源开发,主要是使潜在劳动力向现实劳动力转化,其关键环节是合理调整劳动力的参与率和劳动力的就业率,即合理调整就业方式与结构。这是政府负责的范畴。

(二)微观方面

以企业的人力资源管理为主要形式。这是本文着重讨论的内容。作为纺织企业,人力资源管理是其基本管理内容之一,是为实现纺织企业自身目标,在市场竞争中求得生存和发展服务的。因此,把所需的人力资源吸引进入纺织企业,并将他们长期地保留下来,开发他们的潜

能,充分发挥其作用,是纺织企业人力资源管理的基本目的。其主要内容有:

(1)招聘选用。以多种形式为纺织企业招聘、选拔、录用、委派最合格的人选。

(2)整合认同。利用教育培训、人际沟通等方法,使员工了解并认同企业的宗旨价值观与目标,了解纺织的内涵意义,并尽快地促使其内化为员工个人的价值观,增强员工责任感、归属感。同时,整顿、组合企业中的人际关系,包括员工与组织、领导与部属、员工与员工、团队与团队之间的关系。

(3)激励原则。确定岗位要求,把符合岗位条件者配置在相应职位上,使人尽其才、才尽其用。同时,善于激励,提供合理的奖酬和工作环境,增加其满意感,保持员工有效的工作积极性。

(4)评价调整。设置和执行合理而完整的绩效考评制度,对员工素质、工作情况和能力进行考核鉴定。进行动态管理,即根据企业发展及员工绩效考评活动,适当调整组织结构、工作任务、职位等配置,对员工做出相应奖惩、调迁、升降职、离退、解雇等决策。

(5)开发培训。对员工实施技术培训及职业生涯开发,促进员工在知识、技巧、能力及其他方面的提高,保持和增强员工的竞争性目标,给员工提供发展机会,启发、调动员工的积极性、创造性,使员工的劳动潜力向劳动效率转化,利用员工的能力为企业创造经济效益。

四、人力资源管理的分类

人力资源管理可分为战略性管理和日常管理两大类。

(一)战略性管理

纺织企业人力战略管理从战略角度出发,着眼于企业的长期性目标及创新管理要求,具体可以细化为:

(1)制订人力资源战略规划。分析、把握纺织业远景,按照企业经营战略和发展规划,进行人力资源管理的环境分析,并在此基础上进行人力资源的预测与规划,制订企业人力资源管理的策略,如薪酬策略、人才策略、培训策略等。

(2)进行人力资源战略调整。跟踪政府的方针、政策、法律法规的变化及纺织行业市场环境及经营方向的变化,及时调整企业人力资源管理体制机制,包括管理模式、策略、政策、制度。

(3)人力资源组织发展管理。当组织结构调整或变更重组时,人力资源管理职能需强调员工的合作和责任,要为员工创造积极的工作环境,保证组织活动的有效性。

(4)员工的知识管理。通过分析明确纺织企业的知识要求,针对员工的知识潜能的开发和管理,实现员工的知识更新,并有效地保障员工适应环境的变化。

(5)人力资源重组管理。当纺织企业发生重大业务调整时,如生产链由织布延长到服装,或变换产品结构由机织改针织生产甚至跨行业兼并等,要积极进行人力资源的优化配置、并购重组及启动人才战略项目,要加强与员工的沟通,让员工了解发生了什么,未来的方向是什么,并提前安排各种培训、心理咨询,提供相应的薪酬和激励措施,使员工在新的组织结构和业务中找到自己的位置。

(二)日常管理

当企业的内外环境处于一个相对稳定阶段时,人力资源管理工作更多地表现在日常的事务化、程序化的服务管理和员工的激励活动上。

人力资源的日常管理,指在企业内部经常性地利用有效手段,包括招聘、使用、薪金、考核、奖罚、调动、退休、统筹金交付等工作,以发挥员工的积极性和创造性,围绕实现企业目标而活动。

纺织企业的人力资源的日常管理,要根据企业实际情况和生产特点,对人力资源管理有系统的、整体的制度方案。重点是树立人才与人本观念,主要做好员工培训工作,让员工充分了解纺织工业及本企业的生产要求、特点和发展前景,如企业的发展宗旨和价值观、重视产品创新开发、设备现代化提升、改造无人工厂等。同时要关心员工的工作和生活,力所能及地提供较好的环境和待遇,重大事项多征求员工意见,办事公开、公正,让员工爱岗爱厂,具有主人翁意识。

第二节 人力资源培育与使用

一、人力资源的素质和培育

(一)人力资源素质

纺织企业处于经济全球化环境中,竞争越来越激烈,但竞争最根本的是人才的竞争。人的素质高低,在很大程度上决定着一个企业的成败。企业对决策层(高层)、管理层(中层)和作业层(基层)等各级人员,都有相应的素质要求。

1. 决策者素质要求

决策者是企业的发展目标制订和实施者,除了具有一定的纺织专业知识基础、人文素质和坚强的性格外,还需要富有创造精神,具有综合的决策能力和领导艺术。

2. 管理层素质要求

管理层肩负承上启下的职责,要具有胜任纺织企业本员工作的能力,如办事效率高、毅力坚强。对管理层的选用要突出五条标准、五项能力和一个创造,见表7-1。

表7-1 管理层素质要求

五条标准	立场坚定,作风正派	有事业心,品德好,作风正派
	精神状态好	勇挑重担,有超人之魄力
	工作标准高	责任心重,紧迫感强,有开拓性
	管理能力强	善用科学的管理方法,管理有成效
	实干作风硬	敢于来真的,碰硬的,干实的
五项能力	计划能力	事前有计划,事中有检查,事后有总结
	控制能力	熟悉纺织专业知识,能控制住部门的局面
	协调能力	能解决生产中的绝大部分问题和矛盾
	组织能力	能把分散的群众或事情组织起来,组织能力强
	鼓动能力	宣传、号召能力强,使别人与自己的意向合拍
一个创造	创造性工作能力	不是收发式地应付工作,对难事有主见和灵活的对策,总能提出建设性意见,被采纳率高

3. 作业层素质要求

纺织企业作业层员工占企业总劳动力的85％以上，他们的精神状态、劳动作业状态直接影响企业的生产经营效果，他们的素质是企业员工整体素质的主要组成和展现。对他们的素质要求主要如下：

（1）爱岗敬业，有良好的职业道德。

（2）有较高的纺织岗位技能、专业知识基础，把企业和个人的价值观念融入生产作业中，降低消耗，提高质量和产量，能全面完成个人劳动任务。

（3）团队精神强，协作风格好，集体观念浓，积极参加和支持班组日常生产管理活动，为班组排忧解难。

（二）人力资源的培育

培育指对员工有目的地培训和教育。人力资源管理目的是发挥每个员工的作用，为企业创造效益。要达到这个目的，重要的是对员工进行不断的培训，通过精心的培育去提高员工的素质水平。

1. 领导层人才

对企业领导层的培训教育，除了让他们搞好企业战略规划，抓好企业生产经营外，关键是让他们向"企业家"的方向发展，以便为企业做出更大的贡献。

"企业家"在国际上是指"大胆的、难以对付的、有勇气的和决策敏捷的从事企业主管的人"。以这个观点衡量，并不是每一个厂长、经理都算"企业家"，我国纺织企业的领导大部分只能算企业经营管理者或企业负责人，只有其中的佼佼者才算"企业家"。"企业家"除了具备一般经理的素质外，还要有以下特征：

（1）有强烈的竞争意识。

（2）有善于捕捉并适应市场变化的能力，能迅速做出反应，随机应变，出奇制胜。尽管大环境是买方市场，但他所运作的却是卖方市场。

（3）敢于冒风险，敢于不断创新，寻求新的发展途径和新的经济增长点。

（4）有超群的驾驭能力，无论在顺境还是逆境下，总是泰然坦荡、游刃有余。

（5）有高尚的人格凝聚力，是企业全体人员的核心和楷模。

2. 中层人才

目前，我国纺织企业中层管理人员大多出身于工程技术人员或基层工人，对纺织营销、金融知识、财务管理、进出口业务、有关法规等不够熟悉，及时学习和补充知识是十分必要的。中层人才的培养教育应注意以下几个方面：

（1）要有计划性和经常性。企业内短期脱产或半脱产进行纺织专业知识及管理知识学习，外出参观交流，吸取外单位先进管理经验和方法，是企业中层干部培训教育的好形式。

（2）对培训教育效果要进行测评。主要有培训心得体会、收获交流，管理方法的应用，针对日常管理的难点、疑点剖解分析，从理论上得到提高，进而提高自己的管理水平和技能等。

（3）结合中层干部的培训，有意识地提出纺织生产经营中的难点、热点课题或议题，引导学员集思广益，以启发、培养中层干部的开拓创新意识。

3. 专业技术人员

专业技术人员是企业重要的技术骨干力量，他们对新技术推广和运用、产品创新开发和生产经营及效益的提高起着直接的推进作用。对专业技术人员的培训和教育，企业应做好以下工作：

（1）以培养技术带头人为重点，抓好工程技术人员的继续教育。目前，纺织企业的专业技术人员数量少，断层现象突出。企业要保证技术人员的学习时间，同时，结合技术攻关做好应急的技术培训，还要重视从中青年人员中培养纺织专业知识层次高、创新能力强的技术带头人。

（2）对高级技工的培训，应结合新工艺、新技术的推广应用、技术改造和新产品开发活动，鼓励他们广泛地进行技术交流，组织协同创新体，授予相应权力，承担目标任务和经济责任，使他们责权利统一，在培训中提高，在实干中学习，不断提高他们解决实际生产技术问题的能力。

4. 班组长

班组处于纺织生产第一线，是企业最基层的劳动组织。班组活不了，企业搞不好。企业的所有技术经济指标的最终落脚点在班组，尤其是纺织大中型企业的一个班组有好几百人，分常日班、早中夜轮班两种，非常辛苦。搞好班组建设，管理好这么多人，一直是纺织企业管理的一项重要工作。班组工作要持之以恒，不断创新。

加强班组工作的一个重要内容是做好班组长的选配和培养，班组长是"兵的头，将的尾"。班组长一般不脱产，不仅要完成自身的生产指标，还要完成本班组的各项任务。因此，要尽可能地为班组长创造必要的工作条件并给予相应的权力，保证班组工作落到实处。

（1）班组长的责任和权限。班组长的责任是按照企业经营目标，做好本班组生产管理的组织工作，确保各项生产指标和工作任务完成。班组是企业中人数相当庞大的一支队伍，班组长的综合素质高低决定着企业的政策能否顺利实施。因此，班组长是否尽职尽责至关重要。班组长职责主要有：

① 劳务管理。人员的调配、排班、勤务、严格考勤、员工的情绪管理、新进员工的技术培训及安全操作、生产现场的卫生、班组的建设等，都属于劳务管理。

② 生产管理。生产管理职责包括现场作业、人员管理、产品质量、制造成本、材料管理、机器保养、安全生产等。

③ 辅助上级。班组长应及时、准确地向上级反映工作中的实际情况，提出自己的建议，做好上级领导的参谋。但是，不少班组长目前仅停留在通常的人员调配和生产排班上，没有充分发挥出班组长的领导和示范作用。

班组长的权限：组织指挥和管理本班组的生产经营活动；调整本班组的劳动组织；根据本厂规章制度，制订班组工作的实施细则；有权拒绝违章指挥和制止违章作业；有权向上级提出对本班组员工的奖惩建议；对本班组的奖金进行分配；推荐本班组优秀员工学习深造、提拔和晋级；维护班组员工的合法权益。

（2）班组长应具备的条件。

① 责任心强，坚持原则，敢于负责任，不怕苦，有干劲，作风正派，办事公道。

② 技术精，懂纺织专业岗位业务，有较高的实际操作水平。

③ 会管理，有一定组织能力，能够带领员工完成本班组的各项生产和工作任务。

④ 能团结人、关心人，在员工中有一定威信。

5. 基层员工

据统计，目前我国国有工业企业近8 000万青年员工中，实际技能为初级技工的占80%，高级技工占1%，与发达国家的高级技工占30%相比，有很大差距。纺织工业更是如此，在当前纺织产业结构、产品结构需要大幅度调整的时期，纺织企业在岗员工培训跟不上，造成技术工人十分缺乏的"断层"局面。尽管许多纺织企业拥有一流的设备和专家,但这些企业的员工少有真正掌握一流的技术和相应的操作技能的,生产出的产品只能是二三流的。

纺织企业员工的培训,重点是观念教育和技术培训,应在关心员工发展的基础上,做好员工的纺织知识培训、企业发展及宗旨的认同,抓好员工应知应会技术等级与岗位作业标准的培训考核,促使员工热爱纺织、热爱企业,同时提高专业技能,胜任岗位工作,严格各项作业标准,使企业员工留得住、干得好、有干头,让企业和员工一起创一流水平。

二、人力资源的使用

(一) 人的分类

为了用好各类员工,实现人与事的最佳组合,达到人尽其才,必须对员工进行分类,然后根据各自的类型对号入座,才能在任职或任岗上做到最佳组合。古人所言:"骏马能历险,犁田不如牛。坚车能载重,渡河不如舟。人各有所长,鉴才安其就。"员工分类根据其担负工作所需的条件而定,这些条件通常包括以下内容:

1. 性格

性格指人在待人处事时,其思想行为所显示出来的独特个性。例如,有的人正直,有的人狡诈,有的人贪婪,有的人慷慨……这种独特个性是多因素相互作用所形成的,并具有相对的持久性。

2. 智力

智力指个人有目的地行动、合理地思维及有效地适应环境的综合能力。各人的智力差异很大,也是由多种因素造成的。

3. 禀赋

禀赋指个人具有某方面的天分。各人的禀赋差异也很大,有的具有思维管理禀赋,有的具有动手创造禀赋。

4. 体能

体能指个人的生理体格对环境的适应能力。

5. 学识、技能及经验

学识、技能及经验是人的能力最重要的因素,其差异是由学习、训练及经历不同所致的。

用人就要按各自的性格、知识、技能、体能、经验、智力、禀赋等多方面综合考虑,用好人,才能达到增效的目的。

(二) 工作分析

工作分析在人力资源管理中具有基础地位,它主要是对工作岗位职责进行说明和规范,便于员工应聘和考核,提高人力资源管理水平。

工作分析由人力资源管理部门制订,是确定某一特定工作本身及完成此工作的人员所需具备的知识、技能、责任等基本要素的系统过程。工作分析的结果是工作说明、设计和规范。

1. 工作说明

工作说明是有关任务、职责信息的文件(重点在工作内容是什么),主要解决工作是什么的问题,即职位的名称、级别、设置目的、工作内容、任务和职责、主要工作权利、需要的工作条件、与其他职位的关系、在企业组织结构中的位置等,它包括岗位责任与评价。

工作评价(职位评价/岗位评价)主要确定组织中岗位间的相对价值,建立岗位结构和内部一致的工资结构。

2. 工作规范

工作规范包含一个人完成某项工作所必备的基本素质和条件,主要解决由什么样的人来从事这一工作的问题。例如,岗位需要的基本学历和专业要求、在某一领域的工作经验、必须具备的基本能力、必须接受的培训项目和培训时间及年龄、性别和性格要求等,以及还有哪些条件可优先录用等。

3. 工作设计

工作设计是根据组织发展需要,为一个已经在运行的组织重新设计组织结构,重新界定工作,改进工作方法,提高员工的参与程度,从而提高员工的积极性和责任感、满意度的活动。

(1)工作设计的三种思想见表7-2。

表7-2　工作设计的三种思想

工作设计思想	核心观点	理论依据	工作设计结果	典型范例
以任务为导向	通过细致分工,降低工作难度,提高工作效率	科学管理人体工程学	工作任务简单化	流水线生产
以人为导向	通过内在及外在激励,提高工作动机	工作丰富化,工作扩展化	工作任务复杂化	工作参与计划
以价值为导向	通过业务流程优化和团队自我管理达到最大化	价值理论,流程再造理论,工作门类化	按业务必要流程设计工作	自我管理团队

(2)工作再设计的五种形式见表7-3。

表7-3　工作再设计的五种形式

序号	设计方法	方法涵义、内容、要点
1	工作轮换	(1)在工作流程不受重大影响的前提下,员工每隔一个阶段从一种工作岗位换到另一种工作岗位,给他们提供发展技术及较全面地观察和了解整个生产流程的机会 (2)主要是横向轮换 (3)注意事项:轮换的频率及时间
2	工作扩大化	(1)横向扩大工作范围,使每个人除了担负原来的工作外,还担负他同事的部分工作,试图使每个人所做的工作多样化,以此减少对单一工作的反感 (2)注意要有主次,分清责任
3	工作丰富化	(1)增加工作纵深的一种方法,允许员工对他们的工作施加更大的自主性,他们被获准做一些通常由他们的主管人员完成的任务,尤其是计划和评价他们自身的工作。允许员工以更大的自主权、独立性和责任感去从事一项完整的工作,有助于降低员工的离职率 (2)注意选择时机、合适任务和员工
4	工作特征	(1)利用工作性质或特征,引导影响员工的活动 (2)工作特征:技能多样性、任务一致性、任务意义、自治权、工作反馈等,它们会直接影响员工的心理状态和行为
5	流程再设计	(1)利用工作流程再造,缓解员工压力 (2)工作再设计方式:可选择的工作时间方案、设置现实可行目标、提高员工参与度、加强组织沟通等

（三）分工协作

现代企业要求人力资源管理必须做好分工协作工作。

1. 含义

分工指明确职责，协作指各项工作保持内在的关联。分工协作是社会化大生产的产物，是人力资源提高效率的保证。

2. 分工原则和形式

（1）分工原则。合理的人力资源分工应体现的原则如下：

① 明确职责，划分岗位工作内容、范围、责任、义务和权利。

② 充分利用工时，有足够工作量，减少工时浪费。

③ 分工粗细适当，一般规模小的分工粗，反之则分工细。

（2）分工形式。纺织企业的分工形式：按职能分有工人、学徒、管理、技术、服务和其他人员；按工种分有不同工序的工种、辅助工与挡车工工种、技术等级工种等。

3. 协作要求和形式

（1）协作要求。常日班与其他企业类同，按照专业或职能部门协作；纺织企业生产的轮班是劳动协作在时间上的表现形式，轮班的组织工作取决于企业的生产任务和生产性质。一般要求：

① 合理安排倒班，如"四三制""三三制""三二制"等。

② 各班员工整体技术水平基本平衡。

③ 各班生产条件基本相同。

④ 建立严格的岗位责任制和交接班制度。

（2）协作形式。一般有组织体内协作和组织体外协作两种。例如，车间内部、班组内部协作是组织体内协作；不同车间、不同工段和不同班组之间协作是组织体外协作。纺织企业最基本的协作形式是轮班或小组内的协作。

（四）定额管理

定额管理是对每个员工或每道工序能够量化的工作目标进行制订、考核的活动，它是纺织企业的重要基础管理工作之一。

1. 劳动定额

劳动定额指在一定的生产技术条件下，为完成某项任务或单位合格产品的时间或物耗的计划目标数。定额形式：

（1）工时定额。一定人员或组织完成单位任务规定的时间标准，如20工时/吨纱等。

（2）产量定额。一定人员或组织在单位时间内完成的合格产品数量，如50米/班时等。

（3）看台定额。每个员工操作设备的数额，如织机10台/人、落纱1 000锭/人等。

（4）工作定额。一定人员或组织单位时间核定的工作任务，如大平车10～12天。

（5）服务定额。单位时间、人员规定的服务项目或人数。

（6）集体定额。相对个人而言，专指以组织名义核定的限额。

（7）工时消耗定额。正常情况下，完成任务所消耗的时间。按作用不同，可分为基本工作时间、辅助时间、布置时间、巡回时间、生理时间、准备结束时间等。

2. 定额原则

定额原则要客观实际,先进合理,能够提高劳动效率。

3. 定额落实

定额一旦确定,要及时下达到位,落实到人,严格考核。一般生产都是动态的,在实际中,既要保持定额的稳定性,又要留有余地,必要时可以根据实际情况进行调整,但一定要经过规定程序审批才行。

(五) 定员管理

定员管理指企业为保证生产和工作任务而规定的人员比例数量,它决定着一个企业的总人数、人员分配的合理性及劳动效率。对于劳动密集型的纺织企业,做好定员管理工作是十分必要的。

1. 定员标准

纺织企业在定员管理方面,已经有一定的方法和标准。常用或参考的标准如下:

(1) 国家定员标准。各行业通用定员标准,大多用于新的大型混合企业设计规划参考定员或辅助工序定员。

(2) 行业定员标准。20 世纪 90 年代以前,纺织行业规定的岗位人员标准,主要是挡车岗位和维修人员的定员,管理和辅助人员按一定比例确定。

(3) 企业定员标准。企业按实际情况自定的人员数量规定。这是由企业管理水平决定的,各个企业差异很大,有的几十人/万锭,有的几百人/万锭。

2. 定员方法

纺织企业定员一般采用以下方法:

(1) 按效率定员,根据任务、定额、出勤率计算定员:

$$定员=[轮班计划产量÷(每班定额×计划出勤率)]×开班数$$

(2) 按设备定员,根据运转设备数量、看台率、出勤率计算定员:

$$定员=(设备计划开台÷看台定额×出勤率)×开班数$$

(3) 按岗位定员,根据工作岗位或看台定额计算定员:

$$定员(按设备岗位)=[(设备应开台数×台班定额)÷计划出勤率]×开班数$$
$$定员(按工作岗位)=[(应设岗位数×每班每岗定额)÷计划出勤率]×开班数$$

(4) 按企业员工总人数与某类人员比例计算定员,适用于辅助岗位或服务岗位定员。

(5) 按组织机构定员。例如,依据部门的业务范围、工作内容、工作要求和数量定员,适用于管理岗位定员。

(六) 人力资源的使用

人力资源的使用,即研究如何用好人的活动。对"用人"的理解,不少企业还处在给人提供机会的层面上,主要靠的还是主观感觉,即慧眼识珠的"伯乐"。现代用人管理要走上制度轨道,要解决好用什么标准看待人、以什么方法选拔人及以什么方式考察、监督人的问题。

1. 重要岗位人才选用

常采用部门考察、民主评议、竞争相结合的方法推举人,既可以发挥人力资源部门的作用,又融入了员工的意愿。具体步骤：先由人力资源部门将拟订的人选交给员工评议，再由被推荐人进行公开竞争，最后对拟订人选进行审计并确定人选。例如，营销部门、综合部门等用人的选择就可以采取此类方法。

2. 监督用人全过程

传统的用人原则是"疑人不用，用人不疑"，现代的用人原则是"疑人不用，用人也疑"，即在用人的全过程中进行效能监督、目标考核。

3. 落实责任，因事设岗

要善于分解目标任务，"万斤担子众人挑，人人头上有指标"，一个人的责任不要由两个人承担，一个人的事不要用两个人去做，按照责任、目标任务设立岗位。

4. 明确岗位职责和作业制

根据工作分析结果制订岗位职责和作业制度。岗位职责规定工作的方向和范围，作业制度则说明完成任务的途径和细则。把岗位职责按时间具体量化成作业程序，再经标准规范后形成作业制度。例如，一家85人/万锭的纺织企业岗位职责与作业制度：

（1）车间工艺技术员职责：

① 负责产品统计，经主管批准下达到工序，检查和调整上机工艺。

② 上机检查工艺反馈信息，参与原料、在制成品的检验，评定等级。

③ 工作巡回、指导，参与半成品检验。

④ 协助主管进行全质量把关活动。

⑤ 各轮班试验数据汇总分析。

⑥ 完成上级交办的临时任务。

（2）技术员作业制度：

① 8:00～8:50查看中夜班试验记录的当日质量汇总情况、上机情况是否符合工艺要求。

② 9:00～9:55上机工艺检查（抽查三台以上），填写检查合格率、报告率、反馈信息，重要情况报告主管领导。

③ 10:20～11:00早班试验，评定当日半成品、成品的质量等级。

④ 11:00～11:45了解车间全面质量情况，拟订下午工作重点。

⑤ 下午第1小时，协调有关人员完成有关部门拟订的重点工作。

⑥ 第2小时，巡回前纺工区，有问题采取相应措施，询问检验员，了解上班工序质量情况，对违规操作进行纠正，有的要向有关部门反映。

⑦ 第3小时，对阶段性工作深入思考，拟订明日工作重点。

⑧ 第4小时，检查试验点作业情况，小结一天工作，整理本岗记录，填写工作日志。

（3）运转班长职责：

① 协助车间搞好轮班工作，完成各项任务指标。

② 检查各岗位责任执行情况，包括交接班、供应、安全、出勤等原始记录。

③ 发挥小组作用，抓好班组建议。

④ 加强轮班操作管理，优级率达10%，一级率达35%。

⑤ 完成上级交办的临时工作。

（4）轮班作业制度见表7-4。

表 7-4　轮班作业制度

时序		用时	内容
班前	20 min	5～15 min	查交接本,了解上班作业情况,现场交接巡查
班中	0:00～0:15	15 min	协调小组按出勤情况调配人力,安排生产,并与技术员、教练等联系
	0:15～5:15	5 h(含餐)	检查各工序工艺、质量、回花情况,配棉、固定供应、用管、滤尘情况,抽查产质量、安全、清洁等情况(每组至少1人),与厂部调度联系,掌握生产进度
	5:15～6:15	1 h(机动)	与小组碰头,解决具体问题;与员工谈心,做好思想工作;与空调、机修联系,控制温湿度及坏件修理
	6:15～6:55	40 min	访问后工序,并立即整改
	6:55～7:55	60 min	交接班前巡回检查小组记录,督查班中文明生产、安全情况,进行作业小结,填写轮班日志,拟订下班重点工作
	7:55～8:10	15 min	现场交接

(七) 以人为本,做好思想工作和企业文化建设

1. 加强思想工作

思想工作是以人的立场、观点、品德和态度为对象的工作,这决定了它的普遍性和重要性。我国面临许多新情况、新问题,企业加强员工的思想工作,以适应新时期的需要,是员工培养的重要内容和有效方法。

2. 充分发挥思想工作的作用

近年来,在重视经济手段的实践中,不少企业忽视了思想工作的作用。例如,一种说法是"磨破嘴唇皮,不如人民币",第二种说法是"外国不做思想工作,不是照样赚钱吗?"其实,国外从20世纪20年代起就在探索激励人的研究。例如,美国人詹姆斯认为,一个企业要取得成绩,关键是劳动者。劳动者有两大要素制约其工作成绩,一是能力,二是动机激发程度。他的公式是:工作成绩=能力×动机激发。思想工作是激发人的积极性的活动,是具有我国特色的有效的工作方法。关键是要深入到员工身上,以人为本且切合实际,才能做好思想工作。

总体上,企业抓人事管理必须把握好以下几个问题:

第一,要以人为本,把员工当社会人看,要从正面引导,从鼓励积极性出发,人都是希望得到尊重的。

第二,要坚持实事求是、公平公正、说话算数的原则,遇到问题首先要落实清楚再下结论,要多听几方面意见,经认真分析后,才能提出有关意见,同时要注意做好记录。

第三,要以制度、法律为准绳,尽可能按照国家法律法规、行业规定、企业制度、劳动合同进行处理,要做到人事工作有根有据。

第四,对一些棘手重要问题,如分红奖励、重大处罚等,必须严格按程序处理,每一步都不能少。

第五,要有利有节,因人而异,思想精神和物质等方法结合运用。对爱面子的人,要注意保护其面子,就能起到一定效果;对计较小利的人,要一是一、二是二,认真对待(以鼓励为主);对急脾气的,要冷处理;对明白清楚的事,要快刀斩乱麻,不要拖拉;对明达事理的,要把事理说清。

第六,制度无情,管理有情。只要不激化矛盾,灵活运用思想工作、经济奖罚、行政措施及法律等各种方法,保证公正、公平、公开,就能起到应有的作用。

第三节 绩效考核与薪酬管理

一、绩效考核

（一）绩效考核概念

绩效考核又称绩效考评、绩效评价等，是对员工的工作行为与结果，全面地、系统地、科学地进行考察、分析、评估与传递的过程。它本质上就是考核企业成员对企业的贡献，是提高员工能力与绩效、实现企业战略目标的一种管理活动。绩效考核方法在相当长的时期内是人力资源管理的主流方法之一。但近年来随着互联网等新兴产业的发展，出现了重视创新、合作共赢、团队协同、分享经济等企业发展模式和管理理念，不少企业取得了迅速成功。这些现象促使人力资源管理研究者的思考分析。但是，绩效考核还是大部分企业，包括纺织企业进行人力资源管理的有效方法之一，只是还需要不断完善和结合其他方法。

（二）绩效考核系统

绩效考核不仅包含考核员工工作绩效这一核心过程，而且将企业文化、政策对绩效考核的影响纳入其中，同时把绩效考核结果与员工培训紧密联系。因此，在人力资源管理的各项工作中，绩效管理具有系统性，一般由三个部分组成。

（1）考核目标。让各个员工都明白自己努力的目标，这是进行绩效考核的基础和关键。

（2）考核绩效。它是绩效管理系统的主体部分，即制订和实施健全合理的考核绩效方案。考核方案包括考核内容、方法、程序、组织者、考核人与被考核人及考核结果的统计处理等。其中，选择合适的考核方法、设计出可行的考核表，是最关键的，也是最困难的。

（3）反馈绩效。向员工本人反馈考核结果，说明员工达到企业所期望的标准的程度，不足之处经过分析，即可成为有针对性的培训需求。同样，考核结果可以使上级充分了解员工，根据这些信息与员工进行面谈、指导，可以使员工个人的发展与组织目标结合起来，从而达到提高绩效的目的。

（三）绩效考核原则

（1）减少"定性"项目，尽可能直观量化，用数据说话。

（2）精练简明，操作性强，最好用表格拟订考核模式。

（3）指标适度，既不要太高也不要太容易，要有激励性、稳定性。

（4）做到全面、公开、公平、客观。

（5）与实际分配相结合，及时落实到位。

（四）绩效考核方法

（1）关键绩效指标考核。考核指标必须是衡量企业战略实施效果的关键指标，其目的是建立一种机制，将企业战略转化为企业内部过程和活动，不断增强企业的核心竞争力，持续地取得高效益。

考核的一个重要管理假设，就是一句管理名言："你不能度量它，就不能管理他。"所以，一定要抓住那些能有效量化的指标。在实践中，可以用"要什么，考什么"的方式，抓住那些亟须改进的指标,提高绩效考核的灵活性,提高考核的可操作性与客观性。

(2)目标管理法。这是一种成熟的绩效考核模式,始于管理大师彼得·德鲁克的目标管理模式,迄今已有几十年的历史,被广泛应用于纺织行业。为了保证目标管理的成功,应做到:确立目标的程序必须准确、严格,以达成目标管理项目的成功推行和完成。例如,MB0模式将企业目标层层分解,下达到部门及个人,强化了企业监控与可执行性。

(3)平衡记分法。从财务、消费者、内部业务过程、学习与成长四个方面衡量绩效。此法一方面考核企业的产出,另一方面考核企业未来成长的潜力(下期的预测);再从消费者角度和内部业务角度考核企业的运营状况,把企业的长期战略与短期行动充分联系起来。它是从企业战略出发,不仅考核现在,还考核将来,不仅考核结果,还考核过程,适应了企业战略与长远发展的要求,但不适应初创企业。

(4)360度绩效反馈法。也称全视角反馈,由被考核者的上级、同级、下级和服务的客户等对被考核者进行评价,让被考核者知晓各方面的意见,清楚自己的长处和短处,达到提高自己的目的。该方法有利于克服单一评价的局限,但不适宜日常考核,主要用于能力开发。

(5)主管述职评价。这是由岗位人员做述职报告,有关人员进行评议的一种考核方法,主要对企业中高层管理岗位进行考核。

(6)考核分析方法。以上每一种绩效考核模式,都可以选择灵活的绩效分析方法,归纳起来有以下三种:

① 等级评定法:根据一定的标准对被考核者评出等级,例如A、B、C、D等级。

② 评议排名法:通过打分或评价等方式,对被考核者排出名次。

③ 目标评定法:对照考核期初制订的目标对绩效考核指标进行评价。

(五)考核周期

考核周期一般分为月考核、季考核、年考核。对生产岗位的员工多采用月考核或季考核,对管理及销售岗位的员工多采用年考核,具体考核期分半年或一年进行。

(六)考核指标

纺织企业考核指标主要是考核期内个人或组织的产量、质量、消耗、成本、利润、销售收入、市场占有率等经济技术指标及各项工作目标。综合指标用生产率表示,计算方法:

(1)实物劳动生产率=(产品实物数量÷平均人数)×100%

(2)价值劳动生产率=(总产值÷平均人数)×100%

劳动生产率的优点是可比性较强,能反映经济发展速度和产品结构的情况,不足是不能准确表现企业经营活动成果,因总产值包含过去的劳动价值。

二、薪酬管理

薪酬管理作为人力资源管理体系的重要组成部分,是企业所有员工最关注的内容,它直接关系到人力资源管理的成效。员工为企业工作的动力很多,但是,薪酬无疑是最直接的一种,就算是最原始最初级的小企业,也会涉及薪酬管理。

(一)薪酬管理的原则

(1)公平性原则。公平可有效地吸引、激励和保留有能力的员工。它体现在三个方面:①外部公平,即与其他企业完成相似工作的员工薪酬持平;②内部公平,即在企业内部依照员工所从事工作的相对价值支付薪酬；③员工公平，即依据员工的个人因素，如业绩水平和资历等，对完成类似工作的员工支付类似薪酬，如同工同酬。

（2）竞争性原则。企业为了保持持续发展的能力，必须在人力市场上具有竞争力，即企业的薪酬标准要有吸引力，才能招到所需人才。

（3）激励性原则。根据员工的实际贡献付薪，并且适当拉开薪酬差距，使不同业绩的员工能在心理上觉察到这个差距，产生激励作用。

（4）经济性原则。提高薪酬水平，可有效增强其竞争性与激励性，但同时不可避免地导致人力成本上升，所以薪酬水平受到企业经济效益的制约。

（二）薪酬制度

薪酬制度设计是一个系统工程，它包括工作分析与评价、薪酬调查和等级制订及绩效考评，主要通过薪资等级表、薪资标准表、技术等级标准及岗位名称表示并加以规定。

薪酬制度明确了薪酬分配政策、支付方式、薪资标准、薪资结构、薪资等级及级差、奖金等，体现了长期激励、调资、评估等办法和规定。薪酬制度一经建立，如何投入正常运行及对其进行有效控制与管理，使其发挥应有功能，是一个相当复杂的问题，也是一项长期工作。

（三）薪酬方式

纺织企业工种较多，薪酬方式也较丰富。当前的薪酬方式主要有岗位工资制（管理人员为主）、等级工资制（技术工种为主）、结构工资制（技术管理为主）、计件工资制（一线挡车）、计时工资制（机加工、辅助工种）、承包制（项目组）、年薪制（领导人）等。企业要根据所在岗位的工种和性质，以激发员工的积极性和提高劳动效率为前提，分别选用。

[**案例**]

注重开发人力资源，创造人才优势

山东常林集团加大招聘人才以及用好员工工作的力度，全方位、多角度地通过各种传媒、人才招聘会等渠道，广布人才招聘信息，探寻各类高端人才，提高了企业的品牌形象，扩大了企业的知名度。通过以上种种措施，大大提升了企业科学技术管理水平与综合人才素质结构，为企业成为具有丰富文化内涵的国内一流大型综合性企业奠定了基础，为企业的可持续发展做好了人才储备。

人力资源是企业发展的重要支撑点，企业努力做好定岗定员，加强人力资源培训与开发，实施人力资源管理信息化，强化人力资源管理制度建设。不断开拓人力资源视野，把握人力资源动态，吸收国内外最新人力资源管理思想和理念，进行人力资源管理改革与创新。积极进行绩效考核与评估，客观、公正、合理地评价员工业绩，激发员工潜能和工作热情。

企业力求建立一支高素质、精干、高效的员工队伍，倡导每一位员工要做德才兼备的常林人，即树立"有才无德是歪才，有德无才乃庸才，无才无德即冗才，有德有才方人才"的人才观念。

企业完善了绩效评价体系，明确了岗位职责，改进了绩效管理办法，达到权、责、利的统一。企业对各事业部、分企业的经营层进行了职位分析，制订了职位说明书，明确了经营层各岗位的职责，编制了经营层业绩合同书，完成了业绩考核指标的分解。

企业出台了薪酬工资发放向管理骨干、技术骨干和多能手倾斜的薪酬激励措施。以薪点工资制为基础,结合绩效工资,严格劳务工时核算,取消劳务工时的事后审改,改为劳务工时的计划申报,严格执行技能工资和超计件奖励。

企业实施《员工动态管理制度》,大力推行岗位竞争。生产一线员工全员竞争上岗,初步形成了岗位动态管理和竞争择优的机制,使优秀人才脱颖而出,在员工中树立起了"工作靠能力,岗位靠竞争"的理念。

随着企业的发展和规模的进一步扩大,常林集团不断加大资金投入和师资力量的配置力度。企业筹建了常林技工学校,先后与郯城员工中专、临沂机械技校、临沂技术学院、山东大学、山东理工大学等学校联合,开办了17个教学班,培养了1 100余名专业技术人才。这些学员大多数都成为优秀的技术工人,部分还成为企业生产及管理骨干,有近10名学员走上高层领导岗位,为集团的可持续发展奠定了坚实的人力资源基础。

坚持高起点、高标准,尽快与国际接轨,从德国、西班牙、法国、日本等引进了10余名专家,对技术人员进行培训。每年选派几十名员工到国外学习考察,不仅学到了先进技术,而且对行业走势了如指掌。山东常林注重人才的培养和再教育。通过整合培训资源,加大培训经费投入,完善员工培训管理运行机制,创新员工培训方法,加强培训教材体系建设,建立健全员工成才激励和约束机制等措施,创建了员工成才、实现自我价值的发展平台,实现了员工素质提升与企业生产经营业绩的同步提高,完善了技能、营销、技术、管理人才队伍的梯队建设,制订了人才队伍建设方案和年度培训计划,营造了良好的育人环境,使员工培训工作得到了有效的开展。

[思考题]

1. 人力资源管理的概念和内容是什么? 它在组织中应处于什么地位?

2. 企业一把手应具备什么素质? 企业家有什么特征?

3. 企业中层领导人员的五条标准、五项能力和一个创造的内容是什么?

4. 如何在企业内开展有效的绩效考核? 在考核过程中应注意哪些问题?

5. 薪酬管理在企业管理中的重要性主要表现在哪些方面? 以一个企业为实例,描述薪酬管理的基本程序与步骤在实际工作中的具体应用。

6. 工作设计的方法主要有哪几种? 各种方法的适用范围是什么?

7. 纺织企业人力资源管理的主要内容和程序是什么?

8. 劳动定额的制订方法主要有哪几种? 各自的优缺点是什么?

9. 案例中的人力资源管理特点是什么?

第八章　纺织营销管理

营销是企业生产经营活动中的一个重要环节,对营销工作的管理是企业管理的重要组成部分。在经济全球化的今天,纺织品不仅作为人们的生活必需品,还越来越多地应用于国民经济各个产业,随着市场的不断扩大和互联网的应用,营销方法及手段不断创新发展,纺织企业营销工作的观念改变更加重要。

第一节　营销管理概述

一、营销管理的概念

(一) 营销概述

1. 营销的定义

营销指市场营销工作,是企业通过设计、生产、服务,提供机会交换产品和价值,满足人们或产业对纺织品需要和欲望的一种活动。以消费者的需求为导向,按消费者的实际需要开发和生产适销的产品,并有的放矢地投放到市场,引导消费者购买而实现销售的过程。随着互联网的应用,电子营销方式发展很快,但从根本上讲,它仍属于工具手段的变化,仍然需要遵循营销的原理和规律。

2. 营销的作用

营销是以消费者作为企业生产过程的起点和终点,是联系生产者和消费者的纽带,是企业实现经济效益的重要环节,是涉及企业生产经营全过程的一项重要工作。

3. 营销的内容

主要有市场调研、目标市场选择、产品开发信息、与消费者沟通、产品销售和服务等,为企业进行经营决策提供依据。

4. 营销观念的演变和特征

(1) 生产观念—产品观念—推销的观念—市场营销的观念—社会营销的观念。

(2) 营销观念的基本特征:

- 以顾客需要的满足为核心——本质观。
- 以企业的市场占有为目标——动态观。
- 以营销策略的组合为手段——系统观。

(二) 营销管理

营销管理是指企业计划实施的理念、产品和服务的构思、定价、分销和促销,并进行监督、控制,确保实现企业预期营销目标的活动。

营销管理是一个过程,包括分析、计划、执行和控制,其管理对象包含理念、产品、营销和服务。营销管理的基础是交换,目的是满足用户需要。

二、营销管理的任务

营销管理的任务是刺激、创造、适应及影响消费者的需求。从此意义上说,纺织营销管理的本质是纺织品的需求管理。任何市场均可能存在以下需求状况:

(1)负需求。负需求是指市场上众多消费者不喜欢某种产品或服务,需要采取扭转性措施。例如,一些过时的款式、面料,就属于这种情况。

(2)无需求。无需求是指目标市场上的消费者对某种产品从来不感兴趣或漠不关心,需要采取刺激性措施。例如,一些纺织新产品宣传不到位,导致消费者不够了解的现象。

(3)潜在需求。潜在需求是指现有的产品或服务不能满足许多消费者的强烈需求,需要采取开发性措施。例如,中老年纺织品市场,一方面生产者认为中老年纺织品市场难伺候,利润低;另一方面,多数中老年消费者埋怨买不到合适的纺织品。

(4)下降需求。下降需求是指目标市场上的消费者对某些产品或服务的需求出现了下降趋势,需要采取恢复性措施。有些产品在较长时间内,不能及时按照消费者的要求变化而改变,服务也没有开拓市场时认真到位,就会使市场出现下降趋势。

(5)不规则需求。纺织企业经常面临因季节、月份、周末、节日对产品或服务需求的变化,造成生产能力和商品闲置或过度使用的情况,需要采取同步营销措施。例如,反季节销售。

(6)充分需求。充分需求是指某种产品或服务目前的需求等于期望的需求,但消费者需求会不断变化,竞争会日益加剧。因此,企业营销任务是改进产品质量及不断估计消费者的满足程度,维持现时需求,这称为"维持营销"。

(7)过度需求。过度需求是指市场上消费者对某些产品的需求超过了企业供应能力,产品供不应求,需要采取降低性措施。这种情况在市场经济条件下出现的可能很小。

(8)有害需求。有害需求是指对消费者身心健康不利的产品或服务,如纺织的废次品、黑心棉等。企业营销管理的任务是通过提价、传播有害程度及减少可购买机会或通过立法禁止销售,称之为反市场营销。反市场营销的目的是采取相应措施抵制某些有害的需求。

三、营销管理程序

营销管理程序是指企业为达到经营目标,组织营销活动必须经过的步骤和要求,一般包括以下四个程序:

(1)分析市场机会。

(2)选择目标市场。

(3)制订营销计划,确定营销组合策略。

(4)实施营销计划,控制营销活动等。

营销管理程序是营销管理工作的原则和主要内容,也是纺织品营销的薄弱环节。在互联网应用迅速发展的今天,营销的手段、渠道、场地、环境都有很大变化,但营销的实质未变,仍然是以满足引导消费者的市场需要为宗旨。

第二节　市场机会分析

市场机会分析是指按照一定的方法,分析企业面对的市场状况,为决定下一步应该采取的策略提供依据的活动。这里需要了解市场、消费者、市场机会分析等概念。

一、市场

市场是产品经济的产物,它随着社会分工、产品生产、产品交换的发展而变化。

(一)市场定义

狭义上指产品交换的场所。例如,纺织的原料市场、内衣市场、服装市场等。广义上指各种产品交换行为、交换关系的总和。也就是现代的市场,借助网络工具,它已经不受时间、场地、传统交易手段的限制。社会有多大,它就有多大,而且无论什么时间都在运行。除了传统交易方法外,还有广告、中间商、贸易洽谈、合同订货及电子订货等形式,如技术市场、房地产市场、电子购物及网络市场等。

(二)市场构成的基本要素

市场＝人口＋购买力＋购买欲望

人口是市场的基础条件,购买力是市场的决定条件,购买欲望是市场的有效条件。

(三)市场分类

市场有许多分类方法,这里按纺织品的使用对象划分,可以分为消费者市场、生产者市场和组织者市场三类。

(1)消费者市场指主要用于个人或家庭的纺织品市场,如服装、鞋帽市场等。

(2)生产者市场指主要用于生产加工、重新销售的纺织品市场,如布厂、印染厂等。

(3)组织者市场指主要供集体使用的纺织品市场,如军服、校服、产业用纺织品等。

二、市场的细分

纺织市场是一个庞大的交换场所,消费者可以在相应的市场实现需求,购买到称心的纺织产品。对于一个纺织企业,要在相应的市场上卖出产品,必须对现有的市场进行细分。

(一)市场细分概念

1. 市场细分涵义

市场细分是指在市场调查预测的基础上,根据众多消费者的不同需求,把企业某一产品的总体市场划分为若干个适合不同消费群的细小市场。例如,服装市场可细分为男女装、运动装、中老年装等市场。

2. 市场细分的必要性

(1)利于掌握不同消费者的需求特点,正确地进行产品和市场开发。不同的消费者对产品的功能、质量和服务等,会有不同的要求。例如服装市场,男性与女性对服装的规格尺寸、花色款式的要求不同;即使同样是女性,或者同样是男性,由于年龄不同,对服装的需求差别也很大。

（2）利于掌握市场分布情况,确定重点目标市场。根据消费者的分布情况,分析不同细分市场的有利条件、不利条件及现有规模,摸清哪些消费者是企业的主要服务对象,哪些是次要服务对象,从中发现市场缝隙,以便更准确地选择目标市场。

（二）市场细分原则与分类

1. 市场细分原则

一般而言,市场细分应遵循以下基本原则:

（1）可衡量性。指细分的市场是可以识别和衡量的,不仅范围明确,而且对其容量大小也能大致做出判断,避免无意义的细分变量。例如,具有"依赖心理"的青年人,在实际中是很难测量的。

（2）可进入性。指细分出来的市场应是企业营销活动能够抵达的。例如,有关产品和信息必须能够到达该市场的大多数消费者,否则该细分市场的价值不大。

（3）有效性。指细分出来的市场,其容量或规模要大到足以使企业获利,即要考虑细分市场上消费者的数量、购买能力和购买产品的频率。如果细分市场的规模、容量太小,成本耗费大,获利小,就不值得细分。

（4）对营销策略反应的差异性。这一特性是指各细分市场的消费者对同一市场的营销组合方案会有差异性反应,或者说对营销组合方案的变动,不同细分市场会有不同的反应。如果不同细分市场的消费者对产品需求的同质性远大于其异质性,企业就不必费力对市场进行细分。

2. 市场分类

市场细分是一项区别消费者需求特点,按照他们的要求特点进行分类,采取相应营销策略的工作。企业的总体市场可以从不同的角度,采用不同的标准进行细分。

（1）消费者市场细分

① 按人口因素细分。按消费者年龄、性别、家庭规模、收入、职业、教育程度、宗教等细分市场。例如,只有收入水平很高的消费者才可能成为高档服装等商品的经常买主。

② 按地理区域因素细分。按地区划分,如国内市场与国际市场;按地域气候条件划分,如寒带市场、热带市场。

③ 按购买者心理因素细分。由于人们的生活方式（时髦、朴素、随俗）、个性（外向、内向、独立、依赖、开放、保守）、价值取向（求实、求美、求新、求奇）等不同,形成不同的购买心理,产生不同的需求偏好,可以细分成不同的市场。

④ 按行为变量细分。根据购买者对产品的了解程度、态度、使用情况及反应等,将他们划分成不同的群体,叫行为细分。行为变量能更直接地反映消费者的需求差异,因而成为市场细分的最佳起点。

（2）生产者、组织者市场细分

除了前述消费者市场细分外,还可用其他因素细分市场。

① 按用户规模分,采用不同的营销组合策略。比如,对大客户宜直接供应,在价格、服务等方面给予更多优惠;对众多的小客户宜使产品进入商业渠道,由批发商或零售商组织供应。

② 按产品用途分。用户购买产品,是供再加工用还是自己直接使用,通常都有特定的要求。比如,同为纺织面料用户,有的需要棉布、有的需要化纤、有的需要针织品等,可分别对待。

③ 按生产者、组织者购买状况分。根据他们的购买方式细分市场。主要购买方式包括直接购买、修正购买及新任务购买。不同的购买方式,其采购程度、决策过程等各不相同,因而可将整体市场细分为不同的小市场群。

(三) 市场细分方法和程序

1. 市场细分方法

(1) 单一变量因素法。单一变量因素法指的是根据影响消费者需求的某个重要因素进行市场细分。例如,服装市场按年龄可分为青少年装、中老年装等市场,按气候可分为春装、夏装、秋装、冬装等市场。

(2) 多个变量因素法。多个变量因素法指的是根据影响消费者需求的两种或两种以上的因素进行市场细分。例如,纺纱企业要根据用户规模、地理位置、产品价格、最终用途及潜在市场规模等多种因素来细分市场。

(3) 系列变量因素法。系列变量因素法是指根据企业经营特点并按照影响消费者需求的各因素,由粗到细地进行市场细分。这种方法可使目标市场更加明确、具体,有利于企业更好地制订相应的市场营销策略。例如,服装市场可按地理位置(城市、郊区、农村)、性别、年龄(儿童、青年、中老年)、收入(高、低)、职业(工人、农民、职员)、购买动机(求新、求美、求廉、求耐用)等因素细分。

2. 市场细分程序

(1) 选定产品市场范围,即确定进入什么行业、生产什么产品。产品市场范围应以消费者需求而不是产品特性确定。

(2) 列举潜在消费者的基本需求。

(3) 了解不同潜在用户的不同要求。

(4) 抽掉潜在消费者的共同要求,以他们的特殊需求作为细分标准。

(5) 根据消费者需求差异划分子市场。

(6) 分析细分市场的特点。根据每一细分市场需求与购买行为特点及原因,决定是否将这些细分市场合并,或进一步细分。

(7) 估计市场规模做趋势分析。在调查基础上,估计每一细分市场的消费者数量、购买频率、每次购买的平均数量等,对细分市场上的产品竞争状况及发展趋势做出分析。

(四) 市场细分需注意的问题

一是市场细分标准是动态的。市场细分的各项标准不是一成不变的,而是随着社会生产力及市场状况的变化而不断变化。例如,年龄、收入、城镇规模、购买动机等都是可变的。

二是不同的企业细分市场时应采用不同标准。各企业的生产技术条件、资源、财力和营销的产品不同,所采用的市场细分标准应有区别。

三、市场机会分析

(一) 市场机会的涵义

1. 市场机会概念

市场机会是指由消费者尚未满足的需要所形成的,对企业经营发展相对有利的时机与条件;也指在某种特定的营销环境下,企业通过营销活动创造利益的可能性。

2. 市场机会的来源

市场机会产生于营销环境的变化。例如,市场的细分、新市场的开发、竞争对手的失误以及纺织新产品、新工艺的采用等,都可能产生新的需求,从而为企业提供市场机会。

(二) 市场机会的分析

市场机会可以为企业赢得的利益表明市场机会的价值。市场机会的价值越大,对企业利益需求的满足程度也越高。

1. 市场机会的吸引力与可行性

确定市场机会的吸引力与可行性。要根据企业自身的竞争能力、产品销售情况、营销策略,首先评估出企业某个产品或方案对市场的吸引力和可行性大小。

市场机会的吸引力与可行性大小的确定一般采用加权平均估算法。首先对决定市场机会的吸引力(或可行性)的各项因素设定权值,再根据这些因素的具体情况确定一个分数值,最后加权平均之和,即从数量上反映该市场机会对企业的吸引力(或可行性)大小。

2. 市场机会的价值评估矩阵

按吸引力大小和可行性强弱组合,可构成市场机会的价值评估矩阵,如图 8-1 所示。

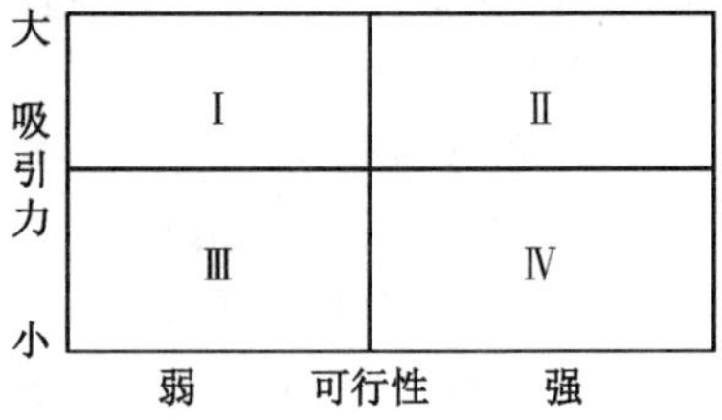

区域 I 为吸引力大、可行性弱的市场机会。一般来说,这种市场机会的价值不会很大。除了少数冒风险的企业,一般企业不会将主要精力放在此类市场机会上。但是,企业应时刻注意决定可行性大小的内外环境条件的变动情况,并做好当其可行性变大进入区域 II 迅速反应的准备。

区域 II 为吸引力、可行性俱佳的市场机会。此类市场机会的价值最大。通常,此类市场机会既稀缺又不稳定。企业营销人员的一个重要任务就是要及时、准确地发现有哪些市场机会进入或退出该区域。该区域的市场机会是企业营销活动最理想的内容。

图 8-1 市场机会价值评估矩阵

区域 III 为吸引力和可行性皆差的市场机会。通常,企业不会注意这类价值最低的市场机会。这类市场机会不大可能直接跃居到区域 II 中,它们通常需经区域 I 或 IV 才能向区域 II 转变。当然,有可能在极特殊的情况下,该区域的市场机会的可行性、吸引力突然同时大幅度增加。企业对这种现象的发生也应有一定的准备。

区域 IV 为吸引力小、可行性大的市场机会。此类市场机会的风险低,获利能力也小。通常,稳定型企业、实力薄弱的企业以此类市场机会作为常规营销活动的主要目标。对该区域的市场机会,企业应注意其市场需求规模、发展速度、利润率等方面的变化情况,以便在此类市场机会进入区域 II 时有效地把握住。

需要注意的是,该矩阵是针对特定企业的。同一市场机会在不同企业的矩阵中出现的位置是不一样的。对经营环境条件不同的企业,市场机会的利润率、发展潜力等影响吸引力的因素及可行性均有所不同。

(三) 市场机会的识别与把握

1. 识别市场机会的基础

识别市场机会的基础及前提条件:随时掌握市场信息情报资料;拥有适当的资源和竞争实力;具有高度的进取心和敏感性。

2. 市场机会的把握

（1）显在的市场机会填补法——差量填补、功能填补、结构填补。

（2）前兆型市场机会追随法——梯度追随、时尚追随、关联追随。

（3）突发型市场机会捕捉法——快速反应、及时生产、流程再变。

（4）诱发型市场机会诱导法——开发产品、营造概念、转变观念。

第三节 目标市场确定

一、目标市场概念和条件

（一）目标市场的概念

目标市场是企业在细分市场的基础上，根据自身资源优势所选择的主要为之服务的那部分特定的顾客群体，就是企业产品决定要进入的市场。

（二）目标市场的条件

企业对整体市场进行细分之后，要根据细分市场的市场潜力、竞争状况、企业自身资源条件等多种因素，决定把哪一个或哪几个细分市场作为目标市场。一般目标市场应符合以下条件：

（1）有一定的规模和发展潜力。企业进入某一市场期望有利可图，如果市场规模狭小或者趋于萎缩状态，应审慎考虑，不宜轻易进入。当然，企业也不宜以市场吸引力作为唯一取舍标准。例如，都将规模最大、吸引力最大的市场作为目标市场，结果造成过度竞争和资源浪费，同时使消费者的一些需求遭受冷落和忽视。

（2）竞争者较少的市场。企业应尽量选择竞争相对较少、竞争对手较弱的市场作为目标市场，降低企业进入后所付出的代价。

（3）符合企业目标。某些细分市场虽然有较大吸引力，但不能推动企业实现发展目标，甚至分散企业精力，使之无法完成其主要目标，这样的市场应考虑放弃。

（4）适应企业的能力。应考虑企业资源条件是否适合在某一细分市场经营。只有选择企业有条件进入、能充分发挥其资源优势的市场作为目标市场，才能使企业立于不败之地。

二、目标市场的模式与策略

（一）目标市场模式选择

企业对不同细分市场进行评估后，必须对进入哪些市场及为多少个细分市场服务做出决策。企业可考虑选择以下五种目标市场模式：

1. 密集单一市场

密集单一市场是最简单的方式，即选择一个细分市场集中营销。企业通过密集营销，树立起特别的声誉，可在该细分市场建立巩固的市场地位。但是，个别细分市场可能出现不景气的情况，这样密集市场营销比一般情况的风险更大。

2. 有选择的专门化

选择若干个细分市场,其中每个细分市场在客观上都有吸引力,并且符合企业的目标和资源,每个细分市场都有可能赢利。这种多细分市场目标优于单细分市场目标,因为可以分散企业的风险。

3. 产品专门化

集中生产一种产品,企业向各类消费者销售这种产品。例如,专门的纱厂或布厂,易在纱或布的领域树立起很高的声誉。但是,如果这种产品被一种利用全新技术生产的产品代替,企业就会发生危机。

4. 市场专门化

市场专门化指专门为满足某个消费群体的各种需要而服务。例如,纺织企业专门为一个大印染厂提供一系列产品,建立良好的业务关系。但是,如果这个印染厂出现困难,会使该纺织企业发生危机。

5. 完全市场覆盖

完全市场覆盖指企业用各种产品满足各种消费群体的需求。只有特大企业才能采用完全市场覆盖战略。例如,魏桥纺织集团(纺织市场)、通用汽车公司(汽车市场)和可口可乐公司(饮料市场),都占有完全市场。

(二)目标市场策略选择

企业选择目标市场策略应综合考虑产品和市场等多方面因素。

1. 企业资源和实力对应的市场策略

当企业在生产技术、营销、财务等方面的实力很强时,可以考虑采用差异性或无差异营销策略;资源有限、实力不强时,采用集中性营销策略的效果可能更好。

(1)无差异策略,指企业将整个市场视为一个目标市场,用单一的营销策略开拓市场,即用一种产品和一套营销方案吸引尽可能多的购买者。无差异策略只考虑消费者在需求上的共同点,而不关心他们在需求上的差异性。例如,可口可乐公司曾以单一口味的产品、统一的价格和瓶装、同一广告主题面向所有消费者。无差异营销的理论基础是成本的经济性。单一产品可以减少生产与储运成本,节省促销费用。这种策略对需求广泛、市场同质性高且能大量生产销售的产品比较合适,但对纺织品不太合适。首先,纺织品是一种外在美和个性化的表现,消费者需求千差万别并不断变化,一种产品长期为所有消费者接受是做不到的。其次,这一策略会造成市场竞争异常激烈,却忽视了小的细分市场上消费者需求,对企业和消费者都是不利的。再次,易受到竞争企业的攻击,如果其他企业针对不同细分市场提供更有特色的产品和服务,采用该策略的企业就毫无办法。

(2)差异性策略,是针对每一细分市场制订一套独立的营销方案。例如,服装生产企业针对不同性别、不同收入水平的消费者,推出不同品牌、不同价格的产品,并采用不同的广告主题来宣传这些产品,就是差异性营销策略。

该策略优点是小批量、多品种、生产灵活、针对性强,使消费者需求更好地得到满足;另外,在多个细分市场上经营,可以减少经营风险,有助于提高企业形象及市场占有率。其不足之处,一是增加营销成本。由于产品品种多,管理和存货成本增加;不同的细分市场发展要有独立的营销计划,会增加营销成本。二是可能使企业资源配置不能有效集中,顾此失彼,使拳头产品难以形成优势。

（3）集中性市场营销策略。实行前两种策略时,企业均以整体市场作为营销目标,试图满足所有消费者在某一方面的需要。集中性营销策略则是集中力量进入一个或少数几个细分市场,实行专业化生产和销售。实行这一策略,企业不是追求一个大市场,而是力求在一个或几个子市场占有较大份额。例如,有些纺织企业的产品只面向特定地区或消费者。

该策略的核心是,与其四处出击收效甚微,不如突破一点取得成功。这一策略特别适合资源力量有限的中小企业。中小企业在整体市场上无力与大企业抗衡,但如果集中资源优势,在大企业尚未顾及或尚未建立优势的某个细分市场进行竞争,成功可能性更大。其局限性体现在,一是市场区域相对较小,企业发展受到限制;二是潜伏着较大的经营风险,一旦目标市场突然发生变化,如消费者趣味发生转移或强大竞争对手进入,都可能使企业因无回旋余地而陷入困境。

2. 产品同质性

产品同质性指在消费者眼里,不同企业生产的产品的相似程度。相似程度高,则同质性高;反之,则同质性低。对于纺织服装产品,由于在型号、式样、规格等方面存在较大差别,可选择性强,更适合采用差异性或集中性营销策略。但现在纺织品数量大幅度增加,也出现了同质化现象,纺织行业须重视。

3. 市场同质性

市场同质性指各细分市场的消费者需求、购买行为等方面的相似程度。市场同质性高,意味着不同消费者对同一营销方案的反应大致相同,此时,企业可考虑采取无差异营销策略,反之则适宜采用差异性或集中性营销策略。

4. 产品生命周期

在产品投入期,竞争较少,可采用无差异策略;进入成长期或成熟期,同类产品增多,为确立竞争优势,可采用差异性营销策略;步入衰退期,为延长产品生命周期,全力对付竞争者,可采用集中性营销策略。

5. 竞争者策略

企业选择目标市场营销策略时,一定要充分考虑竞争对手的营销策略。如果竞争对手采用差异性营销策略,应采用集中性营销策略;若竞争者采用无差异营销策略,可采用差异性或集中性结合的营销策略。

6. 竞争者数目

当市场上同类产品的竞争者较少、竞争不激烈时,可采用无差异性营销策略。当竞争者多、竞争激烈时,可采用差异性和集中略结合的营销策略。

总之,企业要根据市场细分的市场潜力、竞争状况、自身资源条件等多种因素,开展正规的、详细的、尽可能量化的信息收集和整理工作,进行企业目标市场的确定。

第四节　营销计划与策略组合

企业要研究市场形势和消费者需求变化,按照营销计划的制订程序,确定产品生产、销售、营销费用及新产品开发计划,要注意前后计划的衔接、长短期计划的组合及可行性,对企业的产品、价格、分销渠道及促销策略做出最佳的营销策略组合。

一、营销计划

(一) 营销计划概念和内容

1. 营销计划概念

营销计划就是对企业制订的营销战略与决策方案加以具体化,对营销方案的实施进行统筹安排。营销计划是企业整个经营计划中的一个重要组成部分,是对企业营销活动的具体筹划。

2. 营销计划内容

(1) 产品营销计划是以产品为对象,按照产品数量和金额分别制订的营销计划,既包括企业生产的各种老产品的营销计划,也包括新产品的营销计划。

(2) 市场开拓计划。在市场细分和选择目标市场之后,要安排如何进入、占领和扩大目标市场的计划。

(3) 分销渠道计划。建立与各种中间商联系的计划,即与代理商、经销商、批发商、零售商建立和发展关系,形成多种分销渠道的计划。近年迅速应用的电子商务直接面对消费者,缩短了销售渠道,在个人消费市场拥有明显优势。

(4) 销售服务计划。主要指对产品的售后服务、售前的技术咨询计划等。当然,促销计划、储存和运输计划、营销费用预算计划等,都是营销计划必须考虑的。

在以上计划的基础上经过综合平衡、统筹兼顾,形成一个有机的整体营销计划,以提高企业的营销竞争能力。

(二) 营销计划书

1. 营销计划书主要内容

(1) 计划概要,对营销计划的目标、任务、意义、内容的整体概括。

(2) 背景分析,说明提出计划的各种政治和经济环境、时机、必要性、市场、有利条件和不利因素等。

(3) 营销目标,企业在一定时期内要追求的主要经营指标,如销售品种数量、销售收入、销售利润率、市场占有率等。

(4) 经济预算,按照企业的总目标要求,针对确定的营销目标进行财务分析和资金平衡测算。

(5) 方案设计,主要有企业营销工作的构思、策划、政策、组织、人员、策略、培训及配合措施等。

(6) 效果评价方法,对计划实施过程和结果的考核评价依据和手段。

(7) 可行性分析,针对计划目标及方案进行市场、环境、企业竞争力等方面的预测,提出至少针对两个以上变化条件的可行性及对策。

(8) 备注和附件,一些必要的说明和补充。

2. 营销计划书的编制

(1) 收集和掌握编制营销计划的基础资料。应收集和掌握的资料:企业历年销售统计资料;用户档案资料和用户订货情况;市场调查和预测资料;国家产业政策和产品政策;企业年度和中长期计划,尤其是企业经营目标、利润目标等。

（2）依据上述资料，初步确定计划期的产品品种、数量、销售收入指标。

（3）分析这些指标落实的可行性。

（4）根据初步确定的产品品种、数量和销售收入指标，测算能否达到企业的利润目标。

（5）确定各种产品进入目标市场的时间、数量、销售方式、销售渠道、扩大销售和措施。

制订营销计划书是企业管理工作十分重要的内容，纺织企业一般根据年度经营计划要求，按照以上程序进行编制。

二、营销策略组合

（一）概念

营销策略组合，指企业将产品、价格、成本等项目，进行系统、全面、综合的协调，选择、运用和搭配而形成的最佳营销策略组合的决策，也是企业总的营销预算在各种营销方式中的分配和使用方案。表 8-1 给出了几种营销组合形式。

表 8-1　营销策略组合形式

组合形式	分项 1	分项 2	分项 3	分项 4	形式核心
4R	关联	快速	关系	双赢	竞争
4C	顾客问题	成本	便利	传播	顾客
4P	产品	价格	分销	促销	市场

这里主要介绍"4P"这一营销策略组合，即产品策略、价格策略、分销渠道策略及促销策略的组合，其他组合都以此为基础，结合当前市场变化趋势演变而来的。

（二）产品策略

产品策略是企业为了满足市场需求所确定的产品生产、管理的原则和方法，一般包括品质、品种、品牌、包装、服务等。

1. 产品的概念

产品是能够被消费者理解的、满足其需求的，包括实体产品、服务、地点、组织等由企业提供的所有内容。如前文所介绍的，按现代观念讲，产品有五个层次，即核心层（基本效用）、形式层（基本形式）、期望层（期望的属性和条件）、附加层（售后服务与保证）、潜在层（可能的发展前景）。企业要尽可能地表现出产品的层次和差异。

2. 产品组合与决策

（1）产品组合，也称产品搭配，是指一个企业提供给市场的全部产品线和产品项目的组合或搭配，即经营范围和结构。

① 产品线，指互相关联或相似的一组产品，即我国通常所说的产品大类。产品线的划分可依据如下要素：产品功能上相似，消费上具有连带性，供给相同的消费者群，有相同的分销渠道，或属于同一价格范围。

② 产品项目，指产品线中各种不同品种、档次、质量和价格的特定产品。例如，某电商或商店经营鞋、帽、服装、针织品四大类产品（四条产品线），每个大类中又有若干具体品种（指产品项目，如男女鞋、帽、服装及内衣等），所有这些产品大类和项目按一定比例搭配，就形成该电商或商店的产品组合。

（2）产品组合决策，是对产品组合的宽度、深度和相关性等方面做出的决策。

① 产品组合的宽度，指一个企业生产的产品大类的多少，即拥有的产品线多少，多则宽，少则窄。

② 产品组合的深度，指产品线中每种产品的花色、规格的多少。

③ 产品组合的相关性，指各个产品线在最终使用、生产条件、分销渠道或其他方面相关联的程度。

3. 产品生命周期

产品生命周期，指产品在市场上的投入、发展和衰亡的过程在时间上的表现。产品生命周期可分为导入期、成长期、成熟期和衰退期四个阶段，处于不同阶段的产品的市场状况与企业采取的对策不同。

（1）导入期，也称介绍期，指产品从设计投产到进入市场试销的阶段。其特点是生产不稳定，批量较小，成本较高，人们对产品尚未接受，销售缓慢，品种少，市场竞争少。

（2）成长期，指新产品通过试销效果良好，购买者逐步接受，产品在市场上打开销路的阶段。其特点是大批量生产，成本降低，企业销量上升，价格有所提高，利润增加。

（3）成熟期，指产品进入大批量生产并稳定进入市场销售，产品需求趋向饱和的阶段。其特点是产品普及并日趋标准化，销售数量相对稳定，成本低，产量大，生产同类产品的企业之间竞争加剧。

（4）衰退期，指产品逐步淘汰的阶段。

4. 市场定位

市场定位是企业根据目标市场上的同类产品竞争状况，针对消费者对此类产品的某些特征或属性的重视程度，为产品塑造与众不同的鲜明个性，并将其传递给消费者，求得消费者认同的过程。其实质是使本企业与其他企业严格区分开来，使消费者明显认识到这种差别，从而在消费者心目中占有特殊的位置。它是产品策略的重要内容之一。

（1）市场定位三要素。

① 确立产品特色，是市场定位的出发点和根本要素。要了解竞争者的定位，他们提供的产品或服务有什么特点，要了解消费者对某类产品各属性的重视程度，还要考虑企业自身条件。

② 树立市场形象。企业要以产品特色为基础树立鲜明的市场形象，积极、主动地与消费者沟通，引起消费者的注意和认同。市场定位成功的最直接反映就是消费者对企业产品所持的态度和看法。

③ 巩固市场形象。消费者对企业的认识不是一成不变的。企业应不断地向消费者提供新的论据和观点，及时矫正与市场定位不一致的行为，巩固市场形象。

（2）市场定位原则。

① 根据具体的产品特点定位。构成产品内在特色的许多因素，都可以作为市场定位所依据的原则。

② 根据特定的使用场合及用途定位。为产品找到一种新用途，是市场定位的好方法。

③ 根据消费者得到的利益定位。产品提供给消费者的利益是消费者最能切实体验到的，也可以用作市场定位的依据。

④ 根据使用者类型定位。企业常常将其产品指向某一类特定的使用者，以便根据这些消

费者的看法塑造恰当的形象。

（3）市场定位的类型。市场定位是一种竞争性定位，它反映市场竞争各方的关系，是为企业有效参与市场竞争服务的。

① 避强定位，是一种避开强有力的竞争对手进行市场定位的模式。

② 迎头定位，是一种与竞争对手"对着干"的定位方式，即企业选择与竞争对手重合的市场，争取同样的目标消费者，彼此在产品、价格、分销、供给等方面少有差别。

③ 重新定位，通常是指对那些销路少、市场反应差的产品进行二次定位。初次定位后，随着时间的推移，新的竞争者使本企业原来的市场占有率下降；或者，消费者需求偏好发生转移，导致市场对本企业产品的需求减少。这时，企业就需要对其产品进行重新定位。

5. 纺织产品策略

纺织品是与人们生活和各类产业发展息息相关的重要产品，其营销已形成比较完整的传统模式。例如，新产品开发引导市场、按市场需要翻单生产、以质量取胜、小批量多品种等方式，都取得了明显的效果。随着社会发展的进步、生活节奏的加快、市场竞争的加剧，纺织产品营销策略也在不断地改变和创新，主要有以下几个方面：

（1）产品定单式，或叫产品定制化，是一种按照社会化营销理念，在市场调研、市场细分的基础上，定时定量地设计、生产、销售的定制化营销模式。这是纺织品按需生产模式的进一步提高。面对激烈竞争的市场，要及时了解消费者的需求，及时做出快速反应，及时满足市场需求。

定制化营销方法的应用，需要市场细分定位、柔性生产、组合技术、固定式供应（流程再造）等先进方法的组合。

（2）培育品牌，是以企业或产品的特色、优势和实力而培育出来的特定形象进行全方位产品营销模式。在当今全球化经济时代，纺织产品已经成为与人们生活和各类产业发展息息相关的重要产品，它的品种系列十分繁杂，消费者对其原料、做工、技术、功能、特点、用途既熟悉又陌生，这些直接影响了消费者的购买行为和纺织品的销售工作。为此，纺织企业需要创造值得消费者信赖的"品牌"产品。

① 品牌是用以识别产品或企业的某种特定标志，通常由某种名称、记号、图案或其他符号构成，一般需要由商标、名牌到品牌的过程，它是靠长期积累、不断创造、精心培育而形成的。

② 品牌具有依附性、异化性、延伸性。

③ 品牌经营策略：

· 创品牌——建立特定形象。

· 传品牌——延续传统优势。

· 改品牌——突出产品差异。

· 借品牌——迅速打开市场。

（3）功能产品，是指依靠新技术、新材料及企业创新能力，开发产品的保健、防护、智能等功能，拓展产品市场的活动。应该讲，这一方式属于传统的新产品开发模式，但其开发理念、技术含量和使用范围都远远突破了传统观念。产品的功能营销是在人们生活水平日益提高及各产业需求不断变化的形势下，纺织业不断创新、勇于竞争而逐步形成的营销模式，它追求的是环保、和谐、健康、智能，是企业核心竞争力的体现，因此它代表着营销策略的发展趋势。

功能产品的主要内容有保健概念（蛋白类、运动类、远红外类、生态类等）、防护概念（防紫外线、防火类、防辐射类、抗静电类等)、产业概念(汽车用、土工布、过滤布、医疗卫生类等)、特殊概念(高强低伸类、耐高温类、智能类等),以及智能概念(传感类、控制类)等产品研究开发,引领市场。

(4)产品生命周期营销。

① 导入期产品——突出一个"快"字,快投入,抢市场。

② 成长期产品——强调一个"好"字,要保证产品质量稳定、服务到位,赢得更多的消费者认可。

③ 成熟期产品——抓住一个"优"字,此时竞争加剧,不能有任何疏忽,要注意营销策略的一致性,尽可能延长这个时期。

④ 衰退期产品——明确一个"转"字。迅速改变策略,如促销手段、转移市场或更换产品。

(5)互联网+产品。互联网的应用发展,改变了人们的生活方式,通过网络进行消费的意识已经越来越强,加强网络产品的认可成为了不可忽视的强有力的产品销售渠道。中商产业研究院大数据库数据显示,2015年纺织服装电子商务交易额达到数万亿元,同比增长20%以上,发展非常迅速。

(二)价格策略

1. *产品定价定义*

产品定价,指产品进入市场销售的价格。在市场经济中,产品价格是影响消费者需求和企业实现销售的重要因素之一。

2. *产品定价应考虑因素*

(1)价值。价值在货币形态上转化为价格时,主要表现为三部分:生产成本、流通费用、利润。这三者相互联系、相互制约,任何一个部分发生变化,都会引起价格变动。其中,生产成本是决定价格的主要因素。在考虑成本这一因素时,要依据企业的生产成本和社会平均成本。另外,产品的品牌也是重要的价值因素。

(2)供求关系。供求关系是市场经济供求规律和竞争规律的要求,一般有三种状况,即供不应求、供求平衡、供大于求。供求平衡时,价格稳定。但这种市场状况较少,主要是另外两种市场状况。供不应求时,价格上扬;供大于求时,价格下跌。供求关系是影响产品价格的重要因素。

(3)需求价格弹性。需求价格弹性是指消费者的需求对产品价格变动的敏感程度,它反映了产品价格与需求之间的客观规律性。一般来说,价格水平高低与需求的升降有关,价低则需求上升,价高则需求下降。各种产品的需求价格弹性是不同的。

(4)需求收入弹性。需求收入弹性是指因收入变动而引起的需求量变动程度,反映了需求与收入之间的客观规律性,一般是正比关系。收入水平降低时,不要随意提价,企业产品结构中,中低档产品比重应大一些,实行薄利多销。收入水平提高时,应增加中高档产品比重,可适当提高产品价格。同类纺织品在发达国家与发展中国家的定价是有区别的。

(5)产品生命周期。产品处于不同生命周期阶段,定价应不同。

(6)相关产品。相关产品是指使用价值上相互关联的产品。这有两种情况:一是互替相关,二是互补相关。互替相关的产品,如棉纺织品与化纤纺织品等。互补相关的产品,如羽绒服与羽绒,羽绒服面料降价,会使羽绒服的需求增长,相应地会引起羽绒(鸭绒等)需求的增长。

另外,还有产品的比价、消费者的心理等因素。

3. 定价策略

定价策略指企业确定产品销售的价格及服务的思路和方式,应包括产品价格、付款方式、付款时间、付款条件等,其中主要是价格确定。为了实现企业的定价目标,可选择以下定价策略:

(1)厚利定价策略。厚利定价是在成本基础上增加一个较高的附加额,产品价格较高。这种策略适用于短期内不会出现竞争对手而独家生产的新产品或名牌产品。

(2)薄利定价策略。薄利定价是在成本基础上增加一个较低的附加额,产品价格较低。这种策略适用于投放市场后很容易招来很多竞争者的新产品,或进入成熟期而竞争激烈的老产品。

(3)保本定价策略。保本定价是以不亏本为最低限,运用盈亏平衡原理而确定产品价格。这种策略适用于竞争非常激烈、供过于求的平销或滞销产品,也适用于尚不为消费者了解的新产品。

(4)赔本定价策略。赔本定价指低于产品成本的销售价格。当企业处境十分困难且产品严重滞销时,为减少亏损,可采用这种策略,以渡难关。

(5)提价策略。在产品供不应求或产品需求价格弹性较小时,可适当提高产品价格。

(6)降价策略。在产品供过于求或产品需求价格弹性较大时,可采取适当降低产品价格。

(7)质量差价策略。根据产品质量的等级不同,按质定价。

(8)时间差价策略。根据季节或时间不同,实行不同的产品价格。例如,销售旺季实行平价或略微提价,销售淡季实行降价。

(9)批量差价策略。根据用户购买产品数量不同,实行不同的价格。

(10)地区差价策略。同一产品在不同地区销售,实行不同的价格。

(11)心理定价策略。根据不同的购买心理,实行不同的价格。如尾数定价法,对中低档产品,单价为20元的,定为19.8元,使消费者产生一种"便宜"的感觉而乐于购买。再如整数定价法,对中高档产品,单价为98.5元的,定为100元,使高收入者感到这种产品"高档""贵重",购买它能显示出自己身份"高贵",得到一种心理上的满足。当然,要高得适度,不能以次充优。

(三)销售渠道策略

销售渠道,指产品从生产企业向消费者转移所经过的途径,其起点是生产厂家,终点是消费者。从起点到终点所经历的途径又叫流通渠道,其中间环节称作中间商。流通要求多渠道、少环节。但不论怎样,流通中的中间环节是不可缺少的,它是联系生产和消费之间的桥梁,在销售渠道中占有重要地位。

1. 销售渠道的结构

销售渠道有多种结构形态,一般分为五种形态:

(1)生产者—消费者。

(2)生产者—零售商—消费者。

(3)生产者—批发商—零售商—消费者。

(4)生产者—代理商—零售商—消费者。

(5)生产者—代理商—批发商—零售商—消费者。

显然,随着网络电商的飞速发展,第1种渠道应用日益增多。

2. 销售渠道的功能

(1)集中和分散。销售渠道的中间环节(中间商)从各生产厂家购进不同用户和消费者所需要的各种产品,集中起来;然后化整为零,分散卖给各零售店(商),或直接卖给最终的消费者。

(2)产销平衡。通过中间环节,调节生产与消费之间在产品的花色、品种和档次方面的差异。中间商把产品分成不同档次,销售给不同市场;同时根据市场习惯,在产品花色、品种上加以搭配,便于消费者购买。

(3)简化和节约。通过中间环节,简化了销售手续,节约了销售费用,扩大了销售范围,提高了销售效率。从理论上讲,各企业单独与每个消费者交易,其效率是和的关系,而通过中间商就成了积的关系。

3. 渠道策略

渠道策略,指企业销售产品时选择流通环节的方式,包括中间商、运输、配送等环节,其中主要是中间商的确定,一般有以下几种方式:

(1)主渠道。主渠道指企业的产品主要销售给有实力的专门从事产品流通的中间环节。利用主渠道强大的营销网络,把产品投放到国内外市场。

(2)辅渠道。辅渠道即企业选择分散的供销企业或个体商贩,迅速地将产品分销到各个分散的、细分的市场。

(3)宽渠道。宽渠道即企业尽可能通过许多批发商、零售商推销其产品,扩大市场覆盖面和快速进入新市场,使众多消费者或用户能随时随地买到本企业的产品。

(4)窄渠道。窄渠道即企业在某一地区只通过一家中间商,由其独家经营本企业的产品,以利于控制目标市场,减少多渠道各批发商、零售商相互争夺市场的矛盾,适用于生产高档名牌产品、精品的企业,既提高了企业的知名度,又维护了企业的形象。

(5)长渠道。有些企业面对千家万户的消费者,且市场面广、地域宽阔,其产品不可能直接销售给各个消费者,只能通过多而长的中间环节,最终到达消费者手里。

(6)短渠道。由纺织企业生产的产品的本身特点所决定,如服装怕挤压,需尽可能减少中间环节,直接销售给最终用户,或只经过一个环节就能到达最终用户手里。例如,利用集装箱将西服运到服装店,供消费者直接购买。

(7)加盟店渠道。加盟店渠道即按照企业的统一规定和要求,经营本企业品牌产品的中间商。例如,鄂尔多斯、杉杉、太和服饰等企业,都在国内外建立了多个加盟店,迅速地打开了市场,提高了企业品牌声誉,取得了可观效益。

(8)电商渠道。电商渠道是近年发展最快的渠道方式,它能够直接与消费者沟通、交易,不分时间和空间,降低了一定的费用,是消费者欢迎的方式。纺织品,尤其是服用及家用纺织品,具有时尚、流行、个性化特点,在网络技术不断完善的今天,非常适宜通过电商渠道销售。

4. 纺织品渠道策略

纺织品传统销售渠道主要是直销、加盟、连锁和专卖。随着互联网的广泛应用,电子商务得到迅猛发展,2015年比2014年提高9个百分点。主流电子商务平台服务模式由贸易撮合向业务闭环的演进,支付、物流和金融服务的完善,大大提高了企业应用电子商务的积极性。

(1)电子商务概念。电子商务源于英文 Electronic Commerce,简写为 EC。顾名思义,其内容包含两个方面,一是电子方式,二是商贸活动。电子商务指的是利用简单、快捷、低成本的电子通信方式,买卖双方不谋面地进行各种商贸活动。

纺织电子商务(Textile E-Commerce)是指利用互联网实现纺织商务活动,它借助网络媒体,通过数字通信进行信息交流、商品买卖和服务、资金支付和转账等商务行为,是纺织业一场影响深远的革命。

(2)电子商务类别。电子商务可以通过多种电子通信方式完成。简单地说,通过打电话或发传真方式与客户进行商贸活动。但是,现在人们所探讨的电子商务主要通过 EDI(电子数据交换)和因特网完成,也有人简称为 IC(Internet Commerce)。从贸易活动角度分析,电子商务可以在多个环节实现,由此其可以分为不同层次:

① 初级层次的电子商务,如电子商情、电子贸易、电子合同等。

② 高级层次的电子商务,利用因特网进行全部贸易活动,在网上将信息流、商流、资金流和部分物流完整实现,即从寻找客户开始,到洽谈、订货、在线付(收)款、开具电子发票,以至电子报关、电子纳税等,一气呵成。完整的电子商务除了买家和卖家外,还要有银行或金融机构、政府机构、认证机构、配送中心等机构。由于参与电子商务的各方在现实中互不谋面,整个电子商务过程并不是实际商务活动的翻版,网上银行、在线电子支付等条件和数据加密、电子签名等技术在电子商务中发挥着重要的不可或缺的作用。

(3)电子商务模式。总的来说,电子商务可以分为企业(Business)对终端客户(Customer)的电子商务(即 B2C)、企业对企业的电子商务(即 B2B)及终端之间的电子商务(即 CBC)等模式。

① 电子商务 B2C 模式,是从企业到终端客户(包括个人消费者和组织消费者)的业务模式。主要通过电子化、信息化手段,尤其是互联网技术,把本企业或其他企业提供的产品和服务,不经任何渠道,直接传递给消费者。因为它与大众的日常生活密切相关,所以被人们首先认识和接受。电子商务 B2C 模式的实现形式就是利用专门做电子商务的网站。现在已涌现出无数的这类公司,如网上商店、网上书屋、网上售票等,甚至有什么都做、什么都卖的电子商务网站,人们戏称为"千货公司"。这些新型模式企业的出现,使人们足不出户,通过因特网,就可以购买商品或享受咨询服务。

B2C 模式中,主要有两种应用形式。一种是由网站起家的 B2C,较难发展自有品牌的产品、实业,因此它们像百货商店,当然它们不是用户上门,而送货上门;另一种是由传统企业改造的 B2C,更像专卖店,专营自己品牌的产品,与传统专卖店不同的是用户和厂商的互动性更强,可以量身定做,同时省去了建实体店的开销,因此成本会降低。

② 电子商务 B2B 模式,是从企业到企业的业务模式。电子商务 B2B 的内涵是企业通过内部信息平台和外部网站,将上游供应商的采购业务和下游代理商的销售业务有机地联系在一起,从而降低交易成本,提高满意度。B2B 的交易额和交易领域规模比 B2C 大得多,对电子商务发展的意义也更加深远。

B2B 模式中,主要也有两种应用形式。一种是在传统企业的应用。一些传统企业的实质性业务正逐步向 B2B 转变,更多地以网络方式来传递信息和实现网上订单,但物流方式和以前没什么变化,依然是从供应商到企业,再从企业到代理商或最终客户。另一种 B2B 公司不是为自身采购或销售服务,其自身可能不生产任何产品,但通过建立统一的基于网络的信息平台,为某一类或某几类企业采购或销售牵线搭桥,此时的物流方式和上一类有很大不同,是从供应商直接到代理商,通过信息系统调配、组织供货与销售,并提供一些增值性服务,获得佣金或增值性服务收入。这类公司成功的关键是聚拢某一类产品的卖家和买家,通过特色服务,让买卖双方愿意到你平台上交易。

③ 电子商务 C2C 模式,是终端客户与终端客户之间的电子商务。消费者利用互联网平台,进行产品交易的活动。这种模式中,根据各自水平及掌握的资源情况,也有多种实现形式。

(4) 电子商务的实质,是实现企业提高效率、降低成本、提升客户满意度的目的。没有一定的管理基础,包括确定的组织结构、工作流程、工作规范的企业,不是电子商务企业;有管理但没有信息化的企业,也不是电子商务企业。只有网站而没有管理和信息化的电子商务,是不完善的。长期以来,企业依照年初制订的计划采购,依计划生产,看库存销售,这样的经营模式,缺乏依市场而变、高速反应的弹性机制和意识。只有利用互联网实现业务,同时在企业内部运营基于完善的管理思想和工作流程的"企业资源计划系统(ERP)",才是真正的电子商务企业,如佐丹奴、探路者等企业。

(5) 电子商务特点,主要是简单、快捷、低成本,不受时间、空间限制。它的不足是需要建立完善的诚信、监督、评价系统,依靠规则和标准,才能真正发挥互联网的作用,确保电商和消费者的合法利益,促使电商活动良性发展。纺织电子商务与传统商务活动相比,有以下优点:

① 管理更有效。传统的纺织企业管理是级别式管理,即上级对下级负责、下级对下下级负责的金字塔管理,其缺点是信息传递慢、效率低下,而且一旦原来的信息正确性出现问题,要及时弥补所付出的代价很高。另外,级别式管理掺杂了太多的人为因素,不太利于员工主动性、创造性的发挥。通过电子商务进行管理,就可避免上述问题。

② 降低交易成本。通过网络营销活动,纺织企业可提高营销效率,降低促销费用。据统计,在因特网上做广告,销售数量可以提高 10 倍,同时它的成本是传统广告的 1/10。其次,电子商务可以降低采购成本,因为借助网络,企业可在全球市场上寻求价格最优惠的供应商,而且通过与供应商之间的信息共享,减少中间环节及信息不准确带来的损失。有资料表明,使用 EDI(电子数据交换)可为企业节约 5%～10%的采购成本。

③ 减少库存。众所周知,纺织品的季节性和更新率很强,能否跟上发展趋势是纺织品营销中最重要的一个问题。纺织企业从原料、半成品到成品,都不可避免地会产生一定量的库存,而产生库存的根本原因是信息不畅。以信息技术为基础的电子商务,可以改变纺织企业决策中信息不准确和不及时的问题,通过网络迅速了解国际市场需求趋势,迅速将市场需求信息传递给企业用于决策生产,企业的需求信息可以马上传递给供应商以适时补充供给,实现零库存。

④ 缩短生产周期。纺织品生产环节琐碎、生产周期长、业务增长缓慢,一种纺织品的生产是许多部门相互协作的结果。因此,纺织品的设计、开发和生产、销售涉及许多关联企业。通过电子商务,可以改变过去由于信息封闭导致的分阶段合作方式,改为信息共享的协作并行工作方式,从而最大限度地减少因信息封闭而无谓等待的时间。

⑤ 增加商机。传统的纺织品交易受到时间和空间的限制,而基于 Internet 的纺织电子商务则无国界、时间、地域上的限制,网上的纺织业务可以开展到传统营销人员和广告促销达不到的范围。

⑥ 轻物资依赖,减少中间环节和活动经费,纺织企业的经济效益将大大提高。传统纺织企业的经营活动要有一定物资基础才能开展,需要店铺装潢、营业员培训、货物储备等,而在 Internet 上创建虚拟企业,如开设网上纺织城,基本不需要很多的实物基础设施,直接从商家到商家或从商家直接到客户进行交易,省去了许多中间环节,节省了中间费用,而这部分费用可转让给消费者,从而提高企业的信誉度和知名度。

（6）纺织企业发展电子商务的必要性、紧迫性。纺织电子商务已成为纺织品贸易增长的主要途径。由于网络的全球性和开放性,它给纺织业带来的商机是巨大而深远的,它对纺织业的影响是全面的,不仅在微观上影响纺织企业的经营行为和消费者的消费行为,而且在宏观上影响国际贸易关系和国家未来的经济竞争力。

纺织业是一种社会需要,其需要者又数量庞大,它的市场前景如何? 它所带来的商机有多大? 相信任何纺织企业家都能看出来,纺织业发展电子商务已刻不容缓。

总体上,我国的纺织电子商务起步晚,发展程度低;我国纺织企业通过网络进行贸易还不广泛,20 万余家纺织企业中,仅少数企业建立了自己的网站;2000 年,国外 95% 的企业有自己的网址和 E-mail 地址。说明国内企业如何利用信息技术开展自己的电子商务、贸易往来,已成为我国纺织企业的当务之急。

（7）我国纺织企业发展电子商务对策。综合我国纺织电子商务现状,其发展对策有:

① 改善信息基础设施,建立纺织企业的国际互联网网站。我国的信息建设与发达国家差距较大,发达国家的计算机人均占有率及互联网普及率是我国的数十倍,我国的工业和商业企业上网数量与国外同行的差距明显,国内纺织企业缺乏既懂网络又懂商务的复合型人才,电话费用和信息费居高不下,缺乏使用互联网的商业规则等知识,纺织电子商务网站数量和质量都有待提高。

② 加速企业信息化建设。企业电子商务建设和功能的充分实现,离不开企业内部的信息化建设。目前纺织企业普遍存在的信息化基础落后现状与商务技术现代化形成的巨大反差,已经不适应甚至阻碍了纺织电子商务的应用与发展,应当在人员(特别是中高层管理人员)培训、技术建设、管理配套等方面加速企业信息化建设进程。

纺织企业要大力推进和构建计算机及网络系统,在建立 ERP 系统方面有所突破,争取在全国 200 余家纺织重点企业推广应用 ERP 系统,为建立统一的行业信息系统奠定基础,还要按 IT 产业的运行机制,加大中国纺织经济信息网和企业局域网的资金投入,实现中国纺织经济信息网向行业综合网转化,使之真正成为中国纺织领域最具影响力的国际网站。

③ 利用信息技术,提高管理水平。在国外,很多纺织企业通过信息技术和网络建立了自己的供应链、销售链,包括内部流程管理和产品采购销售管理。通过网络管理,企业可以更好地利用内部资源,获得更好的产品和更低的价格。企业可以通过网络平台发布求购信息,采用竞标方式减少原料成本,提高利润。企业还可以了解客户市场的变动,及时做出调整。

意大利、美国、韩国等国的纺织企业在电子商务管理软件的应用上,普及率大大超过中国,给企业带来的影响可以说是革命性的。很多企业的销售、采购、管理全部通过网络实现,大大提高了企业的抗风险能力和市场快速反应能力。中国的纺织企业要在市场上与这些客户交流,及时建立自己的管理系统,这是非常重要的。

④ 适应与创新相结合,制订纺织企业电子商务规则。首先是"适应",即电子方案要适应中国企业目前水平下的商务要求,必须结合商务要求和技术手段两方面,做好总体规划,确定切实可行的商务模式,设计开发实用、有效的技术解决方案,在现有条件下最大限度地推进企业管理水平和经营效益的提高。然后是"创新",即在企业经营管理和信息化水平显著提高的情况下,着眼于未来发展的要求,进一步提高市场竞争力和管理水平,充分发挥电子商务和优势,创新纺织电子商务体系。

⑤ 利用国家政策和行业优势。选择部分国家重点企业,开展物资采购、产品营销、技术交

易、人才培训等方面的电子商务探索。已经全面启动"中国企业信息化网站",建立以国家重点企业为示范的电子商务平台。

纺织行业是国家重点行业,应抓住机遇,充分利用国家发展电子商务的政策,使电子商务成为纺织企业经营创新的发展方向。

（8）我国纺织电子商务发展前景。电子商务必将极大地推进纺织业的发展,对于提升和改造传统纺织业具有积极的作用。同时应看到,纺织企业发展电子商务,机遇与风险并存。

① 风险。由于全球经济和科学技术发展不平衡,各国在科技、经济上差距很大,在电子商务发展伊始,国与国之间就不平等,发达国家掌握着主动权,发展中国家及不发达国家处境不妙。此外,技术风险、交易安全性风险、立法风险、道德风险,都是不可避免。

② 机遇。实施纺织电子商务将带动纺织业的迅速发展,形成新的技术增长点,加速信息交流,促进纺织企业融入全球市场,提高应变速度,降低费用,提高效率,扩大市场竞争力,有利于形成高效的管理体制,增强企业核心竞争力。

总之,电子商务以其快捷、方便、高效率、高效益的显著优势,冲击和影响着国际贸易的各个领域。经过法规、物资、信息方面的完善,中国纺织业应充分利用互联网给人们带来的便利,抓住电子商务发展的契机,注意规避风险,加以合理运用,必将创造新的未来。

（四）促销策略

1. 促销的概念

促销,指企业通过一定方式,将产品信息传送给目标消费者,实现产品销售的一系列活动。促销,即促进销售,向消费者传递产品信息,引起他们的注意和兴趣,激发其购买动机,并转化为购买行为,从而实现和扩大企业销售目标。促销方式一般分为人员推销、广告宣传、公共关系和营业推广等。促销实质是传播与沟通信息。促销具有提供产品信息,帮助消费者了解产品特点,塑造产品形象,提高企业声誉和竞争能力,巩固企业市场地位,影响消费,刺激需求,以及开拓市场的重要作用。

2. 促销组合策略

促销组合是一种组织促销活动的策略思路,主张企业把广告、公共关系、营业推广、人员推销四种基本促销方式组合为一个策略系统,使企业的全部促销活动互相配合、协调一致,最大限度地发挥整体效果,从而顺利实现促销目标。

（1）广告。广告指由企业支付费用,旨在宣传构想、产品或者服务的大众传播行为。它是企业为了某种需要,通过一定形式的媒体,公开、广泛地向消费者传递产品信息的一种手段。广告要遵循合法性、真实性、针对性、艺术性、创意性的原则。广告推销策略有以下选择:

① 内容策略。有差异性策略,专讲本企业产品的特点和功能;解疑性策略,即对消费者疑虑传递有关信息;挑战性策略,专讲自己的优势和创新。

② 对象策略。有决策者导向、使用者导向、家庭权威中心导向、家庭协调型导向等策略。

③ 媒介策略。根据企业产品特点和经济实力,可以选择报刊、影视、广播、样本、车船广告、路牌广告、活体媒介等策略。

④ 时机策略。有先声夺人、适时传播、秘而不宣等策略。

⑤ 广告媒体及组合策略。广告媒体是广告宣传的载体。不同的广告媒体,有不同的特性。广告媒体最主要的四种是报纸、杂志、电视和广播。企业选择媒体种类时,应了解各类媒体的主要优缺点,同时还应考虑目标消费者的习好、产品种类、广告信息和成本费用。

（2）人员推销，指企业派出推销人员或设立专职推销机构，向目标市场的消费者推销产品的经营活动。这一方式在任何时候都有存在价值，只是结合网络运用或所占比例有所变化。

① 人员推销职能。寻找消费者，推销产品，提供服务，搜集情报。

② 人员推销特点。信息传递的双向性，推销目的的双重性，满足需求的多样性，推销过程的灵活性，推销成果的有效性。

③ 基本形式和技术。基本形式包括上门推销、柜台推销和会议推销；基本技术包括推销技巧、谈判艺术和关系管理。

④ 营销人员应具备的素质。有较高的思想修养，并融合于业务中。营销人员是企业的代表，必须具有以满足消费者需求为中心和为消费者服务的思想，有高度的责任感，自觉遵守本单位的纪律和规定，热爱营销工作。

⑤ 人员推销策略选择。根据企业产品特点、营销力量和营销环境不同选择：

a. 专职营销人员推销。在产品比较畅销的情况下，一般由企业专职营销人员承担推销任务，可按行业或地区分工分片推销。

b. 技术人员推销。技术人员对产品内在质量、功能及其与同类产品比较的优劣等方面了如指掌，对新产品推销较为适宜。

c. 企业全员推销。在企业产销矛盾比较大的情况下，需要派企业生产管理部门和车间相关人员参与产品推销活动。

（3）公共关系，指企业为建立传播和维护自身形象，通过直接或间接的渠道，保持与企业外部的有关公众沟通的活动，是现代营销的重要环节。

① 公共关系活动内容：争取对企业有利的宣传报道，帮助企业与有关各界建立和保持良好的关系，树立和保持良好的企业形象，消除和处理对企业不利的谣言、传闻和事件。

② 公共关系活动主要手段：新闻宣传，公共关系广告，企业自我宣传，人际交往。

（4）营业推广，指能够迅速刺激需求、鼓励购买的各种促销措施，是一种追求短期促销效果的行为，是现实生活中常用的营销措施之一。

营业推广的对象：消费者、中间商、制造商、推销人员。

营业推广的方式（对消费者进行）：赠送样品、优惠券、退款、特价包装、赠送礼品、奖励、累计购买奖励、免费试用、产品保证、联合推广等。

（5）直复营销（直接营销），是一种为了在任何地方产生可度量的反应或达成交易而使用广告媒体的交互作用的营销方式。例如，邮寄、网上营销、电视直销、面对面推销、通信营销等，是电商的初级表现。

3. 促销组合决策应考虑的因素

促销组合决策，就是对上述几种促销方式的选择、运用和搭配组合的决策，即企业总的促销预算在各种促销方式之间如何分配使用的问题。企业在决定促销组合时，受许多因素的影响和制约，一般包括以下几个方面：

（1）产品类型与特点。例如，纱线和布的消费者不同，促销方法要有区别。

（2）推或拉的策略，优惠推销或奖励吸引消费者等。

（3）按照现实和潜在消费者的状况，采取不同的方法。

（4）按产品生命周期的不同阶段采取相应的促销策略。

4. 纺织品促销策略

除以上促销方式外,根据纺织品的流行性、美观性等特点,可以采取以下纺织品特色营销策略:

(1) 流行营销——依据社会上的流行趋势和消费观念变化等现象,创造营销市场的活动。

① 流行色。流行是人们发自内心活动而形成的一种社会现象。流行色是指在一定时间和一定范围内,消费者普遍认可且欢迎的几种或几组色彩和色调。在纺织品营销中,可以利用颜色创造销售机会。

② 款式营销。利用服装式样的变化和流行趋势的结合,形成新理念销售机会的活动。

③ 面料营销。利用织物组织和整理技术的创新和流行趋势的结合,进行宣传促销的活动。

(2) 感觉营销——依靠人们的感知规律创造营销市场的活动。

① 利用心理学的一般规律进行营销,如强度律(不断强化人们对产品的认识,提高购买欲望)、差异律(产品差异化促销,有利于提高竞争力)、活动律(活动的物体比静止的物体生动,利于记忆)、组合律(利用联合、组合手段比单一手段有效)。

② 借助以上规律,结合纺织品美观实用的特性,可以采取以下实际策略:

a. 视觉策略,利用声、光、色、电视、网络等手段进行促销的方法。

b. 错觉策略,对颜色、条格、款式、数字、灯光等单独或组合利用,改变人们的购买行为的活动。

c. 联觉策略,指利用人们的联想知觉进行销售的方法。

d. 差别阈限,指人们感觉客观物体存在差别限度的范围。在纺织品营销中,改变款式或价格都要考虑差别阈限,如提价要低于差别阈限,而降价要高于差别阈限。

e. 从众营销策略,指利用消费者采购纺织品时的跟风从众思想进行销售的策略。例如,口碑销售等方法。

(3) 时装表演——利用纺织品服装的颜色、款式、面料、构思、风格、形象、艺术等的全面展示,引导、创造商机的策略。

时装表演具有多层次、立体、全方位的冲击效果,但成本较高。

5. 纺织品营销策略组合

纺织品是与人们生活、国民经济紧密相关的消费产品,制订其营销策略组合时,要有超前意识、灵活模式、整体规划、高效机制,充分利用网络信息。

总之,纺织企业的产品具有实用性、美观性、功能性及时尚性的特征。因此,纺织品的营销活动除一般性方法外,还有纺织品自己的特色和重点,同时要注意整体的组合和应用。

第五节　营销活动控制

一、营销控制概念

营销控制,是对整个营销活动落实、监督和控制,确保营销计划完成的过程。营销控制是营销活动的一个重要的关键性步骤,因为控制是营销计划转化为行动和实际效果的保证。

营销控制的依据,主要是营销计划和有关措施。控制措施有分解指标、层层落实、定期检查、限期整改、奖罚兑现等。

二、营销控制内容及方法

(一)营销计划分解考核

(1)销售量及收入,指企业产品总体或分别的计划销售量及销售收入。

(2)销售价格及利润率,指企业各个产品的计划销售价格和销售利润率。

(3)产品品种及数量,指企业产品在不同市场分配和销售的品种计划的比例和数量。

(4)市场占有率,指企业产品在市场销售量占同类产品总量的百分比。

以上计划指标均要落实到部门人员,明确时间和数量进度,并且有考核办法和应急措施。

(二)盈利控制

(1)分地区盈利控制,也叫分市场控制,一般以定期的区域销售量、销售收入和利润率,以及存货量和相应计划的比较分析进行监督。

(2)分品种盈利控制,一般以定期的品种销售量、销售收入和利润率,以及品种存货量和相应计划的比较分析进行监督。

(3)分渠道盈利控制,一般以定期的中间商、加盟商、专卖店的计划销售量、销售收入和利润率及存货量进行比较分析和监督。

3. 效率控制

主要对人员效率、广告效率、促销效率、渠道效率、费用效率进行测试和检查,对异常情况,要分析研究,采取措施,加以纠正。

4. 战略控制

主要指一些较大型的企业所进行的营销审计和营销等级评定等活动。

5. 渠道控制

(1)企业控制渠道成员的能力,包括企业的规模与实力、企业产品或服务的不可替代性、企业的品牌声誉、企业的报酬优势、间接成本优势、政策因素等。

(2)分销终端的控制与维护。是否促进产品销售、保证渠道通畅,是否有利于大规模促销活动的开展,是否有助于建立经销商对市场的信心,能否及时反馈市场的信息,终端网络能否成为企业重要资源等。

(3)有效控制分销终端措施。自行投资建设连锁终端网络,规范产品在终端的陈列和销售方式,派专人分片维护产品销售终端,对终端零售企业给予各种激励,组织大规模的终端推广活动。

(4)渠道的冲突与管理。

① 渠道冲突的类型:

a. 横向冲突(水平冲突),指销售同类产品的同一层级的中间商之间的竞争与冲突。

b. 纵向冲突(垂直冲突),指销售同类产品的不同层级的中间商面对同一顾客的冲突(越级销售)。

d. 多渠道冲突(交叉冲突),指不同渠道之间的竞争与冲突。

② 克服渠道冲突的主要方法。做好市场布局的总体规划,严格企业内部分销系统管理,

将限定销售区域的条款列入合同,对避免冲突的渠道成员实施激励,加强同渠道成员的相互沟通,建立垂直一体化的分销系统。

三、需要注意的方面

(1)要重视营销的过程,对营销的每个环节尤其是关键环节,必须有针对性的措施和应急方法。只有每个过程环节合格,才能保证最终结果完成。

(2)要坚持诚信原则,善于与消费者沟通,及时了解消费市场的变化,落实好每个营销措施,更要注意策略组合综合运用。

(3)管理过程以人为本,尽可能用网络数据说话,以制度为准绳,要有预案措施和具体手段,如思想工作、奖罚权利、行政措施甚至法律手段等。

总体上,营销活动控制要围绕营销计划和营销策略措施进行,要以人为本,加强员工的责任感,使他们发挥主观能动性,强化监督控制职能,确保计划的完成和落实。

[案例]
杉杉的品牌升级营销管理

品牌是一种产品外显形态与内在质量相统一的名称、标记或符号。企业需要促进营销并使品牌内涵同步升级,由此带动企业管理手段创新和管理水平提高。杉杉品牌升级营销管理,是在企业的经营实践中逐步形成的,它包含品质管理及生产管理的升级、市场营销网络及组织结构的升级、企业形象经营的升级、产品开发与品牌设计的升级四个部分,其中,生产和市场是物质的,设计和形象是精神的,相互独立又相互统一。品牌升级营销管理作为一个相对独立的管理体系,具有市场性、动态性、全局性和超前性四方面的特征。

一、品质管理与生产规模的升级

通过引进 ISO 9000 族国际质量标准,建立富有杉杉特色的质量保证体系。1995 年,企业开始逐步引入 ISO 9000 族质量标准体系。企业下属西服、时装两大生产企业于 1996 年通过 ISO 9000 认证,并向全体员工提出"用心选材、精心作业、天衣无缝、尽善尽美、潇洒一流"的质量方针,进一步向全体员工灌输质量意识、质量文化,形成全心协力、团结一致的质量保证体系。

生产规模实现由传统的手工作坊型向现代大工业型升级。在最初的无名名牌阶段,主要靠传统的手工作坊生产。杉杉率先在服装行业提出"创名牌"的口号,不惜巨资引进先进的流水线。目前,企业已建成五大生产企业,拥有国际先进的大平板恒湿恒温全吊挂生产车间多个,先进服装加工流水线 10 多条,拥有年加工各类服装 300 万件套的生产规模,初步建立了现代化大工业生产格局。

二、市场营销网络及组织结构的升级

企业由生产型企业向商场型企业转变,主动出击,创造和改造品牌市场。企业经营管理的重点,从抓质量、控成本扩展到找市场、发展品牌,使企业的管理形态必须随之改变。因此,杉杉集团逐步实行决策机构与操作机构分离,在集团企业宏观管理的基础上实现整体组织模式向市场企业转变。

市场网络建议的销售业务模式向市场企业模式升级。采取两种方式:一是在全国各大中城市建立市场信息企业,占领各市场制高点;二是实行"两条腿走路"的"专卖联销策略"。

三、企业形象经营的升级

单纯的产品形象向包含多种要素的企业形象升级。为使品牌和企业形象向高层次方向提升,杉杉集团很早就选择了 CI 导入作为企业形象革命的切入点,其目标定为:a. 定位提升品牌和企业形象;b. 以 CI 载体,创立中国的世界名牌;c. 探索民族服装业的振兴之路,推动中国服装业走向世界。

形象塑造手段由投入型向回报型升级,无形资产与有形资产同步经营。杉杉的形象经营,目前已完全超越单纯的广告宣传,向注重塑造完美形象、注重杉杉品牌无形资产的增值方面转变。

四、产品开发与品牌设计的升级

产品开发由简单的工艺改进向产品系列化、多元化方向升级。在拥有独立的品牌市场后,杉杉集团陆续推出一系列冠以杉杉品牌的服装、服饰,并相继投资设立了衬衫企业、童装企业、羊绒企业、服饰企业,产品门类几乎涵盖所有服装大类。

产品设计的概念由大工业时代的工艺设计向品牌内涵、文化的设计升级。杉杉率先实现名企业、名牌与名师的联合,成为国内首屈一指的服装设计总部,真正将企业的资金优势、市场优势、品牌优势和设计优势紧密结合起来,并且塑造出一个全新的设计品牌——法涵诗。

电子商务促进纺织业转型升级

电子商务对于纺织市场的结构调整和产品价格走势的影响已经愈演愈烈。中国纺织工业联合会信息统计部电商处提供:中国纺织工业联合会流通分会目前的 105 家理事单位中,拥有电子商务平台 32 家、电商服务园区 8 家、产业带 11 家。32 家电子商务平台中,仅 2012 年的最高交易额达 80 亿元,专业市场电子商务交易额占市场实体交易额的比重逐年上升,分别为 2011 年的 10.43%、2012 年的 16.2%,2013 年超过 23.33%。

电子商务的业界品牌成功案例:

(1)探路者公司,成立于 1999 年,专门从事户外用品研发设计,组织外包生产、销售。2007 年,探路者品牌被认定为"中国驰名商标",并成为"北京 2008 年奥运会特许生产商",创造了中国户外用品行业的两项唯一。到 2008 年底,探路者已经成为中国户外用品规模最大的企业,在两百多个大中城市都可以看见探路者的门店。探路者及时调整战略,积极进入电子商务领域。2013 年上半年,探路者的电子商务收入为 7 122 万元,同比增长 205.62%,占总营收的 13.86%。副总裁兼财务总监张成表示,在庞大的 UV 基础上,电商实际搭建的是两个平台的结合:一个是交易平台,另一个是服务平台。

(2)佐丹奴。"没有陌生人的世界"是佐丹奴的广告语。佐丹奴的主要产品是男女休闲装系列,以物有所值和卓越的服务闻名。佐丹奴始创于 1980 年,1991 年在香港上市,1992 年进入内地市场,开始主要以专卖店形式开拓市场,几乎遍布海内外的主要城市。公司于 2000 年融资开始电子商务,真正发力在 2003 年,将传统采购模式与网上采购模式进行全球整合,其电子商务网站正式上线。佐丹奴的高层管理人员可通过网络看到任意一家店铺的销售、仓库流通等情况,集团的大大小小业务通过网络 IT 的智能管理变得更加有序。虽然还没有独立为电子商务平台开通额外仓库,但采用与线下渠道共享仓库的运营模式,大大减少了人员与经费支出,促使佐丹奴的市场竞争力大大增强。

以上说明电子商务是纺织品服装的发展方向，人们对纺织服装市场应该"再认识"，就是电子商务是改变纺织产业未来的重要方式，未来的电商可能代表的是全球市场。

[思考题]

1. 什么是市场？它有何作用？市场细分有什么要求和作用？

2. 传统营销和现代营销观念有何区别？树立正确的营销观念会给企业营销带来什么重大变化？

3. 营销计划如何编制？

4. 营销人员应具备哪些素质？广告推销宣传的原则是什么？

5. 纺织品特色销售有哪些？

6. 纺织品电子商务的必要性及注意问题有哪些？

8. 产品定价应考虑哪些因素？应遵循什么原则？

第九章　现代财务管理

　　纺织企业的生产加工和销售过程是从原料到产品的实物形态转变的运动,同时伴随着资金的流动,即价值形态上的运动。财务管理是科学地控制资金周转效用和实物形态转化为价值形态(货币化流转)过程的活动。传统的财务管理仅限于"资金运动"范围,其工作是记账、算账和报账。现代企业制度下的财务活动是在原有财务管理的基础上,进行经营型和战略型财务管理,要求财务管理主动参与企业经济效益的预测、决策和控制,把财务管理工作延伸到企业经营业务活动的全过程。

　　企业的财务管理是组织企业资金,处理企业各方面的财务关系,以及提升资金效用的工作。财务活动一般包括资金筹集与使用、利润分配、资产管理、成本计划与控制等内容。在现代经济社会中,工科技术人员有必要了解一定的财务知识,促使技术经济工作融合,为提高企业经济效益提供支撑。

第一节　筹资与管理

　　企业筹集资金是指企业通过一定的资金渠道和方式,筹集生产经营过程中所需资金的财务活动。资金是企业生产经营活动的重要前提条件。纺织企业筹建时投资较大,正常生产时需要大量的流动资金,因此,资金筹集与管理是纺织企业财务管理的基本内容之一。

一、筹资渠道和方式

(一) 资金筹措方式

　　资金筹措方式,一般有集资、借贷、合伙融资等。例如,利用自有资金,或向银行贷款,或申请政府贷款,还可以用项目向风险投资公司要求投入。再者就是引入合伙人。另外,就是在朋友、亲人之间进行民间筹资(只限朋友、亲戚,避免非法集资)。

　　(1) 借贷。借和贷是一个意思,都是暂时使用别人的财物。暂时使用私人或公司的钱,称为借款;确定归还时间,暂时使用银行的钱(要付利息),多称为贷款。借贷分长期和短期借款。长期借款是指企业从银行或其他金融机构借入的期限在一年以上(不含一年)的借款。我国股份制企业的长期借款主要是向金融机构借入的,如从各专业银行、商业银行取得的贷款;此外,还包括向财务公司、投资公司等金融企业借入的款项。

　　借贷,在法律意义上,是指由贷方与借方成立一项"借贷契约",贷方将钱所有权移转给借方,到期时由借方返还同额的钱。贷款是需要的时候,个人或者企业向银行借钱的行为。银行通过贷款的方式将其所集中的货币和货币资金投放出去,可以满足社会扩大再生产对补充资金的需要,促进经济的发展。

（2）贷款三性原则。贷款"三性"是指安全性、流动性、效益性，这是商业银行贷款经营的根本原则。《中华人民共和国商业银行法》第四条规定："商业银行以安全性、流动性、效益性为经营原则，实行自主经营、自担风险、自负盈亏、自我约束。"

贷款安全性是商业银行面临的首要问题；流动性是指能够按预定期限回收贷款，或在无损失状态下迅速变现的能力，满足客户随时提取存款的需要；效益性则是银行持续经营的基础。例如，发放长期贷款的利率高于短期贷款，效益性就好，但贷款期限长会加大风险，安全性降低，流动性也变弱。因此，"三性"之间和谐，贷款才不会出问题。

（二）资金筹措渠道

1. 专业银行信贷资金

专业银行信贷资金，指企业向专业银行（包括国内外）通过基本建设投资贷款、流动资金贷款、贴现和各种专项贷款等形式取得的资金。

2. 非银行金融机构资金

非银行金融机构资金，指企业从信托投资企业、证券企业、租赁企业、保险企业等非银行金融机构取得的资金。

3. 其他企业投入资金

其他企业投入资金，指企业（包括内外资）之间的资金联合和资金融通取得的资金。

4. 个人投入资金

个人投入资金，指企业员工和其他个人投入企业的资金。

5. 企业自留资金

企业自留资金，指企业内部留用部分利润建立的生产发展资金、新产品试制资金和设备维修资金等，可以转化为企业经营费用的资金。

6. 国家财政投入资金

国家财政投入资金，指由国家财政直接投入企业的资金，历来是我国国有企业中长期资金的主要来源，包括投入企业的固定资金、流动资金和专项拨款等款项，但一般只有少数重点企业可以得到。

7. 社会筹集资金

社会筹集资金，指通过股票、债券、融资租赁、合资联营、商业信用等方式取得的资金，包括网络 POP 融资等。

（1）股票。股票是股份企业为筹集资金而发行的有价证券，是持股人向企业入股的凭证。有上市股票和非上市股票（内部股）。上市股票有三个基本特征：

① 代表所有权。持有企业多少股票，就拥有该企业多少份额的所有权。

② 不可返还性。不可以退股。

③ 可交易性。股票可以通过股市进行买卖转让给他人。

（2）债券。债券有国家发行的公债（国库券）、银行发行的债券（金融债券）和企业发行的债券（企业债券）等类别。企业债券是指企业为取得资金而发行的有价证券，它有三个特征：

① 表示债权债务关系。持券者有按期获取利息和本金的权利。

② 可返还性。

③ 可交易性。

（3）融资租赁。融资租赁又称金融租赁，是由专门经营租赁业务的企业将专门购入的固定资产出租给承租企业使用,承租企业按合同规定支付给出租企业租金的信用业务。承租企业的目的是以融资租赁的方式筹资购买固定资产,解决购买固定资产所需资金不足的困难。

(4)合资联营。主要指若干企业或个人联合出资兴办合资经营企业。各个出资单位的资产应按标准评估,确定投资额,可折合成股份。合资企业的盈亏应根据出资各方投资额的比例分配。对有限企业只承担投资额为限的责任。

(5)商业信用。指企业之间在产品交换中,采用延期付款或预收货款进行购销活动而形成的借贷关系,是一种信用行为,也是一种短期的筹资方式。它的形式主要有四种:

① 应付账款,即未付款赊购产品的借贷行为。

② 商业汇票,指企业间在购销活动中延期付款所开具的反映债权债务关系的银行票据。

③ 票据贴现,指持票人把未到期的银行票据转让给银行,贴付一定的利息,以取得银行资金的一种借贷行为。银行贴现票据所付金额低于票面金额,其差为贴现息。贴现息与票面额的比率为贴现率。

④ 预付货款,指销货单位按照协议规定,在提供产品之前向购货单位预先收取部分或全部货款的借贷行为。

(6)担保借款,指企业或个人以拥有支配权的有形资产、无形资产等作为抵押,向金融机构获取贷款的借贷行为。担保有一般责任和连带责任两种。

二、货币时间价值与投资风险

货币的时间价值和投资的风险价值,是现代财务管理的重要基础,是现代企业进行资金运作必须考虑的经济范畴。

(一)货币时间价值概念

在经济社会中,当前的1元钱和一年后的1元钱,其经济价值是不相等的。前者的经济价值要大一些,即使不存在通货膨胀,也是如此。例如,将现在的1元存入银行,一年后可得到1.10元(假设年利率为10%)。1元钱增加了0.1元,这0.1元增值额就是货币的时间价值。但货币并非都具有时间价值,假如钱一直放在自己的口袋中,就不会增值。只有把货币作为资金投入生产经营活动中,且运转管理正常,才能增值。

(二)货币时间价值计算

所谓现值,是指资金现在的价值,即现在收回或存入资金的价值,即本金。所谓终值,是指资金按一定利率计算,若干时间后,包括本金和利息在内的未来全部价值,即本利和。

1. 单利及其计算

单利,是指在规定的期限内,只以本金为基数而计算出来的利息。

(1)单利利息

$$I = V_0 ni$$

式中:I 为利息额;n 为时期数;V_0 为本金;i 为利率。

例:某企业存入银行 100 000 元,存入期限为 3 年,年利率 9%,则其利息额

$$I = 100\,000 \times 3 \times 9\% = 27\,000(元)$$

(2)单利终值:

$$V_n = V_0(1 + ni)$$

式中：V_n 为资金终值；i 为利率；V_0 为资金现值；n 为时期数。

例：某企业用 200 000 元购买年利率为 12% 的债券，期限 3 年，按单利计算该债券终值

$$V_n = 200\ 000 \times (1 + 3 \times 12\%) = 272\ 000(\text{元})$$

（3）单利现值计算，其计算公式：

$$V_0 = V_n/(1 + ni)$$

2. 复利及其计算

复利，是指在规定的期限内，以本金和以前计息期累计利息的总和作为基数，前期的利息在下一期并入本金一起计息，俗称"利滚利"。

（1）复利利息：

$$I = V_0(1 + i)^n - V_0$$

式中：I 为复利利息；n 为时期数；V_0 为本金；i 为复利利率。

例：某企业将 10 000 元资金存入银行 3 年，年利率为 9%，按复利计算利息额

$$I = 10\ 000 \times (1 + 9\%)^3 - 10\ 000 = 2\ 950.29(\text{元})$$

（2）复利终值：

$$V_n = V_0(1 + i)^n$$

式中：V_n 为资金终值；n 为时期数；V 为资金现值；i 为复利利率；$(1 + i)^n$ 为复利终值系数。

例：某企业用 200 000 元购买年利率为 12% 的债券，期限 3 年，按复利计算该债券终值

$$V_n = 200\ 000 \times (1 + 12\%)^3 = 280\ 985.6(\text{元})$$

（3）复利现值：

$$V_0 = V_n/(1 + i)^n$$

式中：$1/(1 + i)^n$ 为复利现值系数。

例：某企业将闲置的资金一次性存入银行，以备 5 年后更新 100 000 元设备用，银行存款年利率为 10%，按复利计算该企业目前应该存入的资金

$$V_0 = 100\ 000/(1 + 10\%)^5 = 62\ 100(\text{元})$$

（4）年金，指相同的间隔期内收到或付出同等数额的款项。在企业的财务活动中，许多款项的收付都表现为年金的形式，如计提折旧费、利息、保险金和养老金或收取租金等。

年金分为普通年金、预付年金、永续年金等。凡每期期末发生的年金，称为普通年金，也叫后付年金；凡每期期初发生的年金，叫预付年金，也叫即付年金；凡无期限连续收付的年金，称为永续年金或无限支付年金。其中，普通年金是年金的基本形式，其他年金均属于普通年金的转化形式。

（三）投资风险和报酬

1. 投资风险

投资风险,指投资活动中,在一定条件下出现亏损的可能性。财务活动经常在有风险的情况下进行。既然投资时冒风险,投资者就要求得到额外的收益,否则,就不值得冒险。投资者由于冒风险进行投资而获得的超过资金时间价值的额外收益,称为投资的风险价值。如果企业的一项行动,将来的财务后果是不肯定的,就叫有风险。如果这项行动只有一种结果,就叫没有风险。例如,现在将一笔款项存入银行,可确知一年后得本利和,几乎没有风险。这种情况在企业投资中是很罕见的,它的风险固然很小,但报酬也很低,很难称之为真正意义上的投资。

2. 风险的种类

一般分为经营风险、财务风险和投资风险三种。

（1）经营风险。指企业生产经营方面的原因给企业收益带来的不确定性。企业的生产经营活动会受到来源于企业外部和内部的诸多因素的影响,具有很大的不确定性。

（2）财务风险。指由于负债经营而给企业财务成果带来的不确定性,亦称筹资风险。

（3）投资风险。指投资活动所带来的未来投资报酬的不确定性。投资风险主要指长期投资风险,特别是固定资产投资风险和证券投资风险。

3. 风险和报酬关系

风险和报酬的基本关系,是风险与报酬成正比。风险越大,要求的报酬率就越高。

4. 风险控制

风险控制,指对某种投资活动进行预测判断,采取一定措施干涉,降低风险的活动。除具体操作谨慎外,风险控制的主要方法是多种经营和多方筹资。采用多种经营的方针,主要是它能分散风险,盈利和亏损相互补充,减少风险;多方筹资则有可能降低集中还款或筹资成本。

三、资金成本

资金成本,就是企业取得和使用资金而付出的代价,它包括资金占用费用和资金筹集费用。资金占用费用指股息、利息等。资金筹集费用指委托金融机构代理发行股票、债券等的注册费、代办费、手续费等。资金成本通常以资金成本率表示:

$$K = \frac{D}{P \times (1-F)} \times 100\%$$

式中: K 为资金成本率; D 为资金占用费; P 为筹集资金总额; F 为筹资费用率。

（一）资金成本的作用

资金成本是筹资决策的重要依据。从不同渠道取得的资金,其成本不同,原则上选择成本低的。资金成本是投资决策和评价企业经营成果的重要依据。一般根据资金成本进行投资决策,推算经营成果。资金成本率是衡量企业投资收益率的最低标准。

（二）资金成本的计算

现就两种来源,说明资金成本的计算方法。

（1）债券成本。企业发行长期债券时,通常事先规定出利息率,按利息率在税前利润中支付利息。这样,企业实际上少缴一部分所得税。债券成本率的计算公式:

$$K_d = \frac{I(1-T)}{Q(1-f)} \times 100\%$$

式中：K_d 为债券成本率；I 为债券总额每年利息；f 为发行债券的费用率；Q 为债券发行总额；T 为所得税税率。

（2）优先股成本。企业发行股票，除需要支付筹资费用外，还要定期支付股利。股利是在税后支付的。优先股成本率的计算公式：

$$K_p = \frac{D_p}{P_0(1-f)} \times 100\%$$

式中：K_p 为优先股成本率；D_p 为每年的股利；f 为股票费用率；P_0 为优先股总额。

例如，某企业发行 700 万元优先股，发行费用率为 3%，每年支付股利年率 12%，计算优先股成本率：

$$K_p = \frac{700 \times 12\%}{700 \times (1-3\%)} \times 100\% = 12.4\%$$

（3）合资资金成本，指全部资金的综合成本，即加权平均资金成本率，其计算公式：

$$K_w = \sum W_j K_j$$

式中：K_w 为加权平均资金成本率；W_j 为第 j 种资金来源占全部资金的比重；K_j 为第 j 种资金来源的资金成本率。

例如，某企业共筹集资金 200 万元，其中长期债券 100 万元、优先股 60 万元、普通股 40 万元，其资金成本率分别为 8%、11%、12%。计算该企业资金成本率：

$$K_w = (100/200) \times 8\% + (60/200) \times 11\% + (40/200) \times 12\% = 9.7\%$$

（三）降低资金成本的途径

（1）合理安排筹资期限。

（2）合理估计利率预期。

（3）提高企业信誉。

（4）合理利用负债经营。

（5）提高筹资效率。

（5）积极利用股票增值机制。

第二节　资　产　管　理

一、资产管理概念

（一）资产管理涵义

资产管理，是对组织中有形资产、无形资产和递延资产等账面资产的计划、监督的活动，是组织财务管理的重要内容之一。

（二）资产管理要求

资产管理总的要求：对固定资产，要充分使用、妥善维护、精心管理，要"固定住"，别让它流失掉;对流动资产,不能让其停滞而招致资金成本增加,要让它合理流动,尽量缩短周转天数,在流动过程中,实现其价值增加的最大化。

(三) 企业的资产管理内容

企业资产管理,是对企业的有形资产、无形资产和递延资产等账面资产进行计划、监督的活动。资产管理内容是其资产基本构成内容。包括:

(1) 流动资产,包括现金及各种存款、短期投资、应收款项、应收票据、其他应收款、预付款项、待摊费用、存货等。

(2) 长期投资,有股票投资、债券投资、其他投资。

(3) 固定资产,主要是房屋及建筑物、机器设备、运输设备、工具器具等。

(4) 无形资产,指专利和非专利技术、商标权、著作权、土地使用权、商业信誉等。

(5) 递延资产,指组织开办费、租入固定资产的改造、一次性租金支出等。

(6) 其他资产,指除以上资产以外,企业暂时不能使用的资产。例如,银行冻结存款、法院查封物资等。

二、流动资产管理

(一) 流动资产概念

流动资产,指可以在一年内或超过一年的一个营业周期内,能够变现或运用的资产。流动资产主要由五个项目组成,即货币资金、应收款项、预付款项、存货、短期投资等。

(二) 流动资产的特点

(1) 资产流动性大,不断改变形态。从货币资金,经储备资金、在产品资金、成品资金,再转化为货币资金。

(2) 资产的价值一般为一次性消耗、转移或实现。完成一个生产经营周期,流动资产就一次性地被消耗,价值也一次性地被转移。

(3) 流动资产占用资金数量具有波动性。企业在筹资方式上,既要考虑流动资金来源的稳定性,又要考虑流动资金来源的机动性和灵活性,以保证流动资金的供需平衡。

(三) 货币资金管理

(1) 货币资金管理,是对货币形态资金的计划、监督活动。货币资金,是指企业在生产经营中停留在货币形态的资金,包括现金和各种存款。货币资金管理要遵守国家规定的有关现金管理条例,应做好以下工作:

(2) 货币资金的计划管理。主要是货币资金收支预测,货币资金最佳持有量的确定,以及月度货币资金收支计划的编制等工作。

(3) 遵守规定的现金使用范围。原则上,现金只能用于支付个人款项,如工资、津贴、劳务报酬、劳保福利费、旅差费等,以及结算起点以下的支出。

(4) 遵守库存现金限额规定。超过限额的现金,出纳员要及时送存银行。

(5) 严格现金存取手续,不得坐支现金。开户单位收入的现金应于当日送存银行,除限额内的零星开支可以从库存现金支付外,其余开支必须从银行提取,不得从收入的现金中直接支出。

(6) 做好转账结算。各部门之间的经济往来,除结算金额起点以下的零星支付外,都必须进行转账结算。

(7) 钱账分管,会计和出纳职责明确。规范现金交接手续,坚持查库制度。

(四) 应收账款管理

应收款项是指企业应该收取而尚未收到的款项,包括应收票据、应收账款和其他应收款。应收账款的日常管理内容如下:

(1) 调查客户信用。只有情况明确,才能制订正确的信用政策。调查的方法:可以直接根据客户的财务报表、或通过与客户有关的人、单位,如银行、其他有业务的企业等间接了解情况,收集资料。调查之后,对客户进行信用评价。

(2) 催收账款。对于不按期付款的用户,要加强催收账款。

(五) 存货管理

存货管理,是指企业为销售或生产中耗用而储备的有关生产物资的计划、监督活动。存货包括原材料、外购件、在制品、产成品等,它在资产总额中占很大比重。存货是企业生产和销售的必要储备,但是存货超储积压,会增加存货成本。所以,财务部门要从资金角度加强存货管理,既保证企业生产占用最低的存货储备,又能防止占用过多的资金,提高企业综合效益。

(1) 存货计划。企业职能部门必须按期编制存货计划,主要是材料采购、库存数量以及在制品和产成品存量等。这些计划是合理安排各储备资金数量的依据。

(2) 存货控制。存货控制的目的,是在存货成本和效益之间做出权衡,在维持企业高效连续运营的前提下,以最小的存货投资获取最大的利润。

综上所述,企业的流动资产构成可用表9-1所示。

表 9-1 企业流动资产构成

流动资产	生产领域	储备资金	原材料	—
			辅助材料	—
			燃料	—
			包装物	定额流动资金
			修理用备件	
			外购半成品	
			低值易耗品	
		生产资金	在制品	
			自制半成品	
			待摊费用	
	流通领域	成品资金	产成品	
			外购产品	
		结算资金	发出产品	非定额流动资金
			应收款	
		货币资金	银行存款	
			库存现金	

三、固定资产管理

固定资产,是指使用期限超过一年,单位价值在规定标准以上,并且在使用中形态不变的资产,包括建筑物、机器设备、工器具等。不属于生产经营主要设备的物品,一般单位价值在规定额度(如 2 000 元)以上,使用期限超过额度(如两年以上)的,也应作为固定资产。

(一) 固定资产的特点

企业的固定资产是沿着固定资产的购建、价值转移与补偿、实物更新顺序进行循环的,其特点如下:

(1) 使用中的价值双重性,既存在实物形态,又存在货币形态。

(2) 投资的集中性和分散性。企业购建固定资产,需要一次性垫支大部分资金,由于其价值是逐步转移的,所以固定资产也是分散性地逐步回收。

(二) 固定资产折旧和维护管理

固定资产的更新,在财务上一般靠固定资产折旧提取的费用进行。

1. 固定资产折旧

固定资产在使用期限内不断发生损耗,它的价值以折旧费的形式逐渐转移到所生产的产品上,构成产品成本的一部分,从产品销售收入中得到补偿。因损耗而转移到产品上的那部分价值,叫固定资产折旧。折旧费是固定资产更新的资金来源。固定资产折旧额,要根据其实际消耗情况,使用合理的计算方法。固定资产折旧的计算方法有以下两种:

(1) 使用年限法。使用年限法计算固定资产折旧额,根据固定资产原始价值、清理费用、残余价值,按照其使用年限平均计算。原始价值是购置或建造时的全部货币支出。清理费用是处理时的追加费用。残余价值是通过清理所得到的材料或零件的价值。固定资产年折旧额计算公式:

$$固定资产年折旧额 = \frac{原值 + 清理费用 - 残值}{使用年限}$$

(2) 工作小时法。工作小时法以固定资产折旧总额除以预计使用期内的工作小时数,求得每工作小时折旧额,计算公式:

$$每工作小时折旧额 = \frac{原值 + 清理费用 - 残值}{预计使用小时数}$$

2. 固定资产维护

固定资产维护,在财务管理上就是根据企业生产经营要求,列出维护费用计划,保证固定资产的完好运行。通常,企业维护固定资产主要靠保养和修理,超过折旧年限后,可根据状况进行报废更新。

固定资产维护费用,根据维护费用计划支出,计入有关费用账目。例如,设备大修理资金、房屋维修资金等。

(三) 固定资产的日常管理

企业的固定资产存在种类繁多、数量庞大、使用地点分散的特点,日常管理重点:保证固定资产完整无缺,充分发挥其效能,建立固定资产登记账目和保管使用责任制,实行设备定号、定地方、定人制度。企业财务部门要负以下管理责任:

(1) 做好新增固定资产的验收、移交、登记入账等工作。

(2) 做好固定资产维护费用计划,保证固定资产保养维修资金使用。

（3）固定资产在企业内部转移，要及时记录登账。

（4）固定资产报废、调出，要进行鉴定、办理手续、注销账目等。

（5）在用固定资产的账、卡、物相符一致。

四、无形资产、递延资产、其他资产的管理

（一）无形资产管理

无形资产，指企业长期使用但没有实物形态的资产，包括专利权、商标权、著作权、土地使用权、非专利技术、商誉等。

（1）基本特征。无形资产没有实物形态，能在较长时期内使企业受益，但又具有很大程度的不确定性，受法律保护。

（2）无形资产管理。企业购置无形资产的支出是资本性支出，无形资产的价值应在整个受益期内进行摊销。其管理主要有三个环节：

① 无形资产入账价值，应按照取得时的实际成本计价，具体内容：投资者作为资本方或合作投入的，按照评估确认或者协议约定的金额计价；企业购入的，按照企业购入时的实际支出计价；企业自行开发并依法申请取得的无形资产，按照开发时的实际支出计价；接受馈赠的，按照发票账单所列金额或同类无形资产的市价计价。

② 摊销期，指无形资产从开始使用之日起的有效使用期限，可按照下列原则确定：

按照法定有效期限规定的受益年限的原则确定；按照企业合同或者企业申请书规定的受益年限确定；如未规定法定有效期限或者受益年限，按照不少于 10 年的期限确定。

③ 摊销方法。通常在有效使用期限内平均摊入管理费用。

（二）递延资产管理

递延资产，指企业发生的不能全部计入当年损益，应当在以后年度内分期摊销的各项费用，包括各种活动、项目、分企业开办费、以经营租赁方式租入的固定资产一次性租赁费用和改良支出等。

（三）其他资产管理

其他资产，指企业暂时不能使用的资产，主要包括特准储备物资、银行冻结存款、查封物资、涉及诉讼的财产等。企业对这部分资产的管理，主要是核算清楚、保留原状，应严格根据有关部门规定和程序处理，不得随便挪用、转移、毁损和变卖。

第三节　成　本　管　理

一、成本管理概述

（一）成本管理概念

成本管理，实际是企业总成本管理（总成本由成本、费用组成），指企业按照有关规定和方法，以价值的形式，运用计划、核算、控制等手段，对产品形成的全过程的费用发生进行综合反映和监督的活动。

成本管理是系统工程。传统成本管理是对企业的经营活动,以货币价值形式,进行核算统计的过程;现代成本管理是把财务工作与生产经营部门的实物价值形式结合起来,对企业经营活动的综合成本进行全过程预算、分析、决策、控制的过程。

(二)成本管理内容

成本管理内容,主要是企业生产经营中所发生的全部费用的预决策、计划、核算、分析、控制、考核等。

(三)成本管理意义

企业生产经营的目的,一是向社会提供优良的产品或服务,满足消费者需求;二是取得利润,扩大再生产,推动社会进步。盈利是企业的本质追求,纺织业是成本利润率较低的加工行业之一,尤其是原材料成本占总成本的70%左右,直接决定了成本水平。因此,在生产经营过程中,加强成本管理具有十分重要的意义。企业需要在做好一般工作的基础上,千方百计地控制成本费用,使企业获取最大收益。

二、成本和费用

(一)成本和费用的概念

成本的一般意义指生产经营总成本,也称总费用,是企业在生产经营过程中各种劳动耗费的货币,它包括生产费用、管理费用、财务费用、销售费用等全部生产经营费用。

但是在企业财务管理中,成本、费用具有特殊含义:

(1)成本。特指企业的生产成本或产品成本,是就一定的产品而言的,是企业在一定时期内,为生产一定产品而发生的相关费用。

(2)费用。主要指企业的管理费用、财务费用、销售费用,即期间费用。

(二)成本和费用的分类

(1)按照经济性质分类。这种分类可以反映企业在一定时期内各种费用的发生情况,为计算工业净产值和国民收入提供依据。纺织企业成本费用按此分类,可分为外购材料、外购燃料、外购动力、工资、提取的员工福利费、折旧费、利息支出、税金、与生产经营有关的其他支出等九类。

(2)按照经济用途分类。这种分类有利于考核费用定额或计划的执行情况,分析费用支出是否合理,加强成本费用管理责任,避免虚盈实亏,是纺织企业考核的主要依据。结合行业的实际情况,棉纺、毛纺织业采用此种分类,一般设置十大成本费用项目,见表9-2。

表9-2 棉纺、毛纺织业成本费用项目

项目	细目
原料及主要材料	棉、毛等
辅助材料	包装物(棉、毛),浆料(棉),染化料(毛),成品辅料(毛)
燃料和动力	工艺用燃料,工艺用动力
员工工资	当地最低工资以上,随效益变动
提取员工福利费	一般为14%左右
产品厂外加工费	外协加工中应付的费用

（续　表）

项目	细目
制造费用	工资,提取的员工福利费,折旧费,修理费,办公费,水电费,差旅费,取暖费,租赁费,机物料消耗,保险费,运输费,低值易耗品摊销,设计图纸费,试验检验费,劳动保护费,在产品盘亏和毁损(减盘盈),季节性停工和修理损失,其他
管理费用	企业经费,工会经费,员工教育经费,劳动保护费,待业保险费,董事会经费,咨询费,审计费,诉讼费,排污费,税金,土地(海域)使用费,土地损失补偿费,技术开发费,技术转让费,无形资产摊销,业务招待费,其他
财务费用	利息支出(减利息收入),汇兑损失(减汇兑收益),支付给金融机构的手续费,筹集资金发生的其他费用
销售费用	运输费、装卸费、办公费、保险费、委托代销手续费、广告费、展览费、销售服务费、销售部门人员工资、员工福利费、差旅费、办公费、折旧费、修理费、物料消耗、低值易耗晶摊销、其他

（3）按照是否计入产品成本及计入方式分类。这种分类有利于明确费用的归属对象,正确计算产品成本费用,是现在常用的制造成本法的主要依据和基础。

（三）制造成本法

制造成本法,是纺织企业普遍使用的只核算直接生产产品和劳务的生产费用,即只计算分配产品成本,而将其他费用直接计入当期损益的一种方法。按照这种方法,纺织企业成本费用可以分为直接费用、间接费用和期间费用。

（1）直接费用指根据原始凭证可直接记入某一成本的费用,如直接材料费、直接人工费等。

（2）间接费用指几个成本计算对象共同发生的费用,需要采取一定的分配方法分别计入各成本对象。

（3）期间费用指企业行政管理、经营部门为组织生产经营活动而发生的费用(如工会经费、劳保费、员工教育经费等),它不计入产品成本,而直接计入当期损益。

（四）企业成本管理

企业成本管理,主要是对生产经营活动发生的相关成本费用进行计划、核算、分析、控制、考核的过程。

（1）成本费用计划,是反映计划期内各种产品的成本水平和完成预定生产经营任务所需要的生产费用预算。它是对成本指标进行分级归口管理,实行企业内部成本管理责任制的依据。

① 成本计划编制的要求。

a. 要以先进合理的定额为依据,定额包括物资消耗定额、技术指标费用开支定额等。

b. 要以其他生产经营计划为依据,依据归口管理的原则制订成本计划。

② 成本费用计划的内容。

a. 产品成本计划。该计划反映了纺织企业生产各种产品的单位计划成本和计划总成本,以及产品成本的计划降低额和降低率。全部产品分为两部分,即可比产品和不可比产品。

b. 制造费用计划。该计划是按照制造费用构成的项目分别计算编制的。编制此计划时,计算各项目的费用一定要有正确的依据。

c. 生产经营费用预算计划。该计划反映企业在计划期内的所有生产经营费用数额和它们之间的比例关系,是企业进行资金控制和日常成本控制的依据。生产经营费用包括外购材料和燃料、工资、员工福利费、折旧费、利息等费用要素项目。每个要素都应反映出其全部支出,而不论其用途和计入产品成本的方法如何。例如,不论是用于产品生产的材料,还是用于生产管理的材料,都应归口在材料项目内。

(2)成本和费用控制。控制是指在企业生产经营过程中,按照成本和费用计划,对构成产品成本和期间费用的耗费进行严格计算、调节和监督,使产品实际成本费用限制在预定的计划范围内。

① 产品成本控制。成本控制主要采用标准成本控制法。标准成本是在一定条件下,按照企业的技术水平,直接材料、直接工资和制造费用应该达到的数量。这种方法将事前计划、事中控制和事后分析考核结合起来,主要内容如下:

a. 标准成本的制订。

直接材料标准成本的制订,其计算公式:

$$直接材料标准成本 = 用量标准 × 价格标准$$

其中,用量标准即材料消耗定额。价格标准由财务和采购部门共同制订,内容包括发票价格、运费、检验费、正常损耗费等组成的材料完全成本,同时考虑市场物价趋势等情况。

直接工资标准成本的制订,其计算公式:

$$直接工资标准成本 = 工时标准 × 工资率标准$$

制造费用标准成本的制订,其计算公式:

$$制造费用标准成本 = 工时标准 × 制造费用分摊率标准$$

其中,制造费用分摊率标准=制造费用预算/生产量标准,而制造费用预算指节约和合理开支情况下的最低支付金额。

b. 标准成本的执行。

直接材料占产品成本的比重较大,尤其纺织企业,一般占70%以上,是成本控制的重点。主要控制原材料的消耗量,要严格实行限额发料,及时对生产中材料耗用情况进行核算,把实际和标准进行对比,发现偏差,及时纠正,回料要回收利用。

直接工资成本标准的执行,主要有三项内容:一是控制人员数量,严格执行定员标准;二是控制工时消耗,严格执行劳动定额,并鼓励员工降低工时消耗,提高劳动生产率;三是控制工资水平,严格执行企业工资、福利费用等方面的规定。

制造费用标准的执行。制造费用应按项目分别控制,对固定费用按固定费用预算控制,对变动费用按变动费用预算控制。

② 期间费用的控制。期间费用控制主要是搞好预算管理,建立各项费用的管理制度,按制度审核,控制费用支出。对管理费用的控制方法,重点是事先做出预算,然后按预算控制支出。如编制管理费用预算表,根据项目分部门确定费用限额,然后由各个部门负责审批和控制支出。

(3)成本差异分析和考核。首先通过制造成本法核算,发现直接材料、直接工资和制造费用的实际消耗和成本标准的差异,然后分析原因,消除差异,考核各责任部门成本指标的执行情况,采取措施进行控制。

三、现代成本工程

传统成本管理,基于财务成本信息的账目管理,通常按产品设计,计算出成本,再估计产品是否有市场。在这个过程中,重点是采取多种措施降低生产成本,并在市场反馈的基础上努力改进产品设计,降低成本。

随着全球化经济时代的到来,市场竞争不断加剧,要求企业必须打破传统成本管理观念的束缚,采用一种全新的成本管理方法,这就是近年发展起来的现代成本管理法。现代成本管理法,是以现代成本工程为理念,以市场为出发点,以用户为根本的目标成本管理方法。现代成本工程,基于最可能赢得消费者认可的售价,减去企业期望的利润,计算出目标成本,再采"成本工程"与计算机管理手段,确保生产的产品满足目标。也就是说,从消费者利益和市场认可的消费程度出发,计算目标成本。目的在于确保制造过程中实际消耗的成本甚至消费者的使用成本,在设计时就结合生产做了优化,在生产中各个工序都有目标和措施,促使生产经营各环节都不超过预定的目标范围。

第四节 盈利与财务分析

经济效益是企业追求的主要目标,是任何一个企业的中心工作。反映经济效益的指标是利润。盈利管理就是以提高利润为目标的计划、组织和财务分析控制的活动。

一、盈利管理

(一)利润的构成

利润,是企业在一定时期内的生产经营活动中所取得的净收益。其构成主要有:

1. 销售利润

销售利润,是利润总额的主要组成部分,是工业企业提供产品或劳务等活动所取得的净收益。销售利润是产品销售利润加上其他销售利润,再扣除管理费用、财务费用后的净额:

$$销售利润＝产品销售利润＋其他销售利润－管理费用－财务费用$$

2. 投资净收益

投资净收益,指工业企业对外投资所取得的投资收益与发生的投资损失之间的净额。

3. 营业外收支净额

营业外收支净额,指企业营业外收入扣减营业外支出的净额。

利润计算公式:

$$利润总额 ＝ 销售利润＋投资净收益＋营业外收入－营业外支出$$

(二)利润预测与计划

1. 利润预测

利润预测,是在销售预测的基础上,根据以前的资料,对企业未来一定时期内实现利润及其变化趋势所做的预测,它是编制利润计划的前提。

预测利润的常用方法是量本利分析法(又称盈亏分析法),主要是对成本、业务量(生产量或销售量)、利润三者之间的变化关系进行分析。其中,成本分为变动成本(又称变动费用)和固定成本(又称固定费用)。量本利分析的计算公式:

利润＝销售收入－变动成本总额－固定成本总额

　　＝销售（单价）×销售量－单位变动成本×销售量－固定成本总额

销售量＝（固定成本＋利润）÷（单价－单位变动成本）

保本量，即利润为零时的销售量，或称为保本点销售量，其计算公式：

保本量＝固定成本总额÷（单价－单位变动成本）

例如，某企业生产精梳纯棉背心产品，单位变动成本为 11 元，固定成本总额为 20 000 元，销售单价为 15 元/件，求保本点销售量和销售额；假设目标利润为 10 000 元，求销售量；如果目标销售量为 8 000 件，求利润。

计算：

（1）保本量＝20 000÷（15－11）＝5 000（件）

保本点销售额＝5 000×15＝75 000（元）

（2）设目标利润 10 000 元，则：

销售量＝（20 000＋10 000）÷（15－11）＝7 500（件）

（3）设目标销量 8 000 件，则：

利润＝8 000×（15－11）－20 000＝12 000（元）

2. 利润计划

利润计划，是在利润预测基础上编制而成的，它具体反映企业的经营目标。编制利润计划时，先分别编制产品销售利润计划、其他销售利润计划、投资净收入计划、营业外净收益计划，然后汇总编制出企业利润计划。编制方法见表 9-3。

表 9-3　某纺织厂利润计划（2002-4）

顺序号	项目	计划（万元）
1	产品销售净收入	1 000
2	减:产品销售成本	700
3	产品销售费用	50
4	产品税金及附加	70
5	产品销售利润(5=1-2-3-4)	180
6	其他销售收入	200
7	减:其他销售税金及附加	120
8	其他销售税金及附加	10
9	其他销售利润(9=6-7-8)	70
10	减:管理费用	20
11	财务费用	10
12	营业利润(12=5+9-10-11)	220
13	投资收益	300
14	减:投资损失	60
15	投资净收益(15=13-14)	240
16	营业外收入	60
17	减:营业外支出	70
18	利润总额(18=12+15+16-17)	450

（三）利润控制

利润是一项综合性指标。实现目标利润,最根本的方法是创新创造具有核心竞争力的产品,形成有效需求。但作为企业日常管理的要求,一般要实现企业利润计划,必须实行利润目标的分解、监督等控制,主要包括以下内容:

（1）根据市场的需求变动,及时调整生产经营计划,开发新产品,增加产量,扩大产品销售,增加销售收入。

（2）挖掘潜力,节约消耗,压缩各项费用开支,降低产品成本,提高利润水平。

（3）企业根据自身经济状况,选择最佳投资方案,增加投资收益,减少投资损失。

（4）充分利用各类资产,严格控制营业外支出,尽量减少各类损失。

二、财务分析

（一）财务分析概念

1. 财务分析的涵义

财务分析是采用一定的方法,对企业在一定时期内的财务状况和经营效果,结合经营计划进行分析比较,并做出结论,为企业总结前期经营状况、后续决策和外界相关部门提供信息的活动。

2. 财务分析的意义

财务分析对企业生产经营有重要的意义。传统的财务分析主要是限于经济活动后的账面分析;现代的财务分析更多地注重企业的市场营运,从市场角度进行,克服传统财务分析中对数据指标分析多而对形成问题的因素分析少及微观分析多、宏观分析少等缺陷。通过现代财务分析,及时发现企业经营过程中的主要问题和不足,尽早采取措施,提高企业经济效益。

（二）财务分析方法

财务分析方法有多种,常用的主要有以下几种:

（1）趋势分析法。该方法根据连续几个财务周期的财务报表,比较各个项目前后的变化情况,判断企业财务和经营上的变化趋势。

（2）比率分析法。该方法根据同一期财务报表中各个项目之间的互相关系,求出它们的比率,对企业的财务和经营状况做出判断。

（3）计划定额法。该方法根据经营目标和工序定额与实际完成的财务指标进行比较,找出问题因素。

（三）偿还能力分析

企业的偿还能力分析,主要分为短期偿还能力分析和长期偿还能力分析。

1. 短期偿还能力分析

短期偿还能力分析,主要有流动比率和速动比率两个指标。

（1）流动比率。该指标是流动资产与流动资产负债的比率:

$$流动比率＝(流动资产÷流动资产负债)×100\%$$

流动资产包括现金、有价证券、应收账款和存货等。流动资产负债主要包括应付账款、短期借款、短期应付票据、一年内即将到期的长期负债、应交税金和其他应付款等。流动比率越高,说明企业偿还能力越强,但是过高的流动比率可能是企业滞留在流动资产上的资金过多,未能有效地利用资金。根据经验,流动比率以2:1为宜。

(2)速动比率。速动资产与流动资产负债的比率,称为速动比率(速动资产是流动资产扣除存货后的资产):

$$速动比率＝(速动资产÷流动资产负债)×100\%$$

这个比率更能够反映企业短期偿还能力。根据经验,速动比率以1:1为宜。

2.长期偿还能力分析

长期偿还能力分析指标,主要有负债率和负债对股东权益比率。

(1)负债率。负债率是企业负债总额与资产总额的比率,也称资产负债率:

$$负债率＝(负债总额÷资产总额)×100\%$$

该比率反映债权的保障程度,其值越高,说明企业偿还债务的能力越差;反之,偿还能力越强。但并非该比率越低越好,太低说明企业的经营者比较保守,因为企业可以利用举债经营获取更多的利益。

(2)负债对股东权益比率。该比率表示的是债权人所提供资金与股东所提供资金的对比关系,其计算公式:

$$负债对股东权益比率＝(资产总额÷股东权益总额)×100\%$$

该比率越低,说明企业的长期财务状况越好,财务风险越小。

(四)营运能力分析

营运能力分析,主要是衡量企业在资产管理方面的效率,一般用流动资产周转率、固定资产周转率、总资产周转率评价。

1.流动资产周转率

流动资产周转率,主要反映流动资产的流动速度和利用效果。它有两种形式,其计算公式为:

$$流动资产周转次数＝流动资产周转额÷流动资产平均占用额$$
$$流动资产周转天数＝流动资产平均占用额×计算期天数÷流动资产周转额$$

企业的流动资产周转额一般指产品销售收入。计算期天数应取整数,月度按30天、季度按90天计算。流动资产周转次数越多,其周转速度越快,流动资产利用效果越好。

2.固定资产周转率

固定资产周转率,也称固定资产利用率,指企业销售额与固定资产净额的比率,其计算公式为:

$$固定资产周转率＝(销售额÷固定资产净额)×100\%$$

该比率主要衡量企业对厂房、设备等固定资产的利用水平,其值高,说明固定资产利用效率高,固定资产管理水平高;反之,利用效率低。

3.总资产周转率

总资产周转率,也称总资产利用率,是企业销售额与资产总额的比率,其计算公式为:

$$总资产周转率＝（销售额÷总资产额）×100％$$

该比率可以衡量企业全部资产的使用效率,其值低,说明企业利用资产进行经营的效率差,影响企业的获利能力。企业应采取措施提高销售额或处理闲置资产,以提高总资产的利用率。

(五) 盈利能力分析

企业的获利能力主要用资金利润率、销售利税率、成本费用利润率评价。

1. 资金利润率

资金利润率,是企业所实现的利润总额与资本金总额的比率,其计算公式为:

$$资金利润率＝（利润总额÷资本金总额）×100％$$

该比率表明投资者投入企业资本金的获利能力,其值高,说明企业运用资金的获利能力强,通过与同行业平均水平相比较,可以反映企业的生产经营状况。

2. 销售利税率

销售利税率,指企业利税总额与销售净额的比率,它可以衡量企业销售收入的收益水平,其计算公式为:

$$销售利税率＝（利税额÷资本金总额）×100％$$

利税总额指企业税前利润总额。该比率说明企业利润占销售收入的比率,其值高,表明企业通过销售赚取利润的能力强。

3. 成本费用利润率

成本费用利润率,指企业利润总额与成本费用总额的比率,其计算公式为:

$$成本费用利润率＝（利润总额÷成本费用总额）×100％$$

该比率高,说明企业投入小,但获取利润高,反映出企业总体经营管理水平高。

三、财务管理

(一) 财务管理涵义

财务管理,是根据国家法律和财经法规,利用价值形式组织企业财务活动,处理企业同各方面财务关系的一项综合性的管理工作。它是包括企业的筹资、预算、资产、利润、成本等一系列活动的计划、组织、控制,实现企业财务预期目标的过程。目前,比较先进的方法是全面预算管理。

(二) 全面预算管理涵义

全面预算管理是从企业的发展战略出发,设定适度的经营目标和宏观发展目标,科学地测算预算期内将发生的各项生产经营业务、投资业务、资产运作业务所需的资金和费用投入,综合平衡,形成年度预算,并监督实施、落实预算的过程。全面预算包括营业预算、资本预算、筹资预算等财务预算。

(三) 全面预算管理的作用

(1) 预算过程会促进管理者及全体员工面向未来,促进发展,有助于增强预见性,避免盲目行为,激励员工完成企业的目标。

(2) 预算管理可优化企业的资源配置,全方位地调动企业各员工的积极性,是会计将企业内部的管理灵活运用于预算管理的全过程,是促使企业效益最大化的坚实基础。

（3）可以有效避免企业盲目发展,减小企业的经营风险和财务风险。

全面预算管理是当今国内外大中型企业普遍采用的现代管理方式,它体现了"权利共享前提下的分权"的哲学思想,最重要的功能是将有限的经济资源有效分配和企业战略的有效执行。这个系统可将企业资源的分布情况,通过预算清晰地体现出来,把资源投向价值链中增值最大的链条。同时,作为一种管理工具,它能够将企业的目标体系按使命—战略—战术的层次进行有效转化。预算本身不是最终目的,更多的是充当一种在企业战略与经营绩效之间联系的工具。预算体系在分配资源的基础上,主要用于衡量、监控企业及各部门的经营绩效,以确保最终实现企业的战略目标。

（四）全面预算管理需要注意的问题

全面预算管理具有较多优势,但是,并非所有企业推行全面预算都得到了良好的效果。很多企业由于认识上存在误解,在实际运用全面预算管理方法时不可避免地存在一些问题。对这些问题的关注和解决是实施全面预算管理的关键,这些问题具体表现在五个方面:

（1）用经营计划代替预算管理。认为预算管理就是制订企业的经营计划,只要将各个时期的经营计划安排好,就做好了预算管理。国内实行预算管理较好的企业以实践经验证明,经营计划与预算管理有本质的区别。

（2）没有完全建立推行两级预算制度的组织。预算组织体系的建立,对保证确立预算目标的合理性和确保预算顺利执行起主导作用。目前,企业及其基层单位的各种预算管理多数是松散型的,即使是一些实行了预算管理的企业,其预算范围还没有渗透到企业全部的经营活动中。究其原因,与没有建立一个强有力的预算管理组织体系有直接的联系,致使企业实行预算管理的目标编制、考核与监督都不能落到实处,预算管理的作用得不到真正发挥。

（3）预算管理没有形成完整体系。目前,多数企业内部的营业预算、资本预算、筹资预算等整体的预算管理体系还没有形成,有的只是在进行企业内部或某项业务的管理,它的系统性和战略性要求企业销售、生产等各业务部门共同参与,仅仅依靠财务部门是不可能单独完成预算管理重任的。

（4）企业内部的财务预算管理不到位。部分企业的管理者对预算管理体系重视不够,企业中部分部门尽管已经实行预算管理,但没有以科学求实的态度认真编制,而是流于形式。仅这一条,就使得各企业预算管理体系的建立无法达到应有效果。

（5）预算目标考核不力。在不少已实行预算管理的企业中,较普遍地存在监督考核不力的现象,具体表现是考核部门不明确、考核内容不具体、考核未形成制度化、考核标准随意性强,致使预算考核不能保证企业预算管理体系的全面实施。

要实行全面预算管理,就要认识到,实行预算管理是企业建立自我约束、自我控制、自我发展良好机制的有效办法,预算管理能使企业的各类资源得到最优配置,提高企业的运行质量,真正实现企业价值最大化,也使员工的人生价值得到充分体现。

[案例]

实施全面预算管理,提升企业绩效

某纺织集团企业领导一直实行传统财务管理,资金方面严格执行"一支笔签字"批准使用和报销制度,主要领导忙于签字抽不开身,很多工作顾不到,于是改进为定期签字方式,有所缓解,仍解决不了时间问题。为此,经研究决定改革财务管理制度,推行全面预算管理。

第一年试行有一定效果,但不够理想。召集人员分析,找出主要问题:员工尤其是部门负责人认识不够,认为预算管理主要是财务部门的事,其他部门只要配合执行就可以了;推行制度受传统影响,用经营计划代替预算管理,计划不细化,落实不到位;预算编制不够认真,造成执行偏差较大,考核不能全面公正地进行。企业结合这些具体问题,展开全员培训,统一认识,明确责任,完善办法,进一步推行全面预算管理。

在下年度企业全年滚动预算中,全面采用新的预算体系,达到了良好效果。一方面,企业上下改变了"预算是财务部门的事情"的观念,认识到全面预算管理实际上不仅仅是一个财务系统,它更多的是一种"带动系统"。企业将预算管理与业务规划结合,与关键绩效指标(KPI)体系挂钩,通过及时的滚动报告与滚动预测,使企业各个部门明确在规定预算内按照要求签字报销,有职有权。企业领导可以有精力关注发展大事了,真正解决企业面临的财务管理问题,并有效地提升了整体管理水平。"以增加企业价值"为核心理念和业务判断逻辑被确立并得到广泛采用,全面预算管理过程真正地成为"以价值为核心的决策"过程。在这一过程中,更多地强调投资项目的效益评估与筛选,各部门的业务规划与执行计划的制订与沟通,预算编制只是这些决策的"财务量化"过程。另一方面,企业建立的全面预算管理体系,起到了协调企业整个价值链之间相互关系的作用,明确各部门的责任,便于各部门之间协调,避免了由于责任不清造成相互推诿的事件发生。实施全面预算管理为企业提供了评价绩效的标准,便于考核,强化了内部控制。由于全面预算管理是对企业计划的数量化和货币化的表现,因此,预算为业绩评价提供了标准,便于对各部门实施量化的业绩考核和奖惩制度,也方便了对员工的激励与控制。通过全面预算管理对企业各部门及其员工的日常活动进行规范,企业经营活动有目标可循、有制度可依,消除了朝令夕改、活动随意的现象,使企业的工作更加有序。

[思考题]

1. 企业筹资有哪些渠道和方式?

2. 什么是资金成本? 它有什么作用?

3. 什么是流动资产和无形资产? 它们各有什么特点? 对资产管理的要求是什么?

4. 什么是固定资产? 它有什么特点? 何谓固定资产折旧,它如何计算?

5. 什么是成本、费用? 如何控制成本和费用?

6. 什么是现代成本工程?

7. 何谓利润? 如何确保企业完成利润指标?

8. 何谓财务分析? 主要分析哪些内容?

9. 什么是货币时间价值? 某人每年末向银行存入 2 000 元,存款复利年利率为2.5%,五年后的年金终值是多少? 某企业在未来五年,每年年末有 100 万元收益,若按5% 贴现率计算,年金现值是多少?

10. 由案例说明企业的预算管理特点。

第十章　企业管理信息化

信息化是通过信息技术的广泛应用和信息资源的开发利用而达到的在社会各个领域产生变革发展的一个过程,它通过信息高速公路到达全球信息化社会,促进信息社会的发展。信息化已成为全球经济竞争的制高点,信息化水平是企业竞争力的主要标志。管理信息化是提高企业管理水平的有效途径。

第一节　管理信息化概述

中共十五届五中全会提出:"大力推进国民经济和社会信息化,是覆盖现代化建设全局的战略举措,以信息化带动工业化,发挥后发优势,实现社会生产力的跨越式发展。"近些年我国信息化水平取得了飞速的进步,为企业管理信息化提供了重要支撑。

一、管理信息化

管理信息化是组织通过信息技术、信息系统的应用和信息资源的开发利用而服务于自身的战略发展、经营活动及全方位变革活动的一个过程。它是指依据先进的管理理念,应用先进的计算机网络技术,整合组织现有的生产经营管理,为组织的战略决策提供准确、及时、有效的数据信息的一系列活动。

将信息化技术应用于企业管理,即企业管理信息化,也可简称企业信息化。

(一) 企业信息化的内涵

(1) 企业对现代信息技术的广泛应用。

(2) 企业对信息资源的有效组织、开发和利用。

(3) 利用信息化技术,提高企业的生产、管理和决策的效率和水平。

(4) 管理信息化是一个不断提高和改善企业竞争力、效率和效益的动态发展过程。

(二) 企业信息化的特征

一般来说,企业信息化有以下主要特征:

(1) 本质特征。管理信息化的本质是扩大、掌握各种信息的范围,提高收集、分析信息的能力和效率,为决策提供充分、客观的依据,加强企业的核心竞争力。

(2) 形态特征。管理信息化是计算机系统应用在企业生产经营管理中的活动,其特征主要表现在计算机、网络及软件的组合。

(3) 过程特征。管理信息化应用是结合企业生产经营管理过程进行的,其本身也是一个动态发展过程。

（4）阶段特征。随着科学技术和经营形式的变化，管理信息化呈现阶段性特点。

（5）效益隐性特征。管理信息化的主要目的是提高管理效率和决策水平，其实质是促使企业提高经济效益。

（6）内部关联性特征。管理信息化随着企业内部各个环节及自身网络系统的联系，必然具有内部关联性。

（7）外部关联性特征。管理信息化需要外部信息及互联网支持。

二、企业信息化内容与层次

（一）企业信息化内容

企业信息化内容主要包括生产过程的自动化和信息化、企业内部管理环节信息化、企业供应链和客户关系管理的信息化等。例如，纺织机械制造企业的信息化内容见表10-1。

表10-1　纺织机械制造企业的信息化内容

层面	信息化内容	主要软件系统	主要硬件设备	应用目的
作业层	产品设计与生产过程的自动化和信息化	CIMS、CAD、CAPP、CAE、CAM、PDM等	自动化生产设备、智能仪表、服务器、客户机、网络产品、绘图设备等	产品设计、工艺设计、生产过程自动化和半自动化，实现产品的柔性制造、敏捷制造和即时制造等
管理层	人、财、物等管理信息化，辅助决策，办公自动化等	ERP、OA、MIS、MRPⅡ、KM等	服务器、客户机、网络产品、计算机外设、自动化库房等	职能管理部门办公自动化，自动生成各类统计报表和作业计划等
商务层	电子商务、供应链管理、客户关系管理、协同商务等	ERP、CRM、SCM、CC等	服务器、客户机、网络产品、计算机外设、自动化办公设备等	实现企业内部信息资源和外部信息资源的集成，为科学决策提供准确、实时的信息，实现供应链管理、客户关系管理，将战略伙伴连成一体等

（二）企业信息化层次

企业信息化层次可以按管理层次和发展情况划分。

按管理层次分，有生产作业层、管理办公层、战略决策层、协作商务层等企业信息化层次。

（1）生产作业层的信息化，包括：设计、研发的信息化，如 CAD/CAM/CAPP（计算机辅助设计/计算机辅助制造/计算机辅助工艺计划）等；生产的信息化，如 NC（数控机床）、FMS（柔性制造系统）等；生产管理系统，如车间生产管理系统、车间质量管理系统、车间设备管理系统、车间材料管理系统、车间查询系统等。

（2）管理办公层的信息化，包括：根据企业实际情况定制的 MIS（管理信息系统）；通用性的企业全面管理软件，如 MRPII（制造资源计划）和 ERP（企业资源计划）等；内部业务管理信息化 OAS（如办公自动化）、WFS（工作流系统）等。

（3）战略决策层的信息化，包括：SEM（企业战略管理）、DSS（决策支持系统）、SIS（战略信息系统）、ELS（经理或主管信息系统）、ES（专家系统）等。

在对管理者的决策支持方面，这些信息系统均是目前的热点。决策支持系统并非经理人员直接使用。经理信息系统是专门针对经理使用的系统。战略信息系统是支持企业赢得和保持竞争优势，制订中长期战略规划的信息系统。专家系统是指在某个领域能达到人类专家水平的计算机软件系统。

（4）协作商务层的信息化，包括 EDI（电子数据接口）、EC（电子商务）、SCM（供应链管理）、客户管理 CRM 等。

按发展情况分，有起步阶段、初级阶段、中级阶段、高级阶段等企业信息化层次。本书不介绍。

三、企业信息化形式

现代企业面临种种挑战，企业管理者迫切需要通过信息化达到诸多功能，如快速地进行市场营销策略等，克服个人在处理和存储上的限制，克服个人的认知极限，削减费用，等等。目前，企业信息化的主要形式有技术共享系统（技术数据库、智能搜索引擎）、自动销售系统、电子商务系统、办公自动化系统等。

（一）技术共享系统

技术共享系统有技术数据库、智能搜索引擎两个部分。

1. 技术数据库

技术数据库是一种特殊的信息库，收集有各种经验、备选的技术方案，以及各种用于支持决策的知识。技术数据库最常用的例子是资源下载管理系统。

2. 智能搜索引擎

智能搜索引擎是一种帮助用户知道在什么地方能够找到知识的知识管理智能搜索引擎。它将企业的各种资源入口集合起来，以统一的方式将企业的知识资源介绍给用户。通过分析用户的行为模式，智能地引导检索者找到目标信息。例如，当新员工进入企业时，首先要了解企业的历史、文化和规章制度，需要自我培训。通过智能搜索引擎，新员工可以系统地阅读各种相关资源而完成培训过程。

智能搜索引擎的作用是解决企业面临的信息和知识过量的问题，为员工和用户提供高效率的指引工具。

（二）自动销售系统

1. 自动销售系统概念

自动销售系统简称 POS 系统，是能够自动进行企业经营网络各个销售点的销售，并采集销售数据的计算机系统。POS 系统是随着零售业的发展，在计算机技术逐渐成熟的基础上发展起来的销售结算方式。它不但克服了手工结算的诸多缺陷，开创了计算机结算快速、准确的新模式，同时将各种详尽的销售信息予以采集，为制订销售策略、实现商品的单品管理和库存的优化管理提供了便利。

2. 自动销售系统类别

根据系统规模大小及其功能强弱，POS 系统可分为三类：

（1）应用于零售店和超级市场的商业零售点管理的 POS 系统，主要应用 ECR（电子收款机）或通用的 PC 机实现零售信息的及时入账，从而及时地掌握商品销售情况。

（2）对一个商业企业进行统一管理的 POS 系统，主要用于订货、零售、批发、库存、财务等工作。

（3）对一个包括连锁店、分销商场等在内的集团企业进行管理的 POS 系统，也称商业计算机集成管理系统，通过远程通信，其功能涵盖了集团企业的各项管理业务。

随着各项研究工作的深入,POS系统的应用已经扩展到商业领域以外的各行各业,如证券市场管理、饭店管理、停车场及加油站管理、银行应用管理、纺织企业营销系统等。

(三) 电子商务系统

1. 电子商务概念

电子商务是利用信息技术,通过网络环境(包括内部网、互联网)进行的商务活动。电子商务包括营销、流通、服务的信息技术网络活动等内容。

2. 电子商务系统

电子商务系统是一个以电子数据处理、环球网络、数据交换和资金汇兑技术为基础,集订货、发货、运输、保送、保险、商检和银行结算为一体的综合商务信息处理系统。电子商务系统由一系列的电子商务标准或协议和信息系统两部分构成。

3. 电子商务发展

电子商务起源于20世纪70年代的电子数据交换技术(EDI),经历了三个发展阶段:1994—1997年电子商务的出现为第一阶段;1997—2000年开始网上交易为第二阶段;2000年至今,发现与创造新的盈利模式为第三阶段。

4. 电子商务类别

电子商务类别很多,除了本书第八章介绍的主要用于营销的消费者之间的交易平台C2C、企业与消费者之间的交易平台B2C、企业之间的交易平台B2B形式外,还有以下几种:

(1) 企业内部电子商务,即通过企业内部网,实现企业内部数据和信息的交换和共享,从而增强企业处理商务活动的敏捷性,更好地为客户服务。

(2) 企业对政府的电子商务,是企业与政府之间通过网络进行的电子商务活动,包括政府采购、政策法规发布和税收管理等。例如,政府通过互联网发布采购清单,进行网上招标,企业则通过网上投标进行回应。这种方式节约成本,透明度高,具有很大的发展潜力。

(3) 政府对消费者的电子商务,是政府与消费者之间进行的电子商务活动。例如,消费者通过政府网站缴纳个人所得税,而无需专门前往税务部门排队等候,消费者还可上网了解政府部门的最新法规等。

(四) 办公自动化系统

1. 办公自动化系统的概念

办公自动化系统是利用先进的科学技术,将由人工完成的一部分办公业务活动物化于人以外的各种设备中,并由这些设备与办公室人员构成服务于某种目标的人机信息处理系统。

2. 办公自动化系统的作用

办公自动化系统可以提高生产率、工作效率和质量,辅助决策,达到更好的经济效果,实现既定目标。

3. 办公自动化系统的内容

一个完整的办公自动化系统,包括信息收集、信息加工、信息传输、信息保存四个环节,其核心是向办公室人员提供所需信息。

4. 办公自动化系统的构成

一般由文件处理支持系统和知识工作支持系统构成。前者是支持办公室人员工作的办公自动化系统,可极大地提高办公效率,主要包括字符处理、数据输入、电子信件、传真和声音处理等功能。后者是支持办公室中的专家和管理人员的办公自动化系统,其特点是靠占有知识的人员进行的,一般包括构想、处理信息、形成分析等。

办公自动化系统的最高形式,是综合性办公自动化系统。综合的涵义不仅指多种复杂的技术和设备的结构,也可以综合处理多元化信息。近年来兴起的综合业务数字网络技术(IS-DN)、多媒体技术,为综合性办公自动化系统提供了现实的技术基础。

第二节　企业管理信息化系统

现代纺织企业管理离不开管理信息化,而管理信息化则要求企业建立一套完善的信息系统。管理信息化系统是企业信息化工作中最重要的部分,它是企业进行正确决策和实现现代化管理的重要手段。

一、管理信息化系统概念

管理信息化系统是运用系统论的方法,以计算机网络和现代通信技术为工具和手段,具有对信息进行加工、存储和传递的功能,并兼有计划、组织、控制、协调和简单决策等功能的人-机结合系统。管理信息化系统是纺织企业进行经济信息管理的重要工具,它利用计算机的硬件和软件,通过人工过程的分析、计划和控制,为企业提供决策支持信息,实现科学的管理。

管理信息化系统包含以下几个基本点:

(1)管理信息化系统是集人类的思维、管理能力和计算机的处理、存储功能于一体的高效、协调的人-机系统。

(2)管理信息化系统的主要处理对象是企业生产经营活动的全过程,包括市场信息、生产销售与财务信息等,同时通过反馈,给企业和管理者提供有用的信息。

(3)管理信息化系统运用数据库技术,通过集中统一的中央数据库,使系统中的数据实现一致性和共享性。

二、管理信息化系统功能

(一)采集功能

采集功能,是管理信息化系统的首要功能,它将分散于企业内外部的各种有关信息收集起来,并转换成系统所需要的数据形式。信息采集要注意信息的真实性和有效性,有一定的检验方法,采集手段要方便、可行。

(二)处理功能

处理功能,指管理信息化系统能够对各种类型的数据进行录入、加工、整理、检查、存储、传输和管理等操作。处理功能是管理信息化系统的最基本功能。

(三)计划功能

计划功能,指通过管理信息化系统能够对企业管理工作进行合理的计划和安排,如市场开发计划、市场营销计划、新产品作业计划等。

（四）控制功能

控制功能，指通过信息反馈，管理信息化系统可对企业生产经营活动中各个部门、各个环节的运行进行监测、协调和控制，从系统的角度保证企业各系统的正常运行。

（五）辅助决策功能

辅助决策功能，指管理信息化系统利用建模技术和运筹学方法，为企业的高层管理者提供一些辅助决策数据。

现代计算机可以同时处理以上问题，发挥综合功能。

三、管理信息化系统要素与结构

（一）管理信息化系统要素

管理信息化系统必须具备三个基本要素，即管理要素、信息要素和系统要素。

（1）管理要素，指企业不同层次在生产经营活动中的性质、内容及联系的总和。

（2）信息要素，指经加工处理后能为企业管理服务的有用信息。

（3）系统要素，即企业组织要素，它强调在进行信息管理、系统设计时，必须充分考虑到系统的整体功能、系统中各元素间的联系，保证各个管理层次之间的信息流动畅通无阻，并要求信息服务及时、准确、可靠。

管理信息化系统，具体指管理信息系统 MIS、制造执行系统 MES、企业资源计划 ERP、办公自动化系统 OA，以及决策支持系统 DSS、专家系统 ES 等。

（二）管理信息化系统结构

管理信息化系统结构指其各组成部分的相互关系。一个管理信息化系统通常由信息源、信息处理器、信息用户和信息管理者四部分组成。

1. 信息源

信息源指信息的产生地和输入源，它主要有两个方面：

（1）从时间方面分为一次信息和二次信息，前者是直接产生于企业内部或外部的事件和活动信息，一般是原始信息；后者是保存在信息系统内的数据库信息，主要是经过分类和筛选的信息。

（2）从区域方面分为内部信息和外部信息，前者是产生于企业内部的自身事件和活动信息；后者是产生于企业外部环境的信息。

2. 信息处理器

信息处理器指负责信息的加工、传输、存储等功能的部分，主要包括信息的收集装置、交换装置、传输装置、存储装置和运行装置五大部分。

3. 信息用户

信息用户指管理信息化系统输出信息的使用者，包括企业的内部用户（各级管理者）和外部用户。内部用户主要利用管理信息化系统提供的信息进行管理决策等。

4. 信息管理者

信息管理指负责管理信息化系统的设计、运行、实现与维护的系统管理人员。他们除了管理信息化系统外，还负责与该系统有关联的部门协调和配合，实现企业管理的科学化、自动化。

（1）信息化管理对象。信息化管理对象是企业信息化全过程，包括硬件设备的配置、信息系统的实施、信息资源的开发利用等。

（2）信息化管理内容。主要有信息化规划、信息化实施、信息化运营、信息化改进等。信息化过程如图10-1所示。

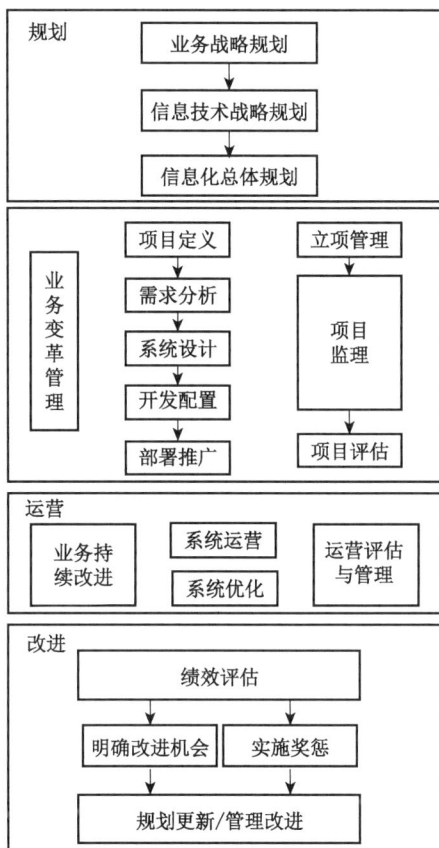

图 10-1　信息化过程

四、管理信息化建设

（一）管理信息化建设概念

管理信息化建设是以企业的管理和运行模式为基础，在企业组织重构与业务流程重组的过程中，为提高企业的生产、管理和决策的效率和水平，逐步形成完善的集成技术的复杂系统工程。

（二）管理信息化建设模式

企业管理信息化建设一般有企业-行业互动模式、挑战-反应模式和地域互动模式。

1. 企业-行业互动模式

企业信息化建设与企业所在行业的信息化程度之间存在相互促进和相互约束的关系。因企业信息化建设与行业信息化程度相互影响而出现的企业信息化建设模式，称为企业-行业互动模式。

当前,我国企业信息化密集行业有金融服务、汽车制造、精密机械制造、飞机制造、家电制造、纺织机械和服装、航空铁路运输业等。其中,金融服务、精密机械制造和家电制造的企业信息化程度最密集。行业内部领头羊企业建设信息系统(IS)既能带来示范效应,也会给其他企业带来威胁,所以同行业的其他企业会主动学习和模仿。例如,纺织行业中的太平洋纺织机械、经纬纺织、雅戈尔纺织集团等企业,对整个纺织业的信息化建设起到了示范和带头作用。

2. 挑战-反应模式

挑战-反应模式又称竞争-反应模式,它是企业为了应对现实挑战或未来挑战而采取的积极措施中,信息化系统建设成为首选方案或重点工程而出现的管理信息化建设模式。如果说企业-行业互动模式适用于一般企业的信息化建设,那么,挑战-反应模式则更适用于行业中领头羊企业的信息化建设。

挑战-反应模式的动因,主要来自企业内部感受到的市场竞争压力,以及信息技术在企业内部扩散和渗透形成的外在推动力;企业-行业互动模式的动因既来自外部环境的影响和压力,也来自行业内企业间主动模仿和学习。

3. 地域互动模式

由于企业所在区域或当地政府的推动,企业得到建设信息化系统的有利条件,如区域内信息传播成本低廉等,那么,这种企业投资信息化建设的模式称为政府-地域互动模式。我国珠江三角洲20世纪90年代以来实施的MRP-Ⅱ工程,基本上属于这种模式。

企业-地域互动模式,指一定地区内的企业相互合作、相互学习,一般来讲,地区排头兵选择某家供应商后,其他企业会模仿以减少风险。因此,供应商也愿意让利于首先实施信息化的企业。

企业的管理信息化建设模式,要根据实际情况,结合自身需要进行选择。纺织企业的管理信息化建设有各种不同模式。

五、纺织企业 MES 与 ERP 管理

纺织企业通常分为两大部门,一个是生产部门,一个是业务部门。一般情况下,前者通过MES(制造执行系统)管理,后者通过ERP(企业资源计划)管理。ERP倾向于财务信息的管理,MES倾向于生产过程的控制。以纱厂为例,简单地说,ERP主要告诉企业自己的客户需要多少筒纱线、哪天下单、哪天要货,而MES主要负责监控和管理生产这些纱线的每一个步骤和工序。因此,下面着重介绍这两大系统。

(一) ERP 管理

ERP管理,最初由美国的著名IT分析公司Gartner Group根据IT业的发展和企业对供应链管理的需求而提出,经历了从封闭式MRP到MRPⅡ再到开发式ERP的三个发展阶段。它拓展了MRPⅡ的管理范围,将供应商和企业内部的采购、生产、销售及客户紧密联系起来,可对供应链上的所有环节进行有效管理,同时集成了企业内部的其他管理功能,如人力资源、质量管理、决策支持等,并支持互联网(Internet)、企业内部网(Intranet)和外部网(Extranet)、电子商务(E-Business)等,实现对企业的动态控制和多种资源的集成与优化,以追求企业资源的合理高效利用。ERP融合了企业管理的先进思想与信息产业的最新成果,也是先进管理思想的体现。

ERP基于供应链的管理思想,是现代管理思想与信息技术相融合的产物,如JIT实时生产系统(Just In Time)、BPR 业务流程重组(Business Process Reengineering)、电子商务和CAD/CAM/CAPP。从企业自身效率和 ERP 应用效率的提高来说,ERP 与 BPR 和 JIT 密不可分,实施 ERP 必须进行业务流程重组。因此,ERP 还有助于改变纺织企业中层次臃肿的组织结构,实现工作流程的精练、敏捷、畅达。JIT 重视计划牵引,它的批量规则为"按需不多不少",即"仅仅"在需要的时间和地点,"恰好"按需要的数量,"及时"生产需要的合格产品,力求达到零库存。这种先进的管理方法,实现了生产的"小批量、多品种、高品质",适应了纺织业个性化表达及对市场做出快速反应的需求。

从企业与外界的联系来说,ERP 基于网络技术,所以有利于实现电子商务,实现企业与外部企业的沟通、链接和交易,使企业供应链活动建立在真实可靠的市场需求上。这样,使企业和供应商、分销商及客户紧密联系起来,对供应链上所有环节进行有效管理,减少企业运营成本,提高运作效率。企业内部流程自动和外部配合的动态需求紧密结合、协同运作,实现提高全球环境下纺织企业竞争力的目的。

1. 纺织 ERP 系统

ERP 系统在纺织行业主要应用于纺纱、针织、机织、染色、印花、整理等工序。

(1) 纺纱 ERP 系统。ERP 系统在纺纱单元的主要功能是棉包库存的控制、开包和清洁、散纤维染色、梳棉和并条。纱线库存的跟踪根据订单、批号、箱装或卷装形式进行,所有类型的纤维捆包跟踪要与原材料库存清单控制和捆包订单分配结合在一起。

ERP 系统具有独特的功能,可以计算原料损失和损失导致的成本差异。使用者可以轻松地对理论和实际数量进行跟踪,可以在产品标签上注明所有相关信息。使用者可以对购买的纤维捆包和自己生产的纱线卷包或纱线袋进行跟踪,用户可以采用小包、中包和大包的形式储存纤维。

(2) 针织、机织 ERP 系统。ERP 系统监控针织、机织过程的所有阶段,它收集的数据包括所有的车间数据、每台织机的生产情况、员工表现、维护过程、空转时间和原因、产品质量,实时监测车间库存、纱线、简单或复杂提花设备的织造工艺。对有些类型的织机,可以在产品配置过程中定义"织机排除规则",以支持特定款式的生产进度安排。各种幅宽的打卷布可以缝合、撕开或裁剪成新的布卷。织机生产计划可根据织物类型、设备组和单台设备进行安排,也可以按照织物风格更换设备。

根据销售预测或客户订单对面料的需求,可以计算出所需的纱线,还可以根据生产调度部门设定的织机生产计划(包括设备和织物风格),得到纱线的生产要求。ERP 系统还包括针织机的属性信息(如超喂、幅宽、转速),支持针织业务调度。

(3) 染色、印花 ERP 系统。ERP 系统在染色部分的应用包括纺织品生产过程中不同工序的染色加工,其支持的染色工艺包括匹染、气流染色、连续染色、冷轧堆染色、卷染、经轴染色和成衣染色。染化料的库存控制与生产进度和染色工艺相结合,根据色泽类别安排染色任务。系统可跟踪染色过程,控制和测试染色性能。

ERP 在印花部分的应用,包括网版跟踪和控制。ERP 系统会跟踪网版的使用记录、使用的工艺,分配给印花机的花网和库存中花网所在的位置。花网与配方和工艺安排紧密结合,确保类似花型的订单可以归为一类,实现印花效率最大化。

(4) 后续处理 ERP 系统。后续处理系统包括规划、调度、批次跟踪、配方管理、包装和产品跟踪,还包括根据客户订单配置布卷的要求和出货的样式规格,配置布卷和安排货运。如果出现色调不一致的情况,后续处理系统要调整进度并安排设备返工,保证产品质量。

后续处理系统会将成本中心定义的产品和设备规范相结合进行品质控制。产品要经过很多处理阶段,如堆置、剖幅、漂白、染色、分级、测试、检验、裁剪,以及按照客户要求卷装。在这些过程中,布卷有时会发生改变,或者成为新的产品。

2. 纺织 ERP 系统实施需要注意的问题

(1) 业务流程重组(BPR)。1990 年,美国的 Hammer 教授首先提出业务流程重组的概念。但不同行业、不同性质的企业,业务流程重组的形式不可能完全相同。ERP 系统设计是面向流程的,是根据物流、资金流和信息流等流程设计的,它取代了信息采集、汇总、统计与传递等按部门职能分工进行设计的思想。因此,业务流程重组是企业实施 ERP 的首要任务。

要实现 ERP 与 BPR 的完美结合,企业可以根据自身特点采用串行、并行和先串后并三种方式进行。

① 串行指先进行 BPR 设计,再进行 ERP 设计。这种设计避免过早涉及 ERP 开发的具体问题,减少繁琐细节。

② 并行指 BPR 设计和 ERP 设计同步展开,两者之间进行实时反馈。

③ 先串后并指先做出 BPR 初步方案,然后进行 ERP 初步设计,再并行开展 ERP 和 BPR 的交互。

纺织企业实施 ERP 过程中,业务流程重组应当与 ERP 系统的实施并行开展,先进行小规模的调整,主要针对处于瓶颈状态的关键业务环节,从局部开始,渐进开展,有效地使企业流程同 ERP 系统的标准流程相吻合,以便顺利地推进 ERP 系统的实施。

(2) 项目资料整理。项目资料指纺织企业购入或自制的原材料,其在制品、半成品、产成品及间接原料等物料都具有各自的属性,它们是区分物料特性的关键指标。这些项目具有一般属性、计划属性、库存属性、检验属性、成本属性等。

纺织行业涉及一些行业特有的属性(如色号、批号、细度、捻向、捻度等)。因此,对于基础数据资料的建立和整理,是纺织企业实施 ERP 的基础,这需要管理人员和技术人员进行大量的基础数据整理,如成纱数据包括品质指标、纱支、强力、条干不匀、断头等。另外,这些属性涉及纺织行业工艺流程的确定和不同质量的要求,在产品生产的某些环节还涉及同种或不同种中间产品按一定比例混合并导致新产品的产生或某些属性发生变化,如混合棉物理指标数据包括品级、长度、基数、短绒、成熟度、单纤维强力、细度、结杂和含水等。在生产流程中,还涉及多计量单位及计量单位的转化问题。这些问题都需要在纺织业 ERP 系统的项目资料功能模块中反映,并相应地在采购、生产、库存、销售、质量、成本等相关功能模块中体现,实现数据共享。

(3) 配棉方案设计。产品结构与物料清单(Bill of Material,BOM),是 ERP 系统识别产品结构和所有需使用的物料的基础文件。在纺织业中,要按照各棉批的不同特性选择,并通过配比生成配棉方案,相当于 BOM。主要根据库存原棉的产地、等级、参数等性能指标,进行排队分析,自动配棉,并修改配棉方案,具体设计过程如下:

① 建立 BOM 模块。离散型 BOM 的定义、维护、使用的是典型的 A 型结构,但在纺织行业 ERP 的物料清单设计中,第一步是建立适合纺织生产流程的 V 型结构的 BOM。

② 合理选择接替棉。根据系统中的配棉文件可知断批日期、棉批数、断批数等,可采用模

糊数学综合评判等建模技术选择接替棉。

③ 预测成纱质量。根据历史各期混棉参数及对应的纱线品质测试数据,建立由混棉预测未来成纱质量的动态数学模型,作为自动配棉的科学依据。对棉纺企业来说,原料成本占成纱成本的 60% 以上,降低原棉成本是降低企业生产成本的重要途径。因此,配棉管理子系统的设计是企业保证成纱产品质量、有效控制成本的关键。

总之,对纺织行业而言,很多原料没有经过初步加工,含有大量杂质,成分复杂,给后期处理带来很大的不确定性。另外,由于生产类型、动态的工艺特征及生产加工中的各种不确定性因素导致的非正常处理流程等,纺织企业 ERP 系统的设计要求很高。

(二) MES 管理

ERP 是建立在信息技术基础上,以系统化的管理思想,为企业决策层及员工提供决策运行手段的管理平台;MES 则位于上层的计划管理系统与生产过程的直接工业控制系统之间,面向车间层的生产管理技术与实时信息系统。MES 是数字化工厂的核心,将前端产品设计、工艺定义阶段的产品数据管理与后端制造阶段的生产数据管理融合,实现产品设计、生产过程、维修服务闭环协同全生命周期管理。

1. MES 的特点

(1) MES 必须提供实时收集生产过程中数据的功能,并做出分析和处理。

(2) MES 需要与计划层和控制层进行信息交互,通过企业的连续信息流实现企业信息全集成。

(3) 制造过程的透明化和实时监控。

(4) MES 是对整个车间制造过程的优化,而不是单一地解决某个生产瓶颈。

2. MES 的主要功能模块

MES 的主要功能模块,包括生产资源管理、详细作业计划、实施生产调度、现场数据采集、人力资源管理、质量管理和追溯、设备维护管理、生产跟踪、性能分析、文档管理等,为操作人员、管理人员提供计划的执行、跟踪,以及人、设备、物料及客户需求等方面的实时状态信息。

3. MES 的核心

(1) 车间或制造单元的作业计划的优化。

(2) 智能的实时生产调度。

(3) 实际生产状况的感知和透明化。

MES 是制造业信息化、自动化的核心技术,是近年来在国际上迅速发展、面向车间层的生产管理技术与实时信息系统,它位于企业上层 ERP 和底层设备自动控制系统 PCS 之间,强调制造计划的执行。一方面,MES 可以对来自 ERP 的生产管理信息进行细化、分解,将来自计划层的操作指令传递给底层控制层;另一方面,可以采集设备、仪表的状态数据,实时监控底层设备的运行状态。同时,MES 可以为 ERP 提供生产现场的实时数据,实现生产制造数据的自动化采集,起承上启下的作用。目前,MES 已成为西方先进工业国家流程工业综合自动化系统理论和产品的主流框架,成为工业信息化建设的重点。

4. 纺织 MES 管理

(1) MES 管理体系结构。与其他机械制造过程不同,纺织制造过程需经历物理和化学性质的交替变换,使制造过程中的各类数据均围绕由纤维到纱、由纱到坯布再到成品的整个制造过程中相应的"品种"为中心进行信息交换和通信,因此从纺织大数据存储体系中抽取表达纤维属性与成纱质量或坯布质量间关系的有益知识时,整个数据关联规则必须以"品种"为主轴,并通过增量聚类方式从大数据中抽取表达上层计划层与底层生产控制层之间信息衔接的知识规则(如纤维属性与纺纱质量之间的非线性关系等)。

在此基础上,借助大数据存储体系结构,从各异构数据库中获取实时数据时,可建立多数据表间的品种数据信息链接,其目的是通过品种数据信息建立多数据表间的相关性,可以增强底层生产控制层数据的采集、处理、分析和存储能力。最后,通过这种关系规则,实现生产计划层与车间制造层之间数据的有效对接,进行数据的融合处理,从海量数据中"挖掘"出表达纤维属性与纺纱质量、坯布质量之间相关联的数据交集,进而通过纺织过程的系统集成与数据管理,做到织物成品质量的实时在线检测。

为此,将制造执行系统结构设计为三层,即数据应用层、数据处理层、数据存储层。其中,数据存储层的主要作用是获取、处理各部门或车间信息管理系统、监控系统中所存储的数据信息,并进行数据的通信、存储及加工;数据处理层主要实现如工艺管理系统、计划调度系统、劳资信息管理系统等数据的并行加载存储,并通过数据接口进行数据的融合、存取和连接;数据应用层用来统一管理、调用纺织大数据系统中经过处理的数据,主要通过实时数据与历史数据的分离,有效保证所有数据的实时性、完整性和正确性。构建的纺织 MES 管理体系结构如图 10-2 所示。

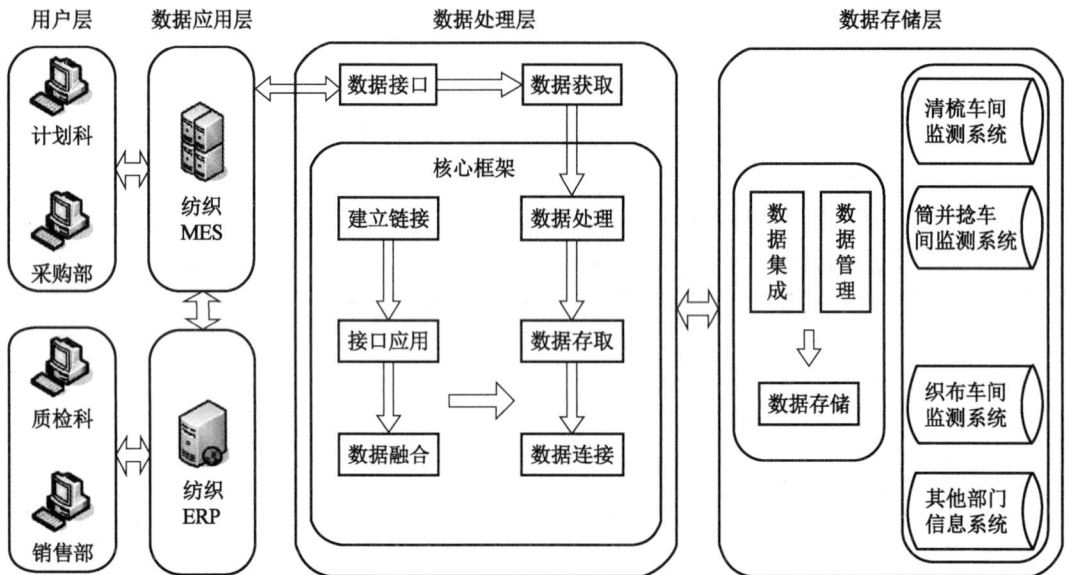

图 10-2　纺织 MES 管理体系结构

(2) 纺织 MES 管理的纺纱体系结构。以细纱车间为例,介绍 MES 管理的体系结构。

MES 管理体系是将计划调度、物料跟踪、质量控制和设备管理等功能集成于一体的信息平台,通过企业局域网和统一的数据库,同时为多个生产部门和企业 ERP 系统提供信息,并注重生产过程的整体优化,帮助车间甚至企业实施完整的闭环生产。

① 细纱车间的 MES 管理体系结构主要包括三层:

a. 计划层。MRPⅡ/ERP 系统位于系统顶层,为细纱车间 MES 提供厂级计划、设备、工艺、人力资源和生产的基础数据,用于制订生产计划,并负责企业活动计划和决策,主要面向客户。

b. 执行层。细纱车间的 MES 重点面向车间生产控制,其核心作用是生产作业计划与调度、物料实时跟踪、生产质量控制、生产设备管理、生产过程管理,以及各种统计分析和数据管理,并按需求生成各种报表、打印和导出等。

c. 控制层。主要面向生产作业现场,其功能是对细纱车间的机台监测器的当班运转状态和生产信息进行采集和存储。与 MES 交互的系统有 MRPⅡ/ERP 和底层控制系统。MES 作为计划管理层和底层控制之间的通道,加强了计划层处理事务和生产控制层实时控制系统的基础能力,从上、下两层传递相关信息并反馈处理结果,为车间提供了一个双向的生产信息流。

② MES 功能角色分析。车间管理人员和操作员在生产过程中扮演不同的角色,担任不同的任务。根据已建立的 MES 体系结构,将 MES 中涉及的角色及担任的任务分为十类,然后按照研究结果,建立例图模型。MES 的角色可分为以下类别:

a. 系统管理员。负责维护 MES,在车间的各种角色权限分配的基础上,根据实际需要,对 MES 各种角色及其拥有的权限进行添加。

b. 工艺员。负责批量生产的工艺制订,审核并管理工艺的合理性和执行情况。

c. 质检员。负责检验和判定产品的质量等级水平,及时分析产品质量存在的问题,找出影响产品质量的原因,提出相应的措施并予以解决。

d. 设备管理员。负责维护设备及备件管理的基本信息。

e. 统计分析员。负责统计产品的产量、质量、员工的工作效率、生产成本和设备使用率,汇总分析所需信息,整理分析统计资料,建立统计报表。

f. 操作员。负责依据当天分配的工作量和生产指令进行操作,任务结束后,及时向上一级车间主管领导和部门汇报工作进度。

g. 车间调度员。主要职责是按照生产计划执行生产进度,对车间的生产状态进行控制,发布合理的调度方案并进行调度。

h. 物料管理员。主要职责是对仓库物料和成品的接收、保管、发放、记录和标示等在库管理工作,确保物料使用的可追溯性,并为调度员报告库存情况。

i. 车间主管。车间主任和生产总调度等车间管理人员负责查看生产进度,制订车间管理的重大决策,将车间整体生产状态汇报给上层计划系统。

j. 车间计划员。负责按照生产中心下达的月、周生产计划,完成本车间每天生产计划明细的安排和制订,并跟踪生产计划的实施进度,确保生产计划的完成。

③ MES 功能模块组成。根据细纱车间生产优化控制要求,以及 MES 对不同类型细纱机进行生产数据实时监测的要求,以车间质量控制和统计分析等管理功能为目标,进行 MES 主要功能模块的设计。MES 主要包括以下功能模块:

a. MES 管理模块。主要有登录、权限与密码设置、初始化、建立工作日历、数据库备份与恢复及客户端用户管理。

b. 生产调度管理模块。负责按照企业 ERP 系统的月生产计划,将其分解为车间的具体生产任务,制订具体的日生产计划;同时,把日生产计划的品种、单产、效率和转速等信息发送到底层控制系统。将该计划分配给各机台,进行全线生产管理。如果出现生产工艺和计划调度变更或其他异常事故,可对生产信息进行调度,将最新的计划信息传送决策层。

c. 资源管理模块。通过设备的各种停台记录统计,掌握机台的实际运行情况及停机维护情况,以利于操作者制订切实可行和合理的机台养护计划。

d. 生产过程管理模块。由车间主计算机的 MES 通过 CAN 总线,向细纱机监测器以一对多的方式传输生产参数,再由监测器以一对一的方式将生产数据反馈到主计算机,然后检验反馈的生产数据。若校验正确,则首先根据生产参数和生产数据计算细纱捻度和牵伸倍数等,并在终端显示,再按日期和班次存入 MES 数据库;否则提示错误信息,并将其写入日志文件和日志数据表,择时采集。

e. 生产质量管理模块。对细纱机的生产数据进行采集、查询、统计和分析;输入低效机台、台账、设备利用、空锭率和回花率等信息,确保准确和及时地掌握产品生产的完成情况,编制、并打印各部门的生产和管理所需的各种报表。

f. 基础数据管理模块。帮助细纱车间建立和维护 MES 使用的基础数据,完成相关信息的输入、采集以及数据的处理和存储,并提交生产数据。通过通信实现下位机生产数据的读取,还可用其进行数据统计产量等;将处理后的数据存进数据库,按标准要求发送到 ERP;也可为因异常情况导致存在数据缺陷的设备,完成数据的采集和补录操作。

g. 统计分析模块。完成低效率的机台、台账、设备利用率和其他信息的输入,以及历史数据的访问管理和统计分析,并能在任何机台设备中随时生成一定时间段内的运转效率、生产计划指标完成率和备品清点盘存等方面的质量报表。

第三节　纺织企业管理信息化发展

世界上许多发达国家的纺织企业以网络为依托,已经形成了快速反应(QR)系统,包括纤维、纺纱、织造、染整、服装等行业,在设计、制造、销售等领域形成了一套完整的生产营销体系,使传统纺织工业生产经营方式发生了深刻变革。

例如,英国贸易和工业部曾经对英国 100 多家纺织品企业进行调查,结果表明,有 92% 的受访企业建有行销网站,其比例高于英国其他产业的企业;95% 的企业使用电子邮件,比其他产业的企业平均使用率高 8 个百分点;25% 的行销网站可用来下订单,有将近 44% 的企业计划在两年内使客户可以上网查询产品存货量或下订单。调查称,纺织厂商信息化的主要动机是改进对客户的服务,改善信息的管理和沟通。2/3 的受访企业通过信息化改善了企业的服务质量,1/4 的企业提高了生产效率。

对广州纺织市场的调研表明,互联网已在纺织业管理信息化、技术创新、营销渠道创新等方面起到重要作用,主要在信息发布、销售和产品反馈等环节服务于国内纺织企业,推动纺织行业在产品开发、品牌企业设计等领域的创新。随着互联网的发展,国内纺织企业开始积极开展网络营销。根据调研,70.5% 的纺织生产型企业和 62.3% 的纺织流通型企业已经拥有自建的电商渠道。同时,拥有自建电商渠道的生产型企业已经超过流通型企业,"去中介化"成为纺织行业令人瞩目的一个趋势。

以上证明信息化可以给纺织企业带来明显的进步。

一、纺织企业信息化应用

纺织企业信息化应用领域主要有产品设计、企业管理、生产过程控制、生产装备和企业间协作等,涉及技术包括信息技术、自动控制技术、现代管理技术与制造技术等,其内涵广泛、意义深远。

(一) 产品设计信息化

产品设计信息化主要有服装 CAD 技术、印花图案 CAD/CAM 技术和计算机测色配色技术等内容。

1. 服装 CAD

服装 CAD 主要包括款式设计、推档和排料,技术比较成熟,国内外有数十种产品,能够基本满足不同企业的要求,如杭州爱科、香港富怡、广州龙渊电脑科技等企业的产品。

国内软件在二维功能上与国外的 CAD 大体相当,而价格较低。

三维服装 CAD 现已进入商品化阶段,已引起人们的广泛注意,新的需求是 3D 人体扫描和服装款式设计。

2. 印花图案 CAD/CAM

印花图案 CAD/CAM 是许多印染企业进行技术改造的重要内容。系统通过彩色画稿扫描输入,或由计算机直接生成图案,再进行图形处理,调配色彩,产生满意的图案,然后由激光照排机输出,满足各种要求的用于印花生产的高精度分色胶片。

目前国内印花 CAD 的自主开发已非常成熟,如杭州开源、杭州宏华、绍兴轻纺科技中心等企业的产品占有绝大部分市场。

在 CAM 方面,国外有荷兰 Stork 于 20 世纪 90 年代研制的激光制网系统;国内有杭州开源研制的喷蜡制网系统,杭州宏华的喷墨制网系统也达到了较高的技术水平。

3. 计算机配色系统

纺织行业将计算机配色列为产品设计信息化领域。计算机配色系统是建立在染料基础光学数据库基础上的。系统将来样的色彩测出,输入计算机,再由计算机通过解多组联立方程,形成不同价格、不同色差的预选染料配方,印染企业的需求很大。国外有 Data-Color、Max-Base 等产品。目前国内已有多种具有自主知识产权的相关产品。

(二) 管理信息化

纺织全球化之后,国内纺织企业的管理信息化需求增长显著,其中以棉纺、毛纺、化纤的大中型企业的需求为主。

1. 管理信息化系统

管理信息化系统主要包括 MIS、MRPII、ERP 等。管理信息化以内部网为依托,覆盖整个企业的管理部门、生产车间,实现对全面管理和信息共享。由于历史时期不同,或应用侧重不同,企业管理软件的名称有所不同,但基本要求和内容一致,只是随着技术、观念的更新不断发展。目前趋向于 ERP 软件,它的核心思想是企业内外集成、管理整条供需链和系统的同步(协同)等,很适合纺织行业应用。ERP 软件产品自 2006 年以来,在国内纺织企业中的需求量猛增,已成为行业和企业需求的重点和亮点。全国年销售额 3 000 万元以上的纺织企业有 6 000多家,他们迫切需要利用 ERP 优化内部资源和供应链,进一步提高管理和科学决策水平。

2. 管理信息化系统实现方式

管理信息化系统实现方式有两种：

(1) 定制开发，包括企业自行开发，或与其他单位合作开发。

(2) 采用商品化 ERP 软件，或在其基础上进行二次开发。

纺织企业大多采用后一种方式。一些国际知名 ERP 软件，如 Sap、Oracle 等，因为价格昂贵、本土化困难，国内应用较少。国内许多单位发挥各自优势，积极开发具有行业特点的产品。杭州开源、中纺达、环思面向纺织印染企业，浙江华瑞面向化纤企业，杭州爱科面向服装企业等进行开发，产品都得到了广泛认可。

(三) 生产过程控制自动化

生产过程控制自动化技术主要应用于化纤、纺纱、织布和印染企业，为企业提高产品质量、降低消耗、实现自动化生产提供了基本保证。

1. 印染生产线的自动控制

印染生产线的自动控制对纺织品的质量和档次的提高至关重要，因而对自动控制技术的需求集中，是纺织工业多年来科技攻关的重点。它包括对印染前处理、染色、后整理生产线的过程控制。例如，对退浆、煮练、漂白、丝光、染色、蒸化、定型等工序的温度、液位、双氧水浓度、碱浓度、色差、织物表面温度等参数进行在线检测，并对主要参数和物料配送进行实时控制。

印染生产环境较差，且织物处于快速运转中，因此要求系统有较高的反应速度、可靠性、稳定性和抗干扰性。意大利 Intes、Mezzera 及德国 Then、Goller 的设备带有在线检测装置。国内已经有多家单位从事该技术的开发研究并成功地在国内推广应用，如杭州开源电脑技术有限公司的在线采集系统、前处理和染整连续检测控制系统等。

2. 化纤生产线的自动控制

化纤生产线一般用人较少，工艺连续性强，技术操作要求严，自动化要求高，因此大多配置了生产过程控制自动化系统。

另外，近年来面对小批量、多品种的市场要求，江苏、浙江、山东、河南等地的纺纱、织布逐步开始采用生产线自动控制系统，提高管理水平。

(四) 制造设备数字化

制造设备数字化技术主要通过电脑数字设备实现生产制造的准确性和快速性，降低劳动力成本，控制污染排放。例如，全自动电脑调浆系统、数码喷墨印花机、服装自动裁剪设备、计算机控制组合设备等，这是目前我国攻关的重点。国内有多家企业已经开发出有较高水平的产品，如杭州开源电脑技术有限公司的全自动电脑调浆系统、助剂配送系统和数码喷墨印花机，其技术都达到了国际同类产品的先进水平，大大加快了国内信息化设备的推广速度，创造了良好的社会和经济效益。

(五) 公共信息化服务

近几年，纺织行业公共信息化服务发展较快。据不完全统计，包括纺织、服装、服饰、纺机、家纺等行业在内，目前有信息服务、电子商务类网站约 200 多家。规模以上纺织企业，大多数都能够建立自己的企业网站，用于宣传企业形象、推荐企业产品、开展商务活动、获取行业信息等。

二、纺织企业信息化应用效果

纺织企业根据各自的特点和实际情况,实施的信息化系统包括完整 ERP 系统或部分 ERP 系统、供应链管理系统(SCM)、客户关系管理系统(CRM)、分销管理系统、生产管理系统等。从整体上看,提升了企业的信息化水平和管理水平,对提高企业经济效益等发挥了重要作用,主要表现在以下方面:

(一)提高了企业的市场应变能力

产品开发速度加快,开发周期缩短,企业不断推出新产品,更好地应对快速变化的市场需求,实现了对市场的快速响应。

(二)深刻地影响了企业的营销运作

不少中小企业应用信息化管理系统,特别是应用 ERP 系统后,生产过程中的管理水平得到较大提高。例如,可以将生产计划安排得更加合理,生产调度更加灵活,对生产进度可以进行及时的跟踪与控制,可以及时制订营销计划,合理指导生产,缩短了交货周期。

(三)加快了企业决策速度

通过快速预测订单成本、加快企业信息处理速度、为决策提供综合分析等,企业领导者的决策更加及时、科学,能够对快速变化的市场做出及时、正确的响应。例如,江苏某中型印染企业,年生产能力为 5 000 万米,应用 ERP 之前,平均交货期为十天,实施 ERP 后,交货期缩短为七天;原料的成本核算时间从原来的三四天缩短到一天;原来销售到月底结存时需紧张工作三四天才能得到结果,现在只需一天就能得到正确的结果。

(四)为降低消耗、加快资金周转提供有力支撑

应用信息技术在降低资金占用方面有明显效果。应用库存信息化管理,对企业原料、成品、半制品、机物料等仓库进行科学管理,企业成品库存大幅下降,明显加快了资金周转。

(五)推动纺织业全面升级

一是有效解决人才匮乏问题,可以利用专家系统解决许多生产难题。

二是加速信息沟通和利用,提高各个环节的工作效率。

三是使 ISO 管理思想得以贯彻,保证产品质量,提高企业的竞争力。

例如,浙江绍兴一家印染企业在应用 ERP 系统后,A 级布率由 94% 提高到 97.6%,重染率由 8% 下降到 4%。该企业老板说,信息化解决了他最头痛的问题。

(六)企业实施信息化的主动性增强

随着适合纺织行业特点的专业化信息产品的开发和推广,以及熟悉纺织行业特点的系统建设人才的不断增加,企业信息化效果得到明显提升。企业对信息化建设的认识和理解更加深刻,对信息化的需求更加强烈,对信息化建设的主动性明显提高。

三、纺织企业信息化发展

面对纺织行业定制化、小批量、快交货的生产需求,企业应把 ERP 和 MES 等信息化系统彻底打通,让企业的所有信息孤岛实现连通,促使企业进入完全的自动化和信息化。

互联网改变了工业时代的信息不对称现象。在工业时代,生产厂家无法低成本地了解每

一个客户的需求,往往采取一刀切的方法,就是把需求最多的性能组合在一起,形成一种产品。比如,鞋子按照尺码进行生产,难以适应偏肥或偏瘦的个性要求。然而,互联网改变了这个局面,人与人之间、人与厂商之间,都可以实现低成本连接,每个人的个性需求被放大,人们越来越喜欢个性化的产品。但是,个性化产品的需求量没有那么大,这需要工业企业能够实现小批量定制的快速生产。

德国工业 4.0 描绘了制造业的未来愿景,提出继蒸汽机应用、规模化生产和电子信息技术等三次工业革命后,人类将迎来以信息物理系统(Cyber Physical System,CPS)为基础,打通所有生产环节的数据壁垒,由无线网掌控一切的时代。工业 4.0 旨在提升制造业的智能化水平,建立智慧工厂,在商业流程及价值流程中整合客户及商业伙伴。工业 4.0 注重吸引中小企业参与,力图使中小企业成为新一代智能化生产技术的使用者和受益者,同时也成为先进工业生产技术的创造者和供应者。我国也抓住互联网契机,提出了"两化"融合和"互联网⁺"及《中国制造 2025》的发展规划,促进中国制造业向高水平发展。

(一)"两化"融合和"互联网⁺"

1. "两化"融合

"两化"融合是信息化和工业化的深度结合,是指以信息化带动工业化、以工业化促进信息化,走新型工业化道路。"两化"融合的核心就是信息化支撑,追求可持续发展模式。工业 4.0 与"两化"融合的核心是一致的。

2. "互联网⁺"

对于纺织传统制造业而言,"互联网⁺"是"两化"融合的升级版。2015 年 3 月 5 日,国务院政府报告中提出制订"互联网⁺"行动计划,推动移动互联网、云计算、大数据、物联网等与现代制造业结合,促进电子商务、工业互联网和互联网金融健康发展,引导互联网企业拓展国际市场。它将互联网作为当前信息化的核心,利用互联网技术和工业生产的融合,"互联网⁺"将推动"中国制造"走向"中国智造"。

"互联网⁺"的本质是产业互联网,如果从更广泛的概念理解物联网,物联网承载了"互联网⁺"。在物联网发展规划中,智能工业排在物联网九大试点行业之首,以"互联网⁺"为核心的产业互联网已经开始向工业、制造业等领域延伸。"互联网⁺"软硬件一体化将推动新的工业体系的形成,智能工业将成为产业互联网的重要组成部分。

(二)中国制造 2025

2015 年 5 月 19 日,经国务院批准,印发了《中国制造 2025》规划,部署全面推进实施制造强国战略。这是中国实施制造强国战略首个十年的行动纲领。规划明确智能制造是未来制造业发展的重点方向。中国在 2015 年启动智能制造试点,2016 年扩大试点,2017 年全面推广。

《中国制造 2025》的主线就是"两化"融合、"互联网⁺"、智能制造,关键在于创新驱动、智能转型,以及网络化、数字化、智能化。《中国制造 2025》明确了九项战略任务和重点:提高国家制造业创新能力;推进信息化和工业化深度融合;强化工业基础能力;加强质量品牌建设;全面推行绿色制造;大力推动重点领域突破发展,聚焦新材料、生物医药等十大重点领域;深入推进制造业结构调整;积极发展服务型制造和生产性服务业;提高制造业国际化发展水平。

《中国制造 2025》的核心目标就是推动产业结构迈向中高端、坚持创新驱动、智能转型、强化基础、绿色发展,加快从制造大国转向制造强国。与传统的规划相比,《中国制造 2025》主要突出创新驱动发展战略,始终将创新作为核心竞争力,贯穿应对新一轮的科技革命和产业变革的内容,通过这个规划实现制造业大国向制造业强国的跨越式发展。

(三) 纺织业智能制造

纺织工业作为传统制造业,面对全球化的竞争,已经存在明显的发展瓶颈,面临国家实施"两化"融合、"互联网+"、智能制造的发展战略时机,必须紧紧抓住机遇,坚持创新,转型升级。

1. 实现纺织业智能生产

在智能制造时代,消费者可以直接参与产品设计、原料配制、订货计划、生产制造、物流配送甚至回收利用等阶段,通过物联网和制造业的融合,生产个性化、小批量产品具有盈利可行性。工信部根据国家提出的《中国制造2025》,明确指出纺织业将成为试点产业之一,国家将建立制造商、零售商、客户之间的信息集成平台,实现整个纺织行业的智能化。

以纺机制造为例,电子商务程序为信息集成平台→纺机类型→纺机生产厂家→产品型号及相关介绍→客户确认购买→客户选配→客户订单完成→订单发送到生产厂家→智能生产,所有阶段都通过互联网完成。互联网在工业4.0时代将占有举足轻重的地位。通过信息集成平台,用户可直接链接到生产厂家官网主页,各生产厂家的产品介绍成为客户了解该生产厂家的第一手材料。在各公司的主页上,应详细地写出产品详细分类、产品名称及型号、图片(包括整机图片、局部图片、客户案例等)、文字(包括产品说明、技术参数、案例等)等相关信息,以便客户浏览选择。

进入智能生产阶段,将通过系统化的信息化管理平台完成相关步骤。以经纬股份有限公司为例,公司使用新一代ERP系统,实现了生产系统和销售系统的融合。2010年上线的SAP系统,完成了从数字化到信息化的转化,将生产、销售、人事管理、物料管理、财务管理、质量控制等集成在一起,使用大数据处理企业资源,降低了员工的工作强度,提高了生产效率,并大大降低了由手工操作造成的错误率。

在现今信息化生产模式中,用户可根据自己的使用习惯和商品的使用性提出自己的选配需求,生产管理部门在ERP系统选配完成后再进行生产准备工作。在智能化生产阶段,用户选配属性可通过互联网直接传输到公司ERP系统,该系统自动将这些选配需求安排到智能工厂进行生产,省却中间人工管理环节。这将成为各企业在生产方面从信息化到智能化的前进方向。

2. 打造纺织业智能工厂

我国纺织业一直采用的引进、消化、吸收的跟随型研发模式,已不能满足纺织业对原创性研发的需求。我国纺织业优势主要集中在利润率比较低的生产制造环节,在高端纺织装备、信息化技术应用、设计创意、品牌营销等方面的创新能力存在明显不足。在高端研发上发展缓慢,而在低端生产方面,由于其他发展中国家的纺织成本优势"前堵后追",我国纺织业逐渐处于一个尴尬地位。因此,重建纺织产业新优势至关重要。

目前,我国纺织业在材料和加工工艺上还无法与国外同类企业相比,可以利用的是自己的本土优势和企业优势,在发展自己的技术前提下,提高单机甚至整套生产线的智能化水平。随着纺织装备在单机智能化方面的不断进步,实现各工序的连续化成为网络化和智能制造的关键。以纺纱为例,清梳联已经发展成熟,粗细联、细络联、粗细络联也开始在少数企业应用。这些装备将各纺纱工序直接衔接,可节省人工,提高效率。目前,欧洲的纺织厂已基本实现无人车间操作。随着用工成本持续提高,我国纺织企业大都认同智能化无人化的发展方向,智能化连续化装备的前景十分美好。

在国内，一些大型企业已经开始加快智能化的步伐。华纺股份有限公司着力打造"智能工厂"，通过物联网与服务网将智能机器、存储系统和生产设施融入到虚拟网络-实体物理系统(CPS)中；鲁泰纺织股份有限公司在建设基于虚拟试衣及大数据技术的网络化定制生产体系；红豆集团有限公司已加入虚拟运营商行列，加速移动端的互联化、智能化。

3. 建立智能化的物流网

智能物流是指利用条形码、射频识别技术、传感器、全球定位系统等先进的物联网技术，通过信息处理和网络通信技术平台，广泛应用于物流业中运输、仓储、配送、包装、装卸等环节。为此，智能物流在功能上要实现六个"正确"，即正确的货物、正确的数量、正确的地点、正确的质量、正确的时间、正确的价格。

在纺织业，以细纱机的生产和物流为例，大部分企业将零件委托给专业加工企业生产，零件的工艺性和质量检验完全由加工企业负责，自身将全部精力投入到细纱机的结构提升上。细纱机上的专用零件，如锭子、钢领、罗拉、摇架等，甚至三大件机梁、龙筋、墙板，都由专业加工企业生产。这样，在制造商、零售商、客户之间的信息集成平台上，物联网根据客户的定制零件的智能调整工艺，选择加工企业，完成后由零件生产商直接发给客户，大大节省了时间和成本，避免了因产业链长导致的物流效率低下及物流时间过长、持有成本陡增的问题。

四、纺织企业信息化建设应注意的问题

(一) 存在问题与不足

存在的问题与不足主要有以下方面：

1. 信息化应用程度不高

近几年，我国纺织企业在信息化建设方面有长足发展，但总体水平还不高。

企业信息化应用程度不高的原因是多方面的。其一，企业管理者对信息化工作、实施信息化建设的紧迫性认识不足。其二，面对市场竞争压力日渐增大，大多数企业的决策者难以顾及信息化问题。其三，信息化产品的行业特征有待加强。对于纺织企业信息化建设，由于每一个细分行业的特点不同，各行业的需求差异性明显，要求信息化产品的行业特点必须明确。尽管目前已经有专门从事纺织信息化的厂商，但就细分行业而言，做的还远远不够。

2. 信息化系统水平参差不齐

据统计，在全国规模以上的纺织企业中，真正实现并正常应用 ERP 系统的企业比例不高，主要是一些大型企业集团、先进地区的先进企业，而中小型企业较少，在生产在线控制、在线质量检测和控制、自动化生产过程控制及电子商务等方面的应用很少。

提供信息服务的网站大多坐落在纺织产业比较发达地区(如纺织产业聚集地等)，具有产业资源优势。但由于区域条件的限制，这些网站无法全面反映整个产业链的信息情况，因此对客户的服务水平和质量难以进一步提高。有很多网站的信息更新速度较慢，质量也不高。

近十多年来，我国一些大型纺织企业的车间里，各个生产设备之间、生产设备和控制器之间，基本实现了连通。好一点的企业，整个工厂通过 MES 连通，各业务部门通过 ERP 连通。然而，ERP 系统和 MES 系统往往由不同的供应商提供，而且在企业里负责 ERP 和 MES 的通常是财务和生产两个部门，所以 ERP 和 MES 之间并没有很好地连接。ERP 给 MES 下达生产计划指令后，若在生产过程中发生了与计划偏差的事项(如设备损坏、原料不合格等)，MES

会根据车间的实际情况进行调整。但这种调整没有同步到 ERP,所以 ERP 会继续按照原计划执行。一段时间后,财务系统和实际情况会出现非常大的偏差。在实际生产中,车间会定期把 MES 的调整做成一个表,交给业务部门,然后由业务部门在 ERP 中调整。

ERP 系统和 MES 系统的信息交互问题只是企业内系统断层的一个缩影。事实上,企业里还有很多其他系统,如 CAD、CAM、OA、CRM 等系统。这些系统都是信息孤岛,互相不知道对方在做什么? 做到了哪一步? 其中一个部分出现了特殊情况,其他部分都不知道,只有等问题出现以后,才能退回来,所有系统再一个一个修改,这严重影响了管理系统的效果。

3. 公共信息服务存在许多不足

(1) 信息资源缺乏有效整合,共享程度低。当前,网络信息服务涉及的内容包括产品介绍、供求发布、价格行情、企业动态、科技品牌、人才培训、政策法规、商务服务等,基本涵盖了纺织信息的各个角度。但是,丰富的资源没有得到充分的利用。由于服务商之间缺乏信息共享,且受各方面条件的制约,服务对象限定在有限的范围内,无法为更多的用户服务,形成了众多信息孤岛,信息资源散乱的现象非常明显。

(2) 商务、资讯类信息较多,缺乏面向产业链服务的深度信息。据调查,商务、资讯类服务网站较多,只有少数网站能够提供较为深度的信息服务。然而,纺织行业具有产业链较长的特点,从原料到成衣、家用纺织品、产业用纺织品等,其间众多产业链上各个环节之间有紧密联系,各环节之间的信息交换非常重要。例如,面料生产企业既要了解原料、坯布、染化料等信息,还要了解面料用户——服装行业的信息。构建面向产业链服务的深度信息,成为纺织行业公共信息服务的一大要求。

(3) 纺织信息化的服务厂商虽然不少,但就细分行业而言,做的还远远不够。

(二) 信息化实现措施

1. 解决观念问题

对于信息化管理,要提高认识:

(1) 大力推进信息化与工业化融合,促进纺织工业由大变强。信息化已经成为我国转变经济发展方式,促进国民经济又好又快发展的重要手段。对于纺织这样的传统行业而言,提升信息化应用水平更是行业的重要工作。广大企业需要利用信息技术提高生产经营管理水平,利用网络获取市场、技术、人才等信息,并通过网络平台展示产品、与客户交流、实现网上交易,提升企业快速反应能力和竞争力。

(2) 国际上服装企业使用 CAD 的普及程度,在欧洲企业中约为 80%。美国针织服装协会的主要设计人员中,有 72% 的设计人员在日常工作中经常使用服装 CAD。我国纺织企业在信息化建设方面与国际先进水平有较大差距,说明实施信息化是纺织服装业全面赶超国际先进水平的必由之路。

(3) 国内纺织企业在功能上比较雷同,没有特点。这种同质化缺陷,需通过实施信息化建设加以克服。

(4) 在全球纺织经济化环境下,跨国采购、跨国零售贸易迫切要求缩短采购链、供应链的时间,采用信息化管理和电子商务的贸易方式,已经成为企业快速反应、取得国际市场竞争优势的重要手段。

2. 明确差距,加快信息化建设

(1) 我国纺织企业在现代化管理和信息化建设方面的不足,主要表现在理念、组织、方法、手段、人才及技术等方面。但国内拥有众多企业、产业集群形成的纺织工业体系,其更有利于信息化实施,效果也更容易体现出来。

(2)信息化管理离不开软件和硬件的进步。即使是配备了 ERP 系统的企业,也存在应用不好的问题。需从思想上认识到人力资源配置、软件投入等方面的重要性,需要企业更新观念。

(3)信息化建设在企业界有"三分软件,七分实施"的说法。所以,要重视发挥纺织企业中信息管理部门的作用,加强信息化全过程的管理,包括进行需求调研、方案设计、软件选型、硬件设备的配置、信息系统的实施、信息资源的开发利用等,使信息化工作真正落到实处并起到应有作用。

3.抓好建设重点,带动全面发展

(1)加强信息资源及公共信息平台建设。信息资源建设决定了最终所提供的信息服务质量,是信息化工作的基础和关键。信息资源建设应着重从信息采集、信息资源共享、信息流动及信息资源整合几个方面展开。其中,信息采集主要是信息渠道的建立与扩充,建立各级信息采集渠道,如从海关、统计局等政府部门采集信息,从纺织品交易市场采集价格等信息,从重点企业获取企业财务和生产信息,从产业集群地获取当地企业的经济运行信息等。

① 加快实施纺织行业公共信息平台建设。联合国内其他较有影响力的纺织专业网站,发挥各自优势,整合信息资源,实现信息共享,建立面向纺织行业、以信息服务为主要内容的"产业网联盟",提升行业的公共信息服务水平。

② 完善纺织知识库系统。建设"纺织知识库系统",汇聚行业专家的知识和经验,把纺织产品的应用、性能、设计、原料、工艺、设备、生产、检测等技术,综合、科学、有机地联系在一起,指导企业开展产品改进、仿制和创新,使企业及时获得最新纺织产品信息及相关的设计和工艺等技术关键,指导纺织企业加快新产品开发和新技术应用。

③ 利用"纺织产业安全预警平台",提供纺织出口预警、安全评估、企业应诉的系列服务,为提高企业在国际市场上的快速反应能力、降低纺织产业受到损害的风险、维护产业的长远利益、保障产业的健康快速发展起到积极的作用。

④ 推广利用 ASP 模式的公共企业信息化应用平台。大力推广 ASP 模式(即应用服务提供商)的公共企业信息化应用平台,使企业直接通过互联网享用信息系统,促进中小型企业的信息化进程。

(2)组织实施企业信息化建设示范工程。示范符合行业特点信息化产品。对于信息化建设,每个纺织行业有不同的特点,各行业的需求差异性明显。化纤行业向高速、大型化、连续化发展,需要集中分布式控制(DCS)与管理信息系统集成,即管控一体化;印染行业对清洁生产、绿色纺织品、环境保护等问题比较关注,绿色化是信息化的重要指标;服装行业由于产品具有季节性和时尚性,产品设计信息化是重要领域。因此,示范工程的选取必须符合所属子行业的信息化发展特点。例如,宁波雅戈尔毛纺染整有限公司的 ERP 系统已经通过专家技术鉴定,达到了国内领先水平。该系统是毛纺企业 ERP 系统的典型案例,是纺织行业信息化应用示范系统,其建设经验值得在毛纺行业全面推广。

(3)推动企业信息化建设相关规范的建立。规范化是企业信息化建设中非常重要的原则,应用行业信息化规范能够有效地提升信息化建设水平,提高系统建设的成功率。当前,ERP 系统是企业信息化建设的核心内容,有越来越多的企业打算实施 ERP 系统,因此 ERP

系统实施的规范化是行业信息化规范建设的重点。

中国纺织工业联合会编制发布了《纺织企业资源规划系统(ERP)实施规范》，为纺织企业提供了完整的、有行业特色的 ERP 系统实施规范，并充分考虑了不同类型企业的需求重点和实施难点。应加强该规范在全行业的应用，以规范、指导企业信息化建设。

(4) 培养高水平的企业信息化队伍。纺织企业中从事信息化建设的人员严重不足。即便是信息化工作开展较好的企业，建立了信息化中心或相应的专职机构，但人员流失现象仍时有发生。加之企业普遍缺乏引进和培养 IT 人才的措施和计划，使得人才成为信息化建设的一大阻碍。企业要做好信息化工作，必须重视培养和用好信息化人才，拥有一支高素质的企业信息化实施队伍。

(5) 加强宣传、引导，争取更多政策支持。企业信息化需要得到各级政府的大力支持，需要科研院所、行业组织的配合。

总之，纺织行业必须重视纺织信息化和快速反应技术，包括适合纺织行业的企业资源计划(ERP)系统、纺织生产信息监测和管理系统、纺织行业电子商务平台、纺织企业计算机集成制造系统(CIMS)的开发及应用。因此，纺织行业信息化建设的全面推进，对提高纺织行业的整体水平及提高行业核心竞争力，具有极为重要的现实意义。

[案例]
信息化带动管理现代化

信息化的高速发展正改变着人们的日常生活，而如何将其充分应用于现代化企业管理是各企业面临的问题。天门纺机作为一家传统的制造企业，从手工作坊发展到初具现代化企业雏形，经历了一个较为漫长的过程。面对信息经济和知识经济交相辉映的新时代，天门人越来越感觉到与世界先进水平的差距，创新能力不强、管理水平不高、制造技术相对落后等问题已经成为制约企业发展的瓶颈。因此，着力提高信息化应用水平，促进企业精细化管理创新，既是天门纺机适应现代经济发展趋势的客观要求，也是企业管理创新的重要手段，把信息化建设与产、供、销、研结合起来，提升传统产业技术创新能力，推动产品多元化，是企业转型升级的迫切需要。

企业管理水平标志着企业的文化，是企业发展的根本。天门纺机一直以来都非常重视企业信息化建设，企业目前的信息化管理是多个方面共同完成的。

1. 提高信息化运营管理水平

促进"两化"融合，增强企业核心竞争力。天门纺机将信息化建设定位于企业发展的战略高度，坚持走信息化与工业化相结合的道路，建立了较为完善的信息化管理体系。从2004 年至今，公司在信息化工程建设方面累计投入资金 1 000 多万元，建立了百兆光纤、内部局域网、网站、工作站、监控系统，整个网络已覆盖天门制造基地和武汉研发中心。公司应用了 ERP(企业资源计划)，对财务、供应、生产、销售及市场进行管理。为配合 ERP，公司应用了 PDM(产品数据管理系统)，对产品研发设计过程进行管理。公司应用了 OA(办公自动化)系统，维护企业的日常运作和管理，实行无纸化办公模式。通过信息化战略规划，基本上实现了财务网络集中核算、物流信息实时更新、生产数据实时分析和工艺设计与生产调度智能化。2011 年，公司被评为"湖北省信息化与工业化融合试点示范企业"。

2. 增强技术团队的创新能力

为了提高产品科技含量,增强新技术运用和产品创新能力,天门纺机应用了 CAD(计算机辅助设计)软件、Solidworks、Pro/E 三维制图软件,使内部研发环境得到进一步优化,产品创新与设计能力得到进一步提升。为了做好技术信息的使用、保存、保密等管理工作,天门纺机将桌面虚拟化技术应用于设计和工艺部门。用户可以远程访问桌面系统,不受具体设备、时间、地点等条件限制,提升了工作效率;管理员在数据中心即可轻松完成数据管理工作,做到了数据集中管理、统一配置,既便于维护,又保证了使用和存放安全,提高了资源利用率,而且能达到节省成本、节能减排的目的。

近三年,天门纺机开发新产品六项,包括并条机产品四项、细纱机产品两项。其中,TMFD81、TMFD81S、TMFD81L 型并条机上市后很快被市场认可,受到广大新老客户青睐;与武汉纺织大学合作研发了高效多用途嵌入式纺纱机,其核心技术获得国家科技进步一等奖;在 2014 年上海国际纺织机械博览会上展出的数字化集体落纱纺纱机,获得了国内外专家和广大用户的高度赞誉。

3. 建立微信管理平台

当微信成为重要的信息沟通工具后,它具有的覆盖面广、使用方便、群内同步传输等功能,给人们带来了便捷、高效、成本低等众多好处。天门纺机在微信群的管理上,针对各个微信群建立实施管理办法和积分激励机制,并指定专人监管微信群的日常运行。各工作群根据不同侧重,制订考核内容和实施方案,进行积分管理。比如,客服群,把发言分为问题反馈、问题处理、意见建议、工作汇报、经验交流等类别,进行积分并归类统计;同时规定,与工作相关的群不允许发送与业务不相关的信息和负能量的信息,否则进行扣分等;管理员对群内信息每天进行统计、整理,对没有及时解决的问题提醒解决和汇报,于每月月底进行积分累积统计,并按分值发放奖金。

经过切实有效的公司微信群管理,公司内部管理得到提升:首先,问题反馈更加及时,更加直观反映问题,便于各部门同时对出现问题做出判断和分析;其次,一对多地反映问题,各部门相关人员同时看到问题,更便于部门间协调和解决问题,提高沟通效率;最后,便于公司管理层及时了解客户提出的问题及其处理进展。

4. 管理水平得到整体提升

天门纺机非常重视企业信息化建设,将生产和经营管理模式与信息化结合,着力提高信息化应用水平,促进精细化管理创新能力,因此研发、生产、制造、销售、售后服务等方面的管理工作发生了质的飞跃。通过提高企业信息化应用水平,公司员工群策群力、务实创新,取得了骄人的经营业绩,技改投入、生产总量、销售收入、出口创汇等主要经济指标取得长足进步。公司"天鹤"牌并条机被评为"湖北省名牌产品""湖北省著名商标";公司连年被评为"中国纺织行业最具竞争力 500 强企业",名列纺织机械行业前列;公司管理水平得到显著提高,品牌建设成绩卓然,员工收入稳步增长,企业竞争力进一步增强。

创新是企业生存和发展的灵魂。"科技引领未来,创新收获希望",既是天门纺机的经营理念,又是公司抵御风险、做大做强的法宝。在产品创新上,公司荣获国家专利 27 项,获中国纺织工业联合会"科学技术进步奖"三次。建立了"并条机产品研发中心""全国纺织新型并条机技术研发中心""博士后创新实践基地""研究生工作站"等。公司近年研发的 TMFD 系列数字化高速并条机已全面推向市场,畅销海内外。

天门纺机在未来几年将进一步加大信息化工程建设的投入,提高信息化应用水平,促进"两化"深度融合,实现企业精细化创新管理,努力打造成全球一流的集研发、生产和销售于一体的纺织装备集团企业。

[思考题]
1. 什么是企业管理信息化系统?
2. 企业管理信息化系统的构成要素是什么? 它有什么功能?
3. 企业管理信息化系统的模式有几种? 各有什么特点?
4. 结合实际,谈谈企业管理信息化的必要性。
5. 电子商务有什么优点和模式? 它给供应商、企业和采购商带来的好处分别体现在哪些方面?

第十一章　经营战略管理

在经济全球化的发展时期,我国纺织业处于竞争激烈、调整升级及建设纺织强国的特殊阶段,这要求纺织企业必须抓住机遇,真正确立市场导向和消费者导向的经营模式。要求企业尤其是大型龙头纺织集团企业,不仅要研究当前用户和消费者的需求,而且要研究未来市场的供求形势,研究竞争对手新产品开发动向和经营领域,以确立本企业长远的竞争战略和策略。面对机遇和风险共存的市场,纺织企业必须高瞻远瞩、未雨绸缪,才能在激烈的竞争中立于不败之地。

第一节　经营战略的地位特征

一、经营战略概念和特征

(一) 经营战略概念

所谓经营战略,是指企业为了长远发展,根据市场未来环境的变化,制订经营总体目标、方针和策略的活动。经营战略主要回答企业发展方向等方面的重大问题,如发展的方向与目标、改革和发展的途径等。

经营战略的实质在于寻求企业的不断创新。根据环境的变化和要求,不断进行创造性的经营,企业才能适应当前的环境,而且能适应未来的环境,从而获得生存和持久发展。这也是纺织企业普遍存在的薄弱环节。纺织企业需要重视战略研究,根据外部环境和企业发展情况,确定自己是将单一产品做到极致,还是拓宽产品系列或走多种经营道路。这是至关重要的。

(二) 经营战略特征

经营战略具有全局性、长远性、竞争性和纲领性的特征。

(1) 全局性。经营战略是根据企业总体发展目标制订的,通过对企业各种经营资源的优化配置,发挥企业的整体功能和总体优势。它规定了企业的总体行动,追求企业的总体效果。

(2) 长远性。经营战略是对企业未来一定时期内生存和发展的统筹谋划,规定了企业的奋斗目标,而实现这些目标需要较长时间,少则三五年,多则十年以上。

(3) 竞争性。经营战略表现为企业甚至生产地区、国家之间在市场上的抗争性,为争取消费者、争夺市场、提高市场占有率而做的运筹谋划。

(4) 纲领性。经营战略规定的是企业总体的长远目标、发展方向、经营重点,以及基本方针、重大措施和基本步骤。

二、经营战略地位和必要性

(一) 经营战略地位

经营战略是关系企业长远发展的重要工作,在企业管理中处于核心地位,必须高度重视,其原因如下:

(1) 经营战略决定着企业最基本的经营行为。它明确了企业领导者和广大员工的战略指导思想和长远的战略目标,指明了企业的发展方向和道路,是企业基本行为的选择依据。

(2) 经营战略方案是全体员工的行动纲领。战略目标规定是否正确、能否实现,关系着企业命运和全体员工的切身利益。

(二) 经营战略必要性

纺织行业是全球经济化、外贸依赖度较高、竞争加剧的工业行业,同时又是国计民生中不可或缺的重要行业,因此要求纺织企业认真做好经营战略工作。

(1) 企业生存发展要求。纺织品是人们不可或缺的消费品。任何一家纺织企业要长期得到消费者的信赖,就要结合自身情况不断适应市场经济发展要求,自主规划并落实企业的经营战略。

(2) 市场竞争要求。面对全球经济化的竞争压力,企业要在市场中取胜,只有提高自己的核心竞争力,积极主动地参与国际市场竞争的挑战。

(3) 企业管理者工作要求。常言道:"人无远虑,必有近忧。"企业的高层管理者最关键的工作,就是谋划企业的长远发展问题,重在企业的经营战略决策及其规划。要求他们扮演"战略角色",具备强烈的战略决策意识,统筹规划企业的战略工作。

第二节　经营战略环境分析

制订经营战略必须对企业所处环境进行深入细致的调查研究,这是战略管理十分重要的工作,一般包括企业外部环境分析和企业内部环境分析两个方面。

一、企业外部环境分析

企业外部环境分析一般采用 PEST 分析法,它是外部环境分析的基本工具,主要用于分析企业所处的外部环境对经营战略的影响。P、E、S、T 分别代表四类影响企业经营战略制订的环境,即政治法律环境(P)、经济环境(E)、社会环境(S)、技术环境(T)。

(一) 政治法律环境

政治法律环境,是指企业业务涉及的国家或地区的政治体制、政治形势、方针政策、法律法规等影响企业经营战略的因素。例如,企业经营纺织品对外贸易,就要注意进口市场国家(或地区)的政治局面是否正常,当地法律对纺织品进出口贸易是否设置条件等。目前,纺织品市场上经常出现进口国技术标准壁垒、生态绿色壁垒、原产地保护原则及反倾销调查惩罚等。这些会直接影响纺织企业贸易成败和发展。

（二）经济环境

经济环境,是指企业在经营战略制订过程中须考虑的各种国内外经济条件、经济特征、经济联系等因素。例如,纺织品市场开放程度、有关纺织产业的准入条件、对本国纺织品贸易的补贴政策、当地人均收入水平、汇率、货币结算方式等。

（三）技术环境

技术环境,是指企业业务所涉及国家或地区的技术水平、技术政策、产品开发能力及技术发展动态等。

纺织企业必须特别关注纺织行业的技术发展动态和同类竞争者的技术状况、新产品开发及技术标准等方面的信息。技术的突飞猛进大大地缩短了纺织产品的生命周期;新产品的出现意味着某些产品将失去原有的市场;新技术标准将限制原有的产品进入市场。这都会对企业发展造成巨大影响。

（四）社会环境

社会环境包括文化和自然环境,是指企业业务所涉及国家或地区的民族特征、文化传统、价值观、宗教信仰、教育水平、社会结构、风俗习惯及自然环境等情况。例如,热带和寒带地区对纺织品需求的差异,不同民族、宗教信仰对纺织品颜色、款式等要求的差异,教育程度、价值观、宗教信仰、风俗习惯差异对消费需求的直接影响等。这些因素都是纺织企业未来可能进入的市场战略规划必须考虑的。

二、企业内部环境分析

对企业内部环境进行分析,目的在于全面客观地掌握企业自身状况,明确企业的优势和劣势,针对这些情况找准自己的位置,以便做到心中有数,再结合外部环境及同行的分析情况,确定合理的战略目标,并保证其能够实现。

（一）企业内部环境分析的战略要素

确定企业内部战略要素的方法很多,如根据企业创造价值的活动过程进行确定的价值链法,根据企业拥有资源进行确定的资源法等。这里重点介绍简单通用的按职能确定战略要素的方法。

职能法是指将企业内部要素按职能进行分类的方法。职能法将企业内部要素分成营销职能要素、财务会计职能要素、生产经营及技术职能要素、人员职能要素、管理组织职能要素等五类,分别分析这些要素的水平及其在行业中的地位,从而比较判断企业自身在各要素中的竞争实力及综合能力。

（1）营销职能要素,包括产品销售的全部内容。例如,纺织企业的纱、布、服装等产品的服务范围,产品或劳务所占的市场占有率、市场销售额及增加百分比,主要产品如纯棉或混纺产品的生命周期及目前所处阶段,等等。

（2）财务会计职能要素,涉及企业的财务会计职能,其内容有企业筹集资本的能力和资本结构的灵活性,有关成本、预算及利润等会计系统效率,参与生产经营分析并提供可靠依据方案的能力,等等。

（3）生产经营及技术职能要素,涉及企业整个生产过程,包括生产供应链管理水平,原材料如棉和化纤、半成品及成品存货周转情况,纺织生产设施布局及利用效率,与纺织业平均水平及竞争对手相比较的相对成本和技术竞争力,研究开发创新能力,等等。

(4)人员职能要素,包括人力资源管理职能内容。例如,企业管理人员的结构,专业技术人员比例,劳资关系成本,人事政策的实施效果,运转班管理,岗位职责和定员水平,各种激励方法对工作业绩的效果,等等。

(5)管理组织职能要素,包括一般行政管理职能内容。例如,产权制度,组织结构形式,生产经营管理模式,决策系统运作及方法,信息沟通系统组织,纺织生产快速反应机制,等等。

(二)企业内部战略要素分析

企业内部战略要素分析方法主要有以下几种:

(1)加乘评分法。加乘评分法是一种直观判断方法。评价者按照规定的标准,用分数作为衡量的尺度。根据评价对象的具体情况,选定若干评价项目(根据需要,每个评价项目可分成若干小项目),对每个评价项目制订若干个等级标准,每个等级标准给予一定的评分值,由评价人员根据有关资料进行评分。

(2)财务比率分析法。财务比率分析法是利用企业财务报表(资产负债表、利润表、现金流量表及附表),通过有关财务比率的计算,获得企业在某一时点的情况,以及企业在一段时期内与整个行业平均水平比较的情况。

(3)竞争对手比较法。这种方法是与目前或潜在的竞争对手进行比较,是发现本企业经营优势和劣势的重要方法。例如,纺织企业争创一流企业,要与纺织行业的排头兵,如安徽华茂集团、山东魏桥集团、鲁泰集团、如意集团、江苏阳光集团、海澜集团、浙江雅戈尔集团、杉杉集团等企业,在品牌、理念、竞争力等指标上进行对比,找出差距,分析不足,制订相应的战略措施。

(4)产业成功要素比较法。这种方法以行业的平均水平和高水平状况、良好的产品技术结构状况、行业近期/远期发展趋势及产业发展规划纲要等方面分析,评价企业的关键战略要素,并协助企业制订战略规划,是企业战略管理中普遍采用的方法。

三、企业环境综合分析法

有效的战略应能最大限度地利用企业优势和环境机会,同时将企业的劣势和环境威胁降至最低。SWOT分析法是系统综合企业优势和劣势、面临的机会和威胁,并据此提出企业战略的一种有效方法。

(1)优势(S)。优势是指使企业获得战略领先并进行有效竞争,从而实现其目标的积极因素或特征。例如,充足的资金来源,灵活的经营技巧,在消费者中具有良好的形象,有利的市场领导地位,完善的服务系统,独有的专利技术,等等。在大型纺织企业中,如魏桥集团,企业的整体优势以各子企业之间的有效协同和平衡的方式反映出来。协同指的是各业务单位之间相互支持以实现各自目标的程度,平衡指的是各业务单位之间现金需求的平衡。

(2)劣势(W)。劣势是指给企业带来不利,导致企业无法实现其目标的消极因素和内部的不可能性。例如,中小型纺织企业为世界级纺织品采购商供货,不要说资金需求和技术质量水平程度,仅单批生产能力就是劣势。

(3)机会(O)。机会是指不断地帮助企业实现或超过自身目标的外部因素和状况。纺织企业面临的机会很多,如出现新市场,技术上有重大突破,开发出新产品,竞争对手业务有所萎缩,能绕过有吸引力的外国市场的关税壁垒,等等。

机会有两种形式,即行业机会和企业机会。行业机会是指某一行业环境给企业提供的发展机会,这种机会对每个企业都是平等的。但是,每个企业把握机会的能力不同。对于具备捕捉机会能力的企业来说,行业机会就容易转化为现实的企业机会。

(4) 威胁(T)。威胁是指对企业经营不利并导致企业无法实现既定目标的外部因素,是影响企业当前地位或其所希望的未来地位的主要因素。例如,一些国家对纺织品的限制、人民币对美元升值、各种技术壁垒、国家的出口退税政策等,都是纺织企业对外贸易的威胁因素。

SWOT 可以作为企业制订经营战略的一种方法,它为企业提供了四种可以选择的战略(图 11-1):发展型(SO)战略、扭转型(WO)战略、多样型(ST)战略和防御型(WT)战略。

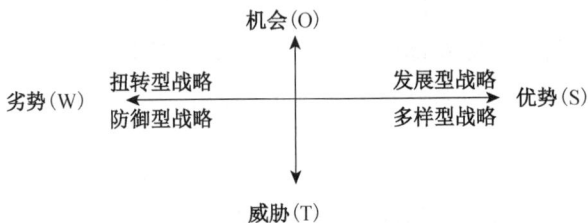

图 11-1　战略选择

(1) SO 战略。该战略是利用企业内部优势抓住外部机会的战略。例如,一个企业从自己的优势出发,利用资源,抓住市场上的机会,获得较快的发展。山东鲁泰集团利用其先进的技术和质量上乘的水平,生产出 300^S 以上的纯棉纱及织物,扩大生产和提高声誉,利用纺织品市场上对超薄面料的需求增长机会。一般来说,企业在使用 SO 战略之前可先使用 WO、WT 或 ST 战略,为成功实施 SO 战略创造条件。当企业存在一个重要弱点时,应努力将其克服并变成长处;当企业面对重大威胁时,应努力避免它,以便把精力放在可利用的机会上。

(2) WO 战略。该战略是利用外部机会改进内部劣势的战略。有时,企业外部有机会,但其内部的某个弱点使企业不能利用这个机会。例如,通过合资合作的方式,使企业避开自己的劣势,利用外部机会进行发展。羊绒企业鹿王集团在发展之初,要走出国门,由于知名度、技术等原因,无法得到国际市场的认可,就利用国家改革开发的有利形势,采用引进技术设备管理模式的方法,建立合资企业,使产品迅速进入国际市场。当国际贸易壁垒风起云涌,对中国产品原产地进行限制时,该集团又利用合资企业积累的优势,到国外合资建厂,取得了成功。

(3) ST 战略。该战略是利用企业优势避免或减轻外在威胁的战略。例如,魏桥纺织集团在纺织品市场波动的不利情况下,利用自己的规模优势,采取集中采购方式,使原材料价格趋于合理,而在竞争激烈的产品市场上,利用品种、量大、质量、价格、服务的优势,获得了大量国际订单,避免或减轻了外在威胁的打击。

(4) WT 战略。该战略是直接克服内部劣势和避免外部威胁的战略。WT 战略是防御性战略,目的是将劣势和威胁弱化。如果一个企业面对许多外部威胁和内部劣势,那么它可能真的处在危险境地。因此,它不得不寻找一个求生存的合并或收缩的战略,或者在宣布破产和被迫清算之间做出选择。

总之,企业内外部环境分析是企业制订经营战略的重要工作,相关理论和方法较多,需要和实际紧密结合,并综合运用计算机数据系统。

第三节　纺织企业战略管理

经营战略是企业在激烈的市场竞争中,为了求生存和发展所制订的总体谋略。战略管理是企业头等大事。纺织工业作为竞争激烈的消费品传统加工行业,其中的每个纺织企业都要反复思考生存发展的战略问题,加强纺织企业的战略管理工作。

一、战略管理概念

(一) 战略管理概念

企业战略管理,简单地说,是制订、实施和评价企业长远发展战略的过程。确切地说,经营战略管理是企业最高决策者以未来为基点,根据企业发展宗旨,分析企业内部环境和外部环境,确定和落实企业发展目标方向的过程。纺织企业确定战略规划后,要重视其实施和管理,促使战略贯彻到位,统一员工认识,自觉地为企业发展目标一致行动。

(二) 战略管理含义

一般战略管理有以下含义:

(1) 战略管理具有统揽性。战略管理是对企业经营目标、业务范围、资源配置等全局性、长远性的重大问题所做的总谋划和决策的组织控制活动。

(2) 战略管理具有指引性。战略管理决定着企业未来的发展方向,指引企业的走向和追求的目标。

(3) 战略管理具有权威性。战略管理是企业未来发展的纲领性的规划和设计,对企业经营管理各方面都具有普遍的、全面的、权威的指导意义。

(4) 战略管理是动态过程。战略管理需要根据企业内外部环境不断变化而调整,是一个动态过程。

二、企业使命和战略目标

(一) 企业使命

1. 企业使命概念

企业使命是指应阐明的企业根本性质和存在的理由。对于企业而言,应明确企业的服务对象是谁,企业的消费者是谁,谁需要企业产品。企业使命是企业经营者确定的企业生产经营的总方向、总目标、总特征和总的指导思想。因此,企业使命包括三方面内容:企业目标、企业宗旨和经营哲学。

(1) 企业目标。企业目标是指企业发展想达到的境地,强调最终结果。企业目标实际上也是企业定位,很现实,但很难做到准确。一个企业的目标包括生存目标、发展目标和获利目标等内容。

(2) 企业宗旨。企业宗旨是指企业现在和将来应从事什么样的事业活动,以及应成为什么性质的企业或组织类型。它是指企业存在的价值及其作为经济单位对社会的承诺,也是区别于其他同类企业而对企业目标、企业意图进行的陈述,包括企业目的、企业信念、经营原则及经营范围等内容。确定企业宗旨时,要避免其过于狭隘,同时防止其过于空泛。

杜拉克(P. Drucker)在其《管理:任务、责任和实践》一书中表示,企业宗旨就是创造消费者。

(3)经营哲学。经营哲学是指企业为其经营活动方式确定的价值观、基本信念和行为准则,是企业文化的高度概括。只有以正确的经营哲学为基础,企业内的资金、人员、设备才能真正发挥效力。

2. 企业使命含义

(1)企业使命是企业存在的理由。例如,是"提供某种产品或者服务",还是"满足某种需要"。如果一个企业找不到合理的原因,或者不明确存在的原因,或者不能有效说服自己,该企业的经营问题就大了,也可以说这个企业"已经没有存在的必要了"。

(2)企业使命是企业生产经营的哲学定位。企业使命为企业确立了经营的基本指导思想、原则、方向、经营哲学等,它不是具体的战略目标,或者是抽象的存在,不一定表述为文字,但影响经营者的决策和思维。主要包含企业经营哲学、价值观及企业形象定位:经营指导思想是什么?如何认识我们的事业?如何看待和评价市场、顾客、员工、伙伴和对手?等等。

(3)企业使命是企业生产经营的形象定位。企业使命反映了企业试图为自己树立的形象,如"我们是一个愿意承担责任的企业""我们是一个健康成长的企业""我们是一个在技术上卓有成就的企业"等等。在明确的形象定位指导下,企业经营活动会始终向公众昭示这一点,而不会"朝三暮四"。例如,内蒙古羊绒企业鄂尔多斯集团"温暖全世界",把羊绒的特点与企业的目标有机地结合在一起。

总之,企业使命是企业存在的目的和理由。明确企业使命,就是要确定企业实现远景目标必须承担的责任或义务。企业使命足以影响一个企业的成败。一个强有力的组织必须靠使命驱动。企业使命不仅回答企业是做什么的,更重要的是为什么做,是企业终极意义的目标。崇高、明确、富有感召力的使命,不仅为企业指明方向,而且使企业的每一位成员明确工作的真正意义,激发他们内心深处的动机。例如,某印染企业的企业使命是"企业与员工共同增值,企业与客户共同增值,企业与社会共同增值"。让员工认识到自己的价值,是和企业、客户及社会公共联系的。

(二)企业战略目标

战略目标是对企业战略经营活动取得主要成果的期望值,也是企业使命的展开和具体化,是企业宗旨中确认的经营目的、社会使命的进一步阐明和界定,是制订企业战略的出发点,见表11-1。

表 11-1　企业战略目标体系

分类	目标项目	举例
业绩目标	收益性 成长性 稳定性	资本利润率,销售利润率,资本周转率 销售额成长率,市场占有率,利润额增长率 自有资本比率,附加价值增长率,盈亏平衡点
能力目标	综合 研究开发 生产制造 市场营销 人事组织 财务能力	战略决策能力,集团组织力,企业文化,品牌商标 新产品率,技术创新能力,专利数量 生产能力,质量水平,合同执行率,成本降低率 推销能力,市场开发能力,服务水平 员工安定率,职务安排合理性,直接间接人员比率 资金筹集能力,资金运用效率

（续　表）

分类	目标项目	举例
社会贡献目标	消费者 股东 员工 社区	提高产品质量,降低产品价格,改善服务水平 分红率,股票价格,股票收益性 工资水平,员工福利,能力开发,士气 公害防治程度,利益返还率,就业机会,企业形象

三、实施创新战略,培育核心竞争力

纺织企业由于市场全球化,竞争十分激烈,受到发达国家高端技术、市场壁垒,以及发展中国家中低端技术产品、成本的双重挤压,面临生存发展瓶颈,要找到突破口,需要实施创新战略,培养核心竞争能力。

(一) 核心竞争力概念

核心竞争力,是指扎根于企业内部,能获得超额收益,能够使自己处于竞争优势地位的一种能力。它实际上是企业的巨大战略资源。如果把企业竞争优势比喻成一棵树,核心竞争力就是确保这棵树稳定性的根。由能力之根生长出核心产品,再由核心产品到各经营单位生产出各种最终产品。各个企业在收益上的差异,主要不是因为行业不同,而是因为其拥有的资源和能力上的差异。一个企业获得超额利润,主要是因为它拥有同行企业没有的核心竞争力。

(二) 核心竞争力特征

一种能力要想成为企业的核心竞争力,必须是"从客户的角度出发,是有价值并不可替代的;从竞争者的角度出发,是独特并不可模仿的",具体特征如下:

(1) 有价值的能力——核心竞争力具有市场价值,能为消费者带来价值创造或价值附加。

(2) 稀有的能力——极少数现有或潜在竞争对手所拥有的能力。

(3) 难于模仿的能力——其他企业不能轻易建立的能力。

(4) 不可替代的能力——不具有战略对等资源的能力。

(三) 核心竞争力的产生

核心竞争力的产生,是组织内各个部分有效组合的结果,是个体资源整合的结果。一般来说,核心竞争力存在于企业的员工身上,而不是存在于企业资产中。核心竞争力深深植根于技巧、知识和个人能力之中。核心竞争力能使企业长期或持续拥有某种竞争优势,表现为企业经营中的累积性知识,尤其是关于如何协调不同生产技能和有机结合多种技术的知识。例如,纺织业的溶剂纺再生纤维素纤维技术、高性能纤维生产技术等。

培育企业核心竞争力是系统工程,重点是人才。企业必须成为学习型组织,不断促使员工参加学习和培训,培育和提高他们的学习能力、创新能力,组合培养创新团队,逐渐积累,形成企业的核心竞争力。日本为了赶上欧美企业,十分注重企业核心能力的培育和提升。到20世纪七八十年代,日本企业凭借它们的核心能力击败了称霸世界的美国企业,不仅抢占了美国在世界市场上的份额,而且占领了美国本土的广大市场。

我国纺织企业逐步认识到创新战略的重要性,开始加大投入开展创新,提高企业核心竞争力。例如,面对大部分纺织企业市场疲软、出现困境的情况,广州对纺织业实施创新战略调研表明:

一是市场需求一直存在。50.5%的全国流通型企业认为,新面料和新款式是营业额上涨

的重要原因,有些市场供不应求。

二是创新及投入意识提高。增强自主创新能力已经成为当前全国纺织企业的共识。在纺织生产型企业中,80%以上企业认为要依靠创新发展;62.6%的企业认为要加大智能化投入;68.6%的企业认为要进行企业互联网转型升级。在纺织流通型企业中,50%以上企业认为市场上新产品需求旺盛;48%的企业认为要加大智能化投入;64.1%的企业认为要进行企业互联网转型升级。这表明纺织企业应通过自主创新尽快形成新的核心竞争优势,强化科技创新的核心作用,与信息化技术深度融合,紧密围绕市场,增强创新的支撑作用;

三是互联网促进创新战略的加快实施。互联网大幅提高纺织生产效率,通过互联网实现设备运营的自动化、工艺的在线实施优化,以及管理决策的智能化,可以使生产过程变得更加精准协同,大幅提高劳动效率和产品质量,减少人工依赖,缓解高成本、招工难及企业高库存的难题。

因此,纺织企业需要大力推行创新战略,不断推出新产品、新技术、新机制,不断加大自主创新力度,提高核心竞争力。

(四) 核心竞争力的评价

核心竞争力可以从市场、技术和管理三个层面评估。

(1) 市场层面,主要包括核心业务和核心产品两个方面。衡量核心业务的指标:企业是否有明确的主营业务;主营业务是否能为企业带来主要收益;主营业务是否具有稳定的市场前景;企业在主营业务中是否有稳固的市场地位。衡量核心产品的指标:企业是否有明确的主要产品;主要产品是否有很高的市场占有率;主要产品是否有很强的差异性和品牌忠诚度;主要产品是否有很好的市场前景;主要产品延伸至其他市场领域的能力。例如,纺织企业有无锡一棉的超高支棉纱、华孚集团的系列色纱、华懋集团的高品质纱布、阳光集团的精纺呢绒、鄂尔多斯集团的羊毛衫品牌等核心竞争力,享誉全球。

(2) 技术层面,主要指核心技术或创造核心技术的能力,其主要指标企业是否有明确的优势技术和专长;优势技术和专长具有多大的独特性、难以模仿性和先进性;企业能否不断吸取新技术和信息,以巩固和发展优势技术和专长;优势技术和专长能否为企业带来明显的竞争优势;优势技术和专长是否得到了充分的发挥;企业能否基于核心技术不断推出新产品。

(3) 管理层面,主要指企业发展核心竞争力的能力,即企业的成长能力,其主要指标:高层领导是否关注核心竞争力的培育和发展;企业的技术开发能力如何;企业是否有充足的各类技术管理人才;企业对技术人才队伍的激励机制是否完善和有效;企业是否有追踪和处理新技术及相关信息的系统和网络;企业是否有围绕强化核心竞争力的各层次培训体系;高层领导是否关注市场及其变化趋势;高层领导是否有不断学习与进取的精神;企业是否有明确的愿景;企业是否具备有效的运行控制系统。

(五) 核心能力的培育

核心能力的培育,就是要抓住企业竞争中最关键、最实质性的问题,把企业的能力提升到一个前所未有的高度。核心能力是企业独占的资产,这种资产可以给企业带来比某项技术创新或者某项改革更大的收益,它是一种持久的竞争力。

企业即使拥有充足的资源,也不意味着拥有核心竞争力。企业只有有效地创新,将一系列有形、无形的资源有目的地整合在一起,才有可能打造出核心能力,进而形成竞争优势。创新的概念和创新理论由熊彼得在其 1921 年出版的《经济发展理论》中首次提出,他认为创新包括产品创新、技术创新、组织创新和市场创新等。企业创新就是企业家领导企业对生产要素和社会资源进行重新组合的活动。企业核心竞争力来自于创新,具体地说有技术创新、管理创新、文化创新三种途径,其中技术创新对企业创新起着主导作用。技术创新对提高企业核心竞争力有三大效应:

一是自我催化效应。随着一项技术创新成果成为企业的核心技术,企业新的核心竞争力和技术模式逐渐形成,使企业在较长时期内获得高额垄断利润和规模经济效益。

二是低成本扩张与收益效应。新技术的应用使企业以同样的成本获得收益倍增效应,可以运用同一技术在不同产品市场上获得巨大的创新收益。

三是增强企业整体实力效应。技术创新可以提高企业在相关产品市场上的竞争地位,其意义远远超过在单一产品市场上的胜利,对企业发展具有更深远的意义。

四、经营战略类型

(一) 按经营战略性质和特点划分

按经营战略性质和特点划分,有稳定战略、增长战略、紧缩战略和定位战略。

(1) 稳定战略。该战略指企业在一定时期内维持其经营范围和目标不变,每年以大致相同的水平提高销售额和利润额的规划。它强调企业资源在现有各业务单位之间的合理分配,注重各职能部门工作效率的提高。

(2) 增长战略。该战略指企业为了增加销售额和提高市场占有率,努力扩大商品销售范围和规模,发挥规模经济优势,提高经济效益的规划。例如,山东魏桥纺织集团用了十多年时间,从十几万锭的纺纱企业发展成为几百万锭特大规模的以纺织为主、以服装及铝加工为辅的上市企业,主要归因于其坚持增长战略。

(3) 紧缩战略。该战略指企业在行业中处于不利的竞争地位,通过紧缩业务范围回笼资金,或者退出原行业转向其他行业的规划。例如,雅戈尔集团、李宁体育用品有限公司等企业,曾大幅减少专卖店、代理点等,以应对市场环境巨变。

(4) 定位战略。该战略主要有三种定位方式:

一是竞争定位,即企业依据行业竞争状况和企业自身优势给企业的近期经营和远期发展确定适当的竞争地位。

二是市场定位,即企业确定以什么样的市场或消费者群体作为自己的目标市场。

三是商品定位,即企业试图使自己的主营商品在目标市场上处于什么样的位置。

(二) 按经营战略内容和形式划分

按经营战略内容和形式划分,有一体化战略、连锁战略、多角战略、外向牵动战略、企业形象战略、品牌战略、集约经营战略和资产经营战略。

(1) 一体化战略。该战略指企业通过联合而求得发展,包括工商联合、农商联合、商商联合、批零联合、内外贸联合、科工贸联合及跨行业、跨地区、跨所有制联合。这种战略是十分有效的,适应技术创新发展要求,因为技术发展已经进入协同作战时期,解决任何一项重大技术问题,必须多学科联合、多技术交叉、多单位协同进行,各自发挥特长优势,形成合力才能攻克关键技术。但一体化战略在纺织业应用不多,原因主要是纺织企业习惯"小而全"和单打独斗,不善于建立共赢机制。

（2）连锁战略。该战略指同行业的若干个经营机构实行集中管理、分散经营,形成网络型销售体系。这种战略在纺织业的品牌企业中已经有很多运用,问题是还不够规范,难以作为一种战略规划,长久持续地坚持下去。

（3）多角战略。该战略指企业为了尽可能多地利用市场机会,实行跨行业、多层次、多品种、多样化经营,以扩大业务范围和市场空间,充分发挥自身优势和特长,提高经济效益,增强企业生存和发展能力。例如,山东如意集团、江苏阳光集团和海澜集团、浙江雅戈尔集团等上市企业都抓住了发展机遇,以纺织为主业,跨行业地发展了房地产、金融业、高科技农业、能源、有色金属业等,扩大了自身业务范围和市场空间,增强了企业生存和发展能力。这种战略一般适应于有实力的纺织集团型企业,中小型企业要慎用。

（4）外向牵动战略。该战略指企业通过引进国外的资金、技术、人才、先进管理方式及开拓国际市场,带动企业的进一步发展。例如,鹿王羊绒集团就是依靠这样的战略发展起来的。

（5）企业形象战略。该战略指企业通过改善企业实际状况,在商品质量、员工素质、服务态度、诚信守约、商品价格、购物环境等方面,给社会公众留下良好印象,扩大企业知名度和美誉度。这是近些年发展起来的现代经营战略之一。

（6）品牌战略。该战略指企业生产经营某类已得到社会公众广泛认可且在较长时期内乐于消费的商品,扩大销售,提高经济效益。商品知名度和市场信誉,使名牌商品持续给企业带来高效益。推行品牌战略,关键是正确确定指导原则,以市场为导向,以销售为龙头,以管理为核心,以质量和科技为前提,以优质服务为基础。对于纺织业这样的消费品产业,市场化程度和出口依赖度高,品牌战略是非常有效的,已明确列入纺织工业"十三五"的发展规划。

（7）集约经营战略。该战略指企业正确处理内涵发展与外延发展的关系,从外延发展转向内涵发展为主,使企业经济增长方式逐步从粗放型走上集约型的轨道。粗放型经济主要依靠生产要素扩张实现经济增长;集约型经济增长则主要依靠提高生产要素的有机构成或效率。转变经济增长方式,就是从主要依靠增加投入、铺新摊子、追求数量,转到主要依靠科技进步、提高劳动素质、提高经济效益的轨道上来。根据国家可持续发展战略,纺织业作为耗能、耗水及污染的重点行业,对可持续发展有着义不容辞的责任,实行集约经营战略是迫在眉睫的大事。

（8）资产经营战略。该战略指企业为实现资产的最佳价值而进行资产购买、出售、转让、兼并、重组等活动。这种战略的要求较严格,实施较规范,风险收益较高。

资产经营的基本特点,一是资产要有明晰的产权界线,即应该明确哪些资产属于企业,企业的所有者是谁,应承担哪些责任,有什么权利和义务。二是要有发达的资产经营市场。要实现资产的流动,通过交易实现资源的最佳配置,必须要有资本市场。目前多数企业不可能通过股票发行和流通实现资产要素的重新配置,只有通过产权市场,才能盘活存量资产,促进资源的优化配置。三是要有明确的资产经营主体。资产经营主体应拥有资产支配权和资产收益权,即法律赋予经营主体独立地支配其所属企业的资产权利和享有一定的资产收益的权利。

（三）按市场定位价值划分

按市场定位价值划分,有三种基本战略,即成本领先战略、差异化战略和专一战略,见表11-2。

表 11-2 三种基本战略

竞争范围	战略优势	
整个行业范围	低成本优势	特色优势
	成本领先战略	差异化战略
特定细分市场	专一战略	
	成本专一战略	差异专一战略

（1）成本领先战略。该战略要求企业积极建立达到有效规模的生产设施,在经验基础上全力以赴降低成本,严抓成本与管理费用控制,最大限度地减少研究开发、服务、推销、广告等方面的成本费用。在这种战略指导下,企业为达到成本领先,要在管理方面加强成本控制,使成本低于竞争对手,获得同行业平均水平以上的利润。当市场上有大量对价格敏感的顾客、实现产品差异化的途径很少、购买者不重视品牌差别、大量购买者讨价还价时,企业应努力做低成本生产者,使价格产品低于竞争者,提高市场份额和销售额,将一些竞争者驱逐出市场。由于企业集中大量投资于现有技术及现有设备,提高了退出障碍,因而对新技术采用及技术创新反应迟钝,甚至采取排斥态度。技术变革会导致生产工艺和技术上的突破,使企以往的去大量投资和由此产生的高效率一下子丧失优势,并给竞争对手提供以更低成本进入的机会。

（2）差异化战略。该战略指企业凭借自身技术优势和管理优势,将自己的产品或服务标新立异,形成全行业和顾客都视其为独特的产品和服务及企业形象。差异化可以建立在产品基础上,也可以以产品交货系统、营销方式及其他因素为基础。比如,生产性能上、质量上优于市场上现有产品的水平或上通过有特色的宣传活动、灵活的推销手段、周到的售后服务,在消费者心目中树立起非同一般的良好形象。由于并非所有顾客都愿意或能够支付差异化导致的较高价格,实现差异化优势会与争取更大的市场份额相矛盾。

（3）专一战略,又称目标集聚战略。该战略是指把经营战略重点放在一个特定的目标市场上,为特定的地区或特定的购买者群体提供特殊的产品或服务。该战略有两种形式:着眼于在目标市场上取得成本优势的叫作成本专一经营;着眼于取得差别化形象的叫作差别化专一经营。

成本领先战略和差异化战略在多个市场细分的范围内寻求优势,而专一战略选择产业内一种或一组细分市场,提供满足特定用户需求的产品和服务,以寻求成本优势。成功实施三种基本战略需要不同的资源和技能,具体要求见表 11-3。

表 11-3 三种基本战略在架构上的差异

战略	需要的基本技能和资源	基本组织要求	战略风险
成本领先战略	持续的资本投资和良好的融资能力,工艺技能,监督严格,设计产品易于制造,低成本的分销系统	结构分明的组织和责任,以严格定量目标为基础激励,详细的控制报告	技术变化不保护已有投资和经验,新加入者和追随者模仿,用较低成本进行学习产品和市场变化的盲点,无法保持足够的价格差
差异化战略	强大的生产营销能力,对创造性的鉴别能力,很强的基础研究能力,质量和技术领先,在产业中有悠久传统,独特技能组合,销售渠道的高度合作	研发、产品开发和市场营销部门之间的密切合作,重视主观评价和激励,轻松愉快的气氛,吸引高技能工人、科学家和创造性人才	成本差异过大,顾客转移,买方需要的差异化下降,模仿使已建立的差别缩小
专一战略	战略目标具体,构成专一	按具体战略目标,进行组合构成	成本差异变大,战略目标市场与整体市场差距缩小,竞争对手找到更加细分的市场

五、经营战略制订与实施

把握未来,确定方向,是企业经营战略的本质。然而,由于未来存在不确定性,它带给企业的不仅是机会,而且伴随着风险与威胁,这要求企业进行战略管理。

(一)经营战略的构成

1. 产品与经营领域

产品与经营领域,指经营战略中说明企业使命、属于什么行业、生产什么产品和寻求新机会的领域。在制订过程中,该要素常常用"分行业"描述。这是因为"大行业"的定义过宽,经营内容过于广泛,不能明确界定企业的经营主线。分行业是指大行业内具有相同特征的产品、市场、使命和技术的小行业。例如,棉纺业、丝织业、毛纺业是纺织行业中的分行业。

2. 企业成长方向

企业成长方向,即企业未来发展方向,是说明企业从现有产品与市场组合向未来产品与市场组合转移或持续进行的方向。

3. 企业竞争优势

企业竞争优势,即企业具有的与同行不同的特色或占领相同技术制高点的属性。它说明了企业所寻求的、表明企业某一产品与市场组合的特殊属性。这种属性可以给企业带来较强的竞争能力,尤其是核心竞争力。例如,无锡一棉、德棉集团的优势在于新产品开发,华懋企业的优势在于良好的产品质量和企业形象,它们都是企业的核心竞争力。

4. 协同作用

协同作用,指企业针对企业发展的重大问题具有的联合研发、合作共赢的组织协调能力。它是说明企业为达到战略目标,要求企业内部各部门、外部关联单位采取的协调合作的活动。有销售协调(如企业产品用共同的销售渠道)、运行协调(如在企业内分摊间接费用)、管理协调(如在一个经营部门内使用另一个单位的管理经验),还有组建或参与同行的产业技术战略联盟,等等。协同作用的目的是发掘企业内外可以形成企业总体获利能力的潜力。

(二)经营战略的制订过程

制订经营战略是企业管理的核心内容和最重要的职责。经营战略决策正确与否,关系着企业的兴衰成败。制订经营战略,应遵循以下程序:战略思想、调查过程、经营战略综合分析、战略决策过程。

1. 战略思想

战略思想,是企业谋求发展和处理重大经营问题、经济关系的指导思想,是制订和实施战略的基本思路。它反映了企业高层管理者的世界观、价值观,表明了企业的行为准则,体现了经营者和广大员工对未来的希望。

2. 调查过程

调查过程,是深入了解和分析企业内外环境,为经营战略制订提供依据。它包括内部环境的调查和外部环境的调查两大部分。企业环境调查分析如下:

(1)企业一般情况分析。根据企业制订经营战略和经营计划的要求,从各个角度进行分析,内容可多可少,视情况掌握。一般情况分析包括以下内容:

① 企业素质分析。主要分析员工包括领导者的思想素质、文化素质、专业技术素质等,以

及企业的凝聚力、稳定程度和快速反应能力等。

②　企业发展情况分析。主要分析企业总体发展水平处于上升时期，还是稳定阶段，或已进入衰退阶段。

③　企业技术素质分析。主要分析企业设备水平，各种工艺装备、测试和计量仪器的水平，技术人员和技术工人的素质，以及机器设备的新旧程度和工艺是否合理等。

④　企业营销情况分析。主要分析企业产品的市场覆盖率、市场占有率、销售利润率，产品定价与消费者对价格的接受情况，以及销售服务情况和消费者的反应。

⑤　企业财务、成本和经济效益分析。主要分析企业生产经营活动所投入的资本金、筹资状况、负债资本、成本费用、资产情况及盈利交税等投入产出情况。

（2）企业经营实力分析。企业是否存在优势，集中反映在企业经营实力上，主要包括以下内容：

①　产品竞争能力分析。主要对产品档次进行分析，分析产品的技术含量、品种、质量、成本、价格、交货期、商誉、商标等要素水平是否符合消费者需求，是否有竞争力。

②　技术开发能力分析。主要对新技术、新产品开发的应变能力及周期进行分析。

③　生产能力分析。主要对企业生产规模及能力结构进行分析：一是对产品生产的各个工艺阶段的能力进行分析，看其是否平衡；二是生产多种产品时，对各种产品的生产能力结构进行分析，看其是否合理，是否需要进行生产能力结构优化与调整。

④　市场营销能力分析。主要分析企业选择渠道的能力，企业有哪些营销渠道可以把产品顺利地投放到目标市场上，以及企业自销能力。

（3）企业外部环境一般内容分析。

①　政治环境分析。政治环境会直接影响宏观经济形势和企业的生产经营活动。主要分析政治环境对本行业、本企业未来市场可能影响的程度。

②　经济环境分析。宏观经济状况和趋势，常常是企业确定经营决策的重要依据。主要分析经济环境对本行业、本企业未来市场可能影响的程度。例如，纺织同行的规模、产能、产品、劳动力、能源及扶持优惠政策等。

③　社会、文化和技术环境分析。社会、文化和技术的环境发展动向为确定企业文化、决定产品发展方向提供重要依据，也必须加以研究。社会、文化要实地调查了解，重要的是通过多种渠道掌握未来同行技术发展方向、水平，应该尽可能地细化分析，保证制订的战略规划有效。

④　资源环境分析。资源是企业进行生产经营活动不可缺少的物质条件。这项分析的目的主要是掌握资源对本企业生产经营活动的保证程度。例如，纺织企业使用的棉花受自然环境的影响很大，每年都有很大的波动，而化纤又与石油紧密联系。需明确分析现有或未来市场的原料供应与相关政策情况。

（4）企业外部环境具体内容分析。

①　市场需求分析。消费者构成企业的总体市场，不同的消费者群体构成总体市场的细分市场。主要分析本企业的总体市场和各个细分市场的需求特点、发展趋势和影响因素。

a．企业总体市场需求调查和分析。主要有两个方面：一是用户现实需求，包括用户客观需要、购买能力及准备购买的需求，它构成企业的现实市场和容量；二是用户的潜在需求，即处于潜伏状态的市场需求，这是企业的未来市场容量。调查方法可采用走访调查、凭市场资料推算、网络调查等。

b. 企业细分市场需求调查和分析。通过调查了解各个细分市场的需求情况。企业有各种各样的用户和消费者,他们的需求是有差别的。例如,对服装的需求,不仅在规格尺寸上各不相同,而且在花色款式上各有所好。因此,企业必须把自己的总体市场细分为若干个差别市场,调查了解各个细分市场的需求特点,开发和生产不同的产品、不同的品种规格,以不同的花色款式、不同的用途,满足不同用户和消费者的不同需要。

c. 消费者产品需求趋势分析。主要分析消费者的需求变化和趋势。对纺织品的需求已由避寒遮羞型向舒适享受型和自我发展型转变。在消费结构中,按国际通用的恩格尔规律比较,随着经济发展水平的提高,人们在吃方面的支出比重呈下降趋势,而在穿、用、住、游、乐等方面的支出比重呈上升趋势。

② 竞争对手状况调查。

a. 竞争对手总体情况调查。主要调查竞争对手即同行企业的数量、分布及生产规模等情况。

b. 竞争对手竞争能力调查。主要调查同行企业的特色优势情况。例如,对方的资金情况;技术装备情况,包括先进设备比率、加工与装配的工艺水平、产品质量稳定程度、产品设计能力等,应认真分析对手厂的技术优势和劣势;产品情况,产品是竞争实力的集中表现,产品的情况包括品种、规格、质量、成本、价格、花色、包装和装潢、商标等。

c. 潜在竞争对手调查。主要调查可能形成同行竞争企业的状况,有些处于潜伏状态的竞争对手也不可忽视。例如,将出现的新的竞争对手情况,主要指实力强的企业准备或已投产与本企业产品相同的产品等。这些新的竞争对手往往上得快,来势猛。要对这些对手有清醒的估计,不可掉以轻心。另外,要调查由弱变强的对手情况。一些过去竞争能力非常弱小的对手,由于调整策略、经营有方,发展迅速,成为本企业新的强有力的竞争对手。这些对手逐步挤占本企业的市场,对本企业构成新的威胁。实际上,山东、福建有不少纺织企业仅经过几年时间,就发展成为行业中的佼佼者。

3. 经营战略综合分析

经营战略综合分析,是指将企业的外部环境和内部环境的各因素综合起来进行分析。企业进行经营战略综合分析的内容主要如下:

(1) 企业外部环境存在的机会和风险。

① 有利因素——机会。例如,国家产业政策的鼓励和支持,银行信贷的支持,国内外市场容量的扩大,企业的竞争对手减少,企业所需资源有新的更充裕的来源,等等。分析这些有利因素将预示其为企业发展能提供多大的机遇。

② 不利因素——风险。企业的经营经常会面临很多风险。例如,国际金融风险;国家紧缩银根,限制投资规模,针对某些行业企业,提高银行贷款利息率;提高税额;产业结构调整,限制某些产业投产新项目等。

(2) 企业内部优势和劣势。

① 企业的长处——优势。企业的优势在哪些方面,在技术上和产品上有什么优势,在管理上有何特色,这些优势的发挥程度有多大,还有哪些潜在优势没有发挥,都要进行分析。

② 企业的短处——劣势。例如,产品品质低,还是管理水平低;高层管理问题,还是中层或基层管理原因;产品滞销是质量问题,还是品种问题,或售后服务问题。分析产生劣势的原因,找出其主要原因,寻找解决方法。

通过综合分析,可为制订各种经营方案和做出经营战略决策,提供科学依据。

4. 战略决策过程

战略决策过程,是在调查的基础上拟订、评价和选择战略方案,是经营战略的一个决策阶段。在明确战略思想和对环境进行调研分析后,就需要拟订多种战略方案并进行评价,指出各方案的优点和缺点,然后做出选择,即确定最终的经营战略,主要有以下几个方面:

(1) 企业理念,即企业战略思想,是指导经营战略制订和实施的基本思想。它由一系列观念或观点构成,是企业领导者和员工对生产经营中发生的各种重大关系和重大问题的认识和态度的总和。例如,精益求精、认真做事理念,做事做人、诚实守信理念,精心设计、追求完美理念,敢为天下先、新潮时尚理念,等等。

(2) 企业战略目标,是指以企业理念为指导,根据对主客观条件的分析,在计划期内企业发展的技术经济总目标。战略目标是经营战略的实质内容,是构成战略的量化目标。例如,纺织业综合目标第一,产品质量取胜,创新驱动发展,等等。

企业战略目标应转化为具体的系列指标,成为各部门乃至每个员工的行动指南。战略目标的具体组成如下:

① 发展性目标,即提高企业各方面素质,增强其发展后劲的目标。例如,生产规模目标,人员素质目标,技术进步目标,产品开发目标,管理现代化目标,质量水平目标等,在计划期内进入世界同行前100名。

② 效益性目标,如产出目标、产出与投入目标、资金利润率目标等。

③ 竞争性目标,即在市场竞争中提高自己竞争地位,争取消费者,扩大市场份额的目标。

④ 利益性目标,即在满足消费者需要的前提下,增加企业收益和企业全员收入的目标。

⑤ 企业战略重点,指对于实现战略目标具有关键作用又有发展优势或自身需要加强的方面。例如,纺织企业员工的培训、学习及创新要求的核心竞争力培育等。

⑥ 企业战略方针,指企业为贯彻企业理念和实现战略目标、战略重点,确定的企业生产经营活动应遵循的基本原则和指导规范。战略方针起导向作用和准则作用。

⑦ 企业战略对策,指为实现战略目标而采取的重要措施和手段,它具有阶段性、针对性、灵活性、多重性等特点。经营战略对策又称经营策略,战略任务需采取分阶段的多种灵活的策略加以保证。

(3) 战略决策特点。

① 战略决策对象的复杂性。企业总体发展的决策是复杂的,企业各项重要生产经营活动的决策也是复杂的,常常无经验可循,必须寻找新的思路,创造性地进行决策。

② 决策结果的不确定性和风险性。战略决策是企业长远发展的谋略,对未来若干年以上的发展趋势进行决策,很难把握准确,其结果只是一种预计。所以,战略决策带有风险性,有成功和失误两种可能。

③ 方案评价的困难性。战略方案的评价很难标准化,因为战略决策遇到的常常是新问题、新情况,只能根据为解决每个新的重大问题所确定的目标进行评价和选择。

(4) 职能战略决策。

① 职能战略的特点。职能战略也称为分支战略,是指按不同的专业职能对总体经营战略进行落实和具体化,即在总体战略指导下,为企业各部门及所属各单位制订的分支战略,其特点如下:

a. 从属性。职能战略是为总体战略服务的,它规定企业在某一方面或某一领域的努力方向,并服从于企业发展的总方向。

b. 专业性。职能战略是从企业的某个职能部门或某个环节的需要出发制订的,具有较强的专业功能性质,如销售战略、技术战略等。

② 职能战略自身决策。每个职能战略本身存在多种战略方案可供选择。企业的分支战略包括市场战略、产品战略、质量战略、技术战略、价格战略、财务战略、成本战略、生产战略、资源战略、人才战略和组织战略等。

(三) 经营战略的实施——落实经营计划

经营计划指根据经营战略决策方案要求,对其实施所需的各种资源及措施做出全面统筹安排。

1. 经营计划的作用

经营计划,是经营战略决策方案的具体实施计划,它有以下作用:

(1) 协调作用。经营计划根据经营战略决策方案所规定的总体目标,统筹安排,将其分解为各部门、各阶段的具体目标,并使各部门的具体目标协调一致,保证企业总体目标的实现。

(2) 分配作用。经营计划需根据经营战略决策方案的要求,将企业有限资源进行合理分配,促使方案目标实现。

(3) 保证作用。经营计划通过对企业人力、物力、财务的统筹安排和监督,从时间上分阶段规定具体目标,分部门具体落实,保证方案顺利实施。

2. 经营计划的内容

经营计划是企业经营战略决策方案的具体化。一个完整的经营计划,应包括以下内容:

(1) 经营计划的指导思想。

(2) 经营目标和指标。

(3) 经营方针和经营策略。

(4) 各个职能计划及方案。

(5) 综合平衡。

(6) 计划执行的部署和实施措施。

3. 经营计划的编制

经营计划的编制,一般按照以下步骤进行:

(1) 调查研究,分析资料。调查研究,心中有数,是确定编制计划的前提。企业编制经营计划前,已对其内外环境做过调查分析。正式编制经营计划时,还必须进一步详尽地调查计划所欠缺的内容,更深入地摸清市场,了解为企业提供的发展机会和存在的威胁,以及企业自身的长处和短处,特别要摸清制订计划的限制性条件。例如,所需资金规模、建设厂房面积、纺织设备能力、工业技术水平等。

(2) 统筹安排,确定目标。经营计划的编制是一个系统的过程,计划的核心是目标和资源。企业的资源和能力都是有限的。合理利用,充分发挥企业资源和协同作用,才有可能实现经营战略方案。因此,确定目标是经营计划编制的关键步骤。

(3) 优化选择,拟订方案。确定目标后要拟订达到目标的措施方案。完成一个目标,可以采取多种不同的办法,形成若干不同的方案。根据每个方案的优点和缺点,对这些方案进行反复比较,精心筛选。需要注意,企业总体方案是在各个部门分计划方案的基础上形成的。因此,要提前完成各个部门分计划方案的组织拟订工作。

(4) 综合平衡,编制计划。这是经营计划编制工作的最后一步。经营计划涉及各个部门、各种资源、各个系统,靠一个部门或几个员工完成,难免出现失误和问题,必须经过财务、供应、销售、技术、生产等各个部门从不同角度进行把关,综合平衡,协调配合,留有余地,才能将经营计划编制衔接合理,减少失误,具有可操作性。

4. 经营计划的执行

经营计划的执行,主要方式是实行目标管理,也称目标责任制。目标管理就是将经营目标细分为若干小目标,层层落实到有关部门、单位、个人,变成具体指标,并形成一个目标体系,加以落实、监督、评价。

5. 经营计划的调整

经营计划,特别是中长期经营计划,在执行过程中往往会出现偏差,这就是常说的"计划赶不上变化"。这是一种正常现象。因此,经营计划要随着环境变化,经过分析研究,主动、适时地调整,灵活地运作,增加计划与实践的相融合程度。

总之,经营战略管理是企业管理中十分重要的内容。纺织企业,作为一般性竞争性单位,规模小、数量多,大多忙于日常经营活动,却忽视了战略管理。要使企业真正壮大、长存,企业领导要不断思考企业发展问题,必须重视调研、分析和规划,经常考虑如何为企业的长远发展做最佳战略决策。

[案例]

苎麻品牌战略管理步步为营

湖南华升集团面对纺织产业结构调整需要,积极推行品牌发展战略,确立了创造"苎麻纺织品牌"的使命,走苎麻产业品牌建设与转型升级之路,以提高企业核心竞争力,开拓新的利润增长点。集团总经理李郁表示,品牌战略管理主要体现在以下方面:

一是建立以品牌战略为导向的组织创新。成立了终端品牌领导小组和品牌发展办公室,制订各阶段、各环节的计划,并负责具体工作;优化组织结构,分权给华升服饰股份有限公司,采用职能式-扁平化组织结构,具体负责"华升·自然家族"品牌运作,根据管理专业化程度划分为多个职能部门;建立品牌工作组织机构保障,量化品牌发展目标责任制,把工作目标分解落实到岗位和员工身上。

二是制订品牌建设战略规划。确立了纺织品业务战略定位,针对"华升·自然家族"品牌规划了五年发展目标;制订年度经营计划,实行目标责任制管理,将经营目标细分为若干小目标,层层落实到经营、财务、研究开发、技术管理、生产车间的各个部门、班组,直到工序、个人,把企业目标变成具体指标,并形成一个目标体系,加以落实、监督、评价。

2013—2014年,邀请湖南大学等院校的教授形成外脑智囊团,对企业战略进行详细科学的规划,并进行全员培训,效果较好。

三是夯实产品品牌创新体系。2014年建立了苎麻行业唯一的院士工作站,开发了200多个纺织新产品,其中有20多个实现了批量生产,多种功能性面料的服用功能强大并推向市场。此外,开展了国家科技支撑计划"苎麻纺织印染深加工工艺技术研究"项目,已顺利通过专家组验收,为企业的产品品牌创新发展提供了有力支撑。

四是加强品牌文化内涵的深入挖掘与创新。2015年,350平方米的"华升·自然家族"品牌生活馆开幕,传递"一站式"体验的购物理念。与此同时,"苎麻设计风"刮进校园,冠名湖南女子学院艺术设计系的应届毕业生服装作品设计,邀请武汉纺织大学的学生参与"华升·自然家族"品牌产品设计,将企业的苎麻面料进驻北京服装学院的面料库,并且把整个品牌产品分为五大系列。

五是完善自主品牌培育管理体系。2012年,"华升·自然家族"品牌成功入围工信部首批141家工业企业品牌培育试点企业。2014年,引进了服装设计高端人才,组建了品牌创意设计师团队和样板制作间,优化完善了品牌管理关键过程。

实践效果:品牌战略管理的实施,有力推进了湖南华升集团的产业价值链由低端向高端的转型,在经济效益、品牌美誉度和社会效益方面都取得了不俗的成效,引来了同行争相学习,为提升麻纺行业的整体发展水平做出了一定的贡献。

[思考题]

1. 什么是经营战略? 它有何特征? 其地位如何?
2. 企业外部环境的调查一般内容和主要内容是什么?
3. 企业经营战略的内容和制订程序是什么?
4. 企业经营战略决策工作的特点是什么?
5. 企业经营计划的内容和作用是什么? 它的编制步骤是什么?
6. 从企业经营战略构成要素的角度,分析企业经营战略管理的重要性。
7. 为什么说经营战略非常重要? 如何体现这种重要性的?
8. 作为一名总裁,应如何着手对企业所处环境进行有效的分析和诊断?

第十二章　企业管理创新

创新驱动发展已经成为我国当前和今后很长一段时期的重要战略之一,创新处于新时代五大发展理念即"创新、协调、绿色、开放、共享"的首位。创新是现代企业的本质特征和重要标志,是企业获得竞争优势的决定性因素,也是现代企业管理的重要职能。生物学讲"物竞天择,适者生存",市场竞争讲"优胜劣汰"。纺织业作为一般性竞争行业,全球化竞争日益激烈,纺织企业只有抓住创新这个"龙头",不断地创新,才能持续进步和发展。在这个意义上,创新是企业的生命之所在。

第一节　概　　述

一、管理创新概念

(一) 创新

(1) 创新。创新即破旧立新,是一种主体有目的的创造性活动。

创新概念最早由美国经济学家约瑟夫·熊彼特提出。熊彼特认为,经济增长最重要的动力和最根本的源泉在于企业的创新活动。创新就是建立一种新的生产函数,即实现生产要素和生产条件的一种从来没有过的新组合,并将之引入生产体系。

创新生产体系包括以下五种情况:

一是采用一种新的产品——消费者还不熟悉的产品,或某种产品的一种新的特性。

二是采用一种新的生产方法——有关行业中尚未通过鉴定的生产方法,它不需要建立在新的科学发现基础上,也可以存在于经营上处理某种产品的新的方式中。

三是开辟一个新的市场——有关行业或企业还未进入的市场,不管这个市场以前是否存在。

四是控制原材料或半制品的一种新的供应来源,不管这种来源是已经存在的,还是第一次创造出来的。

五是实现任何一种工业的新组织,比如形成垄断地位(如"托拉斯化"),或打破垄断地位。可以说创新就是生产手段的新组合。

上述五种情况,第一、第二可视为技术创新,第三、第四可视为市场创新,第五可视为管理组织创新。

(2) 创新与创造。两者在形式上非常接近,但又有所区别。一般意义上的创造,范围更宽,可以是无目的的活动,比如出自个人好奇而将自己头脑中的想法加以实施,或者只是为了证明自己的想法而行动。创新具有明确的目的性,是通过对各种要素的创造、组合,产生新的有用的东西。

（3）创新特性。创新具有两大特性：

一是目的性，即创新特别强调效益的产生，它不仅要知道"是什么""为什么"，更要知道"有什么用""怎样才能产生效益"。所以，创新是一个创造财富，创造有用的东西，以商业化为目标，进行一系列加工、组合、创造的过程；

二是独特性。创新要有其独到的方面，或是完全新颖的方法或材料，或是对人们熟知的方法和材料进行重新组合而产生前所未有的效果。所以，创新是一个发挥主体创造性的过程，是人类财富创造的源泉。

2. 企业创新

所谓企业创新，就是企业根据自身发展需要，对组织内部的行为和状况，进行部分或全面改进的过程。企业是创新的主体，有句话说："企业的成败在创新，创新的成败在管理。"这说明管理对于企业创新的重要性。因此，企业创新首要是管理创新。

3. 管理创新

管理创新，就是以企业为主体，以市场为导向，为实现经济和社会效益目标，对企业的经营观念、管理制度、经济行为及生产要素进行调整和重新组合的过程。企业管理创新的发展是螺旋台阶式的，每个周期都以上一个周期为基础，每个周期又都为下一个周期做铺垫和准备。管理创新不断处于"创新—稳定—凝滞—再创新"的周期性循环中，企业的管理水平不断地得以提高。

4. 管理创新的必要性

管理创新是企业根据外界环境变化和科技发展水平，对传统的管理模式和管理方法进行改革、完善的活动。

随着我国经济的发展，纺织市场日益全球化，纺织企业要在日益激烈的市场竞争中生存和发展，必须不断提高现代化管理水平，增强管理创新能力。例如，纺织企业管理尤其在国际营销管理方面十分薄弱，需要不断创新，创立适应国际市场要求的营销模式。管理创新的必要性表现在以下方面：

（1）经济全球化的推动。国内纺织企业必须发展自己的核心能力，而核心能力的形成和取得，要求企业必须从一点一滴做起，依靠不断的、以市场商业价值为依据的创新活动。

（2）社会和技术进步的要求。一方面，人们的需求随社会的多元化、个性化不断变化；另一方面，新原料、新技术、新设备不断出现，纺织市场功能化、舒适化、智能化需求越来越多。因此，纺织企业必须从根本上重视创新。

（3）企业生命在于创新。企业的产品得到市场认可才有价值。纺织品是人们美化生活、时尚追求、文化传承的必需品，纺织企业与市场是紧密共存的。在这个意义上，市场创新直接关系到企业的生死存亡。因此，不断开发新产品，进行市场创新，是纺织企业持续发展的活力源泉和根本保证。

二、管理创新要素

推动企业管理创新的因素主要有外部要素和内部要素。外部要素指市场变化、社会文化背景等，内部要素有资本、人才和科技等。

（一）外部要素

（1）市场变化。它是推动企业管理创新首要的外部要素。市场变化主要包括需求变化、竞争变化、资本和劳务市场变化。最重要的市场变化是需求变化。

企业作为市场的供给方,是为满足需求而存在的,一方面创造需求,满足潜在需求;另一方面是适应市场,满足现实需求。激烈的竞争往往使企业更倾向于适应市场的创新,因为创造需求的风险更大。例如,我国纺织业经过几十年的高速发展,成为国际市场上最有竞争力的纺织大国。但是,近年受到世界经济危机的影响,纺织出口大幅度减少,面临发达国家高端产品与发展中国家低端纺织品的双向压力,同时产品同质化严重,造成纺织产能过剩。因此,我国纺织业只有加大创新力度,积极实施"增品种、提品质、创品牌"的三品战略,通过转型升级提高纺织企业竞争力,才能生存和发展。

资本和劳务市场变化也能诱发管理创新。美国的风险资本专门寻找有发展前途的创新型小企业,实行高风险、高回报率的投资策略,加州硅谷的高科技企业大多得到了这种风险资本的支持。目前,国家和行业已经逐步建设了一批大学科技园、科技企业孵化器、创新创业基地等,引入创新风险基金,探讨并尝试创新投资,如中关村科学城等示范园区。

(2)社会文化背景。它是推动管理创新的另一个外部要素。

① 日本的终身制、年工序列制和企业内工会这"三大神器"是由日本的社会文化特点决定的,是创造日本式管理的根基。

② 德国的"员工参与决策"制度是由德国的社会文化特点决定的,是创造德国式管理的根基。

③ 美国的自由雇佣制和行业工会制是由美国的社会文化特点决定的,是创造美国式管理的根基。

④ 我国的员工代表大会制度是由我国的社会文化特点决定的,是创造中国式管理的根基。

社会文化和价值观是不断发展的,企业管理创新会跟着社会文化发展而发展。现在,美国企业开始提倡团队文化,而日本企业开始解雇员工,德国企业与员工建立新的社会契约,让员工工作做得更好而工资拿得更少。我国企业进行产权制度改革,实行现代企业制度,推行现代企业治理结构的"三会一层"模式管理。环境保护和动物保护趋势也在影响企业的决策和创新。一般来说,社会、政治、文化的变化对企业的影响,有的是通过市场变化完成的,有的是直接对企业行为有约束力,如政府的政策、法令、法律等。在推动企业管理创新的外部因素中,最主要、最强有力的是市场变化。

(二) 内部要素

在企业内部,推动企业管理创新的主要因素,有资本、人才和技术等。

(1)资本问题。在企业外部是筹资和投资问题,体现了经营技巧。企业内部的资本问题主要是总成本问题,即资本的投入量。在相同条件下,资本投入量越少,成本越低,效益越高。在企业内部,管理创新的主要压力,或者说主要驱动力是成本,不断降低成本、提高效益是企业管理创新永恒的主题。例如,纺织企业的原料成本占成品成本的60%～80%,减少单位产品的原料消耗量或提高单位产品的附加值是提高效益的关键。成本问题倒逼纺织企业,形成了管理创新。

(2)人才问题。劳动的实质是劳动者问题,即人的问题。在相同条件下,劳动者投入的劳动量越多,质量越高,效益越高。劳动投入的增加可以是劳动时间和劳动强度绝对值的增加,也可以是有效劳动量的增加,也可以是有机劳动量,即创造性劳动量的增加。"机器人"—"经济人"—"社会人"—"文化人",所有以人为对象的管理创新都是为了增加有效劳动和有机劳动,使人主动地增加劳动投入。例如,纺织行业的用人较多,过去劳动力过剩,企业管理以产质量考核为主,完不成或不合格就开除;而现在劳动力紧缺,逼迫企业加强人文管理,重视员工培训,改善工作环境,减轻工作负担,同时提高福利待遇。因此,企业管理归根到底是对人的管理,成本要靠人控制,技术也要靠人发展和应用,人才在企业管理创新中处于中心位置。

（3）技术进步,包括自然科学、社会科学、技术和创新观念,是企业管理创新的强大推动力。管理创新依赖于科学技术的发展。例如,数理统计技术促进了质量管理的发展;系统论和控制论催生了现代管理理论;信息技术正在使整个管理发生根本改观。社会科学对管理创新的作用更直接,因为管理本身就是社会科学的一个部分。机器的使用加强专业化趋势,如纺织设备的连续化、高速化、自动化、智能化进步,引起纺织企业对设备管理、人才管理、技术管理、信息管理的重视和改变。管理科学和管理实践的发展过程,不断吸收经济学、社会学、心理学、行为科学和其他社会科学的最新进展,特别是经济学和行为科学,它们的每个进展都直接影响管理的发展与创新。创新观念是管理创新最直接的推动力。在科学技术创新领域,无形胜有形,是观念和意愿在调动资本运营。创新观念虽然无形,却是企业的重要资源,是企业管理创新的重要要素。

企业管理创新的起点是市场,终点也是市场。不从市场出发,不经受市场检验的创新,不可能是真正的创新。企业管理创新的任务,在于不断地整合资本、人才、科技三要素,将其最佳组合,最大限度地满足不断变化的市场和社会。

三、管理创新内容

从大量企业的创新实践看,管理创新主要有创新能力、创新战略、创新项目、创新过程、创新效率等内容。

（一）创新能力

企业创新,首先要有创新的能力。需要企业按照创新要求进行管理创新,提高企业的创新能力,使其转变为企业的核心竞争力。创新能力主要包括:

（1）创新决策能力。创新决策是指根据企业发展要求,对企业观念、行为和状况进行调整或组合的决策。这种决策的客观性、及时性、正确性、科学性、可行性等,直接反映企业的创新决策能力。

（2）创新投资能力。包括选择创新项目、创新项目评价、创新资金筹措、决定创新投入、设立创新投资基金等创新投资制度落实和决策的程度。

（3）研究开发能力。包括企业研发人员数量和素质水平、研发团队的层次、承担项目的层次和数量、提取研究开发费用比例、资金使用规范的程度等。

（4）过程组织能力及市场能力。企业创新组织运行有效性、创新成果转化率、创新活动的评价激励机制状况和水平等。

事实上,不少企业创新失败,是由于缺乏创新能力。例如,纺织业的竞争力弱,主要是因为恶性竞争,不重视自主创新活动,缺乏优秀人才团队,尤其是缺乏研发资金,平均研发费用提取比例仅占销售收入的0.8%左右,而全国已经达1.5%左右,与发达国家的差距很大。因此,迫切需要重视创新,提高创新能力,加强创新管理。

（二）创新战略

创新水平提高是一个需要长期努力,逐步积累的过程。企业创新要有创新思路和长远目标规划,制订创新战略。一些企业创新"一步失足千古恨",主要是因为缺少系统的创新思路,即创新战略。由此不难看出战略管理的重要性。

战略管理是目前我国企业比较薄弱的一个管理环节,是必须高度重视的环节。例如,中山某化纤公司坚持以高性能纤维为目标的创新战略,经过坚持不懈的努力,取得了成功,成为国内佼佼者;麦当劳快餐店进入中国已经很多年,许多中国人很熟悉麦当劳及其产品,但是很少有人知道,麦当劳进入中国前在做什么。它在河北农村种土豆,整整 9 年。如果没有清晰的战略意图和定位,麦当劳不可能这样行动。

(三) 创新项目

创新实施需落实在具体项目上。社会发展与技术进步使创新活动发展成为一个系统工程,尤其是具有突破性的创新,仅靠少数人或一个单位完成是非常困难的。为此,要组织协同创新共同体,这需要建立章程、协议、制度及评价分配办法,等等。

一个创新项目可能使某个企业兴旺,也可能使某个企业一蹶不振甚至倒闭。因此,项目管理是十分重要的,一个产品品牌可救活一个企业。相反,一些老企业在技术改造中缺乏适当的项目管理,形成了"不改造是等死,改造是找死"的说法。

(四) 创新过程

凡事都得步步为营。创新作为一个过程,也不例外。对于较大的创新项目,环节多,事项杂,稍有不慎,极易造成重大问题。因此,需要加强创新过程管理。大的创新项目、长的创新过程,要做网络计划。

美国的"曼哈顿"计划和我国的"两弹一星"工程,都是管理创新成功的典型例证。

(五) 创新效率

创新效率的重要标志是创新周期。美国有学者研究表明,几家企业做相同的创新项目,如果某家企业的产品其他企业早上市半年,利润率至少高出 30%。尽管这个数量不是绝对的,但说明了创新过程管理的重要性。过程管理搞得好,可以减少损失,甚至可以缩短创新周期。国外学者开发的创新过程管理的线性模型、反馈模型、权变模型和并行工程等,都是为了提高创新效率,缩短创新周期。

第二节　管理创新系统与组织

一、管理创新系统

企业管理创新是一个系统工程,包括五个方面,即理念创新、制度创新,技术创新、目标创新和市场创新,见表 12-1。

表 12-1　创新系统

	理念创新	是源泉
企业管理创新	目标创新	是保证
	制度创新	是核心
	技术创新	是手段
	市场创新	是目的

（一）理念创新是创新的源泉

创新是一个民族进步的灵魂，是一个国家兴旺发达的不竭动力，也是企业生存发展的根本。尤其在世界知识经济的兴起时期，企业发展更离不开创新，而企业创新又离不开经营观念的不断更新，它是企业创新的先导。理念创新要树立以下观念：

1. 知识价值观念

在知识经济社会，创造财富的力量已不完全在于物质资源，而在于更重要的知识资源。企业决策者应该看到，技术和人的智力劳动已成为推动企业发展、创造新财富的重要因素。如果看不到这一点，就难以在激烈的市场竞争中取胜。

2. 人才开发观念

传统的人事管理往往以事为中心，注重现有人员的管理；而人力资源开发则把人视为一种资源，以人为中心，注重开发人的潜在智能，注重人的智慧、技艺和能力的提高，因为现代经济的竞争是高素质人才资源的竞争。因此，企业必须加强智力资本的投入，积极开发人才的创造力。

3. 国际竞争观念

在经济全球化时代，随着生产的国际化、市场的国际化、消费的国际化，众多企业的发展都离不开国际市场的开拓。具有全球意识的国际化经营和国际竞争观念，是现代企业必须具备的新思路。在无情的市场竞争中，不创新就死亡。企业能否建立新理念、创造高效率，往往决定了它的生死存亡。

（二）目标创新是创新的保证

企业在一定的社会经济环境中开展经营活动，特定的环境要求企业按照特定的方式提供特定的产品。一旦环境发生变化，就要求企业的生产方向、经营目标，以及企业在生产过程中和其他社会经济组织的关系进行相应的调整，也就是重新确定企业的生产发展目标。

目标创新，是企业发展中一种根本性的、决定全局的管理创新。企业适时地根据市场环境和消费需求特点及变化趋势调整经营思路和策略，整合生产经营资源要素的过程，都是目标创新。

目标创新是创新的保证。随着社会经济的发展，纺织业已经处于全球化竞争中，我国纺织企业面临着重大的挑战与机遇，必须加强目标创新工作，调整经营思路和策略。例如，由传统的侧重于产值、产量、规模的经营目标，改变为以提高科技贡献率、创新贡献率、绿色生产率等经济和社会效益为主的经营目标。

（三）制度创新是创新的核心

1. 企业制度

企业制度，即企业财产的终极所有权制度与企业内部治理结构制度等。

制度创新是根据经营环境的变化，不断调整企业的产权组织结构、权责结构、运行规则和管理规章制度等要素，以满足一系列创新要求，从而发挥最大效能的活动。要求企业在改革中创新，并在创新中改革，以适应知识经济时代外部环境多变性的趋势。

要素组合创新主要从技术角度分析人、机、料及各种结合方式的改进和更新，而制度创新从社会经济角度分析企业各成员间正式关系的调整和变革。制度是组织运行方式的原则性规定。组织制度的运行状态和变革、创新的程度从根本上决定了组织的未来发展状况。制度创新的方向是不断调整和优化企业所有者、经营者和劳动者三者之间的关系，使各个方面的权力和利益得到充分体现,使组织中各成员的作用得到充分的发挥。目前,我国企业制度创新的主要任务是建立现代企业制度。

2.制度创新的作用

制度创新是管理创新的核心。在理念创新的同时,企业要在制度创新上创造一种全新的格局,使技术创新、管理创新等环节有效地进行。例如,技术创新需要制度创新的保障,同时技术创新与制度创新之间存在互动关系。有效的制度安排,才能保障技术创新的发生和有效率的实现。因此,在企业创新中,建立企业内部技术创新激励机制和技术创新支持体系,是十分重要的。对国内企业来讲,制度创新是企业实现创新的核心和关键所在,因为国内企业对制度建设缺乏重视,需要加强制度管理,克服"人治"现象,创建适应创新活动的环境。

3.制度创新的内容

企业制度创新的内容有产权制度、组织制度、经营管理制度(包括企业运行机制,即决策机制创新、企业约束机制创新、监督考核机制、企业激励机制创新、各项管理制度),而最主要的是建立现代企业制度。

4.制度创新的目标和途径

(1)制度创新目标。直接目标:获得创新的预期收益;最终目标:使企业成为"四自"实体。企业创新的最高境界是创造一种企业文化。

(2)制度创新途径。提出一种新的经营思路并有效实施;创立一种新的组织机构并使之有效运转;提出一种新的管理方式、方法或一项具体的管理制度;提高生产经营效率。

(3)根本途径。改变企业管理组织的制度化结构,重新塑造企业的功能框架,创立一种新的管理模式。

5.制度创新形式

制度创新的形式,主要有现代企业制度、产权制度、组织改造等。

(1)现代企业制度。企业创新的重点是制度创新,制度创新的重点是建立现代企业制度,现代企业制度能适应社会化大生产和现代市场经济要求;是一种完备的企业制度体系或微观经济体制,是一种资本组织形式,是所有制的实现形式,是所有制企业努力的方向。

① 现代企业制度的形式。现代企业制度的基本形式是股份有限公司,特点是资产形成的社会化、市场化(产权的多元化),资产运用和支配的社会化、市场化,资产运作评价的社会化、市场化,资产管理的专业化、市场化,治理结构的科学化(董事会、股东会、监事会、经理层权责明确、互相制约)。

② 现代企业制度的特征。基本特征是产权明晰(财产法人化)、权责明确(责任有限化)、政企分开(运行市场化)、管理科学(管理制度化、科学化)。运作特征是以产权清晰为运行基础,以产权流动为运行方式,以政企分开为运行条件,以权责明确为运行制约,以管理科学为运行质量。

③ 建立现代企业制度的途径。理顺企业产权关系,确立企业法人财产权;改革国有资产管理体制,建立管资产、管人、管事相结合的国有资产管理体制;完善企业法人治理结构,建立有效的激励机制和约束机制;推行企业托管制度,在目标企业产权结构基本不变的条件下,优势企业通过输出管理、管理人员、技术、品牌、文化等,获得对目标企业资源的实际控制权,而不用投入资金,实现低成本扩张。对被托管方来说,能减少抵触情绪和剧烈变动引起的摩擦。

(2)产权制度。产权制度是以产权为依托,对财产关系进行合理、有效的分解、调节、组合的制度安排。产权在经济学上可分为所有权、使用权、收益权、处置权,在法学上可分为所有权、占有权、支配权、收益权。党的十六届三中全会提出,建立归宿清晰、权责明确、保护严格、流转顺畅的现代产权制度。产权制度是现代企业制度的核心。

① 现代企业产权制度的特点。产权明确,指拥有明确的人格化主体,使财产有人负责、有能力负责;产权市场化,指产权可交换,有利于实现企业组织结构和资源配置结构的调整;与控制权、所有权相分离,有利于实现专家管理,提高资产运营效率;有产权收益明确的保障,有利于保护投资者利益。

② 产权制度创新的途径。一是企业重组,指通过企业兼并、联合等形成企业集团,如企业合并、分立等;二是资产重组,指以资产为纽带进行合作形式;三是治理结构重组,又称管理重组,指通过控制权转移实现低成本扩张或取得其他权益。

(3)企业组织改造。企业系统正常运行,既要求具有符合企业及其环境特点的运行制度,又要求具有与之相应的运行载体,即合理的组织形式。因此,企业制度创新要求组织形式的变革和发展。组织机构设置和结构的形成受到企业活动的内容、特点、规模、环境等因素的影响而不断调整。

一般而言,企业创新要成功、高效,企业必须具有以下功能:企业制度要能有效地激发员工的创造性与积极性;企业整体要对市场有较高的响应速度;企业中各单元要能有效地传递信息;企业组织结构要有效地协调各个职能部门或单位的创新活动,能够适应不同的创新活动,对企业整体组织进行结构性、机制性调整。

对企业而言,推动其适应变化最有力的工具之一是组织再造,其主要形式有组织扁平化、学习型组织、流程再造等。

① 组织扁平化。传统纺织企业组织特点,表现为层级结构。一个企业,其高层、中层、基层管理者组成一个金字塔状结构。现代企业要求针对市场变化迅速反应,最有效的办法就是组织扁平化。

a. 组织扁平化。指管理层次减少而管理幅度增加时,金字塔状结构被"压缩"成扁平状结构。

b. 扁平化特点。一是利于分权管理,金字塔状结构是与集权管理体制相适应的,而在分权的管理体制下,各层级之间的联系减少,相对独立,促使组织有效运作;二是提高企业快速适应市场变化的能力;三是增加管理幅度。现代信息技术的发展,特别是计算机管理系统的出现,使传统的管理幅度理论不再有效。扁平化销售渠道最显著的特点是渠道的直接化和短宽化。

c. 虚拟扁平化。指在传统金字塔状组织结构的基础上,应用现代信息处理手段,达到扁平化的基本目的。即在传统层级结构的基础上,通过计算机实现信息共享,不通过渠道层次逐级传递,从而增强组织对环境变化的感应能力和快速反应能力;通过计算机快速和"集群式"的方式传递指令,达到快速、准确发布指令的目的,避免失真现象。

② 学习型组织。关于学习型组织,比较有代表性的观点是彼得·圣吉提出的,"在这种组织里,你不可能不学习,因为学习完全成了生活不可分割的一部分",它是由"一群能不断增强自身创造力的人组成的集合或团队"。

学习型组织建立了有利于整个团队成员学习的良好氛围,能指导每个成员有目的、创造性地学习,并充分发挥他们的主观能动性;学习型组织是一个面对不断变化的外部世界能够迅速运用所学知识应对,有较强创新能力的组织。它的具体特点如下:

　　a. 学习型组织在学习方式上更强调组织内部的知识共享,使学习成为组织的工作日程,集体互动式的学习代替个体分散式的学习,主动的学习代替被动的学习,系统的学习代替零星的学习,持续的学习代替临时突击性的学习。

　　b. 学习型组织在思维方式上主张全体员工之间的相互协作和信息共享,更关注创新思维,对现有的政策和规范不断提出质疑,并试图用新的思路寻找解决问题的对策,无论是在制订企业战略还是在探索解决问题的方案上,团队成员各抒己见、相互启发,使决策更加科学化和民主化。

　　c. 学习型组织结构更适应团队的工作而不是仅仅适应个人的工作,更适应项目管理式的工作而不太适应职能管理式的工作。由于组织内部的信息传递方式更加简捷、高效,以及项目管理、界面管理、并行工程等管理模式的大量运用,学习型组织的内部结构趋于扁平化,它对外部市场变化的反应更敏感,适应能力更强。

　　企业要成为学习型组织,应该重视以下问题:

　　一是各级领导人应通过规范学习行为、建立有利于促进学习的体系、鼓励员工提出创新建议、保证知识传播和学习渠道的畅通、企业资源向从事学习的人员和团队倾斜等方式,为从事学习的个人和团队提供强有力的支持,并身体力行带头学习。

　　二是弘扬创新文化。文化是组织的黏合剂,要把企业打造成学习型组织,必须弘扬勇于创新的文化,提倡探索和冒险,允许在探索中犯错,并将错误视为学习的良机,营造相互切磋、自由争鸣、平等交流、共同提高的民主讨论氛围。

　　三是建立自由、开放、便于信息交流和知识传播的系统。成功的学习型组织必须依托一个自由、开放、便于信息交流和知识传播的系统运行。

　　③ 流程再造。流程指业务流程,是指一组共同为消费者创造价值又相互关联的活动。20世纪90年代,美国迈克·哈默教授和詹姆斯·钱皮提出了管理流程再造(BPR)的概念,即对企业的业务流程进行根本性的再思考和彻底性的再设计,使企业在成本、质量、服务和速度等方面获得进一步的改善。

　　a. 流程再造基本原则。 一是以消费者为中心。消费者青睐是企业的财富,只有最大限度地满足消费者,才能赢得市场。二是以价值为导向。流程再造的最终目的是提高经济运行效率。三是以人为本。流程再造过程不是某个人的行为,而是整个团队共同努力的结果。

　　b. 流程再造操作原则。围绕结果(企业最终为消费者提供的产品和服务)而不是工序进行;注重整体流程最优的系统思想;让利用生产结果的人负责相关工序,使责任和利益相统一,调动工序实施者的积极性,又使流程成为有人负责的过程,避免相互推诿扯皮的现象。

　　在传统纺织企业里,销售人员从市场上和消费者那里得到新产品需求后,提交给研发部门,然后就等待,既不能对开发工作进行监督,也不能对开发中的问题提出建议,而销售人员是企业内对这件事最清楚也最关心的,因为开发结果决定着销售业绩。显然,这是一个糟糕的流程,是应该改变的。

　　制度创新是管理创新的核心,要围绕创新战略并结合实际制订一系列适合战略实施的创新制度、创新组织、创新流程等,促使创新战略按照计划分步落实,取得实效。近年,随着互联网的迅速发展,互联网企业代表了创新的发展趋势,在企业制度、组织等方面带来了颠覆性的变化。例如,合伙制企业、投资人制度、风险投资项目管理、无上下级管理、项目负责制、团队负责制等创新管理模式,阿里巴巴、腾讯、小米等,都是成功的范例,表明创新发展的意义重大。

（四）技术创新是创新的重要手段

1. 技术创新

（1）技术创新定义。技术创新是指企业将创新知识和新技术、新工艺应用于生产系统，提高产品质量，开发新的产品，提供新的服务，占据市场并实现市场价值的活动。技术创新是实现生产要素和生产条件的全新组合的有效手段。

（2）技术创新的重要性。技术创新是企业创新的主要内容和重要手段，企业中大量的创新活动是关于技术的，因此，有人把技术创新视为企业管理创新的同义词。技术水平是反映企业经营实力的一个重要标志，企业要在激烈的市场竞争中处于主动地位，必须顺应甚至引导社会技术进步，不断地进行技术创新。

我国要在 2020 年初步进入创新国家行列。企业是创新的生力军。在知识经济时代，每个企业都要善于针对市场预测和竞争对手情况，制订产品技术发展战略和主要目标，建立有效的技术创新机制，不断提高企业技术创新能力。

（3）技术创新类别。一般来讲，一定的技术都是通过一定的物质载体或利用这些载体的方法体现的，因此企业的技术创新主要表现在三个方面，即要素创新、要素组合方法创新和产品创新，而对大多数生产企业来说，技术创新主要包括产品创新和工艺创新两个方面。

2. 产品创新

产品创新，是企业技术创新的核心内容，是技术创新的目的所在，是以从新产品构想出发到市场成功实现为基本特征的经济活动的全过程。其重要性与类型如下：

（1）产品创新重要性。企业创新的最终落脚点是产品创新，技术创新和管理创新等都是以产品创新为载体进入市场的，产品创新对企业的发展具有至关重要的意义。

（2）产品创新类型。按照产品层次理论，产品创新可分为三种基本类型：

① 技术型产品创新，是一般意义上的产品创新，即产品的更新换代的突破性创新。它所对应的是产品核心层或有形层的变革。

② 市场型产品创新，即产品性能和质量并无显著变化，是采用新的营销方式或进入新的市场领域，使用户得到新的满足。它所对应的是产品延伸层的变革。

③ 产业型产品创新，即通过产品的扩张而对产业发展产生较大影响的产品创新。它所对应的是产品扩张层的变革。

产品创新的分类不可能一概而论，也不可能十分清晰。实际生产中产品创新往往是上述三种类型的某种组合。

3. 工艺创新

工艺创新，是指企业在工艺、制作加工方法、手段、程序及资源利用方式等方面进行的改进、组合或突破。纺织企业把工艺管理放在主导地位，也包括工艺创新。其重要性与类型如下：

（1）工艺创新的重要性。加强工艺创新可以改善产品性能，提高产品质量，拓宽产品市场；开展工艺创新活动还可以提高工人和技术人员的生产技术，改善和优化生产条件，提高企业管理水平。

（2）工艺创新类型。一般分为以下三类：

① 保障新产品生产的配套性工艺创新。企业保障新产品设计能在生产过程中得以实现，为市场提供合格的产品，就需要进行配套的工艺创新。例如，化纤的生产工艺与棉纺的生产工

艺是不同的,企业如要生产新一代的化纤产品,就需要实施工艺创新。

② 改善生产工艺条件的配套性工艺创新。由于生产工艺落后,生产出来的产品质量低劣,或生产效率过低,产销规模满足不了市场需求。这时需要围绕提高产品生产质量,或围绕提高产品生产效率,进行批量生产而实施工艺创新。

③ 流程性工业中的工艺创新。在纺织、化工、造纸、冶金等流程性工业中,工艺创新是居主导地位的技术创新形式。换言之,在这些行业的技术创新中,有时产品创新是由工艺创新引发并促成的。例如,目前纺织生产利用清钢联、粗细并联,以及大牵伸、自动送纬工艺、转移印花等进行的流程性工艺创新,促使用人大量减少,向节能、生态、"无人化"方向迈进。

4. 技术创新的模式

创新模式,指企业技术创新活动的结构方式,一般有以下几种:

(1)自主创新模式。依靠本单位力量进行技术攻关活动,解决关键技术问题或创造新的工艺方法及新产品等。该模式要求技术水平高、研发平台强、投入成本较大、研发周期较长,但是创新结果的影响大、效益高、具有核心竞争力。

(2)借力创新模式。针对技术难题,通过招标形式,引进相应的技术或人才进行技术研发,解决技术难题。该模式的针对性强、投入产出高,但是随着研发技术成果的认可程度提高,容易产生知识产权及收益纠纷,甚至影响企业发展。

(3)协同创新模式。依托高校,联合龙头企业、实验室等有效资源,围绕重大问题开展关键技术攻关,是一种目标明确、持续创新的模式。协同创新是当今世界科技创新活动的新趋势,是整合创新资源、提高创新效率的有效途径。

面向行业建立产业协同创新中心,以工程技术学科为主体,以培育战略新兴产业和改造传统产业为重点,通过高校与高校、科研院所,特别是与大型骨干企业的强强合作,依靠章程协议约束协同体成员,进行产学研联合创新,科研专业人员到生产第一线参与工艺创新和改革,充分意识到宏观经济环境和技术选择的变化趋势,深入地了解技术成果工业化之后的后续开发需求,以便推出更为丰富和对路的技术成果,成为支撑我国行业产业发展的共性研发基地。

(五)市场创新是创新的目的

1. 市场创新的概念

所谓市场创新,是指根据企业使命,在企业总体经营战略的指导下,通过改变原有的经营要素或者引入新的经济要素,进行研究、开发、组织和管理新市场,促进企业生存与发展的过程。

市场创新主要是指通过企业的活动引导消费,创造需求。创造市场和适应市场是企业管理创新的两个主要方向,有的企业善于开发发明型创新产品,善于创造市场;有的企业则善于开发改进型产品,善于适应市场。无论是创造市场还是适应市场,有一点是共同的,那就是要观念先行。观念创新是管理创新的先导,观念创新实际上是一场观念革命,是一个否定自我、超越自我的过程,是一个改变现有利益格局、重构新的利益关系的过程,是一个不断学习、积累和提高的过程。管理创新是永恒的,管理理念永远引导着企业管理者超越自我,超越已有的管理理论、管理经验和管理模式,逐步走向管理的自由王国。

2. 市场创新的重要性

(1)市场创新是产品创新的最终表现。产品是最重要的市场要素之一,产品变化是市场变化的一种主要表现形式。产品的市场意义在于其能够满足市场需求的某一特性。改变一种产品的用途、结构、生产技术、市场形象、价格、服务或其他各种产品要素和产品属性,会引起相应的市场变化,导致一种新市场的出现。在这个意义上,产品创新是市场创新的一种基本形式,市场创新是产品创新的最终表现。

(2)市场是企业创新的始点,也是终点。引起市场变化的因素是多方面的,除产品之外,还包括消费者需求、营销方式等。这些要素的变化都会引起市场产生相应变化。企业始终生存和发展于市场中,企业的产品创新必须按照市场需要进行,通过市场才能实现其价值,市场实现程度是检验产品创新成功与否的客观标准。

3. 市场创新过程

企业首先要细分市场,对目标市场进行定位,针对已确定的市场追踪市场需求,按照市场需求设计生产新产品,促使产品创新到市场上实现其价值,获得市场创新效益。

另外,还有环境创新。环境创新不是指企业为适应外界变化而调整内部结构,而是指通过企业积极的创新活动改造环境,引导环境朝着有利于企业经营的方向变化。

二、管理创新过程与组织

(一)管理创新过程

管理创新作为一个运行过程,可以分成三个阶段:创意形成阶段、创意筛选阶段和创意验证实施阶段。

1. 创意形成阶段

创意形成阶段,即产生新的构思的阶段。有创意才会有创新。能否产生创意,关系到能否进行管理创新。创意是由企业中的人或与企业有关的人所产生的。产生好的创意绝不是容易的,它受人的素质及当时各种因素的影响和制约。

2. 创意筛选阶段

创意筛选阶段,即对各种创新构思选择的阶段。产生许多创意之后,需要根据企业的现实状况和企业外部环境,对这些创意进行筛选,看其中哪些有实际操作意义。对创意进行筛选的人员要有丰富的管理经验、极好的创造潜能及敏锐的分析判断能力。

3. 创意验证实施阶段

创意验证实施阶段,即对选择的创新构思进行可行操作的阶段。选择创意后要通过一系列具体操作设计,将创意变为一项确实有助于企业资源配置的管理范式,而且在企业的管理过程中得到验证。创意验证实施是整个管理过程中非常重要的阶段。许多好的创意往往由于找不到合适的具体操作设计,最终无法成为创新。因此,将创意转化为具体的操作方案并进行实施,是管理创新的困难所在,也是管理创新成功的要求。

从管理创新的三个阶段来看,它们是一个不断反馈、反复作用、逐渐提高的过程。

(二)管理创新组织

管理创新组织,是指管理者为部属的创新提供条件、创造环境,有效地组织企业内部的管理创新活动。企业创新最终要通过一定的组织模式实现。创新组织模式会影响组织效率,而组织效率又直接关系到创新成败与效率。

1. 选择创新组织模式

为实施某项创新活动,选择组织模式应考虑以下问题:

（1）专门组织与非专门组织。在实施一项技术创新时，企业在组织模式上有两种选择：一种是设立专门的创新组织机构，由其完成创新过程中各个阶段的工作，如项目部；另一种是不设立专门机构，创新过程各阶段工作由企业现有的各职能部门分别完成，如研究开发部门完成研究开发，然后将研究开发成果向生产部门转移，生产部门按照设计加工成产品，最后由营销部门完成新产品销售。

（2）正式组织与非正式组织。具体的创新活动可以由正式的创新组织完成，也可以由非正式的创新组织完成。

通常，创新组织的专业化、规范化、标准化、集中化、层次化程度越低，则非正式程度就越高。当然，在某些情况下，在特定企业内部，创新组织是正式的还是非正式的，界限并不是十分清楚，其间存在一个过渡带。采用正式化程度较高的创新组织，有助于企业把握创新方向，使创新活动与企业总体目标相一致，创新所需资源投入比较有保证。采取非正式的创新组织，则有较大的灵活性，易于激发和发挥创新人员的创造性与积极性。已有研究表明，仅就激发和发挥创新人员的创造性与积极性而言，非正式程度较高的创新组织有明显的优越性，这对于创新成败是至关重要的。例如，近年迅猛发展的互联网企业，其中不少企业的创新组织是由非正式发展起来的。

（3）创新中的集权与分权。集权是指将较多的创新决策权集中在高层主管人员手中；分权则是指将创新的决策权更多地下放给基层创新人员，高层只保留对少数重要问题的决策权。

企业需要根据特定创新活动的具体特点，考虑创新人员的综合素质，将集权与分权有机地结合，才能使创新组织既有高度的统一性，又有高度的灵活性。

2. 正确理解和扮演"管理者"的角色

企业管理人员要彻底打破陈旧、保守观念的束缚，要积极主动地带头创新，并努力为员工提供和创造有利于管理创新的环境，积极鼓励、支持、引导员工进行创新。

创新需要和谐、宽松、有序的氛围，需要畅想、归纳、分析的思辨，需要激励、激发、鼓励的领导，而不需要为官的管理者。管理者要扮演好"管理者"的角色，做好服务、引导、激励工作，为创新团队提供有力的支撑和保障。

3. 创造促进管理创新的环境氛围

要加强组织内部的协调性。通常，纺织企业营销部门主要关心现有产品销售额的增长状况；生产部门主要关心能否按时、按质、按量完成生产任务；财务部门主要关心维持企业日常业务所需资金的平衡情况；创新部门主要关心新产品开发质量。由于不同部门的职责不同，可能产生过分关注"怎样完成自己的部门目标"的现象，即本位主义思想。但是，创新事关企业未来发展。企业如不创新，就难以在激烈的市场竞争中生存与发展。因此，客观上要求企业各职能部门都关心创新活动。

促进管理创新的最好方法是大张旗鼓地宣传创新、激发创新、大胆创新，使企业的每位员工都奋发向上、努力进取、跃跃欲试、大胆尝试。要造成一种人人谈创新、时时想创新、无处不创新的组织氛围，使那些无创新欲望或有创新欲望却无创造行动的无所作为者感觉到自己在组织中无立身之处，使每个人都认识到企业聘用自己的目的，不是简单地用既定方式重复程序化操作，而是希望自己去探索新的方法，找出新的程序，只有不断地探索、尝试，才有继续留在企业的资格。

4. 制订有弹性的计划

管理创新意味着打破旧的规则,意味着时间和资源的计划外占用增加,因此,创新要求企业计划必须具有一定弹性。管理创新需要思考,思考需要时间;管理创新需要尝试,而尝试需要物质条件和试验场所。为了使人们有时间去思考、有条件去尝试,企业制订的计划必须具有一定的弹性和余地。

5. 正确地对待失败

管理创新是一个充满失败的过程。创新者应该认识到这一点,创新的组织者更应该认识到这一点。只有认识到失败是难免的、正常的,管理人员才可能允许失败,不怕失败。"失败是成功之母",创新者要在失败中总结经验教训,学到有用的东西,缩短失败到创新成功的路程,提高成功率。

6. 建立合理的奖惩制度

创新在激励。要激发每个人的创新热情,还必须建立合理的评价和奖惩制度。管理创新的原动力也许是个人成就感、自我实现的需要。但是,如果创新的努力不能得到企业或社会的承认,不能得到公正的评价和合理的奖酬,继续创新的动力会渐渐失去。因此,促进管理创新,就必须建立合理的奖惩制度,要注意物质奖励与精神奖励相结合,并正确运用。合理的奖惩制度既能促进内部的竞争,又能保证成员间的合作。

三、管理创新需注意问题和发展趋势

(一) 管理创新要注意的问题

(1) 管理创新要结合实际。没有一种管理模式是放之四海而皆准的。企业管理创新要根据企业(产品)生命周期、所处行业状况、宏观经济环境等实际情况,注重内外部管理平衡及员工的接受能力,适时适度地进行。

(2) 管理创新是动态的。企业要根据内外部环境变化,不断地修正创新内容和要求,追求企业管理模式的动态创新。一方面,企业需要根据具体的创新活动选择具体的组织形式;另一方面,一旦已经确定的组织形式制约了企业的创新,应适时学习并借鉴先进经验和方法,实施组织变革。

(3) 管理创新的实践性和稳定性。管理创新的目的是探索适应企业发展的新模式,以此促进企业更好更快地发展。因此,创新方案要在集思广益、稳妥可行的基础上,一方面认真实施,保持相对的稳定性,另一方面要接受实践的检验。

(二) 管理创新发展趋势

随着纺织经济全球化与区域经济一体化的发展,企业创新在不断发展中出现了新的变化,尤其是创新模式由单位、部门、局部为主,向团队、组织、产业创新转变,出现了创新创业产业园、科技企业孵化器、大学科技园、技术创新联盟、产业技术研究院等以协同合力、分工作战、解决共性关键技术的协同创新体,打破了专业、单位、地方等界限,引入了风险投资、合伙人等机制,促使创新管理相应地不断变化。

企业管理总体变化趋势:经营战略全球化、竞争理念共赢化、企业组织学习化、管理行为人性化、经营决策知识化、管理手段信息化、风险管理超常化、顾客服务个性化、生产模式柔性化、管理文化兼容化。需要纺织企业在创新中注意借鉴应用。

第三节 企业文化创新管理

随着社会的进步,构建以人为本的和谐社会成为人类现代文明的标志,这促进了企业管理的创新。企业管理活动的本质就是构造和谐的工作氛围,挖掘员工的潜能,激发他们的积极性,使全体成员成为尽职型的员工。要做到这一点,必须以人为本,管理创新,实施人文管理,创新企业文化建设工作,塑造企业形象,使企业真正立于不败之地。

在现代企业管理中,企业文化已成为保证企业前进的潜在资源。它是适应社会发展的以人为本的现代管理模式。在一定意义上,企业文化管理也属于管理创新。

一、企业文化概述

(一) 企业文化的概念

企业文化内涵丰富,有狭义和广义两个方面。

1. 狭义的概念

狭义上,认为企业文化是企业员工有关企业的价值观念的表现,包括企业价值观、经营观、风气、员工行为态度和责任心。

2. 广义的概念

广义上,认为企业文化是通过企业员工的主观意识,改造、适应及控制自然物质和社会环境所取得的成果总和,表现为经验、感知、知识、技术、厂房、机器、工具、产品、组织、制度、纪律、时空观、人生观、价值观、市场竞争观、效益观、生活方式、思维方式、语言方式、等级观念、角色地位、伦理道德规范、审美价值标准等。它有以下几层涵义:

(1) 企业文化是习惯而不是制度。文化是人们习以为常的东西。例如,终身雇佣制在日本企业中实行,但它不是制度,劳务合同上没有这一条;创新文化是现代企业标志,重在尊重知识、勇于创新的环境氛围。制度强制人达到最低标准,文化引导人达到最高标准。企业文化是企业"为人处世"习惯的表现。

(2) 企业文化是一种心理契约和纽带。社会关系发展正由"身份"向"契约"过渡。契约有法律的和道德的两种,每个企业都有自己的核心价值观。核心价值观是企业的"德"标准,员工以此与企业形成心理契约,即道德契约。纽带作为事物间的联系有很多种,企业一般存在七条纽带,即资本纽带、地域纽带、人事纽带、市场纽带、技术纽带、信息纽带、文化纽带。企业文化作为员工的共同价值观,形成企业的总纽带。

(3) 企业文化是企业的价值目标,是企业成长的基本驱动力。现代企业的发展目标是可持续成长,而成长的驱动力来自多个方面,如创新、产品、技术、资金、人才、机会等,但影响最大的主要是观念创新。例如,深圳经济特区的"时间就是金钱,效率就是生命",以及某企业的"六个就是"——规划就是财富、环境就是资本、结构就是效益、知识就是优势、激活就是价值、创新就是未来。企业文化作为价值目标引领企业的可持续发展。

(4) 企业文化是一种理性管理手段。企业的本质是功利性组织,文化是决定企业如何达到功利目的一种理性选择。例如,战略上做什么、不做什么,理念上提倡什么、反对什么,价值观上追求什么、放弃什么,奖励见义勇为还是惩罚见死不救。企业文化作为理性管理手段,引导员工明确企业使命、服从大局,弘扬追求目标、尽职尽责、见义勇为等精神。

(5) 企业文化是企业管理的重要组成部分。传统管理比较重视职能管理,如人事管理、生产管理、市场管理、技术管理等。现代社会已进入知识与创新时代,主观能动性是工作效果的关键,促使企业管理必须重视文化管理,激发员工实现自身价值的积极性。事实证明,文化建设与管理是世界级企业成功的重要条件。

3. 企业文化的含义

(1) 企业文化不同于文化产品。例如,文化企业、旅游企业经营的书籍、影视、景点、文化艺术表演等业务,只是文化产品,不是企业文化。

(2) 企业文化不同于文化活动。企业文化不是文艺、文娱、文体等活动,尽管企业文化有时渗透在这些活动中。企业文化是一种生产关系,渗透在企业员工的生活中。

(3) 企业文化不是为市场宣传而设计的口号。企业文化是实的,不是虚的。企业文化赋予企业独特的风貌和个性,并赋予企业产品和服务鲜明的特色。

(4) 企业文化不是社会文化。社会文化是人类文化,如中国文化或世界文化。社会文化是企业文化的源泉,企业文化是社会文化发展的动力之一。企业文化是社会文化的一个小环境,使人们能在心情舒畅、有前途的环境中工作。

(5) 企业文化在任何企业都存在。没有无文化的组织,只有不同文化的组织。例如,消极文化,积极文化,统一文化,离散文化,隐含文化,成文文化,等等。

(6) 企业文化作用有局限性。企业文化不是万能的,它不决定企业的生死存亡,只决定企业的价值方向,支撑企业发展的可持续性。

(7) 企业文化是不断变化的。企业文化不是僵化的,是在环境持续影响的基础上发展变化的。企业文化的发展又推动企业的发展。例如,炒股文化由赚钱第一变化到安全第一,人生文化由磨练第一发展到领悟第一,文化建设由管理型发展到创新型,等等。

(二) 企业文化的特征

企业文化,即人本文化,就是以人为对象,以文化为手段,努力营造适宜的文化氛围和文明环境,达到以情感人的效果,实现对人的管理,促进企业发展。同时,企业文化是企业管理文化,作为一种新的思维方法和现实的管理力量,它渗透并参与、指导企业经营管理运行的各个方面,促进企业生产力诸要素的高效运行。

企业文化有以下特征:

(1) 隐形性。企业文化尽管有外显和内隐两个部分,但主要属于上层建筑范畴,并且以价值观为内核,因而隐形地存在于员工内心深处。企业风貌、产品等外部状态是员工观念、道德准则等精神状态的具体表现。

(2) 潜移性。企业文化作为一种意识形态,对员工行为的影响是潜移默化的。

(3) 稳定性。企业文化一旦定型,员工心中就有了共同的信仰和追求,而且不会轻易改变,将在长期内发挥作用。当然,企业文化的稳定性不是说它不可改变,但要改变必须下相当大的功夫,既要改变它赖以生存的客观条件,又要靠强大的精神力量扭转。

(4) 可塑性。企业文化不是自然生成的,而是在实践中通过企业领导者的提倡、身体力行及各级组织的共同努力,逐步塑造而成的。所以,企业处于不同的社会制度、地区、民族等环境中,在不同风格的经营者领导下,会形成不同的企业文化。

(5) 继承性。从纵向看,企业文化会继承过去文化中的各种因素,包括好的和不好的因素,因此对过去的企业文化要加以鉴别。从横向看,企业文化虽有地域、国别、民族差异,如东西方文化各有自己的特点,但优秀的文化是人类的共同财富,是无国界的,吸收和借鉴别国企业文化长处实际上也是一种继承。

企业文化一旦稳定形成,即具有难交易性(不易转让)、难模仿性(不易照搬)、难传播性(不易推广)、易抵抗性(阻止外来影响)。

(三) 企业文化的作用

企业文化在我国企业管理历史上早已存在。但是,作为一种现代企业管理体系,则是在改革开放后伴随着国外先进技术和管理经验而被引进的。近年企业文化被越来越多的企业所接受,对提高企业管理水平起到了越来越重要的作用。

1. 灵魂作用

企业管理系统是能够适应外部环境和内部条件变化的具有生命力的有机系统。企业文化则是管理系统的灵魂,它不但决定着企业的行为方向,而且渗透到企业管理的各个方面。

2. 凝聚作用

企业文化的共同价值观,把员工统一起来、凝聚起来,使企业上下一条心,同舟共济。

3. 约束作用

企业文化中以规章制度、行为准则等形式体现的部分,可称为制度文化,如厂规、厂纪等,对每个员工的行为起着约束作用,更重要的是,在更高层次上把员工思想统一起来,在每个员工的心灵深处打上了共同的文化烙印。

企业文化的作用可以概括为"三力",即凝聚力、扩张力和约束力。

二、企业文化系统与内容构成

(一) 企业文化系统

企业文化系统概括为五个要素,即企业环境、价值观、英雄人物、文化仪式和文化网络。

1. 企业环境

企业环境,是指每个企业由于产品、竞争者、客户、技术、政府关系和其他条件不同,在市场上面临不同的状况。企业环境是一个成功企业的必备条件,是塑造企业文化的最重要因素。不同的企业环境会产生不同的企业文化。

2. 价值观

价值观,指企业的基本观念及信念,它构成企业文化的核心。一方面,价值观很明确地对员工说明"成功"的定义:"如果你这么做,你也会成功。"另一方面,价值观建立了企业内部的成就标准。

3. 英雄人物

英雄人物,是指把企业的价值观人格化且为员工提供具体事迹的楷模人物。这里所说的"英雄"的标准如下:

(1) 他是企业价值观的人格化,是全体员工公认的最佳行为和组织力量的集中体现。

(2) 他有不可动摇的个性和作风,他所做的事是人人想做而不敢做的,因而是每个遇到困难的人都想依靠的对象。

(3) 他的行动超乎寻常,但离凡人并不遥远,是可以模仿和学习的。

(4) 他在整个组织内传播责任感,鼓励员工,其鼓舞作用不会因他的去世而消失:"他虽然死了,但精神永存。"

例如,劳动模范、设计大师、首席员工、操作能手、创新大师、技术工匠等,都是企业的英雄人物,对全体员工起着重要的引领、示范作用。

4. 文化仪式

文化仪式,是指企业有系统、有计划的日常例行事务,称为仪式,也是企业日常惯例和常规,它们告诉员工应有的行为,并提供代表企业意义的明显而有力的例子。

5. 文化网络

文化网络,指企业内部的基本沟通方式,是企业价值观和英雄人物传奇故事的"运载工具"。文化网络是企业内部以故事、小道消息、机密、猜测等形式传播非正式信息的渠道,主要传播文化信息。企业文化信息类型有强人文化,拼命干、尽情玩文化,攻坚文化,过程文化,等等。

(二) 企业文化内容构成

企业文化内容可分为三个层次,即精神层、制度层和物质层。

1. 精神层

精神层,指企业的领导和员工共同信守的基本信念、价值标准、职业道德等,它是企业文化的核心和灵魂,是形成企业文化物质层和制度层的基础。企业文化中有没有精神层,是衡量一个企业是否形成企业文化的标志和标准。精神层包括六个方面:

(1) 企业精神。精神是现代意识和企业个性相结合形成的一种群体意识,是企业全体(或多数)员工共同信守或拥有的基本信念。企业精神随着企业发展逐步形成并固定下来,是对企业现有的观念意识、传统习惯、行为方式中的积极因素进行总结、提炼及倡导的结果。例如,某企业的企业精神:

以厂为家　与企业共命运

全力拼搏　让红棉满天下

(2) 企业目标。目标是企业全体员工的共同追求、共同价值观的集中表现,同时又是企业文化建设的出发点和归宿。

(3) 企业哲学。哲学是指一个企业为其经营活动所确立的价值观、态度、行为准则,是企业领导者对企业生产经营方针、发展战略的哲学思考和抽象概括。只有以正确的企业哲学为基础,企业内的资金、人员、设备才能真正发挥效力。企业哲学的形成首先由企业所处的社会环境等客观因素决定。同时受企业领导者的价值观念、知识水平、经验、思想作风及性格等主观因素的影响。例如,某企业的企业哲学:

诚: 诚实做人,诚心做事,诚意经营

信: 人有信仰,事有信心,厂有信誉

和: 团结同事,关心属下,泽被家人

善: 改善自己,改善工作,改善产品

(4) 企业风气。风气是企业文化的外在表现,是企业及其员工在长期的生产经营活动中逐步形成的一种精神状态及风貌。从一个员工的言行举止可感受到这个企业的风气,透过企业风气又可以体会到企业全体员工共同遵循的价值观念,从而深刻地感受到该企业的企业文化。

① 企业风气有两层涵义。第一层是指企业的一般企业风气。风气是具有普遍性的、重复出现的和相对稳定的行为心理状态,如团结友爱之风、艰苦朴素之风等。第二层是指一个企业

的独特风气,即一个企业中最具特色、最突出的某些作风。它体现在企业活动的各个方面,形成全体员工特有的活动方式,构成该企业的个性特点。

② 企业风气是约定俗成的行为规范,是企业文化在员工的思想作风、传统习惯、工作方式、生活方式等方面的综合反映。企业风气一旦形成,就会在企业内部营造一定氛围,并形成企业集体的心理定势,形成员工一致的态度和行为方式,成为影响企业全体员工的无形的巨大力量。

③ 企业风气对外来信息有筛选作用。同一种社会思潮,如个人主义思潮,在企业文化贫乏、风气较差的企业,可能会造成工作积极性下降、人际关系紧张、人心涣散等灾难性的后果;而在企业文化完善、风气健康的企业,全体员工会与企业同舟共济、扶正压邪、战胜困难,增强企业创新能力,保证企业健康持续发展。

(5)企业道德。企业道德是依靠社会舆论和人们的内心信念维持的,是调整人们行为的综合规范。企业是开放性的,与社会有着千丝万缕的联系,因而企业道德受社会道德的深刻影响。要摒弃社会道德中的消极面,鼓励积极面,培育独具特色的企业道德。

(6)企业宗旨。宗旨是指企业现在和将来应从事什么样的事业,应成为什么性质的企业或组织类型。这是企业存在的价值及其作为经济单位对社会的承诺。确定企业宗旨时,企业高层管理人员要避免两种倾向,一种是企业宗旨过于狭隘,另一种是过于空泛,见表12-2。

表 12-2 狭隘的企业宗旨和合适的企业宗旨比较

企业类型	狭隘的企业宗旨	合适的企业宗旨
化妆品企业	我们生产化妆品	我们希望出售希望和美丽
复印机企业	我们生产复印机	我们帮助改进办公效率
化肥厂	我们出售化肥	我们帮助提高农业生产力
石油企业	我们出售石油	我们提供能源
电影厂	我们生产电影	我们经营娱乐
空调厂	生产空调	为家庭和工作地点提供舒适气候环境

确定企业宗旨必须看企业与消费者的关系。在此方面,杜拉克(P. Drucker)在其《管理:任务、责任和实践》一书中认为,企业的宗旨就是创造消费者。

上述六个方面共同构成企业文化的精神层,各方面各有侧重且角度不同,但本质上它们是统一、协调的。设计企业文化时,不一定要对这六个方面做严格区分。

2. 制度层

制度层是企业文化的中间层次,主要指对企业员工和企业组织行为产生规范性、约束性影响的部分,它主要规定了企业员工在生产经营活动中应当遵守的行为准则及风俗习惯。制度层主要包括三个方面:

(1)一般制度。一般制度是企业中存在的一些带有普遍性的管理制度,包括岗位责任制、分配制度、企业治理及独立董事制度等。

(2)特殊制度。特殊制度指企业独有的、非一般性的制度,如民主评议制度、轮岗制度、庆功会制度等。与一般制度相比,特殊制度更能反映一个企业的管理特色、文化特色。有良好企业文化的企业,必然有多种多样的特殊制度;贫乏企业文化的企业,往往会忽视特殊制度的建设。

(3)企业风俗。企业风俗指企业长期延续、约定俗成的典礼、仪式、行为习惯、节日、活动等,如歌咏比赛、体育比赛、集体婚礼、厂庆等。企业风俗与一般制度、特殊制度不同,它不表现为确定的文字条目,也不需要强制执行,完全靠习惯、偏好维持。企业风俗由精神层主导,又反作用于精神层。企业风俗可自然形成,也可以人为开发。一种活动、习俗,一旦为全体员工接受并沿袭下来,就成为企业风俗的一种。

3. 物质层

物质层,是企业文化的表层部分,是企业创造的器物文化,是精神层的载体,它往往能折射出企业的经营思想、经营管理哲学、工作作风和审美意识。物质层主要包括以下几个方面:

(1)企业标志、标准色、标准字。

(2)企业容貌策划,包括企业的自然环境、建筑风格、车间和办公室的设计和布置方式、厂区和生活区的绿化美化、企业污染的治理等。

(3)企业产品的特色、式样、品质、包装等。

(4)企业的技术、工艺、设备特性。

(5)企业厂服、厂旗、厂花、厂歌。

(6)企业的文化、体育、生活设施。

(7)企业造型或纪念建筑。

(8)企业的纪念品。

(9)企业的文化传播途径,如互联网、报纸、期刊、广播、电视、宣传栏、广告牌等。

企业文化的精神层、制度层和物质层是不可分割的一个整体。精神层是物质层和制度层的思想内涵,是企业文化的核心和灵魂;制度层制约和规范物质层和精神层的建设,没有严格的规章制度,企业文化建设就无从谈起;物质层是企业文化的外在表现,是精神层和制度层的物质载体。

例如,企业文明生产(物质层)搞得好,车间清洁整齐、秩序井然,长期在这样的环境中工作,员工会自然养成讲究文明、爱护机器设备的良好习惯,这对于落实各项规章制度(制度层),对于树立"爱厂如家"的思想观念(精神层),显然会起到积极作用。因此,建设优秀的企业文化,各个层次都应构筑好、运用好,同时要把重点放在精神层的建设上,充分发挥它的核心和灵魂作用。

三、企业文化建设

我国的历史悠久,企业文化早已存在于大多数企业中,但没有上升到系统的理论水平,且有较大差异,没有规范性。我国纺织企业通过积累、沉淀,形成了自己的文化特色,但是把企业文化放到企业管理的必要手段和生死存亡的高度来重视的企业很少。在纺织业竞争剧烈,面临重大调整和转型的今天,纺织企业更有必要认真思考,重视企业文化的建设和应用。

(一)企业文化建设的必要性

1. 管理信条的演变

工业经济时代的管理信条:计划——组织——控制

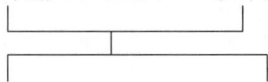

现代经济时代的管理信条:愿景——价值观——心智模式(企业文化的基本要求)

具备高新技术、先进设备的知识型企业的员工,80％以上从事的是知识工作,是知识工作者。对于知识工作者,难以用强制、命令的方式使他们发挥潜在的创造力。知识型企业要依靠文化、观念和气氛进行管理,所谓"得人心者得天下""士为知己者死"。

2. 建设独特企业文化是现代企业管理的主题

一个国家的竞争力取决于其财富创造过程的价值体系,即企业文化。例如,美国人善于创造新概念、善于发明,是因为其崇尚科学、鼓励创新发明的文化;德国的基础建设做得好,工艺精细,是因为其工作精益求精的文化;日本人最会改善改良,是因为其钻研磨合的团队文化。

3. 对人的管理实质需要

对人的管理实质,是对人的知识和价值观的管理,以价值共识创造效率,以知识共享创造财富。

4. 企业文化是统领创造财富的价值体系

(1) 在创业时期,企业做什么、怎么做和做成什么样,取决于创业者的价值观。

(2) 在成长时期,企业的产品与服务质量,取决于员工带到工作场所的价值观。

(3)文化之所以重要,是因为它影响员工的思维模式(心智模式),影响他们的行为,从而影响企业产品和服务质量。

(二) 企业文化建设的目的

1. 促进形成企业宗旨及制度

企业文化将企业管理层的意志、直觉、创新精神和敏锐思想转化为企业宗旨和政策,使之能够明确地、系统地传递到职业管理层,由职业管理层规范化地运作。

企业文化建设是第二次创业阶段,是"权力智慧化"的过程,应该将企业家行为转化为职业经理人行为,通过规范运作;避免企业家的个人情绪和知识局限可能酿成的企业悲剧。这就是权力智慧化。

2. 调整企业内部关系和认识

企业文化阐述企业处理基本矛盾和内外重大关系的原则和优先次序,建立调整企业内部关系和矛盾的心理契约。企业文化建设是"理念政策化"的过程。

3. 推动企业行为的规范化

企业文化指导企业的组织建设、业务流程建设和管理制度化建设,推动管理达到国际标准,并使企业管理体系具有可移植性。企业文化建设是"行为规范化"的过程。

整体上,企业文化建设是将隐含文化成文化、无形知识有形化、经验知识科学化的过程。一切产品都是人类智慧创造的。企业文化建设要使精神转化为物质,知识转化为价值。企业文化包括知识、技术、管理、情操,也包括促进生产力发展的无形因素。资源会枯竭,唯企业文化生生不息。

(三) 企业文化制订程序

结合我国情况,引入 CIS(企业形象识别系统,分为视觉识别 VI、活动识别 BI 和理念识别 MI 三个层次)。企业文化的制订,可按以下六个步骤进行:

(1) CIS 观念确立。观念体现在 CIS 的导入目的、效益及重点,确定 CIS 规划的名称、精神、目的和要求,对整个制订活动统筹安排。

(2) 企业全面调查。通过企业的全面调查及情报资料的收集,充分了解企业现状,明确企业内外部及行业的实际水平。

（3）文化策略确立。文化策略是企业实施文化活动的计划方案。通过企业内外部调查资料的统计分析,确立企业文化策略,制订精神层企业文化的理念识别 MI,并由此拟订物质层企业文化的的视觉识别 VI 与制度层企业文化的活动识别 BI 的行为规划准则,推广计划和方向等。

（4）征求员工意见。企业文化本身就是员工价值观的体现,因此,文化策略制订要鼓励员工参与。要向员工征集相关意见,如企业文化的理念、宗旨、特殊制度、厂标厂貌等基本要素,初步确定后,还要向全体员工公布、讨论,进一步完善。员工参与过程就是全体员工提高、统一的过程,会明显增强文化策略的实施进度和效率。

（5）文化活动设计。企业文化活动设计,要先确定文化要素及 MI 方案,再展开 VI 设计、BI 设计及广告宣传推广。

（6）设计完成与执行导入。上述工作准备就绪后,进入实际执行阶段,包括信息发布、宣传推广、全员教育等。通过全体员工的整体性活动来达到全面实施效果,将 CIS 活动付诸行动,并逐步向外界辐射、深化。

（7）监督、评估、改进。文化活动实施,要成立专职或兼职的企业文化 CIS 管理机构,负责后续 CIS 的制订、监督、定期评估及效益统计和追踪检查,提出改进措施并贯彻落实。

（四）企业文化管理

如同每个人都有个性一样,每个企业都有自己的文化,有共同的价值观、信念和规范。企业文化直接影响企业的运行管理成效。纺织企业要提高管理水平,必须重视挖掘、利用、建设、管理企业文化。

1. 重视企业文化

企业文化是一个企业成功发展的重要因素。它对员工的行为会有正面或负面的影响,是说明人们在大多数情况下应该如何行动的一系列非正式法则。企业不仅在特定的产品和服务上进行竞争,而且在文化上进行竞争。

（1）了解塑造企业文化。高层管理者首先必须识别企业已经有什么类型的文化,哪怕是很微弱的。企业最终能否成功在很大程度上取决于是否能够精确地辨认企业文化,以及是否重新思考并加以塑造,以适应市场的不断变化。

（2）促使形成企业文化管理行为。企业文化包含企业规范、体制和经营方针、领导艺术、企业形象、企业面对的竞争等因素,它们都会影响企业管理人员的行为。因此,要重视利用这些因素。例如,某纺织企业通过每月升厂旗、每天唱厂歌、每天列队做体操的集体活动,激励员工热爱企业,同时凝聚人心、锻炼身体、振奋精神、提高工作热情;采用给管理人员"挂杠带星"的方式,赋予他们相应的责任、权力,员工按工作性质穿着不同颜色、款式的工作服,采用"半军事化"管理方式,严格工作纪律、明确工作目标、提高工作质量;依靠用户第一的营销观、"外圆内方"的管理政策、品牌创新的实际行动,迅速赢得了市场,获得了效益,得到了社会的认可,逐步构成自己的企业文化内涵和文化特色。

（3）重视员工的企业文化培训。员工需要了解企业文化及其所起作用,因为它可能对他们的工作、生活产生重大影响。选择一个有文化的企业,就是选择一种生活方式。企业文化用一种强烈而微妙的方式影响员工的工作和生活态度,可以使员工成为敏捷的或迟钝的、善于合作的或单干的。

成功的企业文化,是员工工作若干年后仍非常适应甚至从未意识到其存在的文化,员工十分主动地积极努力工作,感觉非常轻松。但是,当这些员工更换职业时,他们会十分眷恋当时的环境。

2. 建设以人为本的企业文化

以人为本是现代社会的发展理念。企业文化必须依靠员工参与进行建设。企业要从人的需要出发,关心员工,爱护员工,尽可能创造紧张有序、身心愉快的工作环境,使他们热爱岗位,热爱工作,热爱企业。例如,有些纺织企业注重员工的情感、健康、家庭等方面的切身利益,通过指定专人给员工送生日礼物、定期给员工进行体检、经常组织各类体育比赛、帮助困难家庭等措施,拉近企业与员工的距离,建立必要的感情联系和沟通渠道,使企业管理在有原则性的同时充满人性化的关怀。

3. 建设以价值观为核心的企业文化

价值观是企业文化的基石。作为一个企业取得成功的哲理精髓,价值观为全体员工提供了统一认识和行为的准则。企业成功往往是由于员工能够识别并接受本组织的价值观,统一行动。

(1)成功企业的特征。形成和强化价值观,是企业领导最重要的工作。成功企业都十分强调价值观,一般具有以下特征:

① 有明确的主张,即在经营方面有明了的哲理。

② 管理上注重价值观的形成和协调,与企业环境保持一致。

③ 价值观由企业全体人员所理解和共享,由基础层的生产者直至高层管理者。

(2)确立价值观的重要地位。高层管理者要想方设法在企业内确立文化及价值观的重要地位。价值观决定该采取什么行动,要明确价值观对企业发展和运行结果的影响,以及强烈价值观的风险与隐患。

4. 按照社会发展需要塑造文化

塑造文化,就是按照企业管理层设定的企业理念和价值观对企业行为进行变革、完善的活动,尤其要善于学习总结,重视培育创新文化。

(1)加强培训。塑造文化应将关键价值观反复灌输到员工的日常行动中,并深入文化网络的各个部分中。

(2)行为示范。对变革感兴趣的企业领导强烈地意识到自身在形成工作场所的仪式方面的作用,始终设法通过自己的行为来树立某种适当的样板,尽可能多地与员工接触,给予他们足够的关心。

(3)把握成功转变的要素,鼓励创新。把一位英雄人物放在关键岗位上;确认某种来自外界的威胁,增强危机感;把转变仪式作为变革的中心要素;针对新的价值观念和行为模式提供培训;为新的发展方向建立可触摸的象征;坚持关注转变中员工安全的重要性。

(五)企业文化建设原则

建设优秀的企业文化不是轻而易举的,需要企业长期坚持和努力才能实现。根据企业的实践经验,要注意把握以下原则:

1. 转变观念,提高认识

要改变以下几种习惯性的思维和方法:

(1)创立宏大的企业需要有远大的设想。实际上,几乎没有一家宏大的企业是以远大的设想起家的。一些成功企业起家时,都是靠合适的定位和实干,而不是靠设想,有的企业是在失败的废墟上站起来的;而且,目光远大的企业在创建之初,一般不如其对手企业。就像寓言中的龟兔赛跑一样,目光远大的企业开始跑得慢,最后却能取得。

(2)目光远大的企业需要伟大的、能力超凡的、深谋远虑的领导人。实际上,这类领导人可能不利于企业的长期发展。成功企业的领导人把较多的精力集中于建造一个长盛不衰的企业,而不是想方设法地使自己成为一个"伟大的"领导人。他们不满足于告诉人们现在是什么时间,而是致力于制造一种使任何人都能知道现在是什么时间的时钟。

(3)成功企业的首要目标是最大限度地赢利。实际上,成功企业追求许多目标,赢利只是其中之一,而且不一定是最重要的。这些企业努力提高利润,同时受核心思想,即潜藏在赢利目的之后的核心价值观和核心目标的指导。

(4)成功企业有一套共同的"正确的"核心价值观。实际上,这些企业认为关键不是价值观的内容,而是怎样巩固价值观。成功的企业从来不问"我们应该珍视什么?"而是问"我们实际上最珍视什么?"

(5)不断地随形势而变。成功企业几乎都像维护宗教信仰一样维护自己的核心价值观,除了极少数情况外,从不改变。他们的核心价值观形成一种坚实的基础,不随时代趋势和时尚而变化。

(6)成功企业把主要精力用于赢得竞争。实际上,最成功的企业把主要精力用来战胜自己。取得成功和战胜竞争对手,对目光远大的企业来说,不是最终目标,而是为战胜自己所做努力的附属结果。

2. 汲取古今中外优秀文化营养

企业文化有继承性,我国的企业文化建设,理所当然地要继承和发扬中华民族的优秀文化和思想传统,同时还要吸收全人类文明发展的优秀成果。

3. 重视全体员工参与

企业文化建设绝不仅仅靠几句漂亮的口号、统一的企业标识和商标等就可以完成的,归根到底要靠企业全体员工的共同努力。企业经营理念的确定、企业行为准则和行为方式的定位及对外媒介宣传的设计,都必须取得全体员工的认同。

4. 克服急功近利、一劳永逸的思想

企业文化建设是一项复杂的系统工程,它涉及企业经营的方方面面,既是企业外在形象的更新,也是企业内在"灵魂"的革命。因此,企业文化建设是一项持之以恒、长期培育的工作。企业在市场竞争中要遵守职业道德,不能唯利是图,在员工教育上要体现企业为社会做贡献,等等。

另外,要选择有经验的中介公司,结合企业的品牌战略、标准化活动,进行企业文化的 CIS 系统工作。

除以上企业文化建设原则外,纺织企业的文化建设要立足于行业特点。例如,纺织行业用人较多、女工比重较大、专业性强、轮班生产、现场管理、防火安全等,需重视培训宣传、女工特点、人文关怀、班组建设、授权管理、责任制、典型树立、时尚活动等方面。

第四节　纺织企业管理创新

纺织工业是国民经济的重要组成部分。我国的纺织工业化历史较短,形成完整的工业体系是在建国以后。我国纺织工业的棉纺、毛纺、麻纺、丝织、化纤和服装行业在规模上均属世界第一，已经成为纺织大国，但不是纺织强国。在企业管理水平方面，大部分企业处于传统管理与科学管理阶段。例如，研发能力不足，研发投入远低于全国工业企业平均水平；纺织服装业的产品制造工序为"纺织—染整—设计—制衣"，两端大、中间小，即纺纱、织布、制衣企业数量多、规模大，而染整、研发、设计企业少、品牌少。这种不合理是多种因素形成的，带有普遍性，突出表现是规模数量型多、质量效益型少。

因此，纺织企业管理任务繁重，纺织强国建设任务十分艰巨。关键是纺织企业管理水平上台阶，跟上时代发展要求，在提高核心竞争力方面下功夫，尤其要加强创新管理。

一、提高创新认识

我国纺织企业，过去基本都是国有企业，生产、销售、分配等环节，长时间都由国家统一计划、安排，因此普遍存在"等、靠、要"的传统观念，缺乏活力，这严重制约了纺织行业的竞争和发展。

改革开放后，绝大部分纺织企业进行了改制，企业的运行质量和管理水平有了质的变化。但是，有不少纺织企业习惯于扩张规模数量、低水平重复建设、产品依靠仿制、市场依靠拼价，追求以量取胜，缺乏创新意识，只看眼前利益，没有战略思维，在市场供给不太丰富的年代可勉强生存。但在当今生产力发达、产能过剩、市场形成"红海"的竞争状况下，企业应该明白，企业生存发展只能依靠创新，创新是纺织企业及行业生存发展的必由之路。

纺织市场全球化给企业带来了竞争困局，同时也为企业发展带来了机会，变竞争压力为创新动力。纺织企业应紧紧抓住国家创新驱动发展战略机遇，加强管理创新，从制度创新、文化创新、技术创新等方面入手，客观做好计划，认真负责落实，实实在在做事，使企业成为长青企业。

二、加强制度创新

近年，在纺织业普遍困难的情况下，沿海发达地区的纺织企业迅速崛起，并得到飞速发展。一方面，这些地区的基础好，市场机制完善；另一方面，说明了企业制度创新的重要性，因为这些企业主要是民营企业。可见，制度创新是十分重要的。

（一）建立现代企业制度

纺织行业目前主要由民营企业及国有改制企业组成。其中，真正建立了现代企业制度的企业还很少，需认真实践。

要提高认识，转变观念。纺织业属于一般性竞争行业，具有产业进入门槛较低的特点。一是纺织行业市场是完全开发的，竞争激烈，需灵活经营，转变机制，建立现代企业制度；二是纺织企业中中小企业很多，其规模小、势力弱，与大企业竞争时处于劣势，难以得到大的发展，而较大规模的企业大多是国有改制企业，受传统的大而全、小而全的体制及观念的影响，改制不彻底，产权制度不合理，缺乏发展动力，因此纺织业缺乏龙头企业、跨国集团带动行业发展。尽管现代企业制度有很多争议，也确实存在一定问题，但从实践来看，它是较好的一种方式，存在的问题能够用制度完善、法律手段和加强监督解决。因此，要坚定信心，下大力气真正推行建立现代企业制度。

建立现代企业制度，要从产权制度做起，按照法律和有关规定，明晰产权；落实好法人治理结构的"三会一层"制（股东会、董事会、监事会、经理层），建立一套适应企业发展、符合社会现实、以人为本的经营管理制度和运行机制。

（二）优化创新组织

优化创新组织，即建立适应创新的运行体系。不少纺织企业内部组织机构职能不能满足创新需要。首先，组织机构臃肿，管理人员占整个企业人数比重较大，造成效率不高，管理费用偏高。其次，生产、经营、技术、设备等部门按照专业职能划分，各管一段，工作扯皮，结果是各部门只关心本部门的工作，并以达到上级满意为标准，缺乏为消费者服务的意识。再次，企业员工技能单一、适应性差，员工工作单调，缺乏学习技术的积极性。过细的专业分工导致人们把工作重心放在个别作业的效率提升上，而忽视整个企业的使命。职能部门间的利益分歧导致形成本位主义和管理"真空地带"，弱化了整个组织的功效。还有，企业内部信息纵向和横向沟通不良，造成较多的资源闲置和重复劳动现象，经常是此人急需信息保存在彼人的文件夹中，同样的工作由不同部门或人重复进行。为此，要加强企业组织创新。

（1）按需要改变组织。在有条件的企业，可以结合现代企业制度。

一是建立扁平化组织，如事业部制，减少中间环节，提高工作效率。通常，事业部拥有很大的决策权，只接受企业最高层主管的领导。一些国外学者甚至认为，事业部是永久性地独立于现有运行体系之外的分权组织，是企业进入新的技术领域和产业领域的重要组织。这类创新组织是一种固定性的组织，多数由若干职能部门抽调专人组成，并由一名有相当地位的人员负责。例如，美国IBM企业就设有这样的组织。纺织企业可以根据产品开发要求设立新流程组织。

二是建立学习性组织，使整个企业的观念、知识、技术、工作融合于不断的学习创新中。

（2）虚拟创新组织。企业组织创新方面的一个新动向是虚拟创新组织的出现。所谓虚拟创新组织，是为响应已经出现或即将出现的市场机会而组成的虚拟企业或其联合体。

纺织企业面对国际竞争，要高水平地走向国际市场，就要加强创新联合，摒弃过去自我封闭、单兵作战的习惯。利用虚拟创新组织可以通过成员企业能力和资源的集成、配置、共享，对市场机会做出快速响应，扩大经营规模，改善企业形象，提高创新能力。同一组织内的合作创新，有利于成员企业相互学习，加速技术积累，进一步提高各成员企业的创新能力。

虚拟创新组织通常不是一个法人实体，而是由一些独立的经济实体基于某种共同目标而组织在一起的临时性联盟。联盟中的成员具有互补的资源和核心能力。当新的市场机会出现时，通常由最早意识到这一市场机会或者掌握某一关键技术的企业牵头，联合其他机构和企业形成一体化的临时组织，迅速动员各方的资源和能力进行协同创新，对市场机会做出快速反应，共同完成创新任务。虚拟创新组织的成员共担创新风险，共享创新利益。当既定的创新目标实现时，特定的创新联盟即解散。虚拟创新组织通常具有以下特征：

① 市场机会是形成虚拟创新组织的基础。面对特定的市场机会，通过企业核心能力的互补性联合，形成抓住市场机会所需的竞争能力，是建立虚拟创新组织的目的。

② 虚拟创新组织在运行过程中，可根据目标需要和情况变化，随时进行组织结构的调整。一旦虚拟创新组织的使命完成，联盟就自动解体。当新的市场机会出现时，有关企业又可能组成新的虚拟创新组织。

③ 虚拟创新组织是在各成员企业间相互信任、密切合作基础上建立的互利互惠组织，虚拟组织的成员企业有共同的目标，成员企业之间充分沟通，协调工作。

④ 虚拟创新组织需要一套各个成员企业必须遵守的共同协定，以便在成员企业之间建立

起相互信任的关系。在共同协定的规范下,组织内成员企业采取协调的行动。

例如,法国 Puma 公司本部不到 500 人,分为战略、市场及协调三个部门;其余工作由遍布全球的 80 余家合作伙伴完成,各成员企业分别承担产品研究开发、产销等不同环节的工作。其中,采购与配送中心在亚洲,生产在中国、韩国、印度尼西亚等地,后勤服务在中国香港,销售网络遍及欧洲、亚洲、北美洲、南美洲及澳大利亚。

这几年国家根据创新需要,组织建立了一批国家级及省级协同创新中心,尤其是面向行业产业的协同创新中心。例如,纺织服装产业协同创新中心,其以纺织科学与工程学科为主体,以培育纺织新材料、产业用纺织品等战略新兴产业和改造传统纺织产业为重点,通过与高校、科研院所,特别是与大型骨干企业的强强合作,成为支撑我国纺织服装产业发展的共性研发基地。

协同创新,是指多个独立的、没有直接隶属关系的组织形成的目标趋同、知识(思想、专业技能、技术)互补、运作配合、收益共享的创新模式,本质上是一种管理创新。目前,纺织行业在创新活动组织、创新资源配置和创新制度保障等方面还存在分散、封闭、低效等突出问题,这些问题可以通过协同创新逐步解决。开展协同创新,建立促进科技资源共享、风险共担、利益共享的创新体系,能促使"产、学、研、用"等创新主体积极发挥各自优势,坚持政府主导与市场机制相结合,突破制约创新的体制和机制障碍,打破不同创新主体之间的体制壁垒,改变小而散的科研组织管理模式,在目标一致的基础上,明确各方权责和人员、资源、成果、知识产权等归属,实现开放共享、持续发展。

(3)设立创新小组。纺织企业所实施的创新大多规模居中,但创新任务较为繁杂,可以通过建立创新小组来完成拟订的创新任务。例如,推广一项全新理念或技术,需要多工序、多环节、多人员、多部门参与,需要建立专门的创新小组,类似于企业建立的质量攻关小组、技术革新小组等。

通常,创新小组由企业研究开发、生产、营销和财务等职能部门人员组成,但这些人员在一定时期内脱离原部门工作,直到完成特定创新任务;创新小组多数直接接受企业总经理领导;创新小组应具有明确的创新目标和任务,企业高层主管对创新小组充分授权,完全由创新小组成员自主地决定工作方式;创新小组的职能一般比较完备,在创新过程中有较高的效率。例如,20 世纪 70 年代,日本本田公司成立了由技术开发部门、工程部门、销售部门人员组成的SET 创新小组,来自不同部门的人员既分工又协作,大大减少了创新中"跨越部门边界"导致的效率损失。

在创新小组中,所有成员都应参与创新决策,共同确定小组工作目标。在创新小组内部,不应存在传统意义上的上下级关系,创新小组的领导仅被视为一种管理职能,与其他职能是一种协作关系,处于同等的地位。创新小组的这些特点,易使小组成员都有与自身任务相适应的信息传递分工,易使小组成员对实现小组目标负有共同责任。在一定意义上,创新小组成员更易具有认同感、归属感和成就感,具有更多的自由意志,因而更能发挥每个小组成员的潜在能力,从而提高创新效率。

(三)注重流程再造

纺织企业的生产经营环节分工过细,一项产品或服务的提交活动,要经过若干个部门、环节的处理,整个过程运作时间长、成本高。企业经营处于迟缓状态,在快速多变的市场环境中比较被动。例如,有些纺织服装企业,随着业务的发展和管理工作的日益细化,消费者反馈的一项质量问题要经过十多道程序才能确认,导致客户怨声载道。这显然跟不上小批量、多品种、变化快、服务好的市场需要。为此,要求纺织企业转变观念,围绕市场,注重流程再造,快速反应,提高竞争力,满足市场需要。工作流程可以改变如下:

(1)柔性系统应用。纺织企业要从大批量粗放式经营转变为小批量多品种经营。市场需求是不断变化的,企业必须适应这种变化,必须按市场和客户的需要及时生产,不断提供特色化的产品和服务,注重柔性生产技术,采用柔性制造系统(FMS)或计算机集成制造系统(CIMS),使企业生产经营具有较大的灵活性。

(2)按需固定供应式流程。纺织企业人员多、工序长、品种多、生产连续化,企业要结合实际,根据品种变化,采用固定供应式流程,即在固定工艺、固定流程、固定设备、固定人员、固定原料、固定容器、固定标准的条件下,生产相对固定的纺织品。当市场发生较大变化时,及时调整流程,进入下一个相对固定的流程,适应市场灵活多变的需要。

三、加强技术创新管理

我国纺织工业的规模大、门类全,但行业竞争力不高,主要表现在产品档次不高、单位产品附加值较低,仅为先进国家的 $25\%\sim50\%$。纺织企业应正视这些问题,努力提高技术创新能力。

(一)认真确定技术创新战略

(1)提高认识。技术创新是一项从新构思(新产品、新工艺、新服务)、研究开发到市场价值实现全过程的活动。纺织业面对全球化竞争,纺织品市场正处于一个大调整时期。我国纺织品一直处于中低档水平,中高档产品技术和市场基本由欧、美、日占领,而中低档产品技术和市场又受到"第三世界"的冲击,我国纺织业只有走创新提高的路子才能生存发展。因此,必须认识到:

① 技术创新与发明创造不同。发明创造是科技行为,而技术创新是与经济效益紧密联系的经济行为,是科技成果商业化和产业化的过程。

② 纺织企业要从市场需求出发,要以获取经济效益和社会效益为目标,要始终进行新的要素组合或采用新的技术,要以开拓并占领市场及实现企业利润为标准,要明确企业家是企业创新的灵魂,企业是技术创新的主体。

(2)技术创新战略。技术创新战略是指企业对要实施的技术创新活动的总体谋划,它具有全局性、方向性和长远性等特征。市场是动态发展的,企业必须以持续的技术创新适应市场的动态发展,必须有适当的、长期的、战略性的创新安排,从根本上解决企业长期存续的问题。

① 企业技术创新战略,需从宏观上解决三个主要问题:实现怎样的市场地位;用户群定位在哪里;创新模式的定位,即采取哪些中长期研究开发措施、技术措施、产品或工艺措施、组织措施及市场措施等,实现既定的市场地位目标和用户群目标。

② 确定创新战略,即企业要么做领先的技术创新者,要么做跟在领先者之后的技术创新的追随者,要么先做追随者,再努力成为领先者。纺织企业在创新定位和模式上,应该加强自主创新,注重模仿创新,尊重知识产权,重视技术标准或主导技术标准的制订,使创新的追随者在制造同类产品时向创新领先者的技术标准靠拢。这相当程度上等于给创新的追随者设置了一道市场进入壁垒。在用户群定位上,为确定创新产品、服务要占领哪一类产品领域、哪一个区域、哪一个层次的市场,需分析市场需求及趋势,需对市场进行纵横结合的细分化研究,分析

企业自身创新能力及改善的可能性,寻找适合企业产品或服务的市场空间,可以采取产品档次差别化、追逐积聚效益、补缺型用户群等战略定位。

(二) 培育积累企业的技术创新能力

纺织企业属于传统的加工工业,其技术创新能力比较薄弱。技术创新能力主要指企业创新需要的技术能力。企业的技术创新能力主要是创新的核心能力。

(1) 创新技术能力分类。

① 产品设计能力,即企业具备的产品的功能设计能力、性能设计能力、结构设计能力与外观设计能力。

② 生产技术能力,包括工艺技术能力和设备技术能力。

③ 技术管理能力,包括设计管理、试制管理、工艺管理、质量管理等方面的能力,具有极强的技术特征。这些管理活动往往由技术专家承担。

(2) 创新技术能力的培育。创新技术能力一般从三个方面培育:企业自身长期的技术积累;从企业外部引入需要的技术能力;将企业内外的技术能力进行组合。

① 企业创新技术能力,可以通过研究开发为基础的自主创新活动积累、提升,也可以通过组织间合作、合并从企业外部引入。其中,组织间的技术合作,不论其形式如何,主要是解决企业短缺的技术能力,实现劣势互抵、优势互补,提高企业的创新效率。例如,四川天歌纺织集团生产的羽绒、丝绸等服装赢得了市场,除了服装用料、做工考究外,重要的是他们注重产品设计,在服装设计方面进行了必要的技术积累,提高了企业的技术能力,其产品主导设计是功能复合、色彩协调,用料满足功能与色彩要求。

② 企业创新技术能力核心,即在一定的技术、生产、组织与市场条件约束下,支配企业产品创新的主导设计、核心生产技术及相应的核心管理技术。

企业的核心技术体系与技术范式之间存在极紧密的联系。如果一个企业较长期地集中于少数技术领域进行技术积累,该企业的技术能力会形成一定的技术范式。如果形成的技术范式较为刚性,则特定的技术范式会较长时期地支配企业主流的创新活动。对于多产品企业,技术范式不可能是单一的,同时并存的多个技术范式会构成企业必须依赖的核心技术体系。围绕既成的核心技术体系,企业只要对现有的主导设计、核心生产技术、相应的核心管理技术等稍作变动、略添花样,就可能推出新的产品与生产技术,就会有层出不穷的技术创新问世。

③ 创新技术的组合功能,要采取多种形式,加强技术的组合功能。例如,技术关联企业的联合,建立为关联企业服务的研究中心或技术开发中心,解决关联企业发展共同面对的技术问题;建立企业级技术开发中心,满足企业日常生产经营的技术需求;与技术关联的高校院所合建研究中心或实验室。

企业通过组合多项技术,往往能够形成新的技术能力,产生"1+1>2"的技术功能效果。例如,在流水生产线中采用微机控制和其他辅助技术,就可能形成自动化生产线,达到节约人力、提高效率的效果。

当然,企业要通过技术组合来提升自身的技术能力,还需要注意:恰当地选择拟组合的技术,注意各单项技术功能的协调性及互补性,注意发现并克服各单项技术固有的缺陷,在前者基础上,力求产生事半功倍的技术使用效果;在组合多项技术过程中,注意改善技术人员知识与技艺水平,改善设备能力和工艺方案,创造新的经验,提升企业的技术管理能力。例如,企业与高校院所的技术组合,可以采取国际上较为流行的形式:项目合同合作,即双方就拟开发的技术项目签订合同,由企业出资委托专业科研机构具体实施研究开发工作,技术成果归企业独有;项目合伙合作,即就企业拟开发的技术项目,双方共同投资,签订合作协议,建立合作关系,双方共派人员参与研究开发,技术成果归双方共有;开发基地合作,即企业与高校院所共同出资,在高校院所建立专业开发机构(实验室、研究室、技术开发中心、中试中心等),双方共派人员参与工作,开发有助于增强企业技术能力的技术项目,技术成果的所有权由双方按出资比例和实际贡献分享;基金合作,即由企业出资在高校院所设立科研基金,企业与高校院所共同建立基金管理机构,基金管理机构按企业技术积累要求提出拟开发的技术项目,在规定范围内招标选择项目承担人,研发成果由企业与项目承担人按一定比例分享。

④ 要加快技术积累,企业应参照国外同行企业的研发投资强度标准,提高本企业的研发投资比例和强度。

(3)企业内创新集群选择。企业要通过企业内创新集群获取较高的创新效益,关键在于选择正确的创新集群模式。例如,TPR复合创新集群模式,上海第二纺织机械厂采用的就是该模式,利用主导产品细纱机的技术平台,通过衍生创新推出30多个机型、1 000多个规格的细纱机;通过顺轨创新将产品群向高档次发展,如利用电子技术试制成功变频细纱机等;不断拓展产品领域,向上游开发粗纱机,向下游开发自动落筒机等。

要说明的是以上方法主要适应于大型集团和企业,对于中小型企业则要按照这些思路,结合企业实际,灵活应用,也可以针对某一部分重点运用,建立创新团队,以求实际效果为重。

(三)产品开发责任制

产品经理制是落实产品开发责任,提高企业创新贡献率和品牌贡献率的有效方法之一。纺织企业面对市场广、品种多的实际情况,可以推行产品经理制的产品开发责任制。

产品经理应在企业产品创新中起核心作用,在新产品市场营销中起决策作用,在企业现有产品改进或延伸中起组织作用。同时,因产品特性不同,在同一企业内,不同产品经理所起的作用有所不同。

例如,在高技术高附加值纺织品创新和一般花色产品创新中,产品经理所起的作用就有所区别。在高技术产品创新中,产品经理可能是该新产品技术的发明者。这时,他直接承担新产品实体研究的全部责任。但是,这类产品经理多数缺少市场营销技能,因而很难在营销中起到重要作用。为此,办法之一是委派营销专家担当副手。在一般花色产品创新中,企业往往选用市场营销专家出任产品经理,由于其营销工作较为出色,在产品创新全过程中,除了在新产品实体开发阶段协助技术专家外,对其他开发环节负责到底。这种方法在江浙的不少纺织企业中应用。

(四)建立合理完善的激励机制

技术创新最终依靠人来实现,同时创新活动具有开创性、风险性的特征。因此,怎样激励员工创新,成为企业技术创新管理必须解决的关键问题之一。

所谓激励,就是要根据企业的创新目标和员工的需求,采取某些办法或措施,使员工产生有利于企业创新目标的动机和行为。创新有风险,往往败多胜少,而且须审时度势、持之以恒。这要求企业内部要建立有效的激励机制。在相同的外部环境下,企业能否持续创新,首先取决于企业内部能否构造一套诱发员工持续创新的激励机制,即能否依靠一整套制度性办法激发各级员工参与创新的积极性。激励是针对"人"的,不同员工的个人需求及其在企业内部的地位和作用等方面存在差异,因此企业需要对各级各类员工采取分类激励的办法。

(1)授权。对创新关键人物的激励应做到充分授权,让他们在现职岗位上实现自己的事业目标,从而更乐于配合企业家的创新努力。否则,他们可能与企业家"离心离德"。提拔重用,在企业内建立依靠个人努力实现"垂直流动"、有升有降的升迁制度,企业创新过程才会有较高的运行效率。精神鼓励和物质鼓励相结合,有机会时,支持他们去做"一方诸侯",否则他们同样可能与企业家"离心离德"。

(2)激励关键点。对研究开发人员的激励需要注意以下几点:一要从"使研究开发人员充分施展个人才能"的角度出发,设计对他们的激励机制。研究开发人员的个人才能不同,需要依才赋位。二要保障"研究开发人员获得等量于个人贡献的个人收益",因为研究开发活动是企业中最复杂的探索性劳动,具有较大的风险性,要付出较多的脑力、体力劳动与知识积累。三要承认研究开发人员对个人创造的知识性财产的所有权,要承认研究开发成果应由个人与企业"共同占有"。这既是保障"研究开发人员获得等量于个人贡献的个人收益"的一个基础,又是体现个人贡献差异的一个尺度。四要给研究开发人员以"继续教育投资",因为在知识经济社会,"个人拥有的知识量"代表着研究开发人员"个人拥有的资本量"。迫于生存竞争的压力和发展的欲望,研究开发人员必然会更多地关心自己的知识更新与积累。

(3)激励原则。对员工的激励需要把握以下几点:一让员工看到参与企业创新有可能得到新的利益,因为创新是对生产要素进行新的组合,员工要适应新的要素组合关系,有一个"转换成本"问题。如要学习新的知识,要调换工作岗位,甚至在某个创新项目完成后,自己要待岗再就业。事实上,如果员工看不到未来可能得到的新的利益,会对企业的创新活动持消极的态度,产生抵触情绪。二要让员工从以往参与的创新中得到实际利益。在以往的创新中,员工付出了"转换成本",他应该得到实际利益。三对员工要公平。公平的待遇是企业员工的基本权利,包括"获得与个人贡献等量的个人收益"及公平地获得升迁机会。

四、发挥企业家作用

纺织业正面临激烈竞争,处于重大调整和转型升级期,纺织企业的创新已摆在更加突出的位置。让企业家在创新中唱主角,发挥企业家在创新中的作用,是纺织业的重要任务之一。

企业家在创新中唱主角,即企业家既是创新的推动者和决策者,又是创新的风险承担者和相应的受益者。

(1)企业家与普通经营者的不同,在于前者能够预见到普通经营者不能预见到的新的投资机会或新的盈利机会,或者普通经营者虽预见到但没有推动创新的胆略。因此,企业家必须是创新活动的倡导者和实干家。企业家应具有丰富的专业技能和市场知识,善于制订正确的市场战略,这是企业创新产品能够占领市场的一个重要保证。创新意识的关键是树立灵活的经营思想,不是一切等待上级安排。

(2)企业家应成为创新的决策者,即他们的创新活动不应受到任何政府部门的干扰。企业是否实施某项创新活动,完全取决于市场机会和企业整体的创新能力及企业家的理性思考。

(3)企业家应成为创新的风险承担者,即在一个企业内,企业家应对企业创新的成败负责。如果创新屡屡失败,他们应退出企业的经营舞台,甚至主要经营者承担企业破产的法律责任。

所谓使企业家成为创新的受益者,即只要企业创新成功,取得了商业利润,企业家就应合法地得到他们本该得到的利益份额。否认企业家的剩余索取权,蔑视企业家应得的经济利益,片面强调企业家应多做贡献,只重视给予精神激励的做法,最终将影响为数更多的优秀企业家创新作用的发挥。

创新首先要靠企业家的推动和组织,企业的创新风险首先由企业家承担。要让企业家真心实意地推动和组织员工创新,就应给他们提供有效的激励。对企业家进行"产权激励"是最有效的,"广义报酬"的效果次之。所谓广义报酬,是将物质报酬与精神报酬有机结合,以激励企业家的创新热情和创造性。

当然,也要给企业家一些约束。约束是一种"反向激励"。企业家具有"经济人"的内在素质,企业家的技术理性、经济理性、道德理性都是有限的。法制不健全的市场经济往往会使企业家冒"道德风险",谋求非法的甚至合理而不合法的个人利益,从"好人"变成"坏人"。但是,对企业家的激励不到位,片面强调"约束",是没用的。

创新是国家发展的重要战略之一,纺织企业是创新主体,需从观念上、行动上重视创新活动,培育创新文化,加强创新管理,促使企业良性发展。

[案例]

樱花纺织集团改革发展纪实

山东樱花纺织集团从一个规模较小的国有企业,到跨入全国棉纺织行业50强行列,走出了一条让业内瞩目的改革发展之路。

制度创新焕发生命力。樱花集团的前身是青岛国棉七厂济宁分厂,始建于1966年。1999年8月,济宁市政府重组樱花集团,由济宁市国有资产管理委员会首批授权经营国有资产。集团重组扩建后,新一届领导班子针对内部管理僵化、机制不灵活等问题,首先从三项制度改革入手,大刀阔斧地实施了一系列有效的改革举措。

首先在人事制度上创新,建立市场化的用人机制。管理部门由原来的24个精简为11个。通过岗位竞聘,中级管理人员由原来的112人精减为53人,一般管理人员由原来的196人精减为123人,充分体现了"能者上、平者让、庸者下"的用人原则。第二,在分配制度上创新,建立绩效挂钩的激励机制,形成了岗位靠竞争、收入凭贡献的分配机制,拉开了工资分配档次。第三,在民主管理上创新,建立行之有效的约束机制。企业坚持和完善员工代表大会制度,有关企业发展的重大问题,涉及员工切身利益的工资分配、住房、福利等问题,一律通过职代会或职代会主席团扩大会讨论、审议和表决。集团建立了领导干部述职和述廉制度,接受员工代表民主测评。建立和完善了总经理接待日和总经理指令卡制度,总经理接待日一般每月一次,每次不少于100名员工。

通过三项制度改革,充分调动了积极性,增强了责任心,改变了工作面貌,"樱花"重新焕发出勃勃生机。

产品创新提高竞争力。樱花集团能有今天的发展,最关键的是紧紧依靠自主创新,以开发高新产品为突破口,实施名牌战略,达到了良好的效果。

产品要做精,设备是基础。集团先后投资2.7亿元,购置德国、日本、意大利、比利时和国内等先进设备500多台/套,形成了4万锭高支高密"一条龙"生产线,无结纱比重达100%,精梳纱比重达80%,高技术含量60支以上棉布产品比重达60%以上,120支特高支纱生产能力达到 3 万纱锭,为加快调整产品结构和提高产品质量奠定了坚实的基础。

集团把调整产品结构作为持续发展的着力点,建立了山东省高档装饰面料工程技术研究中心,配备了实力较强的专业技术人员,使新产品层出不穷。过去开发一个品种从开发设计到批量生产需要一个星期以上,现在只用 17 个小时就拿出客户需要的产品;过去只有 16 个产品品种,现在已有 7 大系列 1 200 多个品种。在调结构、上档次的同时,注重在创新特色产品上下功夫,积极采用国内外的新技术、新材料和新工艺,做好技术和产品的创新,逐步形成了自身的特色。在近几年全国棉纺织行业开发年会上,集团先后有 36 个产品荣获"优秀设计奖"和"优秀创新奖",位于全国棉纺织行业之首。

品牌创新拓展大市场。樱花集团积极实施名牌战略,提升"山樱"品牌的市场认知度,极大地提高了产品的附加值。要打造真正得到消费者认可的品牌产品,产品质量是关键。为强化质量管理,提出了"卓越的品质从细微开始"的管理理念,实行质量责任制,形成了以一把手为主要责任人的质量管理责任体系。集团建立了计量检测中心,建立了质量分析制度、原料进厂把关制度、现场管理制度,对一线挡车工等实行不合格品用工资买回去制度。一系列制度的落实,使产品质量大幅提高,客户索赔事件很少发生。樱花集团始终坚持以诚信为本的经营方针,把产品的质量、性能、价格和售后服务及质量承诺落到实处,对客户反馈的质量问题,及时召集技术人员分析解决,要求派员在 8 小时之内到达客户处解决问题,国外客户查询 24 小时有回复,使客户的满意度达到 85% 以上。同时,积极参加各种展览会,推介产品,利用各种方式提高产品的知名度。

坚持不懈的努力,使樱花产品的品牌知名度逐日提升。"山樱牌"纱布、家纺产品先后荣获"山东名牌"称号。中国纺织工业联合会对樱花集团多年来坚持自主创新,打造自主品牌给予高度评价。

文化创新增强凝聚力。在发展中,"培育现代企业文化理念,形成樱花核心价值观",一直是樱花集团历任领导班子十分看重的工作。集团党委通过树立各类先进模范人物,开展"我为党旗添光彩""党员形象工程""争做合格樱花人"等活动,使员工明确了如何做一个合格的樱花人,逐步形成了"团结、勤劳、务实、创新"的企业精神。针对每一时期的工作重点,积极弘扬企业的"安装精神""援疆精神"等,不断丰富樱花精神的内涵。为把全体员工精诚团结在一起,形成一个拳头,先后提出了"樱花是我美好家园,员工是我兄弟姐妹"的文化理念,"以法治厂,以德养人"的治厂方针,"在全国同行业名列前茅"的企业目标;"实现樱花的再次振兴和腾飞"的企业理想,逐渐形成了具有自身特色的樱花集团理念。

集团把员工的安居乐业真正放在重要位置,这是每一位樱花员工的真切感受。先后投资100 多万元,建成了 1 000 多平方米的"樱花苑活动中心",购买了活动器材和文体用品,使员工活动场所得到进一步改善。为解决员工住房问题,新建住房 11 幢,有 650 名员工喜迁新居。投资 800 多万元实施"十大民心工程",对"樱花苑"小区进行全面改造,建成了具有现代生活气息和樱花文化特色的"济宁市十佳文明社区"。

勤劳的"樱花"人用自己的双手迎来了"樱花"的绽放,在他们的辛勤浇灌下,相信"樱花"会盛开得更加灿烂美丽。

[思考题]

1. 简述企业创新系统及各个部分的作用。

2. 什么是管理创新？其基本内容有哪些？

3. 试用产权理论分析传统国有企业产权制度存在的问题、危害及其改革措施。

4. 推动企业管理创新的要素有哪些？

5. 论述我国企业制度创新的必要性及其方向。

6. 企业组织改造的主要趋向是什么？

7. 什么是学习型组织？它有哪些特征？

8. 企业应如何建立核心竞争力？

参 考 文 献

[1] 中国纺织工业企业管理协会. 中国纺织行业管理创新成果蓝皮书(案例二 2014—2015). 北京:中国纺织出版社,2016.

[2] 中国纺织大学旭日工商管理学院. 现代纺织企业管理. 北京:中国纺织出版社,2002.

[3] 邬适融. 现代企业管理. 北京:清华大学出版社,2006.

[4] 冯浩. 成本会计理论与实务. 北京:清华大学出版社,2007.

[5] 赵有生. 现代企业管理. 北京:清华大学出版社,2004.

[6] 陆君伟. 纺织企业现场管理. 北京:中国纺织出版社,2005.

[7] 周三多. 管理学. 北京:高等教育出版社,2004.

[8] 李启明. 现代企业管理. 北京:高等教育出版社,2002.

[9] 彭剑锋. 人力资源管理概论. 上海:复旦大学出版社,2003.

[10] 谷有利. 企业基层管理实务. 济南:山东大学出版社,2006.

[11] 张欣瑞. 市场营销管理. 北京:清华大学出版社,北京交通大学出版社,2005.

[12] 宁俊. 服装营销管理. 北京:中国纺织出版社,2004.

[13] 苏淑欢. 企业财务管理. 北京:清华大学出版社,2005.

[14] China-textile. 中国纺织微信公众号,2016—2017.

[15] texleader. 纺织导报微信公众号,2016—2017.

[16] fzqc-onlinc. 纺织器材在线微信公众号,2016—2017.

[17] fzfzzk. 纺织服装周刊微信公众号,2016—2017.

[18] [美]F. W. 泰罗. 科学管理原理. 北京:团结出版社,1999.

[19] [美]多蒂·博·奥尔克斯. 时尚营销. 北京:中国人民大学出版社,2004.